KB023601

훼손된 세상

국립중앙도서관 출판시도서목록(CIP)

훼손된 세상 : 우리의 소비가 지구를 망치고 있다
지은이: 롭 행거벨트 ; 옮긴이: 서종기. -- 용인 : 생각과 사람들, 2013
p. ; cm

원표제: Wasted world : how our consumption challenges the planet
원저자명: Rob Hengeveld
영어 원작을 한국어로 번역
ISBN 978-89-98739-03-4 03330 : ₩18000

인간 생태학[人間生態學]
환경 문제[環境問題]

331.4-KDC5
304.28-DDC21 CIP2013014648

훼손된 세상

우리의 소비가 지구를 망치고 있다

WASTED WORLD

롭 헹거벨트 지음 | **서종기** 옮김

이 책은 무엇을 다루는가?

이 책은 지구에 사는 수많은 인구 때문에 어떤 문제가 일어나는지를 이야기한다. 미리 말하지만 내용이나 결론 모두 낙관적이지 않다. 오히려 앞날에 대한 경고로써 우리의 현재가 미래에 안겨줄 위협을 이야기하기에 어두운 내용이 가득하다. 자원이 낭비 · 고갈되고, 기근과 질병이 발생하고, 오래된 사회적 관계와 관습 및 문명이 단절되고, 자원 때문에 전쟁이 벌어지는 미래를 그린 부분은 그야말로 절망적이다. 그러나 밝은 면도 분명히 있고, 희망은 여전히 존재한다. 우리 인간이 올바른 대책을 마련한다면 말이다. 이제는 하루라도 빨리 인구수를 과감하게 줄여야 한다. 비록 어려운 일이기는 하지만, 앞으로 어떤 문제가 벌어질지 알고 그 심각성을 이해한다면 못할 것도 없다. 나는 바로 그러한 이해를 도울 목적으로 이 책을 썼다.

자원의 고갈과 폐기물의 생성에는 상호 연관성이 있다. 이 책은 이런 문제가 어떻게 발생하고 각 문제가 서로 어떻게 연결되었는지, 그리고 거기에 어떤 대처를 해야 하는지 설명한다. 사실 문제가 발생하는 이유가 단지 지나치게 많은 인구수에만 국한된다면, 아무리 까다로운 문젯거리라고 해도 지금보다는 대책을 마련하기가 쉬울 것이다. 하지만 현실은 인구과잉 현상만 붙들어서 만사가 해결될 만큼 단순하지 않다. 문제는 국가가 부유해지고 사람들이 잘살게 되면서 생활수준이 높아진 탓에 발생하기도 한다. 또 현대인의 에너지 자원과 물질 자원의 소비 방식 역시 여러 가지 문제를 일으킨다. 우리는 어떻게든 자원의 낭비를 줄이는 방향으로 체계를 바로잡아야 한다.

우리는 대부분 한 번에 한 문제씩 분석하고 해결하는 방식을 선택한다. 하지만 이런 방법은 일 처리를 단순화하기에는 좋지만 여러 가지 문제가 서로 연관되어 있을 때는 큰 효과를 내지 못한다. 현재 환경 문제와 관련된 세계적 동향을 다루는 책들은 대부분 기후 온난화, 토양 염화, 식량이나 에너지 부족 현상 등을 중점적으로 다룰 뿐, 거기서 다양한 현상과 변화상을 종합적으로 정리하고 설명하려는 노력은 찾아보기 어렵다. 나는 이 책을 통해 인구과잉이라는 공통된 원인에서 시작된 모든 문제를 살펴보고 각각이 직간접적으로 어떻게 상호연관성을 지니는지 논하며 전체적인 개요를 제시하고자 한다. 지금처럼 일부 문제에만 매달려서는 현 상황을 정확히 이해하기 어렵기에 어떤 해결책을 마련해도 그 효과가 기대한 바보다 떨어질 수밖에 없다.

환경은 완벽한 수지 균형이 이뤄지는 체계라기보다 인구통계학 및 경제학적 프로세스를 가능케 하는 거대한 기반이라 할 수 있다. 현존하는 전 세계의 인구는 인류가 수천 년간 만들어온 사회 · 경제적 체계의 결과물인 동시에 그것을 움직이는 원동력으로 작용한다. 이 체계는 우리에게 먹을 것, 기본적인 물자, 주택, 의복 등을 제공하고, 식량과 물질 자원의 이동을 가능하게 하며, 더욱 안락한 생활을 제공한다. 지금까지 성장을 거듭해온 이 인공 체계는 사실 자연에서 발생하는 여러 가지 프로세스로부터 파생된 것이다. 그래서 그 속에도 자연계와 마찬가지로 제 나름의 생태계가 존재한다. 바로 인간으로 이뤄진 생태계다. 우리는 이 모든 주제를 역사적인 맥락을 따라 전체적으로 살펴봐야 한다. 그리고 이 종합적인 관점을 토대로 문제를 풀어가야 한다.

나는 환경 문제를 다각도로 살펴보면서 현재 세계 각지에서 발견되는 수많은 환경적 프로세스가 서로 깊은 연관성을 지니고 있으며 결국 모든 문제가 한 가지 결과로 이어진다는 사실을 깨달았다. 바로 부끄러우리만치 황폐해진 지구다. 지금 일어나는 변화는 모두 인류의 미래를 위협할 수 있다. 설상가상인 것은 각종 위험 요소가 점점 더 그러한 결과를 향해 가까이 다가가고 있다는 사실이다. 글을 쓰면서 이렇게 문젯거리를 죽 늘어놓다 보니 미래가 정말 암울하다는 생각이 든다. 애초에 의도한 바는 아니었지만, 주어진 문제의 본질과 긴급성을 생각해보면 어쩔 수 없는 결과가 아닌가 싶다.

우리는 우리 주변의 세계에 대한 이해도를 점점 더 높여가는 중이다. 그리고 그러한 이해를 바탕으로 환경에 대한 지배력을 더욱 높인 덕분에 엄청난 혁신이 일어났고 그 결과 전 세계 수많은 인구의 생활조건이 크게 향상되었다. 하지만 거기에는 대가가 따르며, 그 가격이 얼마인지는 우리에게 달렸다. 만약 올바른 조처를 하지 않는다면 우리는 정말 엄청난 대가를 치르게 될 것이다. 이 세계와 함께 앞으로의 발전 가능성이 모두 산산이 무너지고 말 테니까. 미래가 무너지고 우리가 지금까지 이룬 모든 역사가 무너지는 것이다.

무엇이 어떻게 잘못되고 있을까?

지구에 존재하는 모든 자원을 소비하기만 한다면 이 행성에 사는 다양하고 수많은 생물은 아마 단 일 년도 버티지 못한 채 사라지고 말 것이다. 그랬다면 지금처럼 거의 40억 년에 달하는 생명의 역사가 이어지기란 불가능했으리라. 하지만 한 생물이 배출한 폐기물은 항상 다른 생물의 먹이가 되고, 그것은 다시 폐기물이 되어 또 다른 생물의 먹이가 되었다. 그리고 맨 처음에 폐기물을 배출한 생물은 그 과정에서 다시 먹이를 구하고 영양분을 획득할 수 있었다. 생명이 지속되려면 자원의 재사용 과정이 계속 이어져야 한다. 생명은 다채롭고 많은 생물종으로 발전을 거듭하고 오랫동안 그 흐름을 이어가기 위해 자원의 순환 고리를 만들었다. 이 고리를 따라서 자원이 폐기물로, 또 폐기물이 자원으로 바뀌었고, 자원과 폐기물이 서로 자리를 바꾸는 현상이 수십억 년에 걸쳐 이어졌다. 그리고 더 이상 지구에 생명이 살 수 없을 만큼 태양계의 환경 조건이 나빠지지 않는 한 이 행성에서는 앞으로도 40억 년 가까운 시간 동안 이 순환 고리가 계속 이어질 것이다. 지금 우리는 그 과정의 절반 정도 되는 지점, 그러니까 생명의 절정기에서 삶을 이어가고 있다.

이 광범위한 물질 순환의 고리 속에서 모든 유기체는 다른 유기체를 양분으로 삼아 살아간다. 식물조차 다른 생물이 배출한 기체와 땅속에 존재하는 동물의 배설물이나 시체로부터 영양분을 얻어 생명을 유지한다. 태양광을 에너지원으로 이

용하는 식물은 지구의 영양소 순환을 책임지는 모터와 같다. 바꿔 말하면 이 순환계는 태양 에너지에 의해 끊임없이 돌아가는 셈이다.

인간은 지구에 존재하는 다른 모든 생명체와 더불어 영양소 순환계의 한 부분을 이룬다. 인간은 이 행성에 모습을 드러낸 이래 대부분의 시간 동안 자연계의 거대한 순환 고리의 일부로써 다른 생물과 마찬가지로 먹고 먹히는 관계 속에서 삶을 이어왔다. 그러나 인간은 자신에게 주어진 것보다 더 많은 자원을 사용하고 더 많은 폐기물을 만들어내며 점차 이 세계에서 지배적인 종(種)이 되었다. 또 인간은 새로운 에너지원과 영양 자원을 발견하고, 다양한 질병과 기생충에 대처하게 되었으며, 웬만해서는 다른 생물에게 잡아먹히지 않는 종이 되었다. 그리하여 인간의 수는 늘고 또 늘었다. 인간은 숲을 베어내고 관개 시설을 만들고 토양의 영양분을 고갈시키며 주변 환경을 바꾸기 시작했다. 따라서 환경 파괴는 오늘날 갑자기 등장한 것이 아니라 꽤 긴 역사를 보유한 문제라고 할 수 있다. 이후 비교적 근래 이뤄진 대규모 인구 성장으로 말미암아 자원 소비량과 폐기물 생산량이 엄청나게 늘어났다. 그 속도가 지나치다 싶을 정도로 빨라지면서 결국 물질 순환 프로세스가 한계에 도달했고, 그렇게 되기까지 걸린 시간은 겨우 두 세기에 불과했다.

그렇다면 지난 두 세기 동안 무슨 일이 벌어졌던 것일까? 과연 무엇이 잘못되었을까? 우리는 유구한 역사를 자랑하는 생물학적 자원 재순환 프로세스를 원래대로 되돌리고 그 쇠퇴 현상을 막을 수 있을까? 그러려면 무엇을 해야 하는가?

현재 환경 파괴가 일어나는 원인은 사람 수가 감당할 수 없을 만큼 늘어난 데 있다. 자연적인 프로세스만으로는 계속 불어나는 인구를 위해 충분한 에너지와 영양 자원을 공급할 수 없고 우리가 생산하는 폐기물을 빠르게 영양분으로 되돌릴 수 없다. 1970년대의 세계 인구수는 약 25억 명, 그로부터 겨우 35년이 지난 지금은 그 수가 70억 명을 넘는다. 이 말은 10년마다 평균적으로 약 13억씩 사람 수가 늘었다는 뜻이고, 바꿔 말하면 해마다 의식주를 해결해야 하는 인구가 1억 3천만 명씩 늘었다는 뜻이다. 또 해마다 1억 3천 명분에 해당하는 폐기물이 더 생산되었다는 뜻이기도 하다. 비록 인구성장률은 1970년대가 더 높았지만, 전체 인구수는 지금도 계속해서 증가하는 중이고, 그래서 거대한 영양소 순환 고리에는 여전히 심각한 압박이 가해지고 있다.

1970년대에 일부 과학자들은 지구가 수용할 수 있는 인구수가 300억 명 정도

된다고 생각했다. 또 어떤 과학자는 지구의 환경수용력이 1016에서 1018명 수준이라고 예측하기도 했다. 이 수치는 앞으로 몇십 년 뒤의 예상 인구수인 100억 명보다도 1억 배 이상 더 크다. 이런 이유로 당시에는 한계치에 도달하기까지 한참 여유가 있다는 생각이 지배적이었고, 그래서 굳이 인구 대책을 세울 필요가 없었다. 그리고 실제로도 약 30년 동안 아무런 대책이 마련되지 않았다. 그러나 금세기가 시작되면서 부양 가능한 최대 예상 인구수가 90억에서 100억 명 수준으로 하향 조정되었다. 그 말인즉슨 이제 20~30억 명만 더 늘어나면 이 행성이 수용할 수 있는 한계치에 도달한다는 뜻이다. 현재 인구 성장 속도를 감안하면 이 추세를 늦추거나 바꾸기에는 남은 시간(1970년대에 예상했던 30년이라는 기간보다도 훨씬 더 짧다.)이 너무 적다. 우리는 낙관주의와 태만에 빠져 귀하디귀한 시간을 낭비했다. 하지만 여전히 세상에는 세계 인구가 식량과 식수, 에너지 부족이나 경작지의 오염 같은 심각한 문제 없이 90~100억 명 수준에서 무난하게 안정화를 이루리라고 믿는 사람이 많다.

역사를 통틀어 봤을 때, 자원 사용량은 인구의 증가 속도보다 훨씬 빠르게 늘어나는 경향을 나타냈다. 우리는 부모님 세대가 썼던 것보다 더 많은 자원을 소비하고 있으며, 우리 자신이 겨우 1~2년 전에 사용했던 자원보다도 지금 쓰는 양이 더 많다. 또 우리는 과거 부모님 세대가 생산한 것보다 더 많은 폐기물을 만들어낸다. 부유한 나라에 사는 이들은 더 많은 장비와 가전제품을 사용하고 집마다 자동차가 한두 대씩은 꼭 있다. 게다가 차의 크기도 예전보다 더 커졌다. 그리고 거대도시가 성장하면서 이제 사람들은 세계 다른 지역에서 생산된 먹을거리에 의존하여 살아간다. 그렇게 대도시를 향해 이동하는 식량의 수송거리는 날이 갈수록 멀어지고 그에 따라서 보존 기관과 저장 기간 역시 점점 더 길어진다. 그뿐만이 아니다. 이제 일 년에 한두 번씩 집에서 멀리 떨어진 곳으로 여행을 떠나는 사람들도 계속 늘어나고 있다. 이러한 변화로 말미암아 지구의 자원은 더욱 빠른 속도로 고갈되고 그 속도에 비례하여 폐기물의 양은 늘어난다. 게다가 우리는 성장을 이어가고 더 많은 제품을 생산하기 위해 에너지 자원을 사용하며 그것을 생산하기 위해 더 많은 에너지를 소비하면서 폐기물을 만들어낸다. 이제는 이런 폐기물이 지구에 어떤 영향을 미치는지 눈으로 직접 확인할 수 있다. 지금 대기와 바다는 극지방의 만년설과 산악 빙하의 용융을 통해 우리에게 경고의 메시지를 보내는 중이다. 이 문제를 일으키는 주요 폐기물은 자동차와 각종 산업 활동 및 콘크리트의 양생 과정에서 발생하는 이산화탄소다. 이 모든 문제 상황을 더욱 악화시키는 것은 이제 곧 현존하는 에너지 자원과 식량 및 원자재의 공급이 한계에 도달하리라는 사실이다.

자동차와 산업 활동에서 생산되는 이산화탄소는 대기를 오염시키고 온실효과를 통해 기온을 높인다. 폐기물 배출에서 기인한 대기 오염은 환경 변화(사는 지역에 따라서 기후가 이전보다 더 덥고 건조해지거나 더 춥고 습해질 수 있다.)를 일으켜 우리 삶에 영향을 미치고, 더 심하게는 식량 작물의 생육 환경에도 악영향을 미친다. 세계 일부 지역에서는 기후 조건이 지나치게 덥거나 건조하게 바뀌어 몇몇 작물종의 생존과 성장이 어려워질 수 있다. 서늘한 기후에서 주로 자라는 식량 작물은 수분을 공급하는 토양이 건조해질 경우 필시 성장을 멈추거나 말라 죽을 것이다. 또 건조화가 진행되면 표토가 바람에 쉽게 날리므로 영양소가 함유되지 않은 심토, 경토층이나 염분에 의해 딱딱하게 굳은 땅만이 남게 된다. 그런 땅에서는 식물이 싹을 틔우거나 성장하기가 불가능하다. 결국 식량 작물은 환경조건의 변화에 스스로 대처할 수 없으므로 세계 주요 곡창 지대에 기후 온난화의 영향이 미친다는 말은 머지않아 인류에게 심각한 식량 부족 문제가 닥친다는 뜻과 같다.

기온 상승은 폐기물을 재순환시키거나 인간과 가축, 식물에 병을 일으키는 생물들에게도 영향을 미친다. 우리 주변에서 지구의 거대한 영양소 순환계와 관계를 맺고 살아가는 생물들은 우리의 소비 속도와 폐기물 생산 속도를 따라올 수 없다. 따라서 우리는 부지중에 폐기물을 분해하는 생물들에게도 악영향을 미친 셈이다. 요컨대, 우리는 너무나 많은 자원을 사용하고 너무나 많은 것을 파괴하며 폐기물을 과도하게 생산하지만, 재순환이 되는 양은 점점 줄어드는 것이다.

한 세기 전만 해도 사람들이 일상생활에서 사용하는 물건은 대부분 천연물로 만들어졌다. 그리고 그런 물질로 이뤄진 폐기물은 아무 어려움 없이 다시 영양소 순환 고리로 유입될 수 있었다. 그러나 현대 사회에는 자동차, 각종 산업체, MP3 플레이어, 컴퓨터 따위가 존재하며, 이 모든 것은 에너지와 물질 자원을 요구하고 폐기물을 생산한다. 지금은 우리가 생산하는 폐기물의 양만 늘어난 것이 아니다. 폐기물의 특성 자체도 옛날과는 크게 달라졌다. 더 큰 문제는 박테리아, 식물, 균류나 동물들이 이런 인공 폐기물을 소화하고 분해하여 재순환시킬 수 없다는 사실이다. 이제 폐기물은 분해되지 않은 채 환경을 오염시키고 수많은 동물과 균류, 식물, 그리고 박테리아의 숨통을 틀어막는다.

이 지구에는 인공 폐기물을 먹이로 쓸 수 있는 생물이 없다는 점에서 우리는 생물권의 영양소 순환계에 과부하를 안겨주고 기능 이상을 일으킬 뿐 아니라 이 체계를 아예 무시한 채 생활한다고 할 수 있다. 우리가 사용한 자원이 아예 쓸모없는 폐기물로 변해버린 탓에, 궁극적으로는 이 순환 고리 내에서 우리가 식량으로 삼을 수 있는 생물의 수가 줄어들 것이다. 지금도 우리에게 에너지와 식량을 공급하는 식물과 동물들이 멸종하거나 유독한 폐기물 때문에 독성을 나타내는 현상이 벌어지고 있다. 자원이 고갈되는 동시에 폐기물로 인해 환경과 식량이 대규모로 오염되는 문제가 나타난 것이다.

우리 인간은 그렇게 농경지를 오염시키고 유용한 땅을 소금기 가득한 사막으로 바꾼다. 우리는 금속 자원이나 석탄을 얻기 위해 산을 깎아 깊은 구덩이를 만들고 인근 지역의 지하수위를 낮춘다. 또 야생 생물들을 서식지에서 떠나게 하거나 그 범위를 마음대로 줄이거나 늘린다. 그리고 일부 생물종을 잡초나 유해 동물로 바꿔버리고 우리에게 이로운 다른 생물들까지 멸종시킨다. 우리는 이 지구에서 점점 더 많은 부분을, 우리 자신에게나 우리를 둘러싼 수많은 생물에게나 꼭 필요한 것들을 황폐하게 뒤바꾸고 있다. 그리하여 우리에게 먹을 것을 제공하고, 폐기물을 재순환시키고, 우리 생활환경을 안락하게 만드는 생물들이 사라지고 있다. 얼른 대책을 마련하지 않는다면, 지구는 우리 인간과 우리가 의존하는 수많은 생물이 살지 못하는 행성이 되고 말 것이다. 초록색과 파란색이 한껏 어우러진 지구는 바로 우리 때문에 그 빛을 잃어가고 있다.

아마 과거에는 물질 자원과 에너지 자원의 고갈 및 폐기물로 인한 환경 포화 현상이 어느 정도 시간 간격을 두고 발생했을 것이다. 하지만 앞으로는 이 문제들이 거의 동시적으로 발생할 가능성이 크다. 그 이유로는 이 세 가지 프로세스가 연관성을 지닌다는 점을 들 수 있다. 사실 이 문제들은 모두 같은 원인에서 시작된다. 과도한 인구 성장, 자원 사용량과 폐기물 생산량의 증가가 바로 그것이다. 하지만 자원 사용량과 폐기물 생산량의 증가 현상이 모든 곳에서 똑같이 나타나지는 않는다. 이 점은 전 세계 인구 중에서도 부유한 인구 집단에만 해당한다. 앞으로 단 20년 만에 우리의 사고방식과 생활방식을 바꿔야 하므로 우리는 무엇보다도 자원 소비와 폐기물 생산을 이끄는 원인, 바로 인구수와 그 증가 속도에 손을 대야 한다. 대책을 마련할 경우에는 앞으로 지구에서 인류가 장기적으로 존속하는 데 적절한 인구수가 얼마인지 논의하고 그때 생활수준을 어느 정도로 유지할지 확정해야 한다. 우리가 선출한 정부 지도자들이 곧장 대책을 모색하지 않는다면 인위적으로 제어하기 어려운 인자들이 우세해져 수많은 사람이 상상하기조차 어려운 심각한 난관에 부닥칠 수 있다.

어떤 문제가 발생할까?

서기 2000년의 해가 막 떠올랐을 때 세계 인구수는 65억 명에 달했다. 당연한 소리겠지만 이 많은 인구가 유지되려면 먹을 것과 입을 옷이 필요하다. 사람들에게 식량과 의복을 공급하는 데는 농업과 공업, 교육과 보건, 행정과 사법, 통신과 수송 등 많은 체계가 관여한다. 또 그 밖에도 광물 자원을 찾고 채굴하고 가공하는 체계, 하수 처리 체계 등 수많은 체계가 존재한다. 수백만 인구가 오밀조밀 모여 사는 대도시를 한 번 생각해보자. 그곳에 사는 사람들은 모두 다른 어딘가에서 운반된 식량에 의존하여 살아간다. 그들에게 먹을 것을 제공하고, 공장에 원자재를 공급하고, 폐기물을 싣고 움직이는 다양한 운송 수단의 흐름을 상상해보라. 이 수송망은 온 대륙과 대양을 가로질러 곳곳에 뻗어 있다. 과연 이것이 작동을 멈춘다면 어떤 일이 일어날까? 의료와 제약 서비스가 기능을 멈춘 세상, 그러니까 병원과 가정의가 없는 세상을 한 번 상상해보라. 전력이나 물 공급이 끊긴다면 우리는 얼마나 버틸 수 있을까? 하루, 아니면 이틀? 그런 상황에서는 어떤 일이 벌어질까?

이 사회는 사람과 사람 사이에서 일어나는 교류에 점점 더 크게 의존성을 보이고 있으며, 계속된 인구 증가는 그러한 상호 작용의 수, 이를테면 서비스 산업의 수가 늘어남을 의미한다. 더 큰 체계가 계속 돌아가도록 다양한 활동을 조정하는 수많은 소규모 하위 체계는 소지역, 지방, 국가, 세계처럼 여러 단계로 이뤄진 층상 체계를 통해 조직성을 갖춰야 한다. 기업 활동, 의료 서비스, 농업 등 사람들 간의 교류가 이뤄지는 분야마다 별도의 체계가 형성된다. 이러한 조직 활동에는 에너지, 물질, 많은 수의 사람이 필요하다. 인구가 증가할수록 조직의 수와 규모는 더 크게 늘어나므로 결국 에너지와 원자재의 공급량은 훨씬 더 늘어나야 한다.

우리는 현재 이 지구에 살고 가까운 미래를 살아갈 사람들 외에, 우리가 죽은 이후 오랫동안 생을 이어갈 사람들 역시 생각해야 한다. 지금까지 제시된 예측 대부분은 2050년에서 끝을 맺고 아무리 길어도 2100년을 넘기지 못한다. 하지만 이 기간은 지나치게 짧다. 겨우 몇 세대, 그러니까 우리의 자녀, 손자들이 살 시기까지만 내다보는 것이다. 우리는 현재 한정된 자원을 얼마나 사용하고 폐기물을 얼마나 생산하는지를 생각하는 한편으로 먼 미래의 자원 사용량과 폐기물 생산량까지 반드시 고려해야 한다. 적어도 효율적인 대규모 재순환 산업 체계 정도는 마련해야 할 것이다.(단 재순환에는 많은 에너지가 소비되는데다가 결코 그 공정이 완벽해질 수 없다는 단점이 있다.)

이런 이야기를 하는 이 순간에도 석유와 천연가스의 매장량은 점점 줄어들고 있다. 이러한 화석연료의 공급량은 2015년에서 2030년 사이에 심각하게 줄어들기 시작할 것이다. 우리는 전 세계적으로 성장의 한계를 고민하게 된 1960년대 중반과 1970년대 초부터 연료 자원이 고갈되리라는 사실을 알고 있었다. 그럼에도 산업계와 과학계 및 정치인들은 겨우 지금에 이르러서 마지못한 심정으로 생물연료나 수소 에너지 같은 대체 에너지원 연구에 돈을 투자하기 시작했다 하지만 생물연료를 생산하기 위해 식물을 키울 경우, 천연가스에서 추출한 비료가 소비될 뿐 아니라 식량 작물을 재배하는 데 필요한 농경지까지 함께 줄어드는 문제가 생긴다. 그것도 하필이면 계속된 인구 증가로 훨씬 더 많은 식량이 필요해진 바로 이 시점에 말이다. 이뿐만이 아니다. 현재 농경지로 이용할 수 있는 땅이 토양 침식과 환경오염으로 점점 줄어드는 중이고 기후 변화로 말미암아 작물 생산에도 악영향이 미치고 있다. 이 문제는 세계 일부 지역에서 빈발하는 영양실조나 대규모 기근 문제를 악화시키고 있는데, 식량이 지금보다 70퍼센트 이상 더 늘어나야 하는 가까운 미래에는 이보다 훨씬 심각한 사태가 벌어지리라 예상된다.

물론 대체 에너지원은 실제로 존재한다. 석유나 천연가스를 태웠을 때처럼 수소를 태우면 유용한 에너지가 방출된다. 또 수소를 대규모로 생산하는 것도 가능한 일이다. 태양 에너지나 풍력, 수력 역시 한 가지 선택이 될 수 있다. 하지만 석유는 단순한 에너지 공급원이 아니라 다양한 공산품을 제조하는 데 필요한 원료이기도 하다. 우리는 식량 자원을 기르고 가공하고 저장하는 데 석유에서 추출한 비료, 제초제, 살충제 등을 사용하고 또 같은 원료를 이용해 다양한 의약품, 의복, 플라스틱, 나일론, 고무, 건축 자재, 기계류, 컴퓨터, 도로, 축구공, 칫솔 등을 만든다. 거의 모든 것을 만드는 데 석유가 쓰인다. 석유는 식량과 가공품을 한 곳에서 다른 곳으로, 대개 머나먼 세계 각지의 생산지에서 수백만 인구가 모여 사는 대도시까지 수송하는 데 이용되는 에너지원이기도 하다. 그래서 우리가 화석연료를 수소로 대체한다 하더라도 여전히 해결해야 할 문제는 많다.

게다가 문제는 이뿐만이 아니다. 에너지 자원과 물질 자원을 사용하고 나면 결국 폐기물이 만들어진다. 폐기물의 생산은 인간의 모든 활동과 긴밀하게 연결되어 있다. 이것과 자원 소비는 마치 동전의 양면 같은 관계를 이룬다. 폐기물의 발생 없이 자원을 사용하기란 불가능하다. 폐기물은 대지, 강, 바다, 대기 등 환경을 오염시킨다. 우리가 더 청정하고 효율적인 공정을 통해 폐기물의 생산량을 어느 정도 줄일 수는 있지만, 결국 줄이는 데는 한도가 존재하므로 환경오염을 완전히 막기란 불가능하다. 박테리아든 인간이든 사회든, 아니면 잔디깎이든 간에 모든 체계는 폐기물을 생산한다. 또 이산화탄소를 비롯한 온갖 폐기물을 줄이기 위해 어떤 대책을 마련하든 세계 인구가 늘어나면 그만큼 생성되는 폐기물의 양은 증가하게 된다. 늘어난 인구가 더욱 많은 자원을 소비하므로 자원 고갈 속도가 빨라지고 폐기물의 생산량 역시 더 늘어나는 것이다. 인구 증가와 사회 구성원 간의 상호작용 증가, 그리고 폐기물 생산량의 급속한 증가 현상은 우리가 자원을 얼마나 어떻게 사용하느냐와 직접적으로 연관되어 있다.

최근 몇십 년간 환경 문제는 훨씬 다양한 양상으로 전개되었다. 우리는 비옥한 농경지와 지하수를 고갈시키고 강과 바다의 어류 자원을 고갈시킨다. 또 비료와 제초제를 뿌리고 수분 증발을 막거나 잡초를 방제하기 위해 비닐로 땅을 덮어 농토를 오염시킨다. 이제 수분 부족으로 땅이 말라버리면서 건조 지대가 곳곳에 생겨나고 바람과 유수에 의해 귀중한 표토가 쓸려가는 현상이 비일비재하게 나타난다. 그뿐만이 아니다. 새롭게 생겨나는 도시와 고속도로 아래로 점점 더 많은 옥토가 사라지고, 관개용수와 식수를 얻기 위해 우리가 이곳저곳에서 지하수를 뽑아 쓰는 바람에 다른 식물과 동물들이 이용할 물이 줄어들고 있다. 또 우리가 배출한 분뇨와 생활 쓰레기, 산업 폐기물로 인해 지표면과 지하수가 오염되면서 식수와 관개용수의 공급이 위협받고 있다. 우리 인간은 공간의 이용 강도를 계속 높여 사는 곳을 황폐하게 뒤바꾼다. 이제는 우리가 들이마시는 공기 역시 오염되고 있다. 일부 도시에서는 마스크를 쓰고 다니는 것이 당연해졌고, 중국에서는 대기오염 때문에 죽는 사람의 수가 해마다 거의 200만 명에 달한다. 이 세계는 물질 자원이 고갈되고 폐기물이 늘어나면서, 또 식량 생산을 위한 농토와 마실 물, 숨 쉬는 데 필요한 공기가 오염되면서 점점 병들고 있다.

이 모든 문제의 중심에는 인구 재생산이라는 요소가 자리 잡고 있다. 이것은 개인 수준에서 아이를 낳고 기르는 활동을 이야기하는 것이 아니라 전 인류의 번식 활동을 의미한다. 이러한 재생산 결과는 부모의 관심과 사랑이 아니라 기존의 사람 수에 매년 늘어난 사람 수를 더하는 형태로 표현된다. 현재 세계 인구는 걷잡을 수 없이 증가하는 중이며, 그 결과 자원이 더욱 빠르게 고갈되고 그 속도에 발맞춰 폐기물에 의한 오염과 환경 파괴가 진행되고 있다. 이 문제를 가속하는 주원인은 계속해서 늘어나는 인구다.

그러나 이제는 자원 고갈 문제와 엄청나게 많은 폐기물 때문에 수많은 이들의 삶이 위협을 받는 지경에 이르렀다. 이런 상황에서 인구 재생산에 제한을 두지 않는다면 머지않아 외부 인자에 의해서 인구수가 조정될 것이다. 따라서 자원 쟁탈을 위한 전쟁이나 심각한 환경오염에 의해 인구가 줄어드는 상황을 피하고 싶다면 반드시 우리 스스로 인구 성장을 감소시켜야 한다. 지금 같은 속도로 계속 인구가 불어난다면, 우선 삶의 질이 하락할 테고 그다음에는 평균수명이 줄어들 것이다. 그러다가 인류는 불가피하게 온갖 역경과 재난을 겪을 것이다. 우리 스스로 출산을 제어하는 것은 도덕적이거나 종교적인 관점에서 용납하기 어려운 일이지만, 이제는 직접 과감하게 조처하고 한시라도 빨리 대책을 마련해야 한다. 기근, 가뭄, 대량 학살, 남은 자원을 빼앗기 위한 전쟁에 의해 인구가 조절된다면 우리 스스로 사고방식과 생활습관을 바꿀 때보다 훨씬 큰 고통이 뒤따를 테니 말이다.

앞으로 마련해야 하는 인구 대책은 우리의 아들과 딸, 그리고 손자들의 미래는 물론 인류의 장기적인 생존과도 관련이 있다. 이는 인류가 이 지구에서 얼마나 오랫동안 존속할지를 결정하는 방안이기에 기존의 인구 조절책과는 전혀 다른, 우리의 상상력과 다양한 능력을 제한하지 않는 것이어야 한다. 이 대책은 준비가 끝나는 대로 지체 없이 시행해야 한다. 우리에게는 더 이상 선택의 여지가 없다.

물론 인구 외에도 각종 문제를 일으키는 원인은 또 있다. 바로 우리 한 사람 한 사람의 자원 수요와 그 증가세가 그것이다. 자원 수요를 억제하거나 줄이기가 쉽지는 않지만, 그 방법이 그렇게 과격하지는 않다. 특히 출산을 제어하는 방법과 비교하면 더욱 그러하다. 일단 한 가지 예를 들자면, 가장 먼저 자원 남용을 막는 방안이 마련되어야 한다. 이것은 다른 대책이나 조건이 완성되고 시행되기 이전에 우선시해야 할 사항이다.

그러나 대책을 마련할 때 여러 가지 요소 사이에 어떤 상호 연관성이 있는지를 고려하지 않고 한 가지 문제만을 다루려고 해서는 안 된다. 다들 알다시피 현재 우리가 소비하는 자원의 양은 얼마나 많은 사람이 그것을 사용하느냐에 따라서, 또 개개인이 그 자원을 얼마나 쓰느냐에 따라 달라진다. 따라서 인구수만 줄이거나 1인당 자원 사용량만 줄여서는 충분치가 않다.(인구수의 감소는 인구 1인당 자원 사용량을 늘릴 수 있고, 반대로 1인당 자원 사용량이 줄어들면 지구가 더 많은 인구를 부양할 수 있다.)

사실 이런 결정을 내리기도 쉽지 않지만 앞으로 폐기물을 어떻게 처리하고 재순환시킬지를 생각하면 더 머리가 아파진다. 과연 우리는 얼마나 많은 폐기물을 어떤 비율로 얼마나 에너지를 들여서 재순환시킬 수 있을까? 그리고 비화석 에너지원의 양을 고려했을 때, 이 비율이 지구에 존재하는 인구수를 결정하는 주요한 요인이 되는가? 만약 그렇다면, 그 수는 얼마가 될까? 이 재순환율이 미래의 최대 인구수를 결정짓는 유일한 인자인가? 재순환을 하는 도중에 불가피하게 고갈되는 자원의 양은 어느 정도일까? 또 재순환 과정에서 잃는 자원의 비율은 얼마나 될까? 그리고 인류의 장기적인 존속이란 무엇을 의미하는가? 지금 우리가 강구할 수 있는 대책은 무엇이고 남은 자원은 얼마나 될까? 과연 우리는 모든 것을 단번에 해결하는 마스터 버튼을 찾을 수 있을까, 아니면 알맞은 조합을 맞춰 가며 여러 버튼을 동시에 눌러야 할까? 인류는 지구에 존재하는 다른 어떤 생물과도 다른 길을 택하여 살아왔다. 그렇다면 우리는 단지 그 길을 선택했다는 이유만으로 쇠퇴하고 마는 것일까?

이 책은 에너지와 물질 및 공간 자원의 이용, 낭비, 재순환과 관련된 모든 프로세스를 다룬다. 우리가 환경을 어떻게 망치는지, 또 우리가 아직 할 수 있는 일은 무엇인지를 이야기하는 것이다. 나는 독자 여러분이 현재 이 세계에서 어떤 문제가 발생하고, 수많은 프로세스가 어떻게 서로 연결되어 있으며, 그것이 어떤 식으로 서로 상승작용을 일으키는지를 잘 이해했으면 한다. 어떤 일이 일어나는지를 이해해야만 정확하고 가장 효과적이면서도 가장 인도적인 대책을 마련할 수 있기 때문이다. 비록 지금은 그 방법이 다소 잔인해 보이겠지만 말이다.

목 차

Ⅱ 붕괴로 향하는 인간 사회 • 226

Ⅲ 인류의 존속 • 351

PART 1

자연의 방식

제1부에서는 생물계에서 나타나는 물질과 에너지의 흐름을 이야기한다. 단 그 범주는 우리가 사는 세계의 미래와 관련된 내용에 한한다. 우리가 자연에서 나타나는 각종 프로세스를 알아야 하는 이유로는 크게 두 가지가 있다. 첫째, 우리 인간은 다른 생물을 식량으로 삼아 살아가기에 기본적으로 이와 관련된 물리적 · 화학적 · 생물학적인 체계와 작용을 알아둘 필요가 있다. 아마 미래 사회에서도 생물이 자신에게 필요한 물질을 구하는 방식은 지금과 크게 다르지 않을 것이다. 어쩌면 그때는 태양 에너지를 이용하는 녹색 식물의 생화학적 메커니즘을 흉내 내어 지금보다 훨씬 적은 비용으로 물을 수소와 산소로 분해할 수 있을지 모른다. 그러면 우리는 그 과정에서 발생한 수소를 에너지원으로 삼아 뜀박질을 하고, 각종 기계와 장비, 자동차 등을 움직이고, 새로운 화합물을 만들거나 일상생활에서 불가피하게 생성되는 폐기물을 재순환시킬 수 있을 것이다. 우리는 자연계에서 일어나는 물질 대사와 에너지 대사, 그리고 그 근원을 연구함으로써 지구에서 인류가 존속하기 위한 전략을 배울 수 있다. 둘째, 생명체가 진화 과정에서 끝없는 환경 변화에 적응하며 내외부적으로 어떤 체계를 갖췄는지 아는 것도 중요하다. 수억 년에 걸쳐 수많은 시행착오와 변화를 겪으며 완성된 생물학적 체계는 우리가 앞으로 어떤 식으로 인간 사회를 꾸려나가야 할지를 암시한다. 이렇듯 우리는 과거의 사례로부터 미래를 사는 지혜를 얻을 수 있다.

1. 생명, 그 본연의 결과 – 폐기물의 탄생

생물은 먹이를 섭취하여 자신에게 필요한 물질과 에너지를 얻는다. 그러나 얼마간의 시간이 지나면 생물은 허기를 느끼고 다시 먹이를 섭취한다. 이 말인즉슨 체내에 흡수한 에너지와 물질이 어떤 식으로든 사용되었다는 뜻이다. 이 에너지와 물질은 생물체의 생명을 유지하는 데 쓰이며 그 결과 부산물인 폐기물이 생성된다.

아주 크게 봤을 때, 이런 모습은 모든 생물에게서 항상 나타난다고 할 수 있다. 몸집이 크든 작든, 구조가 단순하든 복잡하든, 식물, 동물, 박테리아, 곰팡이 할 것 없이 모두 그러하다. 생명은 에너지와 물질의 끊임없는 흐름이다. 이것은 고에너지 유기물 형태로 체내에 유입되어 여러 가지 일을 하고 에너지 함량이 적은 폐기물로 이어진다. 이러한 흐름이 거의 40억 년 동안 끊임없이 이어져 왔다. 모든 생물은 생명의 불꽃을 자손에게 넘겨주고 죽기 전까지 일평생 양분을 섭취하고 먹은 것을 폐기물로 바꾸어 몸 밖으로 배출한다. 이런 활동이 각 세대를 거쳐 계속 이어진다. 그렇게 만들어진 폐기물, 그리고 그것을 배출한 생물은 궁극적으로 또 다른 생물의 먹이가 된다. 이런 흐름이 반복되고 또 반복된다. 무한하게. 여기서 먹이란 물일 수도 있고, 흙 속에 포함된 무기물, 식물이나 동물, 혹은 공기 속에 존재하는 온갖 기체일 수도 있다. 그러나 끝없는 순환고리 속에서는 이 먹이가 한편으로는 폐기물이기도 하다. 우리가 숨 쉬며 내뱉는 수증기, 흙으로 되돌아가는 무기물, 식물이 수중이나 대기로 배출하는 산소, 그리고 수개월에 걸친 부패 과정을 통해 흙과 공기로 변하는 코끼리의 시체. 하지만 에너지만큼은 그렇지 않다. 생물은 살아가는 동안 지속적으로 에너지를 소비하고 방출한다. 그리하여 처음에 태양 에너지 형태로 지구에 유입된 에너지는 다시 주변 환경으로, 마침내는 우주 공간으로 방출된다.

아무튼, 에너지와 물질은 다양한 생물을 거치며 끝없는 흐름을 형성한다. 먹이에서 식물로, 식물에서 동물로, 동물에서 폐기물로. 쉽게 말해서 생물은 에너지와 물질의 흐름으로 구성되어 폐기물로 끝나는 셈이다. 한마디로 자원을 폐기물로 바꾸는 장치라고 할까? 에너지와 물질이 모여 이 장치를 만들고, 이것은 구성 요소인 에너지와 물질을 다른 곳으로 이동시키기거나 저장하기도 한다. 우리는 이 극도로 복잡한 장치를 생물이라 부르는 것이다. 이와 함께 많은 생물이 다른 생물의 폐기물을 자원과 먹이로 이용하며 무기물 자원을 순환시키는 시스템을 이룬다. 이러한 순환은 태양이 방출하는 에너지에서 시작된다.

조금 더 자세히 들여다보면 이 흐름은 꽤나 복잡하다. 우선 먹이는 생물의 몸속에 저장되어 다양한 기능을 수행하는 데 사용된다. 그리고 에너지와 물질을 저장하는 활동 외에도 생물은 성장을 통해 몸집을 더 크게 키운다. 생물이 성장하려면 당연히 에너지와 물질이 필요하다.(즉 생물이 성장하려면 먹이가 필요하다.) 이 에너지와 물질은 몸을 유지 · 보수하는 데도 쓰인다. 세상에 존재하는 대다수 물건과 마찬가지로 생물의 몸체 역시 마모되고 썩는다. 몸속에서는 매우 복잡다단한 작업이 이어지며 그 과정에서 불가피하게 여러 가지 문제가 발생한다. 따라서 몸의 원래 기능을 유지하려면 지속적으로 수리하는 수밖에 없다. 이 수리 작업의 동력은 생물이 섭취한 먹이 속의 에너지와 물질이다. 그러나 이러한 유지 · 보수 과정은 모든 기능을 원래대로 되돌리기 어려우므로 결국 생물은 죽고 만다.

물질과 에너지는 번식 활동에도 쓰인다. 부모 세대는 번식을 통해 새롭고 젊은 생물체, 즉 자손을 낳는다. 이후 부모는 결국 노화로 말미암아 죽고 그 자리를 자손이 대신한다. 그리고 일부 생물 유형, 특히 그중 대다수를 차지하는 동물에게는 이동 능력이 있다.(식물과 균류는 자의적인 이동이 불가능하다.) 즉 먹이를 구하거나 번식을 위해 한 곳에서 다른 곳으로 움직일 수 있는 생물들은 이 활동을 하는 데 몸에 저장한 에너지를 일부분 사용한다.

이렇게 다양한 형태로 에너지와 물질이 소모되면 생물의 몸은 그 빈자리를 다시 채워 넣길 요구한다. 그래서 동물은 배고픔을 느끼고 먹이를 찾아 나선다. 허기를 느끼는 것은 식물도 마찬가지다. 식물은 흡수한 양분을 저장, 유지 · 보수,

성장에 주로 사용하며 생활 주기에서 어느 시점에 이르면 꽃과 씨앗을 만드는 번식 활동에도 물질과 에너지를 소모한다. 식물은 갈증도 느낀다. 몸을 구성하는 데 물을 활용하고 그중 일부가 잎을 통해 증발하기 때문이다. 그래서 식물은 뿌리를 이용해 땅으로부터 물을 흡수한다. 물론, 허기가 진다거나 갈증을 느낀다, 무얼 먹고 마신다는 표현은 주로 동물과 관련된 것이므로 식물을 이야기할 때는 거의 쓰지 않는다. 하지만 기본적인 원리 자체는 다르지 않다.

에너지와 물질은 생물의 일부가 되어 수많은 기능을 수행하는 힘이 되지만, 결국 그런 생물 자체도 죽으면 폐기물이 되고 시체를 분해하는 박테리아나 균류의 먹이가 된다. 앞에서 이야기했던 코끼리의 시체는 가장 먼저 독수리와 하이에나 떼의 밥이 되고 박테리아와 균류는 이들이 남긴 것을 먹어치운다. 결과적으로 먹는 생물이든 먹히는 생물이든 자연환경으로 폐기물을 배출하며 그것은 곧 식물의 양분이 된다. 이런 식으로 자원의 활용과 폐기물의 생산이 끝없이 이어진다. 이 순환고리는 마치 뱀이 자신의 꼬리를 물고 있는 모습과 같다. 그러나 이 뱀이 꼬리를 물지 않고 몸을 꼿꼿이 편 채로 있다면 자연계는 피폐해지고 말 것이다. 폐기물이 다른 생물의 먹이로 쓰이지 못하고 영원히 다시 사용되지 않을 테니까. 비순환적인 직선은 곧 자원의 고갈을 뜻하며 동시에 폐기물의 축적, 즉 환경오염을 의미한다. 이때 자원 고갈과 폐기물 배출이라는 두 과정은 하나로 이어진 채 서로를 낳은 결과로 작용한다. 한쪽이 없으면 다른 한쪽도 존재할 수가 없다. 마치 빛과 어둠의 관계처럼. 자원은 순환적인 시스템을 통해 폐기물에서 다시 생물의 먹이가 된다. 이 재순환 과정이 없다면 자원은 고갈되고 오직 폐기물만 쌓일 뿐이다.

식물은 동물과 다른 방식으로 에너지를 사용한다. 식물은 태양광으로부터 직접 에너지를 끌어다 쓰고, 공기에 포함된 여러 기체와 토양에 존재하는 광물질 및 물을 이용해 복잡한 화합물을 만드는 데 이 에너지를 쓴다. 이렇게 생성된 각종 화합물은 체내의 세포를 구성한다. 따라서 식물의 먹을 것은 태양 에너지, 그리고 대기와 토양에 존재하는 화합물과 물이라 할 수 있다. 궁극적으로 우리가 얻는 모든 에너지는 태양에서 지구로 왔다가 다시 우주로 되돌아간다. 전체적인 에너지 소비 측면에서는 이것이 비순환적이고 선형적이지만 결국 이 과정 덕분에 지구상에서 일어나는 각종 생명 현상이 순환성을 유지할 수 있다. 만약 우리가 자원을 소비만 하고 폐기물을 재사용하지 않는다면 물질 역시 에너지와 마찬가지로 비순환적이고 선형적이며 소모적인 양상을 보일 것이다.

이쯤 되면 몇 가지 의문이 생기기 마련이다. 어째서 선형적인 과정과 순환적인 과정 사이에 이런 차이가 나타날까? 왜 생물계는 항상 순환적인 체계를 채택하는 것일까? 자연의 모든 생물이 모든 수준에서, 즉 생물의 각종 체내 작용(화학적 수준)부터 여러 생물 간의 상호 작용(생태학적 수준)까지 항상 이 전략을 따르는 특별한 이유라도 있는 것일까? 그리고 우리 인간은 왜 그보다 단순한 선형적 경로를 따르는가? 그저 자원과 폐기물의 생산량을 잘 조절하지 못하기 때문일까? 하지만 오히려 반대로 생각하는 사람들도 있다. 우리의 수준 높은 인간 사회가 철저한 계획에 따라 자연보다도 더욱 복잡하고 순환적인 체계를 발전시켰다고 말이다. 지구상에서 유일하게 지식을 보유한 종, 호모 사피엔스(Homo Sapiens). 어쩌면 그 위대한 지능의 힘으로 인간이 자연계의 복잡다단한 순환성을 생물 개개의 수준과 여러 생물 간의 상호 작용 측면에서 모두 이해할 수 있는 날이 올지도 모른다. 사람보다 지능이 훨씬 떨어지는 다른 종들은 꿈도 꾸지 못할 일이다. 분명히 우리 인간은 박테리아보다 더 똑똑하다. 그렇지 않은가?

하지만 안타깝게도 자원 재활용이라는 측면에서는 인간과 박테리아의 처지가 180도로 바뀐다. 도대체 왜 그럴까? 과연 이 순환성은 자연계에서 조건에 상관없이 늘 나타나는 것일까, 아니면 특정한 조건이나 제한이 있을 때만 나타나는 것일까? 만약 후자가 옳다면 우리는 언제부터 자연의 순환 체계를 따르게 될까? 실제로 엄청난 제약이 가해졌을 때, 그러니까 자원이 완전히 고갈되거나 폐기물 생산량이 심각한 수준에 달하여 인간 사회의 지속가능성이나 인류의 생존이 위협받는 상황이 되었을 때부터? 그때 인간이라는 생물종과 이 사회를 계속 유지하려면 그러한 시스템을 얼마나 엄격하게 적용해야 할까? 또 자연을 본뜬 이 순환 체계가 우리의 행동 양식과 자원을 활용하는 방식, 또는 인구 증감 등에는 어떤 제약을 가할까? 이러한 제한성이 자연계에서보다 인간 사회에서 더욱 극심하게 혹은 더 가볍게 나타나지는 않을까?

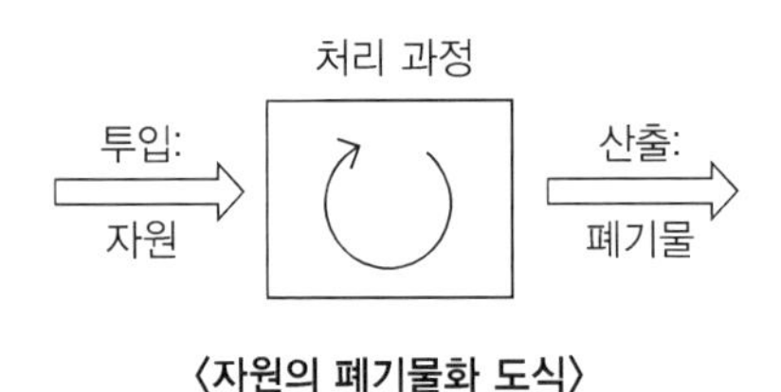

〈자원의 폐기물화 도식〉

그럼 그림을 통해서 두 가지 방식의 차이를 한 번 생각해보자. 위 도식은 선형적인 자원 소비 체계를 나타낸다. 보다시피 왼쪽과 오른쪽에 각각 투입과 산출을 나타내는 화살표가 있고 가운데 처리 과정을 뜻하는 상자가 있다. 투입 쪽의 화살표에는 무엇이든 가리지 않고 넣을 수 있다. 음식물, 휘발유, 열, 쓰레기, 나무 부스러기 어떤 것이든 상관없다. 이와 마찬가지로 가운데 있는 상자에도 꽤 많은 것을 대응시킬 수 있다. 음식물을 소화하는 우리 자신이라든가 휘발유를 태워 열을 발산하는 자동차 따위가 여기에 속한다. 그리고 그 오른쪽에서는 처리 과정을 겪은 결과물 혹은 폐기물이 산출된다. 이때 결과물은 의자나 멋지게 연마된 보석처럼 사람이 의도적으로 만든 물건일 수도 있고, 잔디를 깎거나 정원수의 가지를 치는 행동이 될 수도 있다. 또 거대한 트럭을 언덕 위로 몰 때 발생하는 연소열(에너지)이나 자외선 차단제처럼 사람에게 이로운 화학제품도 여기에 포함된다. 하지만 지하수를 오염시키는 유독 물질이나 주변으로 손실된 열(공장에서 배출한 냉각수 때문에 강의 수온이 상승하는 경우) 따위는 대개 단순한 폐기물로 여긴다.

이때 분명한 것은 위 그림에서 투입되고 산출되는 물질의 양이 반드시 같아야 한다는 사실이다. 왜냐하면, 우리가 어떤 물질을 중간의 처리 과정에서 새로 만들어 내거나 파괴하지 못하기 때문이다. 그래서 왼쪽으로 들어가는 물질과 오른쪽에서 나오는 물질의 양은 언제나 똑같다. 사실 이 원리는 에너지의 처리 과정에도 적용된다. 에너지 역시 우리가 마음대로 만들어 내거나 제거할 수 없기 때문이다. 하지만 한 가지 차이는 있다. 바로 유용한 에너지가 다시는 사용할 수 없는 열로 전환된다는 점이다. 위 그림의 상자 속에서 일어나는 모종의 처리 과정을 거치면 에너지의 유용성은 뚝 떨어지고 만다. 식물은 태양 에너지를 이용하고 그것을 체내에 일시적으로 저장하지만 결국 그것 역시 재사용이 불가능한 질 낮은 에너지로 바뀌고 만다. 그리고 그 식물을 먹는 동물은 식물 체내에 저장된 에너지를 흡수하지만 그것 역시 끝에 가서는 쓸모없는 열로 배출된다. 식물이 따른 선형적인 처리 과정이 한층 연장되었을 뿐, 에너지 순환은 일어나지 않은 셈이다. 이런 결과는 우리가 식물이나 동물을 음식물 형태로 섭취하거나 먼 옛날 지구에 존재했던 조류(algae)와 식물이 죽어서 남긴 기름과 천연가스, 석탄 등을 태울 때도 똑같이 나타난다. 어떠한 시스템에서든 에너지는 결국 열이라는 형태로 소진되고 만다. 우리가 에너지를 사용함으로써 그 에너지는 한층 저급한 형태로 바뀌지만 전환 과정을 거친 후에도 양 자체는 변하지 않는다. 다만 유용성이 떨어질 뿐이다.

우리는 나무나 기름을 태워 난로나 터빈 장치를 작동시키고 체내에서 탄수화물을 소화하여 에너지를 방출한다. 또 태양열을 이용해서 에너지를 추출하기도 한다. 다시 말해서 에너지도 물질과 마찬가지로 인간이 스스로 만들어 내거나 없애지 못한다. 하지만 그다음 단계에서 이 두 가지의 차이가 드러난다. 물질은 재순환이 가능하지만 에너지는 그렇지 못하기 때문이다. 에너지를 다시 사용하려면 유용성이 떨어지는 저급 에너지를 원래 상태로 되돌려야 하나, 이것은 불가능한 일이다. 물질은 다시 활용하고 재순환시킬 수 있지만 에너지는 오로지 일방적이고 선형적인 흐름을 따를 뿐이다. 그렇다고 마냥 재순환을 할 수 있느냐 하면 그렇지도 않다. 상자의 우측에서 산출되는 화합물은 좌측에서 투입되는 화합물에 비해 일반적으로 더 안정적이다. 이 사실은 열 손실과도 어느 정도 관련이 있는데, 이것을 바꿔 말하면 오른쪽의 안정적인 화합물을 재순환시키기 위해 새로운 에너지를 추가로 공급해야 한다는 뜻이다.

물리학에서 보편적으로 다루는 법칙들을 따져보면 끝에는 늘 이런 결론이 나온다. 이 우주 어디에서든, 즉 크고 작은 은하계가 생성되는 현상에서든 원자와 원자 사이에서 일어나는 작용에서든 물질을 기반으로 한 조직체는 결국 붕괴하여 무질서도가 높은 폐기물로 변화하고 그와 함께 열, 즉 폐에너지의 양이 증가한다는 것. 개개의 생명체, 스포츠 단체, 정부 기관, 더 크게는 사회나 문명을 유지하는 과정에서 에너지가 점점 저급한 형태로 변하고 어느 시점에 이르러서는 열만 남는 것이다. 이 법칙에서는 그 무엇도 벗어나지 못한다. 우리는 자원을 경제적으로 활용하여 폐기물 생산 속도가 늦춰지길 바라는 수밖에 없다. 순환 체계는 바로 이러한 바람을 현실로 이뤄낸다. 이 시스템에서는 물질이 내부적으로 순환되어 늘 유용한 물질이 최소한도로 소비된다. 또한 어떤 물질이 폐기물로 변하여 체내에서 세포 밖으로, 혹은 배설물이 되어 체외로 배출되더라도 그중 일부는 또 다른 생물들의 먹이로 쓰인다. 즉 유기체들 사이에서 재순환이 이뤄지는 것이다. 이 과정은 지구에 생명체가 나타나는 순간부터 계속 이어져 왔고 지금도 계속되고 있다. 물론 그 궁극적인 이유는 지구의 부존자원이 유한하기 때문이므로 자원의 재순환은 앞으로도 멈추지 말고 계속되어야 한다.

자원과 마찬가지로 에너지도 한정되어 있다. 아마 아주 먼 옛날 지구에 등장한 생물들은 얼마 지나지 않아서 유용한 화학 에너지를 모두 소모했을 것이다. 일단 질적으로 감등된 에너지는 원래대로 돌아갈 수 없고, 또 자원이 폐기물로 변하는 과정에서 손실된 에너지를 역으로 투입하지 않는 한 폐기물은 처음 상태로 돌아가지 못한다. 다행히도 지구에는 생물이 활용할 수 있는 외부 에너지원이 존재한다. 바로 가장 가까운 항성인 태양이 에너지를 내뿜기 때문이다. 태양은 몇 십억 년 동안 하루도 빠짐없이 새로운 에너지를 지구에 대량으로 공급했다. 이 에너지 덕분에 지구에서는 폐기물이 재사용 가능한 형태로 전환될 수 있었고 새로운 생물체와 새로운 화학적 메커니즘이 등장하여 기존의 자원 순환 과정에서 활용되지 않던 원소들이 쓰이기 시작했다. 그 대신 이전의 방식보다는 더 많은 에너지가 소비되었다.

결국 우리 인간을 비롯하여 각종 식물, 동물, 박테리아, 균류는 모두 태양 에너지를 연료로 삼아 움직인다. 그런데 태양은 그만한 에너지를 대체 어디서 얻을까? 지금으로부터 약 60년 전, 과학자들은 수소폭탄의 작용 방식과 똑같은 핵융합 반응이 태양의 중심부에서 수십억 년에 걸쳐 일어났음을 밝혀냈다. 즉 태양은 그 자체로 하나의 거대한 핵폭탄인 셈이다. 내부에서 수소 원자 두 개가 핵융합을 일으켜 더 무거운 원소인 헬륨으로 변하고 이것이 차례로 핵융합을 일으키면서 더 크고 무거운 원소로 변화하니 핵폭탄이 아니고 무엇인가? 그렇게 생각하면 이 우주 전체에는 초거대 핵폭탄이 엄청나게 많이 존재한다고 할 수 있다. 별의 수가 곧 폭탄의 수와 같으니까 말이다. 그중에는 상상하기조차 어려운 파괴력을 자랑하며 폭발하는 별도 있고 원료인 수소의 고갈로 조용히 사라지는 별도 있다. 우리가 사는 지구에는 태양이 생산하는 막대한 에너지 중 일부가 빛과 열의 형태로 도달한다. 과거 45억 년간 지구는 수소의 핵융합 반응 덕분에 줄곧 따뜻한 온도를 유지할 수 있었다. 그리고 태양은 앞으로도 지난 세월과 거의 같은 시간 동안 우리 행성에 온기를 제공할 것이다.

이런 과정은 지금까지 알려진 우주 곳곳에서 두루 일어난다고 한다. 처음에 우주가 생겨날 때 존재하던 원소는 수소뿐이었고, 이 원소는 당시 일어난 모든 물리적·화학적 변화에 관여했다. 어찌 보면 현존하는 우주의 역사는 곧 수소가 써내려간 역사라고 할 수 있다. 지구의 모든 화학 원소, 그러니까 우리 몸, 온갖 자연물과 물건들, 주변의 수많은 생명체를 구성하는 물질의 양은 이 세상에 존재하는 수소의 전체 양에 비하면 말 그대로 티끌과 같은 수준이다. 저 먼 우주에서 보면 다른 원소들은 수소에 파묻혀서 아예 보이지도 않을 정도라고 할까? 이 압도적인 규모, 즉 빛의 속도로 약 150억 년을 가야 끝이 보이는 광대한 우주를 기준으로 주변을 둘러봤을 때 눈에 들어오는 원소는 오로지 수소밖에 없다. 따라서 태양계와 지구, 그리고 그 속에서 사는 우리는 아주 예외적인 사례에 속한다.

그런데 수소는 생명이 태동하는 데도 매우 중요한 역할을 했다. 아마 지구에는 생물이 등장하기 이전에 무수히 많은 수소 분자가 존재했을 것이다. 생명은 바로 이 분자 때문에 시작되었는데, 그 이유는 수소의 화학 결합 형성과 분해가 비교적 쉬웠다는 데 있었다. 필자 개인적으로는 당시에 생물이 이용할 수 있었던 수소 대부분이 셀레늄(selenium)과 우선적으로 결합했으리라 생각한다. 아마 그다음에는 황과 인이 수소와 결합했을 테고, 시간이 더 지나서는 산소가 이 과정에 포함되었을 것이다. 이후 수소와 쉽게 결합하고 분리되는 기타 원소들이 수소를 곳곳으로 순환시키기 시작했고, 시간이 지나면서 이 원소들은 자유 수소 분자와 더욱 많이 결합하게 되었다. 그러다가 셀레늄이나 황, 인, 산소보다 수소를 더 강하게 끌어당기고 더욱 오랫동안 붙들 수 있는 원소들이 생명의 진화 과정에 혼입되었고, 마침내는 탄소가 이 단계에 발을 들였다. 이렇게 화학적 인력이 강한 원소들이 포함된 반응 생성물은 결합이 쉽게 깨지지 않는 특성을 보였다. 따라서 아주 초창기에 탄생한 생명체보다는 나중에 나타난 종류가 화학적으로 반응성이 더 낮았다고 생각할 수 있다. 이런 식으로 체내에 수소를 더 오랫동안 붙들어 둔다는 말은 에너지를 더 오래 보유한다는 뜻과도 일맥상통한다. 에너지를 저장하는 데 특화된 탄소 화합물(식물 체내의 녹말이나 동물성 지방과 기름 종류)을 한 번 생각해보라.

하지만 이 말은 식물과 동물이 다시 순환되기 어려운 생물학적 폐기물을 생산한다는 뜻이기도 하다. 반응성이 떨어지는 안정적인 화합물일수록 생물이 분해하기 어렵기 때문이다. 이후 각 생물의 신체 구성이 점차 복잡해지면서 더 많은 원소가 사용되었다. 초창기 생물들은 기존의 원소를 이용하여 생리 작용을 유지하면서 새로운 원소를 이용해 새로운 메커니즘을 추가해나갔다. 그리고 새 메커니즘이 다른 메커니즘의 뒷받침을 받고, 그것이 또 다른 메커니즘의 뒷받침을 받아 새로운 단계를 형성하면서 복잡성이 계속 더해졌다. 이렇게 구조와 생리 작용이 복잡해지면서 몸집이 더욱 커지고 생물은 이전보다 몸속에 더 많은 수소를 보유하게 되었다. 그와 동시에 자연계에서 손쉽게 이용할 수 있는 수소가 점점 사라졌다.

자유 수소의 양이 점점 줄어들면서 생물의 몸을 구성한 원소들은 제 분자 구조를 유지하기 위해 수소를 더욱 강하게 끌어당겨야 했다. 그러나 수소와 가장 먼저 결합했던 일부 원소들의 경우, 이미 반응 생성물 자체가 상당히 안정적이었던 탓에 수소를 더 세게 끌어당길 여력이 없었다. 그 대신 그 자리에 인력이 더 강한 다른 원소가 치환되는 현상이 나타났다. 셀레늄의 자리에 황이 대신 들어가고 그것이 인과 함께 또 다른 화합물을 형성한 것은 바로 이런 이유에서였다. 아마도 원시 지구에서는 황이 가장 먼저 셀레늄의 자리를 대신했을 것이다. 두 원소의 화학적 특성이 유사한데다가 황의 인력이 셀레늄을 곧바로 대체할 수 있을 만큼 강하기 때문이다. 이렇게 치환 작용이 일어난 후에는 동일한 원리를 따라서 황이 산소로 대체되었다. 산소 역시 황과 특성이 유사한데 화학적 인력은 황보다 산소가 훨씬 더 강하다. 앞에서도 이야기했지만 이런 원소들이 형성한 분자는 점차 반응성이 낮아지는 반면에 안정성이 더 커지므로 자연계의 거대한 순환 과정에서 이 결합을 깨뜨리려면 더욱 큰 에너지가 필요하다. 만약 결합이 끊어지지 않고 그대로 유지된다면 반응 생성물은 비활성 상태로 생명의 순환고리 속에서 아무런 역할도 하지 못한다. 단지 화학적 폐기물로 남을 뿐이다. 이런 이유로 생명체는 점점 더 에너지에 굶주리며 더욱 복잡하고도 낭비적으로 변했다.

이후 시간이 더 흘러서 이산화탄소와 물을 이용해 탄수화물을 만드는 메커니즘이 생겨났다. 그러나 이 단계에서 새롭게 도입된 탄소의 인력은 주위 환경으로부터 대량의 수소를 직접 끌어당기기에 충분하지 못했다. 그러던 중 세포막의 특수 구조를 이용해 수소를 획득하는 방법이 등장했다. 그리하여 원시 생물들은 태양의 빛에너지를 이용해 황화수소(H2S)를 분해하고, 나중에는 물(H2O)을 분해하기 시작했다. 그렇게 물이라는 무궁무진한 원천과 태양 복사라는 무한한 에너지원을 이용하면서 생물은 자연적으로 존재하는 수소를 소비하는 데 그치지 않고 생리 작용에 필요한 양을 직접 구할 수 있게 되었다. 이로 말미암아 산소가 폐기물로 바다에 배출되었고 결과적으로 대기 중의 산소 농도가 증가했다. 원시 생명체들은 태양 에너지를 이용한 생물학적 메커니즘으로 물에서 수소를 얻으면서 에너지 저장을 위한 특수 화합물, 즉 당류(sugars)를 합성하기 시작했다. 이러한 당류의 화학적 결합이 깨지면 분자 내에 묶여 있던 수소가 풀려나 산소와 반응을 일으켜 물이 생성되었다. 그리고 이 분해 반응으로 태양 복사를 통해 얻은 에너지가 방출되면서 또 다른 생명 활동이 이어질 수 있었다. 결국 당류는 태양 에너지를 한시적으로 저장하는 '창고'가 된 셈이다. 저장된 에너지는 생물체가 에너지 부족을 겪을 때, 이를테면 태양 에너지를 전혀 얻을 수 없는 밤에 방출되곤 했다.

그러나 이 초창기의 당류는 탄소의 결합력이 상대적으로 너무나 강했던 탓에 반응성이 크게 떨어졌고, 결국 자연계로 배출된 후에는 쓸모없는 폐기물이 되고 말았다. 그리고 이것을 분해하는 데 필요한 효소(enzyme), 즉 특정한 화학반응을 용이하게 하거나 반응 속도를 높이는 분자가 등장한 것은 조금 더 시간이 지난 후의 일이었다.

그리하여 생물의 생체 활동에서 환원 작용[reduction, 어떤 물질이 수소와 결합하는 작용, 더 정확히 말하면 그 구성 요소(양성자와 전자)를 받아들이는 작용.]이 세포 내의 중심적인 메커니즘으로 자리 잡았다. 환원 작용은 원소나 화합물이 태양 에너지의 도움을 받아 수소와 결합하면서 일어났다. 기나긴 생명의 역사를 돌이켜봤을 때 태곳적의 생명 활동은 결국 태양 에너지 덕분에 유지된 셈이다. 또 외부 환경에서 자유롭게 얻을 수 있는 수소의 양이 점차 줄어들면서 생명체가 세포 내에 저장된 물을 이용해 수소를 만들어냈다는 점도 간과해서는 안 된다.

어떻게 보면 식물과 동물, 균류는 상호보완적인 생물 형태라 말할 수 있다. 식물은 공기와 토양으로부터 이산화탄소와 물을 섭취하고 산소를 폐기물로 대기 중에 내뿜는다. 즉 이산화탄소는 기체 상태, 물은 액체 상태의 먹이인 셈이다.(여기서는 '먹이'를 생명체가 체내로 받아들이는 물질로 넓게 생각하자.) 한편 식물은 탄수화물을 생산한다. 그 예로 밀이나 벼, 감자에 포함된 녹말을 들 수 있는데, 이것은 곧 세포 내에 저장된 화학 에너지를 뜻한다. 반대로 인간을 비롯한 동물과 균류는 식물이 생산한 탄수화물을 먹고 소화(즉 연소)시킨다. 연료인 탄수화물을 태우려면 식물이 배출한 산소를 체내로 받아들여야 하며 그 결과 이산화탄소가 폐기물로 배출된다. 따라서 산소는 동물의 '먹이'에서 필수적인 부분을 차지한다. 우리는 식물이 생산한 녹말(감자나 쌀을 그대로, 또는 가공해서 빵이나 면 형태로)을 먹고 산소를 이용해 숨을 쉬며 커피나 탄산음료, 맥주로 수분을 섭취한 후 이산화탄소와 물을 폐기물로 배출한다. 그러는 동안 우리 몸에서는 온갖 화학반응의 결과로 열이 발산된다. 이 열은 식물이 생산한 화합물을 우리 몸이 분해할 때, 즉 식물이 배출한 산소를 이용해 탄화수소와 수소의 결합을 끊을 때 방출되는 바로 그 에너지다. 식물은 태양 복사로 얻은 이 에너지를 세포 내에 녹말 형태로 저장하고 이것은 우리가 먹는 빵과 파스타의 주성분이 된다. 우리가 이렇게 얻은 에너지는 걷거나 이야기하고 신체를 유지하거나 자손을 낳고 기르는 데 쓰이며, 마침내는 열 형태로 방출된다.

이 놀라운 이야기는 여기서 끝나지 않는다. 생물의 세계는 여전히 무궁무진한 이야깃거리를 가지고 있다. 앞에서도 이야기했듯이 동물성 생명체는 당류를 분해하여 이산화탄소를 폐기물로 배출한다. 산소를 이용해 몸속에서 연소 반응을 일으키는 것이다. 이런 기능은 자동차에서도 찾아볼 수 있다. 다만 자동차가 당류 대신 휘발유를 연료로 사용하고 이 휘발유가 수천만 년 전에 생성되었다는 점에서 차이가 있다. 하지만 이 연료의 출처는 우리가 섭취하는 당류와 다르지 않다. 오늘날의 조류와 식물을 닮은 먼 옛날의 식물성 생명체들이 당류를 축적하기 위해서는 이산화탄소가 필요했고, 그 결과로 산소가 생산되었다. 결국 동물과 식물은 먼 옛날부터 완벽하게 상호 보완적인 관계를 이룬 셈이다. 어떤 관점에서는 이산화탄소와 산소가 모두 폐기물이었지만 다른 한편으로는 서로에게 꼭 필요한 자원이었으니 말이다. 그러면서 수소는 이 두 원소 사이를 왔다 갔다 하며 강력한 매개체로 활약했다.

원시적인 식물과 동물성 생명체들은 점차 상호의존적인 관계가 되어 다른 생물의 폐기물을 먹이로 사용하고 생리 작용으로 인해 발생한 폐가스가 과도하게 축적되지 않도록 막으며 서로를 보호했다. 그때부터 생물은 대기와 바닷속에 존재하는 산소와 이산화탄소를 폐기물이자 자원으로 재순환시키기 시작했다. 이것은 지구에서 생명이 발견되는 모든 곳, 이른바 생물권(biosphere)에서 매우 거대한 순환고리를 형성했다. 폐기물과 자원의 재순환은 자연계의 영양소 순환으로도 불리는데, 여기서 '영양소'란 생물이 먹이 섭취를 통해 체내로 흡수하는 양분과 관계가 있다. 영양소 순환에는 방금 이야기한 산소와 탄소의 순환 외에도 여러 가지 유형이 존재한다. 질소, 황, 인, 철, 물 등이 여기에 포함되는데, 이러한 영양소의 순환 과정은 지구 생명체의 존속을 위해 반드시 필요하다. 모든 진화 단계에서, 그리고 생명 활동과 관계된 모든 부분에서 자원과 폐기물의 재순환 과정은 곧 생명의 밑바탕이 되었다.

이렇듯 식물과 동물은 서로 상대방의 폐기물을 먹이로 사용하며 철저히 상호 보완적으로 활동한다. 생물의 몸을 이루는 물질은 식물에서 동물로, 그리고 다시 동물에서 식물로 하나의 원을 그리며 이동한다. 그렇게 물질은 아주 오랜 세월에 걸쳐 식물과 동물로 구성된 폐쇄적인 순환 경로를 따라 돌고 또 돌았다. 지금까지 수백, 수천만 년 동안 줄곧 이 흐름을 따라 움직인 것이다. 우리가 섭취한 당류 속의 탄소는 수억 년 전에 살았던 동물과 식물의 영양 기관을 거치고 몸을 구성했던 바로 그 물질이다. 어떻게 보면 먼 옛날의 생명체가 화학적으로 다시 태어났다고나 할까?

영양소의 순환 경로가 폐쇄적이라고 했지만, 더 정확하게 말하면 이 말은 원을 따라 움직이는 물질이 헛되이 버려지거나 유실되는 상황이 좀처럼 일어나지 않는다는 뜻이다. 순환 과정에서 벗어나 더 사용되지 못하는 물질은 두꺼운 지층이나 석회암층, 석유, 천연가스, 석탄의 구성 요소가 된다. 하지만 식물에서 초식 동물로, 그리고 초식 동물에서 육식 동물과 기생충으로, 최종적으로 분해자인 박테리아와 균류까지, 일련의 단계를 거치는 동안 불가피하게 이 순환계를 벗어난 물질은 결국 에너지로 전환된다. 한편 식물은 생존에 필요한 에너지를 태양으로부터 받아 동물, 균류, 박테리아에게 전달하고, 이것은 결국 열, 즉 유용성을 잃은 에너지로 변하여 대기 중으로 방출된다. 에너지는 결코 재순환되지 못한다. 앞에서도 이야기했듯이 에너지는 생명체로 구성된 커다란 물질적 순환 체계 속에서 손실을 일으키며 유용성이 떨어지는 저급한 에너지로 변한다. 이 순환고리를 따라 도는 것은 오직 물질뿐이다. 하지만 에너지가 점차 질적으로 저하되어 유용성이 떨어지는 열로 변하는 과정이 없다면 자연계의 물질들 역시 제 역할을 제대로 할 수 없다.

사실 생물권의 탄소 순환 체계가 아주 완벽하지는 않다. 일부 물질은 여전히 에너지를 보유한 채로 유실되기 때문이다. 이를테면 식물과 동물이 포식자에게 잡아먹히거나 완전히 부패하지 않고 이탄(泥炭)으로 변화하거나 모래 따위에 묻혀서 화석이 되는 경우가 있다. 이러한 폐물질은 재순환 과정에 유입되지 못한 채 땅속에 쌓여서 석탄과 석유, 또는 천연가스 매장층을 이루거나 캐나다와 시베리아 같은 영구 동토 지대(땅이 일 년 내내 언 상태로 유지되는 지대. —옮긴이)에서 두껍고 넓은 이탄층을 형성한다.

결국 우리가 자동차를 움직이는 데 이용하는 석유나 휘발유는 아주 먼 옛날에 형성된 화석 물질이다. 그런데 화석 물질이라고 해서 모두 에너지원이나 무기물 자원으로 이용되는 것은 아니다. 석유와 천연가스 대부분은 지하 깊은 곳에서 발견되므로 매우 특별한 지질학적 조건이 형성되거나 특수 기술을 이용하지 않는 한 자원으로 이용할 수 없다. 어떨 때는 석유가 먼 옛날 매머드나 검치호(劍齒虎, saber toothed tiger)처럼 커다란 짐승들이 빠져 죽은 아스팔트 호수 속에 고인 채로 아예 발견되지 않을 수도 있다. 동물과 식물들 입장에서 이탄, 석탄, 석유, 천연가스는 직접 섭취할 수 없는 자원이다. 반면에 균류나 곰팡이, 박테리아 등의 미생물은 이런 광물질을 분해하여 이산화탄소나 메탄가스로 바꿀 수 있다. 사실 결과적으로는 이 과정에서 생성된 메탄 역시 식물의 양분이라 할 수 있다. 메탄이 대기 중의 산소와 반응하면 이산화탄소와 물이 생성되기 때문이다. 그밖에 조개껍데기와 동물의 뼈가 축적되어 만들어진 백악과 석회암층도 에너지원으로는 쓰이지 못한다. 백악이나 무기석회가 칼슘으로 이뤄지긴 했지만 생물이 그것을 직접 섭취하기란 상당히 어려운 일이다. 또 보통 동식물이 죽고 난 후에도 그 잔해가 분해되고 그것이 다시 식물의 양분이 되기까지는 아주 오랜 세월(대개 수천 년)이 걸린다.

이런 이유로 먼 옛날에 생성된 유기 폐기물 중에서 우리가 연소시켜 에너지를 얻을 수 있는 양은 극히 일부에 불과하다. 이런 연료를 태우면 이산화탄소와 수증기가 배출되는데, 이 두 가지는 공기를 데우는 온실기체 역할을 한다. 소의 방귀와 트림, 그리고 일부 박테리아가 이탄을 분해함으로써 방출되는 메탄가스도 온실기체에 속한다. 온실기체는 종류에 상관없이 모두 기온 상승에 영향을 미친다. 이 과정은 의외로 단순하다. 태양에서 전달된 복사 에너지 중 일부가 지구의 지표면과 해수 온도를 높이는 데 사용되고 나머지는 다시 우주로 되돌아간다. 지표면과 물의 온도를 높인 에너지 중 일부는 에너지 준위가 낮은 적외선 복사 형태로 지구를 벗어난다. 이렇게 방출되는 적외선 중 일부가 온실기체 분자에 흡수되는데, 이로 인해 온실기체의 에너지 보유량이 점점 늘어나면 기온이 상승한다. 그리고 이렇게 에너지로 가득 찬 분자들이 늘어나면 지구 전체의 기온이 높아지고, 따뜻해진 대기는 다시 육지와 바다 온도를 높인다. 이 일련의 과정을 흔히 기후 온난화라고 한다.

화석연료의 정제 과정에서 분류된 탄소 화합물은 나일론, 플라스틱, 화학비료, 제초제, 의약품, 아스팔트 등 현대 사회의 필수 가공품을 만드는 데 쓰인다. 그러나 이러한 인공 생산물은 대부분 자연적으로 분해되지 않는다. 요즘은 자연 분해가 되는 플라스틱이 만들어진다고 하나, 그것도 일정 수준까지만 분해가 될 뿐 작은 입자는 여전히 썩지 않고 자연환경에 대량으로 남아 미생물의 숨통을 조인다. 결국 인간의 생산물은 영원히 남는 폐기물에 불과하다.

먼 옛날에 생성된 자연 폐기물이 현대 사회의 인공 폐기물로 탈바꿈하면서 우리 개개인과 사회 전체가 만들어내는 폐기물이 지표면과 수중에는 오염물질로,

공기 중에는 온실기체 형태로 점점 더 많이 쌓여간다. 그 원인은 세계 인구가 늘어나고 삶의 질을 높일 목적으로 각종 신기술이 개발되어 널리 사용되는 데 있다. 현대인은 재순환이 아니라 지속적인 보관을 목적으로 가공품을 만든다. 건축 현장에서 자연적이거나 인공적인 자원 재순환을 위해 계단을 만드는 사람은 없다. 궁극적인 목적은 최대한 튼튼하게 오랫동안 사용하는 데 있으니까. 이렇게 분해되지 않고 썩지 않는 폐기물 때문에 발생하는 각종 문제는 언젠가 거의 동시적으로 한계에 달할 것이다. 그리고 이 시기를 전후하여 수많은 인구로 인한 문제들 역시 함께 터질 것이다.

과연 이 난관에 어떻게 대처해야 할까? 새로운 에너지원을 찾기는 불가능하지 않지만, 어떤 식으로든 변화가 일어날 경우에는 그에 맞는 물질적인 뒷받침이 필요하다. 그리고 인간의 산업 활동으로 발생하는 이산화탄소의 배출량을 줄인다고 해서 문제가 모두 해결되는 것도 아니다. 에너지의 감소와 이산화탄소 배출량 증가는 세계 인구가 늘어나면서 뒤따르는 부수적 현상일 뿐이다.

문제를 근본적인 수준에서 해결하려면 새 에너지원을 찾고 이산화탄소 배출량을 줄이는 근시안적인 방법 대신, 다음과 같은 방안을 택해야 한다. 그 첫째는 생산을 줄이는 것이다. 여기에는 인간이라는 종의 번식, 즉 인구수를 줄이는 것과 소비의 감소, 공업 생산 및 가내 생산의 감소가 모두 포함된다. 달리 말하면 인간이 만들어내는 생산물과 폐기물을 모두 줄여야 한다. 생산이 곧 모든 문제의 주요 원인이기 때문이다. 인구 증가와 과도한 물품 생산은 자원 고갈과 폐기물 생산을 촉진한다. 우리는 이 속도를 늦춤으로써 문제를 어느 정도 완화할 수 있다. 둘째 방안은 현재의 선형적이고 소모적인 자원 이용 및 폐기물 생산 체계를 순환적인 방식으로 바꾸는 것이다. 인류와 자연계에 닥친 전 지구적인 재앙을 막기 위해서는 우리에게 필요한 물질을 철저하게 순환시켜야 한다. 그 외에 다른 길은 없다.

2. 자연은 돌고 돈다

자연계의 화학적 · 생물학적 재순환 과정은 얼마나 정밀하게 작동할까? 이 궁금증을 해소하기 위해 잠시 화학적인 평형에 대해 살펴보고 넘어가자. 플라스크에 두 가지 화합물을 넣으면 그 둘은 서로 반응하거나 아무 반응 없이 처음 상태 그대로 남는다. 반응이 일어날 경우에는 그 속도가 폭발적일 수도 있고 아주 느릴 수도 있다. 속도가 어떻든 간에 결국 어느 시점에 이르면 반응 물질이 하나 또는 두 가지 모두 소모되어 반응이 정지되기 마련이다. 다만 폭발적인 반응은 아주 빠르게 끝나고 느린 반응은 그보다 시간이 오래 걸릴 뿐이다. 아래 그림들은 이때 나타날 수 있는 상황을 아주 단순하게 나타낸 것이다. 처음 그림에서 오른쪽을 향하는 화살표는 두 가지 화합물의 반응 과정을 나타낸다. 최종적으로 이 반응 물질들은 모두 소모되고 그 자리는 새로운 화합물인 반응 생성물이 대신한다.

그러나 처음 두 화합물이 반응을 거부할 때는 화살표가 반대 방향을 가리킨다 (아래 그림 참조).

A ⟵ B

역으로 위 두 가지 상황의 중간쯤 되는 형태로 화살표가 양쪽을 모두 가리키는 때도 있다.

이 말은 곧 반응이 동시에 두 가지 방향으로 일어난다는 뜻, 즉 일정 수준까지는 새로운 화합물이 생성되고 그것이 또 지속적으로 처음의 두 가지 화합물로 분해된다는 뜻이다. 여기서 새로운 화합물이 생성되는 속도는 분해 속도와 대체로 균형을 이룬다.

화합물들 사이에서 일어날 수 있는 이 세 가지 상황 중에서 우리는 특히 두 가지에 관심을 기울일 필요가 있다. 여기서 두 번째 경우는 사실상 우리의 목적과 무관하다. 결국 아무것도 일어나지 않은 셈이니 말이다. 물론 주제를 달리해서 폐기물과 각종 오염물질 위주로 이야기한다면 반응이 불가능한 상황도 다룰 필요가 있다. 사실 이 경우는 첫 번째 그림, 즉 반응물이 생성물로 변하는 과정에서 나타날 수 있는 아주 극단적인 사례에 포함된다. 아무튼 첫 번째 경우에 속하는 반응은 최종적으로 아무 변화를 일으키지 않는 안정적인 평형 상태를 이룬다는 점에서 꽤 흥미롭다. 평형 상태에 달했다는 말은 비활성 화합물이 형성되었다는 뜻으로, 이러한 결과물은 반응이 끝난 후에도 어느 정도 유용한 에너지를 보유하거나 모든 에너지를 소모한 상태에 해당한다. 그런데 만약 어떤 생물도 이 화합물을 소화하지 못할 경우 이것은 아무도 사용하지 못하는 자원으로 영원히 유실되고 만다. 달리 말하면 어떠한 생물도 그 화학 조성을 깨뜨리지 못하므로 그 속에 존재하는 에너지나 구성 물질이 더는 사용되지 못한다는 뜻이다. 이럴 때는 그 반응을 일으키는 자원의 양이 계속 줄어들어 결국 완전히 고갈되고 만다. 경우에 따라서는 이렇게 안정한 화합물의 결합을 대량의 에너지를 이용해 깨뜨림으로써 그 구성 물질을 다시 생물이 사용 가능한 상태로 되돌릴 수도 있다. 그 예로 동물의 대사 과정에서 생성된 이산화탄소, 물, 단순한 질소 화합물 등을 들 수 있다. 이런 폐기물이 순환되려면 외부의 수소나 기타 분자들이 결합하는 과정이 필요한데, 그러기 위해서는 풍부한 태양 에너지를 동력원으로 사용해야 한다. 그래서 이 에너지를 이용하여 식물은 이산화탄소를, 일부 박테리아 무리는 질소 화합물을 자연의 순환 과정으로 되돌려 보낸다. 하지만 이런 일이 일어나려면 풍부한 에너지 외에도 생체 활동에 필요한 에너지양을 줄이는 데 특화된 분자들, 즉 단백질류가 필요하다. 모든 생물은 화학적으로 안정한 최종 산물(폐기물)을 배출하기 마련이기 때문에 생명 체계는 이러한 안정적인 폐기물을 다시 순환 과정으로 되돌리고자 다양한 메커니즘을 발달시켰다. 그리고 이 시스템 덕분에 지구의 생명체가 자원 고갈로 멸종하는 상황이 일어나지 않았다. 애초에 모든 물질과 에너지는 자연적인 흐름 속에서 안정적인 화학폐기물과 저급한 에너지, 즉 열로 바뀌게 되어 있다. 그런데 영겁에 달하는 기나긴 세월 동안 발달한 생명의 순환적 메커니즘이 이 문제를 해결한 것이다. 그리하여 폐기물은 외부 에너지원인 태양의 막대한 에너지에 힘입어 자원으로 또 다른 생산 과정에 다시 투입될 수 있었다.

마지막 그림, 그러니까 반응이 양 방향으로 일어나는 경우는 생물학적인 재순환이란 관점에서 봤을 때 가장 흥미롭다. 이것은 생명체가 먼 옛날부터 각종 원소와 분자가 지속적으로 생물학적 생산 과정에 다시 유입되는 상호 의존적 반응, 즉 재순환이라는 커다란 시스템 내에서 이러한 순환 반응을 발전시켰다는 뜻으로 해석할 수 있다. 앞에서도 이야기했듯이 이때 일어나는 정반응과 역반응은 서로 균형을 이룬다. 결합이 형성되는 수만큼 그것이 에너지를 소모하면서 다시 깨지기 때문이다. 이런 현상이 일어나면 초기 반응물과 반응 생성물이 일정한 양을 유지하며 늘 혼합된 상태로 존재하게 된다. 따라서 정반응의 결과로 안정한 평형 상태에 이르러 더 이상 아무 변화도 나타나지 않고 역반응이 불가능한 첫 번째 경우와 달리, 세 번째 경우에서 나타나는 평형 상태는 정반응과 역반응이 함께 일어나는 역동적인 평형 상태이다. 사실 이 현상은 외관상 화학반응이 종점에 이른 것과 크게 다르지 않으므로 아무것도 일어나지 않았다고 볼 수도 있다. 하지만 실제로는 꾸준한 결합과 분해 속에서 평형 상태가 유지된다. 겉으로는 아무 일도 일어나지 않는 듯 보이지만 그 속은 끊임없이 움직이는 역동적인 세상인 셈이다. 그래서 이러한 상태를 동적 평형(dynamic equilibrium)이라고 부른다. 이는 원소들이 죽은 듯 멈춰버린 고요한 세계가 아니라 정반응과 역반응이 끝없이 일어나는 활기찬 세계다.

이렇게 평형 상태가 동적으로 유지될 경우에는 새롭게 생성된 화합물이 다른 반응으로 소모되더라도 이전 반응이 곧장 재개되어 해당 화합물이 계속 보충된다. 이 과정은 생물학적인 관점에서 매우 중요하다. 반응 생성물을 다시 만드는 데 필요한 자원이 존재하는 동안은 그 새로운 화합물을 계속 사용할 수 있다는 뜻과 같기 때문이다.

A → B → C

위 그림처럼 B에 속하는 반응 생성물이 C를 만드는 데 소모될 경우, 이 시스템은 비평형 상태를 유지하며 C로 향하는 반응이 멈출 때까지 지속적으로 B를 생산하게 된다. 요컨대 어떤 단계에서 반응 생성물을 이용함으로써 물질과 에너지가 계속 흐른다는 것이다. 지금까지 생명 체계는 늘 이러한 비평형 상태에서 존재했다.

지구 상에 생명이 움튼 이래 거의 40억 년에 달하는 세월이 지났음에도 자연의 생명 체계가 단 한 번도 화학적 평형 상태에 도달한 적이 없다는 사실은 정말 흥미롭다고 할 수 있다. 단 몇 초 혹은 백만 분의 1초처럼 아주 짧은 시간에도 화학 반응이 수없이 일어날 수 있다는 점을 생각하면 더더욱 그렇다.

이 뒤로 이어지는 추론은 그리 복잡하지 않다. 이번에는 그림 왼쪽의 반응물과 오른쪽의 반응 생성물 사이에 반대 방향으로 진행되는 반응 기제가 존재한다고 생각해보자. 이것은 두 가지 화학 성분으로 이뤄진 원시적 '순환고리'라고 볼 수 있다. 이제 이 두 가지 반응 과정 사이에 또 다른 화합물을 추가해보자. 여기서는 역반응을 예로 들겠다(아래 그림 참조). 그러면 화합물 B가 C를 만드는 데 쓰이는 동시에 C는 다시 A를 만드는 데 사용된다. 그 결과 세 가지 화학 성분으로 이뤄진 원시적 순환고리가 나타난다. 이 도식은 생물계 순환 구조의 본질, 즉 반응물과 생성물이 역할을 교대하면서 이어지는 역동적이고 비평형적인 반응을 담고 있다. 생명은 이런 방식으로 하나의 동적 평형 상태에서 시작하여 점차 더 많은 동적 평형 상태가 포함된 복잡하고 상호 의존적인 순환 구조를 마련했을 것이다.

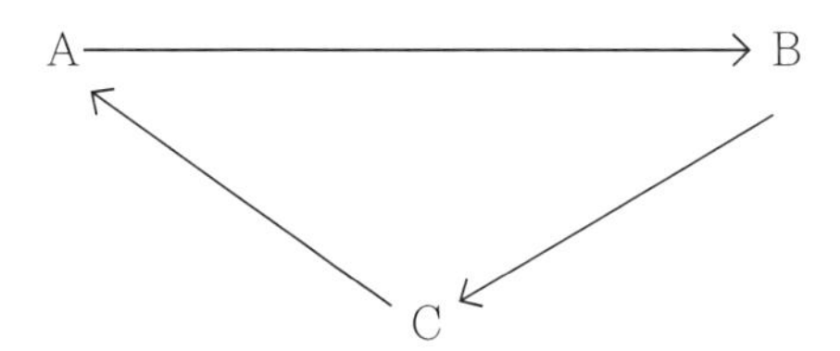

물론 에너지는 일련의 반응이 일어나는 동안 계속 열 형태로 손실된다. 이 때 손실된 양만큼 에너지가 지속적으로 유입되어야 반응이 이어질 수 있다.

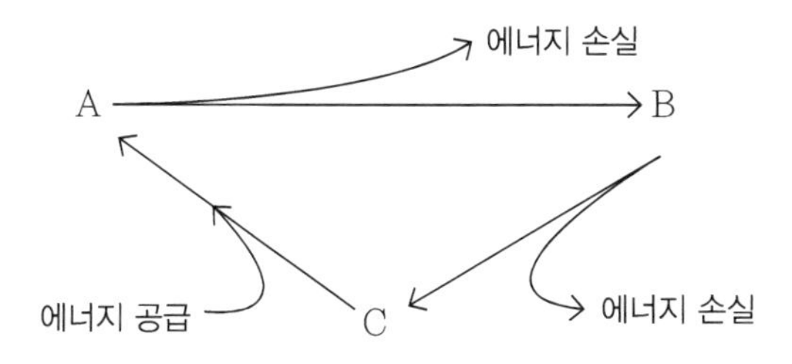

이 순환 구조는 해당 시스템 외부에서 다른 반응을 통해 생성된 에너지, 즉 주변 환경이나 태양에서 전달된 외부 에너지로 작동한다. 멈추지 않고 흐르는 외부 에너지 덕분에 모든 생명의 순환고리가 스스로 흐름을 유지하는 것이다. 밖에서 유입된 거대한 에너지는 한 시스템에 동력을 제공하고 끝에 가서는 저급한 에너지로 바뀌어 그곳을 떠나지만, 화합물은 에너지가 떠난 후에도 남아서 결합과 분해를 계속 반복하며 끝없이 순환한다. 생물체 내부적으로는 이 순환고리에 포함된 화합물이 계속 소모되면서 물질과 에너지가 끊임없이 흐른다. 이로써 지금까지 약 40억 년 동안 이어진 화학적 비평형 상태가 변함없이 유지되는 셈인데, 생물과 생물의 관계에서는 이러한 화합물들이 다시 순환 구조 속에 유입되면서 물질의 유실 없이 전체적인 균형이 유지된다고 볼 수 있다. 만약 지구 상의 생명 체계가 생화학적 단위에서 전체 생물권을 아우르는 정교한 순환 체계를 발달시키지 않았다면 그 긴 세월 동안 생존을 위해 얼마나 많은 자원이 필요했을까? 과연 이 행성에 존재하는 물질만으로도 충분했을까? 사실 그래 봤자 생물은 지구의 지극히 얇은 표면에 존재하는 자원만을 활용할 뿐이다. 과거에 지하 3킬로미터 지점에서 살아 있는 박테리아가 발견된 바 있지만, 지구의 반경이 약 6,000킬로미터에 달한다는 사실을 감안한다면 3킬로미터도 깊다고 하기는 어렵다.

결국 한정된 자원과 생물학적 폐기물에 의한 환경오염이라는 문제 때문에 생명체가 등장한 초창기부터 한 생물로부터 파생된 폐기물이 다른 생물의 자원으로 활용되었다. 이 과정이 맨 처음에는 세포 내에서, 그다음에는 세포와 세포 사이에서, 그리고 단일 세포와 다세포 기관 사이에서 일어났고, 최종적으로 동물과 식물의 상호보완적인 관계로 이어졌다. 이렇게 형성된 순환 체계는 모두 각 단계의 외부에서 유입된 에너지를 이용해 움직였는데, 이 동력은 곧 지구 대기 밖의 에너지원, 즉 태양에서 비롯했다. 이후 이 에너지는 다시는 사용될 수 없는 저급한 에너지, 즉 열로 전환되어 지구에서 우주로 되돌아간다. 이와 같은 에너지와 물질의 체계적인 흐름은 생명을 지속하기 위해서 꼭 필요하다. 만약 자원과 폐기물의 재순환 시스템이 없었다면 기존의 자원이 금방 고갈되었거나 모든 생물이 자신의 폐기물 때문에 질식하여 죽고 말았을 것이다.

그렇다면 이제 지구에서 유일하게 지식을 보유한 호모 사피엔스라는 종이 어떤 짓을 하고 있는지 생각해보자. 과연 우리는 물질을 순환시키지 않고 얼마나 오랫동안 생존할 수 있을까? 알고 보면 우리가 지구에서 가장 우둔한 종인 것은 아닐까?

물론 자연적으로 이뤄진 생명 체계라고 해서 완벽하지는 않다. 아마 지구 초창기에 나타났던 극히 작고 아주 원시적인 생명체들도 오늘날 사람이 자원을 고갈시키듯이 서식지 근처에 존재하던 수소와 전자를 끌어당겨 (그 규모는 아주 작았겠지만) 주변 환경의 전자를 고갈시켰을 것이다. 당시 생명체의 몸은 결합력이 아주 약한 화합물로 이뤄졌으리라 추측되는데, 그런 결합은 형성 자체가 쉬웠을 뿐 아니라 분해도 그다지 어렵지 않아서 몸을 구성한 원자와 분자들이 재사용이 불가능한 안정적인 비활성 화학폐기물로 남지 않고 지속적으로 순환될 수 있었다. 또 그 시절에는 폐기물이 남더라도 주변의 산화환원력이 강한 전자수용체와 전자공여체에 의해 쉽게 분해되었다. 그러다가 손쉽게 전자를 얻을 수 있는 무기물 자원이 고갈되고 그러한 전자를 함유한 폐기물이 축적되면서 점차 생명 체계에 더 강한 전자수용체와 전자공여체가 유입되었다. 그리하여 인력이 강해진 전자수용체들은 전자가 희박해진 환경에서도 필요한 전자를 끌어당겨 체내의 분자 결합에 이용할 수 있었다. 그 결과 더 강하고 안정적인 결합이 형성되면서 전자를 보유하는 시간 역시 더 길어졌다. 관점을 바꿔 생각하면 초기 생명체의 발달과 함께 전자를 쉽게 내어주거나 교환하는 금속류가 점점 더 많이 활용되었다는 말이 된다. 때로는 더 강력한 전자수용체와 전자공여체가 기존의 반응 기작에서 산화환원력이 약한 원소의 자리를 대체하기도 했다.

전체적으로 생명의 진화는 더 강한 결합을 형성하는 원소, 즉 반응성이 낮고 더 안정적인 분자를 만드는 방향으로 진행되었다. 하지만 이러한 분자들은 생명체가 배출하는 폐기물의 일부분이 되기도 한다. 이런 폐기물은 반응성이 떨어지므로 결국 생명 체계는 점점 더 많은 화학적 폐기물을 만들어낸 셈이다. 이 점은 생물 종류에 따라서 다소간의 차이가 있지만, 어쨌든 생명 활동의 결과로 생산된 폐기물은 여전히 다른 생물의 먹이로 쓰일 수 있다. 이는 곧 폐기물에 포함된 양분이 에너지의 힘을 빌려 거대한 순환고리를 이룬다는 말이다. 하지만 물질과 에너지의 흐름이 멈추지 않고 계속되는 동안 이 순환고리를 구성하는 종 자체는 다른 종으로 대체되어도 무방하다. 우리가 흔히 어떤 생물종이 다른 종과 함께 수적인 균형을 유지한다거나 일정 수준으로 상대 개체군(population)의 수를 조절한다고 생각하지만 애초에 꼭 그래야만 하는 이유는 없다. 종은 이곳저곳으로 서식지를 옮겨 다니거나 세월과 함께 흥망성쇠를 겪고 아주 오랜 시간에 걸쳐 남들과 다르게 진화하거나 멸종한다. 나중에 살펴보겠지만 생물종의 숫자는 특별한 제어장치가 없어도 증가 이후에 갑작스럽게 줄어들 수 있다. 또 일부 영양물질이 생물권의 순환 과정을 벗어나 두터운 지층과 대량의 생물학적 폐기물 더미를 이루는 경우가 있지만, 사실 물질과 에너지로 이뤄진 거대한 흐름은 수십억 년에 걸쳐 끊이지 않고 오히려 더 강력해졌다.

이제 우리는 앞에서 설명한 생물계의 자원 활용 방식과 인간의 방식을 대조하여 폐기물 문제를 또 다른 관점, 혹은 더 보편적인 관점에서 생각해볼 수 있다. 지금까지 몇 차례 이야기했던 내용, 그러니까 에너지의 흐름이 연속적이고 선형적인 데 반해 영양분의 흐름은 순환 체계를 구성한다는 사실은 바로 이런 측면에서 중요성을 띤다. 에너지와 물질의 흐름, 이 두 가지를 잘 생각해보면 실제로 우리가 먹는 음식물에서 중요한 것은 영양소 자체가 아니라 그 속에 담긴 에너지다. 화학물질, 즉 영양소는 에너지를 운반하는 수단이기 때문이다. 이런 물질들은 순환 구조 속에서 아주 오랜 시간에 걸쳐 사용되었고, 그래서 최소한의 자원만으로도 에너지의 흐름이 유지되었다. 게다가 이들은 에너지의 보존성이 커서 아주 오랫동안 이 순환 체계 속에 존재할 수 있었다. 이런 점들을 고려했을 때, 가장 중요한 요소는 에너지의 흐름이고 화학 영양소의 흐름은 에너지에 종속된 이차적 요소라고 봐야 한다.

자연의 방식은 우리 인간의 화학물질 및 에너지 사용 방식과 뚜렷하게 대비된다. 우리가 무언가를 만들 때는 에너지가 소모되고 다시 사용할 수 없는, 달리 말해서 화학적으로 안정한 폐기물이 생산되니까. 자연의 관점에서 보면 우리가 만든 인위적인 공정은 모두 물질 자원을 낭비하고 쓸데없는 폐기물을 생산하는 짓에 불과하다. 우리는 에너지를 원하지만 그 에너지를 쓰고 만들어진 화학 폐기물에는 신경을 쓰지 않는다. 또 우리는 생물계에서 일어나는 활동과 다르게 쉽게 분해되지 않는 구조물을 만들고자 에너지를 사용한다. 오늘날 고층 건물이나 비행기, 아니면 의자 같은 물건을 금방 부서지고 썩어 없어지는 물질로 만들려는 사람은 없다. 이 말은 곧 이러한 구조물을 파괴하는 데 에너지, 그것도 엄청난 양의 에너지가 필요하다는 뜻이다. 이와 반대로 생물계는 물질의 재순환에 적합하면서도 에너지 방출을 최소화하는 분자 구조와 생물 · 화학적 처리 과정을 통해 에너지가 끊이지 않고 흐르게 한다. 결국 우리가 만들어낸 매우 안정적인 화합물들을 자원 재순환 과정(아래 그림)에 다시 유입시키려면 막대한 에너지가 필요한 것이다. 지금 같은 방식을 고수한다면 인간은 물질과 에너지를 매우 경제적으로 이용하는 생물들과 달리 그 두 가지를 모두 잃고 말 것이다. 언젠가부터 사람들 입에 자주 오르내리게 된 C2C(cradle-to-cradle: '요람에서 요람으로'라는 의미로, 사용을 끝낸 제품이나 원료를 환원하여 새로운 제품으로 재활용한다는 개념.-옮긴이) 패러다임은 대체로 물질적인 측면에만 초점을 맞추고 에너지론은 다루지 않는 경향이 있다.

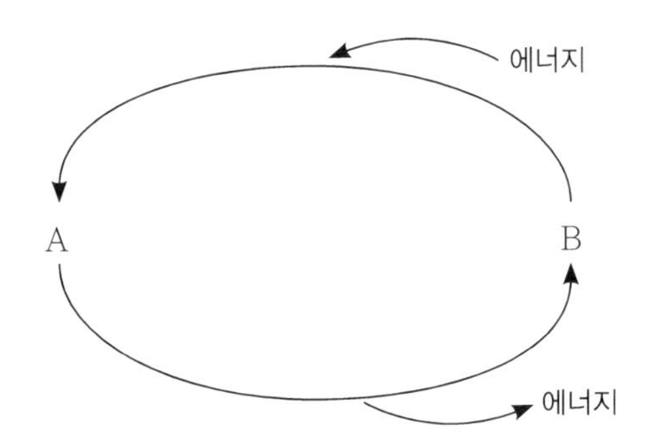

인간 사회에서는 수 세기 동안 그 옛날 생물계에서 나타났던 자원 고갈과 폐기물 생산 문제가 같은 양상으로 전개되었다. 단 그 정도는 훨씬 더 심했다. 그리하여 이제 현대 사회에 없어서는 안 될 플라스틱, 의약품, 페인트, 제초제 등 무수한 석유 화학 제품과 에너지를 공급하는 화석연료가 고갈될 지경에 이르렀다. 그리고 인간은 각종 광물과 흙, 나무 등을 마구 소모하면서 주변 환경과 바닷속에 온갖 쓰레기와 오염물질을 버리고 대기 중에 대량의 이산화탄소를 배출했다.

비록 수천만 년이라는 오랜 시간이 걸리기는 했으나, 지구 상의 생명체들은 조금씩 다른 형태로 진화하고 새로운 자원을 활용하거나 천연 폐기물을 다시 사용하면서 변화하는 환경에 적응할 수 있었다. 하지만 지금 우리는 그럴 수가 없다.

PART 2

인간 사회에서 벌어지는 일들

생물이든 사회든 어떤 체계를 구성하고 유지하는 데는 에너지가 필요하다. 인간이 활동을 하려면 가장 기본적으로 영양분의 공급이 필요하고, 그러려면 적절한 농업 생산 체계를 갖춰야 한다. 그리고 이것이 유지되려면 지하에서 물을 끌어올리거나 비료와 각종 화학 약품을 생산해야 하고, 결국 그러기 위해서는 많은 에너지가 공급되어야 한다. 이 점은 교역과 수송, 금융 부문에서도 크게 다르지 않다. 사람과 사람이 모여 사는 곳이 다 그러하듯, 어떠한 체계가 형성되면 모두 그에 맞는 에너지와 물질을 요구하는 것이다. 이와 더불어 모든 체계에는 그 나름의 역동성이 존재한다. 하지만 이것은 사람이 인위적으로 제어할 수 없다.

I

인구 성장과 그 한계

한곳에 모여 사는 생물 집단은 대개 증가 추세를 보이기 마련이고 그 수가 늘어나면 자원 소모량과 폐기물 배출량이 늘어 환경이 황폐해지기 십상이다. 최종적으로는 이 문제 때문에 자원이 부족해지고 환경이 오염되어 해당 개체군의 수가 대폭 줄어들거나 아예 소멸될 가능성도 있다.

나는 이러한 과정을 3장에서 14장까지 총 열두 장에 걸쳐 다각도로 설명할 예정이다. 첫 번째 대단원 '늘어나는 인구, 커져가는 문제'에 속한 장에서는 인구 증가 문제, 그리고 이 문제를 해결하기 위해 도입되었으나 오히려 성장을 촉진한 반응, 즉 농업 생산력의 향상과 공업 활동의 시작 및 확장에 대해 초점을 맞출 것이다. 이 두 부문은 근래에 들어와 하나로 합쳐지고 또 금융계와 융합하여 기업과 국가 수준의 농업 비즈니스 체계를 형성했다.

두 번째 대단원 '자원의 낭비와 고갈'에서는 인간의 활동에 의한 자원 낭비와 고갈 현상을, 그리고 세 번째 대단원 '망가지는 자연'에서는 자연환경의 황폐화 문제를 다룬다. 여기서 두 대단원을 나눈 것은 어느 한쪽이 더 중요하거나 덜 중요해서가 아니라 문제가 표면적으로 드러나는 데 어느 정도 시간적인 차이가 나기 때문이다. 에너지 부족 문제와 대기오염을 한 번 비교해서 생각해보라. 에너지 부족 문제는 자원이 바닥나는 즉시 우리 피부로 느껴지지만, 대기오염과 기후 온난화 문제는 수십 년 혹은 수 세기에 걸쳐 서서히 심각해져 간다. 현재 전 세계 최대의 환경 문제로 대두된 기후 온난화는 자연을 파괴하고 인류를 비롯한 수많은 생물의 존속을 위협하고 있으며, 수백 년, 수천 년 동안 계속된 삼림 벌채 문제는 기후 변화를 더욱 가속시킬 우려가 있다.

A
늘어나는 인구, 커져가는 문제

인류의 미래는 현존하는 인구수를 어떻게 제어하느냐에 달렸다. 모든 환경 문제의 중심에는 인구 문제가 자리 잡고 있으며 현재 지구의 인구는 과도하게 늘어난 상태이다. 결국 앞으로 우리에게 닥칠 각종 위기에 대비하기 위해서는 무엇보다도 이 문제를 먼저 다뤄야 한다. 그런 이유로 첫 번째 대단원에서는 인구와 관련된 문제들을 집중적으로 살펴볼까 한다.

3. 인구 성장과 농업 생산

이야기를 본격적으로 시작하기 전에 우선 다음과 같은 광경을 머릿속에 한 번 그려보기 바란다. 어느 날 아침 화장실에 들어가 보니 바닥에 물이 줄줄 흐르는 모습이 보인다. 자세히 보니 한 수도관에 작은 구멍이 뚫려 있다. 구멍이 크지는 않지만 아무래도 반드시 고칠 필요가 있어 보인다. 다행히도 근처에 손재주 좋은 친구가 한 명 있어서 연락해보니 그 친구가 곧장 도와주겠다며 집으로 달려왔다. 유감스럽게도 교체 작업에 쓸 새 수도관은 없지만 그래도 어떻게든 해결해보겠다고 한다. 그리고 얼마간 시간이 지나서 친구가 어떻게 하는지 궁금하여 들여다보니 화장실이 완전히 엉망진창이다. 커다란 구멍에서 물이 마구 뿜어져 나오고 그 친구는 흠뻑 젖은 채로 사색이 되어 있는 것이 아닌가? 그는 당신이 화장실 문을 열던 바로 그 순간에 수도관의 멀쩡한 부위를 잘라내고 있었다. 정상적인 부분을 떼어내어 구멍이 난 부분을 교체하려고 한 것이다. 하지만 그렇게 톱으로 잘라낸 부분에는 처음에 물이 새던 곳보다 더 큰 구멍이 생기고 말았다. 친구는 이런 과정을 몇 차례나 반복했고, 그때마다 생겨난 구멍을 막기 위해 수도관의 다른 멀쩡한 부분을 한층 크게 잘라냈다. 그는 구멍을 막으려고 수리를 하면서 더 큰 구멍을 만든 셈이다.

이 이야기와 비슷한 수리 작업이 지난 몇 세기 동안, 아니 인류의 역사 내내 이어졌다. 문제는 이른바 솜씨 좋은 친구가 작업을 하는 동안 수도관에 뚫린 구멍이 점점 더 커졌다는 사실이다. 여기서 나타난 두 가지 현상, 바로 교체 작업에 사용한 수도관의 크기 확대와 물이 새는 구멍의 크기 확대는 서로 맞물려 있다. 배관

공이 보면 으악 소리를 지를 상황이다. 이런 문제 앞에서는 도와주겠다고 찾아온 손재주 좋은 친구도, 그 광경을 지켜보는 당신도 좌절감을 느끼며 어찌할 바 모르고 발만 동동 구를 것이다.

농업의 역사를 다룬 책이라면 꼭 이런 문제를 언급하기 마련이다. 원래 그릇에 담긴 것을 덜어내면 더 적은 양이 남는 법. 이와 같은 원리로 농부가 수년에 걸쳐 많은 양의 밀을 수확하면 땅속의 영양분이 고갈되어 그다음에는 더 적은 양을 수확하게 된다. 이때 해결책은 거름을 뿌려 지력(地力)을 회복하는 것이다. 그리고 그 거름을 얻으려면 가축에게 무언가를 먹여야 하므로 경작지 일부를 떼어내어 방목장을 만들어야 하는데, 가축 한 마리를 먹이는 데 필요한 땅은 사람 한 명이 먹고 사는 데 필요한 땅보다 훨씬 넓다. 결과적으로 방목장의 영양분을 경작지로 돌리는 셈이므로 가축을 위해 초목을 기르는 땅도 몇 년 후에는 지력이 쇠하게 된다. 그다음에 취할 수 있는 방법은 농사를 짓지 않고 땅을 한두 해 놀리는 것인데, 이 방법을 쓰면 농부가 아무것도 수확하지 못한다는 문제가 생긴다. 결국 예년과 같이 한 가족에게 필요한 식량을 수확하려면 경작지와 방목장을 확장하는 수밖에 없다.

그런데 문제는 그뿐만이 아니다. 겨울이 찾아오면 가축에게 건초를 먹여야 하므로 따로 사료밭을 준비하여 봄부터 가을까지 사료 작물을 길러야 한다. 그리고 그 생산량에는 한계가 있으므로 겨울에는 가축 중 일부만을 키울 수 있다. 그래서 농부들은 가을에 도축을 했다. 그러다가 언젠가부터 농부들은 휴경지에 사료 작물(순무, 토끼풀, 각종 목초 등)을 심기 시작했고 그 후로 가을에 가축을 처리할 필요가 없게 되었다. 그리하여 과거에 휴한지로 놀리던 땅에서 더 많은 가축이 풀을 뜯게 되었고, 이로 인해 더 많은 고기와 경작지에 쓸 거름이 더욱 많이 생산되었다. 이는 곧 더 많은 사람을 먹여 살릴 수 있다는 의미이다. 하지만 사람이 늘면 또 그만큼 일을 할 땅과 먹을 것이 더 필요하게 된다. 이는 결국 구멍 난 수도관을 고치면서 또 다른 구멍을 만드는 것과 다르지 않다.

이러한 흐름은 일종의 성장 체계를 이루었는데, 우리는 지금도 이 체계를 현실에 적용하고 있다. 인간이 생존하려면 인구 성장과 더불어 물질과 에너지 측면에서도 성장이 필요하다. 생산 체계는 결코 완벽하게 순환적일 수 없으며 언제나 한두 가지 이상의 선형적 요소를 포함하기 마련이다. 그리고 더 크게, 더 오랫동안 성장할수록 그 속도는 더욱 빨라져야 한다.

지금까지 인간의 역사에서는 이런 일이 보편적으로 일어났다. 부득이한 성장, 즉 성장이 새로운 성장을 낳는 과정이 계속 이어졌고 그 결과 자원의 소모량과 폐기물의 생산량이 끊임없이 늘어났다. 그러나 더 큰 문제는 화장실 수도관의 구멍이 점점 더 커지는 상황과 마찬가지로 인구수도 다른 성장과 맞물려 계속 증가했다는 것이다. 필요에 의한 성장이 또 다른 성장을 낳고, 그것이 또 다른 성장을 낳는, 그야말로 끝도 없이 이어지는 형국이다.

이런 현상은 지난 천 년간 유럽에서 특히 두드러졌다. 인구 변화라는 채찍은 각종 사회적 변혁에 박차를 가했고, 이로 말미암아 인간 사회는 오랜 세월 동안 가속일로를 달려왔다. 현재 우리는 단지 그 기나긴 성장 과정 중 한 단계에 잠시 머물러 있을 뿐이다. 인류는 성장을 거듭하면서 더욱더 새로운 에너지원과 물질에 의존했고, 변혁 과정에서 등장한 신기술에 점점 더 의지하게 되었다. 따라서 현재 우리가 놓인 상황과 다가올 미래 상황을 잘 이해하려면 우선 이 놀라운 천 년 동안 인류가 걸어온 기나긴 발자취를 살펴봐야 한다.

그중에서도 지난 두 세기 동안 인구 성장은 아주 극적인 형태로 나타났다. 당시의 변화는 매우 혁명적이어서 농업혁명과 산업혁명이라고 불린다. 어떤 이들은 그 두 사태를 하나로 묶어서 그것이 당대의 인구 증가 현상에 대한 다소 독특한 대응책이라고 생각하기도 한다. 물론 실제로는 그 두 혁명 때문에 인구 문제가 더 악화되었지만 말이다. 산업혁명은 농업혁명에서 나타난 결점을 보완하기 위한 일종의 대응 방안이었지 그로 인해 오히려 해결해야 할 과제가 더욱 늘어났다. 이러한 성장 과정은 서로 복잡하게 얽혀 계속해서 새로운 성장 과정을 낳았고 이것이 맞물린 채 돌아가면서 더 큰 문제들이 생겨났다. 그리고 더 많은 자원을 사용하고 소모하며 더 큰 성장을 요구하는 성장 단계가 등장하면서 지구는 더욱더 복합적인 문제를 떠안게 되었다. 이렇듯 지금까지 일어난 모든 성장 과정을 살펴보면 현재 뚜렷하게 가시화되었고 앞으로 우리가 직면할 수밖에 없는 과제, 바로 자원 고갈 및 폐기물 생산 문제가 왜 나타났는지 알 수 있다. 과연 이 복잡한 문제를 해결할 진짜 배관공은 있는 것일까?

이렇게 성장일로를 달린 두 세기 동안 인간은 전통적인 에너지원 외에 새로운 에너지원을 발견하여 사용했는데, 어찌 보면 이 새로운 에너지원의 등장이 지금까지 모든 변화를 일으켰다고도 생각할 수 있다. 약 일만 년 전 신석기 시대에 일어난 최초의 농업혁명 당시에도 변화는 새로운 에너지원에서 비롯했다. 그때는 경작을 통해 얻은 새 식량 자원이 곧 새로운 에너지원이었고, 사람들은 거기서 힘을 얻어 마을과 사회를 이루고 필요한 도구를 만들었다. 모든 기계 장치와 마찬가지로 사람 역시 에너지가 필요하고, 그 에너지는 물질, 즉 음식물 속에 압축되어 체내로 전달된다. 이러한 식량이 늘어나면서 인류는 더 많은 활동을 하고 생산물을 더욱 늘리며 더 큰 조직을 이룰 수 있었다. 사실 인간 자체도 에너지와 물질의 흐름에 속하지만 사람이 더 많은 활동을 하고 조직을 이뤄 더욱 많은 수가 한데 모여 살려면 더 많은 에너지와 물질이 필요하다. 결국 한 사회의 규모 또한 에너지와 물질의 흐름을 나타내는 셈인데, 그 유동량은 전체 인구를 이룬 에너지양을 합친 것보다 훨씬 많다. 이런 이유로 수도 시설, 크고 작은 상점, 운송 체계, 주택, 왕궁, 사원, 군대 등을 갖춘 커다란 공동체 사회의 등장으로 물질과 에너지 소비량은 더욱더 늘었다. 이렇듯 각종 조직을 생성하거나 유지하고 그 내부에서 온갖 활동이 일어나려면 생물과 마찬가지로 에너지와 물질이 계속 흘러야 한다. 사실상 이러한 변화는 인류가 농경을 시작하기 훨씬 더 오래전에 요리법을 고안하면서 시작되었으리라 추측된다. 인간이 음식을 불에 구워 먹으면서 날 것을 씹고 소화하는 데 들던 에너지와 시간을 훨씬 아끼게 되었고, 그 덕분에 여가가 늘어나 점차 많은 사람이 함께 모여 살고 연락을 주고받으며 더 큰 조직을 만든 것이다. 그 후로 인간 사회는 더욱 효율적으로 돌아갔다. 이런 연유로 18세기와 19세기에 일어난 농업과 산업 분야의 혁명은 요리와 농경의 시작에 이어 인류의 가장 주요한 창조적 변화 중 세 번째에 해당된다. 이러한 변화를 통해 인류는 문명의 사다리를 오르며 이전보다 한결 편리한 생활을 하게 되었고, 이와 더불어 인구 규모도 더욱 늘어났다.

수천 년 동안 농업 생산 활동의 필수 에너지원은 인간이었으며 동물은 어디까지나 보조 수단에 불과했다. 사람들은 강가에서 경작지로 물을 직접 길어 날랐다. 땅을 가는 작업은 가축을 이용하는 것이 정상이지만, 옛 그림들을 보면 아무래도 가난한 이들은 직접 쟁기를 끌었던 것 같다. 먼 옛날부터 배는 풍력을 이용해 움직였지만, 사람이 직접 노를 젓거나 말이나 인력을 이용해 상류로 배를 견인하는 일도 흔히 있었다. 이와 마찬가지로 육지에서, 특히 진흙탕이나 지면이 고르지 않은 도로에서는 사람이나 가축이 수레를 밀거나 끄는 상황이 종종 벌어졌다. 또 이따금 수많은 사람이 모여 운하나 관개수로를 파는 일도 있었고, 때로는 상인들이나 한 지역에 사는 전 주민 또는 부족이 수천 킬로미터를 걸어 유럽 너머로 이주하거나 말을 타고 몽골에서 유럽을 향해 이동하는 경우도 있었다. 로마인은 유럽 곳곳에 각종 성채와 요새를 잇는 길고 곧은 포장도로를 건설했으며, 과거에 그들 스스로 브리튼 섬에 만든 성벽처럼, 그리고 중국이 북방 변경에 건설한 만리장성처럼 국경에 기다란 방벽을 쌓았다. 중세에는 도르래가 발명되어 노동이 한층 수월해졌지만, 그래도 농업 활동, 도시 건축, 도로 건설 등의 주된 에너지원은 변함없이 인간이었다.

이러한 육체적 고난의 결말은 인간의 역사 내내 거의 한결같았다. 평균 수명은 대략 서른 몇 살 정도로 짧았고 출산율과 사망률은 높았다. 영양 부족에 시달리며 노동으로 진이 빠져버린 사람들은 질병에 걸리기가 더 쉬웠고, 이 문제는 기후가 불안정하거나 식량이 부족할 때 더욱 심했다. 그래서 전염병이 돌거나 흉년이 들 때는 수천, 수만 명이 죽는 것이 예사였다. 게다가 식량이 부족한 것도 문제였지만 먹을 것의 종류가 대체로 거기서 거기였다는 사실도 큰 문제였다. 특히 지역 주민의 대다수를 차지했던 빈민들은 몸에 좋은 음식물을 다양하게 섭취할 형편이 못 됐다. 그렇다면 그 시절에는 과연 어떤 식으로 작물을 길렀을까? 또 물건을 사고파는 데 어느 곳의 시장을 이용했을까? 시장은 얼마나 멀었을까? 그들에게 거기까지 갈 시간과 에너지, 그리고 교통수단이 있었을까?

이러한 물음은 비단 지난 두 세기 동안만이 아니라 서기 1000년경, 그러니까 유럽에서 로마네스크(Romanesque) 건축 양식이 유행하던 시기부터 약 천 년에 걸쳐 수없이 제기되었다. 서기 700년부터 1100년 사이에 한발 앞서 농업과 인구 면에서 변혁을 겪은 이슬람 세계는 영토 확장과 도시화를 추구하면서 유럽 남부에 인도와 극동 지방, 아프리카의 새로운 작물을 전했다. 이후 십자군이 봉기하면서 유럽 북단의 스칸디나비아 국가들과 남쪽의 지중해 국가들, 그리고 고도로 발전한 동쪽의 이슬람 세계 사이에 탄탄한 교역로가 형성되었다. 당시 유럽에는 급격한 인구 팽창으로 말미암아 처음으로 농업 체계의 재편성과 도시화 및 기계화 바람이 거세게 불었다. 그리고 그때부터 저지대 국가(The Low Countries: 유럽 북해 연안의 저지대 삼각주 근방에 자리 잡은 현재의 벨기에, 네덜란드, 룩셈부르크, 프랑스 북부와 독일 서부 지역을 이르는 명칭. 이 책에서는 이 지역을 모두 포함했던 옛 네덜란드를 지칭한다.—옮긴이)에서는 대규모 간척 사업이 시작되었다. 시간이 흘러 북방의 바이킹 문명은 유럽 북서부 곳곳을 연결한 한자 동맹(Hanseatic League)으로 이어졌다. 반면에 스페인과 포르투갈은 15세기에 서쪽의 남아메리카, 남쪽의 아프리카 연안 지역, 동쪽의 인도와 중국으로 상업 활동 영역을 넓혔다. 이후 네덜란드가 발트 3국(Baltic countries: 발트 해 남동 해안의 라트비아, 에스토니아, 리투아니아 3국을 일컫는 표현. -옮긴이)과 동지중해 연안의 레반트(Levant) 지방, 그리고 남북아메리카와 극동 지역으로 이어지는 교역로를 차지하며 옷감과 아라비아산 향신료 교역을 장악했다. 이 몇 세기, 그러니까 로마네스크 양식이 초기 및 후기 고딕 양식으로 이어지고 그것이 르네상스 양식과 바로크 양식으로 통합되는 시대에 유럽에는 인구 성장과 도시화의 파도가 몰아쳤다. 또 그 시기에는 대규모 삼림 벌채가 이뤄지고 유럽 곳곳에서 식료품 및 목재 무역이 성장했는데, 처음에는 아라비아의 은이, 이후에는 남아메리카에서 유입된 은과 금이 성장 동력을 제공했다. 그때는 최초의 금융 제도와 은행 체계가 발전하면서 중상주의에 기반을 둔 식민주의가 급속히 확산되던 시기이기도 했다.

1560년에서 1690년 사이에 저지대 국가에서 도시화와 함께 원예 분야의 혁신이 일어나고 곧이어 영국에서 그와 비슷한 변화가 나타나면서 이전보다 많은 인구가 더 다양한 농작물을 재배하고 먹을 수 있게 되었다. 그리고 바람의 힘으로 움직이는 거대한 기계, 바꿔 말하자면 낭만이 넘치는 네덜란드 풍차가 이전까지 인간이 맡아 했던 여러 가지 고된 작업을 대신하기 시작했다. 그리하여 네덜란드의 초기 산업화 단계에서는 풍력이 거의 모든 일을 처리했다. 이러한 초기 산업사회로의 이행은 전반적인 사회 체계가 과거와 다르게 바뀐 덕분이기도 하다. 우선 사람들이 겨우겨우 먹고 살아가는 작은 지역 사회가 공업과 상업을 기반으로 한 사회로 변했다. 네덜란드 사람들은 배를 교통수단으로 이용하며 운하와 호수를 확장하여 마을과 마을, 마을과 식량 생산지를 연결했다. 그러면서 농산물 생산량을 늘리기 위해 처음에는 저지대 국가에서, 그다음에는 잉글랜드에서 간척 사업을 수행했다. 풍차는 습지와 소택지의 배수 작업에서 큰 힘을 발휘했는데, 당시 영국 사람들은 이를 위해 노련한 네덜란드 기술자들을 고용했다. 이후 영국은 에너지 활용, 사회구조, 상업, 식량 생산 분야에서 네덜란드가 일으킨 혁신적 변화상을 그대로 채택했다. 그리고 얼마 지나지 않아 새로운 에너지원인 석탄이 도입되었다. 당시 사회 외부적으로는 독립과 식민지 패권을 차지하기 위한 저항운동과 전쟁이 이어졌다. 그중 가장 유명한 것이 저지대 국가와 스페인 사이에서 벌어진 80년 전쟁으로, 네덜란드는 그 과정에서 스페인의 일부 식민지와 교역로를 쟁취할 수 있었다.

식량 생산과 상업 활동을 위해 더욱 넓은 땅이 준비되고 작물 재배 기술의 발달로 다양한 먹을거리가 생기면서, 그리고 무엇보다도 양수 작업, 톱질, 망치질, 제분 작업, 견인 작업처럼 고된 작업을 해결할 새로운 에너지원이 등장하면서, 네덜란드가 그랬듯이 영국에서도 기근이 차츰 줄어들었다. 하지만 1690년부터 1700년대 중반에 농업혁명이 일어나기 전까지 영국의 식량 생산은 크게 줄어드는 경향을 보였다. 당시 영국은 식량을 수출하기는커녕 오히려 수입해야 할 지경이었다. 하지만 그즈음에 산업 활동에 기초한 식민주의가 중상주의적 식민정책을 대신하면서 대서양을 가로질러 아시아 남단으로 이어지는 삼각 무역이 이뤄졌다. 아프리카의 노예들은 북아메리카와 남아메리카의 목화 농장과 사탕수수 농장으로 팔려갔고, 농장에서 생산된 목화와 설탕은 영국으로 수송되어 면제품과 찻잔의 설탕으로 탈바꿈했다. 그리고 그곳에서 가공된 옷감과 각종 완제품은 인도와 아프리카로 팔려나갔다. 그렇게 생긴 이익으로 영국은 산업을 키우고 농업을 기계화하는 한편, 식료품과 기타 제품의 수입 체계 및 의료 체계를 강화했다. 그러면서 인구가 증가했지만 그들은 전 세계 식민지로 빠르게 퍼져 나갔다. 영국은 이러한 이주 활동 덕분에 식량과 거주 공간 부족 문제를 해결함과 동시에 타국에서 벌어들이는 소득을 안전하게 지킬 수 있었고, 이는 곧 현재의 상업 및 산업적 세계화, 그리고 엄청난 인구 성장을 낳는 토대가 되었다.

농업 사회에서는 반복되는 기근과 치명적인 질병으로 인한 높은 사망률(50퍼센트 이상)이 나타났지만 이 문제는 산업화가 시작되면서 곧 사라졌다. 그리하여 전반적인 생활환경이 개선되고 사망률이 낮아지면서 인구 성장 속도는 더 빨라졌고, 이러한 결과는 산업화가 언제 어디서 일어나든 모두 같았다. 다소간의 시간차는 있지만 영국에 뒤이어 프랑스, 독일, 이탈리아, 스칸디나비아에서 동일한 발전상이 나타났다.

1970년대에 지구 부존자원의 한계성에 대한 우려가 처음으로 대두되던 그때, 한 가지 원인만큼은 명확했다. 바로 그 자원을 사용하는 세계 인구가 점점 늘어난다는 사실 말이다. 생태학자 폴 에를리히(Paul Ehrlich)는 인구 증가 문제를 특히 강조했다. 그는 전체 인구수를 증가시키지 않고 안정화하기 위해 인구 1인당(여성의 수만 계산할 경우) 대체 출산율(replacement rate)을 필히 1로 유지해야 한다고 주장했다. 이 말은 곧 여성 한 명이 다음 세대의 새로운 여성 한 명으로 대체된다는 뜻이다. 만약 이 비율이 1을 넘어서면(가령 평균치가 1.2만 되어도) 인구는 증가한다. 또 반대로 숫자가 1보다 작아지면 인구는 감소한다. 게다가 이 수치가 1보다 커지면 인구의 증가 양상은 대각선으로 쭉 뻗은 직선으로 나타나지 않고 위로 향할수록 가파르게 휘는 형태가 된다. 이 말인즉슨 시간이 지날수록 전체 인구의 증가 속도가 점점 더 빨라진다는 뜻이다. 가령 대체 출산율이 2라고 했을 때, 한 가정에서 두 명의 딸이 태어나 그들이 나중에 새로운 가정을 꾸리면 평균적으로 한집안의 손녀는 네 명이 되고, 그다음에 태어나는 증손녀는 여덟 명, 또 고손녀는 열여섯 명이 된다. 대체 출산율을 계산할 때 남편과 아내를 모두 고려하는 방법도 있는데, 이때는 성별과 무관하게 자식 두 명이 한 부부를 대체해야 한다. 현존하는 인구수를 유지하기 위한 전 세계의 평균 대체 출산율은 2.33으로, 이는 남성의 사망률이 여성보다 조금 더 높고 후진국에서 선진국보다 사망률이 높게 나타난다는 점을 감안한 값이다. 현재 사망률이 높은 몇몇 아프리카 후진국들의 대체 출산율은 3.35에 달하고 유럽 국가의 대체 출산율은 2.06 정도로 낮은데, 이는 생활환경이 개선될수록 이 수치가 작아짐을 나타낸다. 2008년에 전 세계 출산율이 2.6으로 떨어졌다는 사실은 가정마다 다섯에서 여섯 명씩 자녀가 있던 1950년대 초에 비해 세계 인구가 꽤 균형을 찾았다는 이야기이기도 하고 한편으로는 현재도 많은 나라에서 계속 인구가 줄어든다는 이야기이도 하다.

생물학자이자 정치가인 배리 코모너(Barry Commoner) 역시 인구 증가를 큰 문제로 인식했지만 그는 개인의 자원 사용량도 증가한다는 사실 역시 심각하게 여겼다. 이것은 에를리히의 인구 증가론보다 한 단계 더 나아간 생각이다. 에를리히는 인구 성장의 가속화만 설명했지만 인구가 늘면 결국은 식량 생산 속도까지 더 빨라진다. 그리고 먹을 것이 풍족해질수록 인구는 더 늘어난다. 왜냐하면 사회 성원의 재생산 속도가 빨라지고 사망률은 낮아지기 때문이다. 두 요소의 증가 속도가 함께 높아지면 전체 식량 수요는 곧 상상을 초월하는 가속도로 증가한다. 점차 빨라지는 두 성장 과정이 중첩되면서 상호 간의 진행 속도와 효과를 더욱 높이는 것이다. 하지만 이 두 가지 성장 요소를 사람하고만 관련지어 생각해서는 안 된다. 사회 성원의 요구를 실현하는 조직 자체도 에너지와 물질을 필요로 하기 때문이다. 수요의 증가세는 조직 단위에서 더 빨라지므로 조직의 요구 사항이 위의 두 요소보다 훨씬 중요하다 할 수 있다.

개인과 조직의 수요가 엄청난 가속도를 보이긴 하지만, 인구의 증가 속도 자체도 꽤 빠른 편이다. 과거에는 인구 증가가 농업의 발달과 함께 국지적으로 나타났지만 이제는 전 세계적인 규모로 인구가 증가한다. 그러면서 이 성장 과정에 필요한 에너지도 더 늘어났다. 논과 밭을 개간하고 더 많은 농작물과 사료 작물을 기르는 일, 그것을 수확하고 사고파는 일, 그리고 그로부터 이어지는 수많은 활동이 모두 에너지를 요구한다. 이렇게 사회 규모가 점점 커지면서 식량 생산과 관련된 부분이 더욱 체계화되었고 결과적으로 사회 자체도 더 조직적인 모습을 갖추게 되었다. 그러나 식량 생산이 증가하고 사회가 한층 체계적으로 발전하면서 이 조직을 유지하는 데 필요한 인구 1인당 물질 및 에너지 소비량이 더욱 늘어났다. 이는 조직 자체가 인력뿐 아니라 많은 물질 및 에너지를 요구하기 때문이다. 사람 수가 늘어날수록 조직체는 더욱 복잡해지며 체계를 구성하고 유지하는 데 드는 에너지와 물질의 양도 더 늘어난다. 사회 조직이 처음 생겨날 때는 많은 일이 단순하게 돌아갔다. 기르는 소가 많아지면 방목지를 넓히고 소를 지키는 사람 수만 늘리면 그만이었다. 하지만 곧 조직 내의 각종 활동과 그에 얽힌 사람들을 관리하는 사람들이 필요해졌고, 한 단계 위에서 그런 이들을 관리하는 자리가 또 생겨났다. 이처럼 조직 내에 복잡한 체계가 필요해진 이유는 조직에 포함된 인구수가 실제로 그 안에서 유기적으로 움직이는 사람 수보다 더 빠르게 늘어나기 때문이다. 어쩔 수 없이 조직을 구성한 사람들 스스로 다시 내부적인 틀을 짜야 하는 상황인 셈이다. 결국 인구가 늘어날수록 조직 내에서 일어날 수 있는 상호 작용의 수와 종류는 더욱 빠르게 늘어난다. 사람이 이룬 사회도 인구 증가 양상과 유사하게 기하급수적으로 성장하는 것이다. 이 조직에서 일어나는 각각의 상호 작용은 에너지와 물질을 소모하고 그 수는 조직에 포함된 사람의 수보다 더 빠르게 늘어난다. 결국 인구 증가와 마찬가지로 에너지와 물질의 소모량은 점점 더 빠르게 증가하고 개인 단위의 소모량 역시 늘어나게 된다. 달리 말하면 인구가 늘어날수록 자원의 사용량과 폐기물의 생산량이 가속적으로 증가한다는 말이다.

고대 메소포타미아와 이집트에서도 현대 사회와 마찬가지로 식량의 수송과 저장, 관개사업, 법 제정과 분쟁 해결, 영토 방어를 맡은 계층이 필요했다. 운송을 위한 짐마차가 필요했고 농작물과 점토, 파피루스, 무기 등을 보관하기 위한 시설물이 필요했으며 도시 방어를 위해서는 성벽이 필요했다. 계절이 바뀔 때는 비축한 식량이 부패하거나 해충 때문에 상하지 않았는지 지속적으로 확인할 필요가 있었다. 한 해가 끝날 시기와 식량 부족 현상이 나타날 시기에는 비축한 식량을 주민에게 배분하거나 아껴 써야만 했고, 그 때문에 법률과 행정, 운송이 특히 중요했다. 농지에 물을 공급하기 위한 배수로와 운하의 건설 및 정비 작업에도 많은 노력이 들었다. 만약 그곳에 한두 가구만 존재했다면 이렇게 정교한 관리 체계는 필요하지 않았을 것이다. 얼마 지나지 않아 많은 노동 인구가 식량을 생산하는 대신 이런 부가적인 활동에 종사하게 되었고 그 결과 짐마차와 무기를 만들거나 보수하고 창고, 주택 및 관리 계층이 사는 궁전을 짓기 위해 더 많은 자원이 소모되었다. 이와 같은 노동 활동은 원시적인 산업의 발달로 기술적인 지원을 받았으며 행정 기관이 존재한 초창기 몇몇 도시에 집중하는 경향을 보였다. 바꿔 말하면 전체 인구 규모가 커지면서 인구 1인당 사용하는 자원의 종류와 양이 크게 늘고 도시화가 일어났다는 이야기다.

이러한 조직체가 생존을 위한 생산에서 벗어나 점점 더 많은 자원을 소비하며 성장하고 다각화하면서 자연스럽게 생명체와 같은 특성을 띠기 시작했다. 조직 자체적으로 갖가지 요구가 발생했고 내부적인 체계를 갖출 필요성이 생겼다. 그리고 어떤 체계가 완성되면 또 비슷한 것들이 차례로 생겨났다. 원래 사람이 모여 집단을 만들고 사회와 국가가 구성되면 요구하는 것이 더 많아지기 마련이다. 이 점은 조직이 복잡해질수록 더 심해진다. 요점을 이야기하자면 개개인이 사용하는 물질과 에너지를 단순히 합산한 양보다 모든 인구가 사용하는 물질과 에너지의 양이 훨씬 많다는 것이다. 게다가 인구 1인당 자원 사용량 자체도 점점 빠르게 늘어난다는 점 역시 고려해야 한다.

역사는 에를리히와 코모너의 생각이 모두 옳다고 말한다. 인구 증가는 더 많은 식량 생산을 요구하고 더 체계화된 조직을 요구했으며, 이로 인해 물질과 에너지의 수요가 더욱 늘어났다. 여기에는 의식주를 유지하는 데 필요한 물질과 에너지 외에도 사치품을 만드는 데 쓰인 자원까지 포함된다. 이렇게 생존과 무관한 물품을 만드는 데 드는 물질과 에너지의 양은 계속 증가하고 있다. 여기서 다시 한 번 말하지만 일단 사용된 자원은 모두 폐기물이 된다는 사실을 잊지 말길 바란다.

현재 전 세계 인구가 소비하는 물질과 에너지의 양은 그야말로 막대하다. 이 문제를 해결하기가 아예 불가능하다고 말할 수는 없지만, 인구 성장과 얽힌 문제이므로 그 소비량을 줄이기가 극히 어려울 것이다. 게다가 자원 남용 문제는 전 세계의 인구 증가 속도보다 더 빠르게 악화되고 있다. 대체 출산율이 점점 감소하고는 있지만 현재와 같은 추세로는 이 문제가 해결될 여지가 보이지 않는다. 따라서 조직 단위에서 일어나는 자원 남용 문제와 폐기물 생산 문제를 해소하고 싶다면 지금보다 인구수를 더 줄여야 한다. 주택에 단열 처리를 해서 열손실을 막고 대중교통을 이용하거나 육류 섭취를 줄여 개인 단위의 자원 소비를 줄이는 것도 바람직한 일이긴 하지만 그것만으로는 부족하다.

인류 역사에서 인구 성장률(growth rate of population)은 1960년대에 최고치인 2.19를 기록했다. 에를리히식으로 말하면 전 세계 평균적으로 여성 한 명이 다음 세대에서 여성 2.19명으로 대체된다는 뜻이 된다. 만약 이 속도 그대로 인구가 증가했다면 전 세계 인구수는 32년 만에 약 두 배로 늘어났을 것이다. 그것이 지금까지 계속 이어졌다면 어떨지 한 번 상상해보라! 하지만 이후 전 세계 인구 성장 속도는 조금씩 둔화하여 현재는 인구 성장률이 1.17로 떨어졌고, 그 덕분에 인구수가 당시의 두 배로 늘어나는 시간도 60년으로 더 길어졌다. 그렇다고 해도 이 시간은 여전히 짧다. 60년이면 현대 사회에서 아이가 태어나 수명을 다하여 죽기 전에 총인구 수가 두 배로 늘어난다는 뜻이니 말이다. 아무튼 인구 성장 속도가 둔화한 덕분에 1970년에 37억 명이었던 세계 인구수가 2008년에 이르러 74억 명을 넘기지 않고 그보다 적은 66억 명으로 기록될 수 있었다. 그러나 인구 문제는 여기서 끝나지 않는다.

다시 현실로 눈을 돌려보자. 전 세계 인구 성장률은 여전히 1보다 크다. 이 말인즉슨 세계 인구가 지금도 계속 늘고 있다는 뜻이다. 몇몇 나라들, 예를 들면 프랑스 같은 곳은 요즘도 적극적으로 출산을 장려하고 있다. 내가 이 책을 쓰기 시작할 무렵에 프랑스 정부가 자국의 인구 재생산율(reproduction rate)이 1을 넘는다고 자랑스럽게 발표하던 것이 기억난다. 각국 정부는 대개 인구 성장을 지지한다. 젊은 인구가 일정 수준으로 유지되어야 국가 경제가 역동적으로 돌아가고 생활수준의 향상과 평균수명 연장으로 늘어난 노령 인구를 부양할 수 있기 때문이다. 일반적으로 생활수준이 향상되면 자본과 인력, 자원 모두 수요가 늘어난다. 행정 활동은 두말할 것도 없다. 성장으로 인한 성장, 그야말로 스스로 가속을 거듭하는 형국이다.

그렇다면 이 지구가 이 많은 인구를 어떻게 먹여 살릴 수 있을까? 자원을 계속 공급할 수는 있을까? 어떤 사람들은 이런 식으로 말한다. "지금까지 땅에서 나는 걸로 어떻게든 먹고 살았잖아요, 안 그래요? 그러니까 인구는 앞으로 100억 정도까지 늘어날 수 있을 거예요. 어쨌든 식물은 해마다 새로 열매를 맺잖아요. 그럼 예전보다 씨를 더 뿌리고 식물을 더 심으면 되는 거죠. 대체 뭐가 걱정이에요?"
이 말대로만 된다면 해마다 조금씩 더 많은 농작물이 생산될 테니 걱정이 없다. 게다가 지난 몇십 년 동안 일어난 점진적인 인구 감소 추세가 계속될 경우 인구 성장은 2050년경에 멈출 것이다. 그때 지구의 총인구 수는 95억 명에 도달할 텐데, 각종 조건이 지금처럼만 유지된다면 그 정도 숫자는 부양할 수 있다. 하지만 일부 전문가들은 인구 안정화를 기대하는 것이 단순한 낙관론에 불과하다고 지적하며 2050년 이후로도 인구는 조금씩 늘어나 우리의 손자 세대가 맞이할 2100년에는 총인구 수가 110억 명에 이를 것이라고 말한다.

아무튼 농작물을 더 심기만 하면 전 세계가 심각한 기근을 겪을 일은 없다고 한다. 그것참 다행스럽지 않은가? 그래, 딱히 틀린 말은 아니다. 하지만 작물 재배량을 늘리려면 해마다 논과 밭에 더 많은 비료를 뿌려야 하고 관개용수도 더 많이 필요하다. 사람이 늘면 농작물도 늘어야 하고, 농작물이 늘면 비료와 물도 늘어야 한다. 즉 모든 조건이 대등하게 유지되어야 한다. 하지만 이 관계가 깨진다면 어떻게 될까? 혹시라도 흉년이 한두 해 아니면 더 오랫동안 연달아서 들거나 기후나 토양 상태가 나빠진다면? 만약 광물 자원이 부족해지거나 아예 고갈된다면 어찌 될까? 정말 안타깝게도 각종 비료의 필수 요소인 인산염(phosphate)은 금세기가 끝나기 전에 고갈된다고 한다. 2050년까지 식량 생산량을 지금보다 70퍼센트는 더 늘려야 하는데 말이다. 실제로 2050년경에 인구 안정화가 이뤄진다면 각종 자원과 생산물에 대한 수요는 그때까지 계속 증가할 테고 현 세대는 그 시기가 지나서도 여전히 남아 있을 것이다. 하지만 인을 대체할 다른 원소는 아직 발견되지 않았다. 게다가 화석연료의 공급 문제는 어떠한가? 우리는 이 유한한 천연자원에 대해 심각하게 고민해야 한다. 또 다른 자원인 담수는 이미 세계 여러 곳에서 고갈 현상을 보이고 있으며 현재 사용 가능한 물은 대부분 작물 재배에 쓰이는 상황이다. 이미 지구의 몇몇 큰 하천은 더는 바다로 이어지지 못하고 말라버렸다. 또한 세계 곳곳에서는 일찍이 물과 관련된 분쟁이 발생하거나 논의가 시작되었고 일부 국가에서는 물 부족 사태에 대비하고 있다. 라틴어로는 강을 rivus(리부스)라고 하는데, 리부스를 나눠 쓴다는 옛 표현에서 'rivalry(경쟁)'라는 영어 단어가 파생되었다고 한다. 지금도 물은 경쟁의 대상으로 남아 우리에게 고민을 안겨준다. 요즘은 지하 암반에 구멍을 뚫어 물을 끌어올리기도 하는데 이 작업에는 상당한 에너지가 소비된다. 게다가 대형 양수기로 아주 깊은 곳에서 지하수를 끌어올릴 경우 그 비용은 일반 농부들이 감당하기 어려울 정도로 커진다. 일례로 멕시코와 우간다에서는 고출력 양수기를 구매하고 운용하는 데 지나치게 큰 비용이 드는 탓에 농사를 그만두는 농부들이 많아졌다. 강우량 부족으로 관개용수를 이용하는 곳에서는 토양에 점차 염분이 축적되고 결국 그 땅에서는 식물이 자라지 못하게 된다. 이렇게 축적된 염분은 씻어내기가 어렵고 경우에 따라서는 아예 불가능할 때도 있다. 그 대표적인 사례가 고대 메소포타미아인의 농토로, 그들은 이 문제 때문에 그곳을 떠날 수밖에 없었다. 그리고 훨씬 오랜 시간이 지나서 아스텍족(Aztec) 역시 같은 일을 겪었으며 현재도 미국 남서부 지역, 오스트레일리아의 머리 달링 분지(Murray-Darling Basin), 인도의 대다수 지역, 옛 아랄 해 인근 지역과 중국에서 이 문제가 일어나고 있다.

지금까지는 인구의 증가와 함께 자원 사용이 늘고 있다는 사실을 중점적으로 이야기했다. 하지만 코모너의 의견처럼 1인당 총 자원 사용량까지 함께 고려할 경우 문제는 훨씬 더 심각해진다. 개인 단위로 봤을 때 우리는 해가 갈수록 점점 더 많은 자원을 사용하고 있으며 그 수요는 계속해서 증가일로를 달리고 있다. 즉 1인당 자원 사용량은 더욱더 가속적으로 늘고 있다. 따라서 인구 증가로 말미암은 자원 문제는 에를리히가 예상한 것보다 훨씬 심각하거나 우리가 대강 계산기를 두들겨 뽑아낸 결과보다 더 클 수 있다. 에를리히는 엄격한 인구 통제책으로 인구 증가를 막아야 한다고 주장한다. 하지만 문제는 숫자만이 아니다. 사람들의 생활 수준과 사회적 조건, 그들이 몸담은 사회 조직 역시 일정 수준 이상의 자원을 요구한다. 고기를 먹길 원하는 사람은 점점 더 많아지지만 소고기 1킬로그램을 생산하려면 곡물 7~8킬로그램이 필요하다. 이제 자동차는 사치품이 아닌 필수품이 되었고 사람들은 거대한 도시 안팎을 이동하는 데 이 교통수단을 더욱 빈번하게 이용하고 있다. 그래서 코모너는 인구수만이 아니라 개개인이 사용하는 자원의 총량 또한 제한해야 한다고 말한다. 하지만 안타깝게도 우리는 1인당 자원 사용량은 고사하고 인구수조차 쉽사리 제어할 수 없다. 현재의 인구과잉 문제는 점점 빨라지는 인구 증가 속도 및 사회 구성원들의 자원 소비량과 필히 관련지어 생각해야 한다. 또한 우리가 사용하는 자원에는 농작물처럼 재순환이 가능한 자원만이 아니라 식물이 사용하거나(이를테면 비료) 우리 인간에게 필요한 재생 불능 자원도 있다는 점을 고려해야 한다.

이제는 인류가 이 지구에 존속할 시간을 감안하여 한정된 재생 불능 자원을 어떻게 사용할지 고민해야 할 때다. 과연 그 시간을 얼마로 잡아야 할까? 앞으로 2,000년 더? 아니면 1만 년 더? 지금까지 이 문제를 생각해본 적이 있던가? 이렇게 장기적으로 봤을 때, 지구에 재생 불능 자원이 그렇게 오랫동안 쓸 수 있을 만큼 충분하다고 보는가? 단순히 먹고 사는 문제만 생각하더라도 그 긴긴 세월 동안 수십억에 달하는 인구를 모두 부양할 수 있을까? 재순환이 불가능한 자원의 총량은 정해져 있으니 이제 우리는 미래의 100억 인류가 존속할 햇수로 그 양을 나눠 매년 사용할 자원량을 계산해야 한다. 이 방식은 폐기물 생산량에도 똑같이 적용된다. 물질 재순환이 우리에게 닥친 문제를 덜어준다면 실제로 이 재순환 과정이 얼마나 완벽하고 정교해져야 할까? 미래 인류의 존속 시간을 길게 볼수록 우리가 배출하는 폐기물 양은 더 줄어들어야 한다. 일단 지난 역사를 되돌아보고 이런 질문들이 얼마나 중요한 것인지 느껴보도록 하자. 지금까지 어떤 일이 일어났고 우리가 무엇을 했는지 알고 나면 앞으로 어떤 일이 일어날지, 아니면 우리가 무엇을 해야 할지 대충 감이 오지 않을까?

인류는 약 1만 년에서 9,000년 전 중동 지역에서 일어난 최초의 농업혁명, 즉 신석기 혁명기에 토지를 집약적으로 이용하기 시작했다. 유프라테스 강과 티그리스 강 사이의 메소포타미아와 나일 강을 낀 이집트에서는 대규모 관개농업이 이뤄졌고 수확물을 보존을 위한 저장고가 세워졌다. 사회 조직과 각종 도구가 갖춰지면서 식량 생산과 보존 방법도 그만큼 체계적이고 집약적으로 변한 것이다. 농토에서는 잉여 식량이 대량으로 생산되었고 이제 많은 사람이 농사만 지으며 살 필요가 없어졌다. 그래서 점차 도회지로 사람들이 모이기 시작했다. 도시로 유입된 사람들은 상점을 꾸리거나 행정 기관 및 각종 단체에서 일을 했고, 개중에는 거대한 피라미드와 지구라트의 건설에 참여한 이들도 있었다. 국제 무역의 기틀이 잡히기 시작하면서 각지를 오가는 상인도 늘었는데, 이는 잉여 생산물을 처리하는 방안이기도 했다. 또 고대 도시에서는 제조업(이를테면 농기구 제조)에 종사하거나 문화 활동과 과학 연구, 주택과 궁전, 사원 건축과 선박 건조 및 국방에 힘쓰는 이들도 많았다. 그들은 영토를 지키거나 확장하기 위해 다른 나라와 전쟁을 벌이기도 했다. 사실 식량 생산을 기준으로 생각하면 그 많은 건축업자, 운송업자, 행정가, 변호사, 군인, 사제들은 당시 사회에서 전혀 생산성을 갖추지 못한 계층이라 할 수 있다. 하지만 그들이 만들고 관리한 운송 체계와 도로를 통해 머나먼 전원 지역에서 도시로 식량과 부싯돌, 목재, 귀금속 같은 물질 자원이 전달되었음을 생각해보면 그들 역시 생산적인 활동을 한 셈이다. 당시에 기후 변화 현상이 나타나거나 기근이 들면 수많은 사람이 목숨을 잃기도 했지만, 각종 잉여 생산물과 함께 점차 인구과잉 현상이 나타났다. 그리고 앞에서 이야기한 대로 시간이 갈수록 농토에 염분이 축적되어 작물이 자랄 수 없는 지경이 되었다. 역사에서 늘 나타나듯이 이런 문제를 해결하기에 만만한 방법은 영토를 확장하거나 다른 지역으로 이주하는 것이었고, 그 결과로 대규모 인구 이동과 각종 전쟁이 일어났다.

인구과잉 현상은 고대 이집트와 메소포타미아 시대 이래로 인류 역사 속에 빈번하게 나타났고, 18세기 말에 이르러 유럽 여러 나라에서는 자꾸 늘어가는 인구에 대해 우려가 높아졌다. 당시 프랑스의 뉴턴이라 불린 위대한 수학자 피에르 시몽 라플라스(Pierre-Simon Laplace)는 인구통계학을 연구하기 시작했으며 그의 친구인 화학자 앙투안 로랑 라부아지에(Antoine Laurent Lavoisie)는 파리 근교의 사유지에서 토지 개량 방법을 연구했다. 라부아지에는 시간이 갈수록 토양의 무기물이 줄어든다는 것을 알아채고 이 문제를 해결하려면 특수한 방법으로 양분을 보충해야 한다는 결론을 내렸다. 사실 당시 프랑스의 농업은 네덜란드와 영국에 비하면 많이 뒤처진 편이었다. 저지대 국가에서는 이미 두 세기 전에 그러한 실험이 시작되었고 브리튼 섬에서는 일찍이 농업 분야의 혁신과 종획 운동(encloser movement)이 일어났기 때문이다. 프랑스는 그 두 나라의 전례를 착실하게 따랐고, 농작물의 다양화와 윤작(輪作, 돌려짓기)을 통해 점점 증가하는 귀리와 보리, 밀의 수요를 대체할 수 있었다. 또한 다른 나라와 마찬가지로 습지대의 대규모 배수 작업과 함께 매립 및 개간 작업이 이뤄졌다. 이후 독일 북부 지역과 이탈리아도 이런 흐름을 따랐다. 그렇게 농토가 늘고 집약적인 농업으로 식량 생산이 증대하면서 더 많은 인구가 더 넓은 주거 공간에서 살게 되었다. 지금도 이탈리아에서는 옛날에 이뤄진 배수 작업의 효과를 쉽게 확인할 수 있다. 주로 구릉지 정상에 도시가 세워졌던 과거와 다르게 오늘날은 옛 습지대에 수백만 명이 모여 살기 때문이다. 이 지역에는 비옥한 경지와 현재 이탈리아 경제의 주축인 각종 산업이 자리 잡고 있다. 신석기 시대로부터 수천 년 뒤에 일어난 두 번째 농업혁명의 핵심은 바로 이 토지 개발과 확장 사업이었다. 사실 당시에 실행된 방안들은 모두 인구 증가로 인한 각종 사회 문제를 완화하기 위한 것이었는데, 그것이 오히려 첫 번째 농업혁명 때보다 훨씬 더 큰 인구 성장을 유발하고 사회 기반 구조의 확충과 기술 발달을 이끌게 되었다. 대책이라고 내세운 방법들이 문제를 해결하지는 못하고 역으로 상황을 악화시킨 것이다. 결과적으로는 생활수준이 다양한 면에서 향상되었고 출산율 상승 때문이 아니라 사망률이 감소한 덕분에 인구의 재생산율이 높아졌다.

중동에서 일어난 최초의 농업혁명, 그리고 이슬람 세계와 18세기 이후 유럽에서 일어난 제2의 농업혁명 사이에는 비슷한 점이 많다. 이 두 번째 농업 혁명은 신석기 시대에 일어난 변혁과 유사하게 대규모 기계화와 산업화, 전원 지역의 도시화에 영향을 미쳤다. 이러한 경향은 19세기에 크게 확대되었고 20세기에 들어서, 특히 제2차 세계대전 이후 더욱더 가속화되었다. 그 결과 현존하는 인구 대부분이 얼마 남지 않은 소수 농부들에게 식량을 의존하게 되었다. 식량 생산은 운송 체계의 발달을 요구하는데, 작물 생산지가 다른 나라일 경우 그 중요성은 특히 더 커진다. 또한 항구, 시장, 금융 제도, 도로망, 분배 체계와 같은 사회 기반 구조를 확충할 필요성이 생긴다.

그 결과는 지속적인 도시화와 이주의 가속화로 나타났고, 이는 시골에서 도시로의 인구 이동뿐 아니라 새로운 도시와 국가의 건설로도 이어졌다. 우선 대대적인 팽창 정책을 폈던 로마 제국 이후 이슬람 세계와 스칸디나비아에서 차례로 영토 확장과 이주 활동이 일어났다. 바이킹 무리는 서쪽의 아이슬란드, 그린란드, 북아메리카, 동쪽의 우크라이나와 폴란드, 남쪽의 잉글랜드와 프랑스, 그리고 이탈리아 남부로 퍼져 나갔고, 중세 시대부터는 중앙 유럽의 경계선이 동쪽의 발트 3국, 폴란드, 체코슬로바키아, 러시아를 향해 확장되기 시작했다. 이주 활동은 19세기와 20세기에도 활발하게 일어나 수많은 유럽인이 미국, 캐나다, 남아메리카, 남아프리카, 오스트레일리아와 뉴질랜드로 거주지를 옮겼다. 러시아에서는 시베리아로, 중국에서는 내몽골과 영토의 중앙부, 동부로 인구 이동이 일어났다. 이주민들의 정착과 동시에 각지에서는 인구 성장과 거주지 확장이 시작되었다. 그리고 농업 및 각종 산업이 발달하면서 정착지는 서서히 새로운 미개발지를 잠식해 나갔다. 실제로 약 백 년 전에 미국 시카고 주변에는 엄청나게 넓은 숲이 있었지만 그 많은 나무의 상당수가 목재 조달을 위해 잘려나갔다. 또 북아메리카 곳곳에서 광대한 초원이 밭과 농장으로 바뀌었다.

지금은 인구 성장 문제를 해소하기 위해 거주지를 넓히기도 어렵고 사람이 살 만한 새로운 이주 지역을 찾기도 거의 어렵다. 게다가 요새는 법률로 이민을 제한하는 나라가 많다. 최근에 남아프리카와 유럽에서는 주변국의 이민자 유입을 막는 법이 제정되었고 미국에서는 멕시코와의 국경 지대에 전기 철조망이 세워지고 있다. 또한 인도는 방글라데시와 접한 국경에 3,000킬로미터에 달하는 철조망을 치고 있다. 인구 이동은 도시의 규모가 빠르게 커지면서 국가 내부적으로도 빈번하게 일어나고 있다. 또 이미 전 세계 곳곳에서 나타난 현상이지만, 앞으로 도시에는 고층 건물이 더욱더 많이 들어설 것이다. 현재 이 세상은 화려한 건축물과 빠른 속도로 커지는 거대 도시, 그리고 농업과 공업 생산, 광산업, 도로 건설에 필요한 공간의 증가, 그리고 온갖 자원을 사용함으로써 필연적으로 발생하는 폐기물 때문에 점점 포화 상태에 이르고 있다. 이제는 인간의 거주 활동, 식량 생산과 공업 활동으로 말미암아 이 지구가 이미 포화 상태에 도달했음을 인정해야 할 때다. 지금 남은 자원과 토지를 미래의 인류가 사용할 자원, 토지와 비교해보면 이미 심해도 너무 심한 인구과잉 상태에 이르렀다는 것을 알 수 있다.

당장 사용할 수 있는 자원의 양과 폐기물 생산량만 봐서는 아직도 사람이 살 곳은 많고 인구도 적다고 느끼기 쉽다. 하지만 세계 인구가 계속 증가하여 안정화에 들어설 시기와 자원 소비 및 폐기물 생산 추세를 함께 고려해보면 이미 지구의 수용 능력은 한계를 넘어선 상태라는 결론이 나온다. 즉 앞으로의 예상 인구를 보든 현재 인구를 보든 이 지구에는 인간이 지나치게 많다.

문제는 이주와 인구의 집중만으로 끝나는 것이 아니었다. 계속 증가하는 인구를 먹여 살리려면 식량 생산 속도 역시 더욱 빨라져야 했다. 따라서 땅을 효율적으로 이용할 필요성이 생겼다. 앞에서도 이야기했듯이 얕은 바다나 습지대를 메우는 방법이 곳곳에서 활용되었는데 그렇게 생겨난 땅은 농지나 장착지로 쓰였다. 그리하여 간척지와 개간지에는 사람들이 모여들었고 새로운 발전의 기회와 함께 출산율이 더욱 상승했으며 반대로 사망률은 계속해서 감소했다. 농업 생산량은 석회 살포와 깊이갈이(deep plowing, 深耕)에 이어 토양의 비옥도를 높이거나 손실된 영양분을 보충하는 데 효과적인 화학 비료의 사용으로 점차 증대되었다. 그리고 각종 농작물 병해와 해충, 선충 및 각종 유해 동식물에 대한 방제 작업 덕분에 식량 생산은 더 늘어났다. 또한 농지를 넓히고 그 높낮이를 평평하게 고름으로써 전원 지대의 토지는 한층 균일해졌으며 일을 하기에 효율적인 곳으로 변해갔다. 이후 환경 조건이 더는 상될 수 없는 수준에 이르렀을 무렵, 각종 작물과 가축이 주어진 조건에 맞게 최적화되었다. 인간이 사육 · 재배하는 동식물의 유전적 특성이 향상되었고 풍요로운 환경에서 자란 농작물은 다들 과거보다 더 많은 물과 무기물을 요구했다. 그리고 인간은 이 향상된 유전 형질을 보존하기 위해 거대한 종자은행과 정자은행을 탄생시켰다. 그러나 안타깝게도 이러한 변화로 말미암아 물과 각종 영양 자원이 엄청나게 소비되었고 과거의 다양한 생물종이 사라졌다. 수목과 어류의 품종 개량 작업 역시 동일한 결과를 낳았다. 물질적인 풍요가 생물다양성의 감소를 불러일으킨 것이다.

인구 문제로 골머리를 앓던 이들은 라부아지에가 살던 시대, 그러니까 1800년 이전에도 꽤 많이 있었다. 역시나 가장 큰 문제는 당시의 인구 성장세를 어떻게 완화시키느냐, 혹은 어떻게 멈추느냐였다. 라부아지에가 죽은 뒤 몇십 년이 지나서 프랑스의 수학자 피에르 프랑수아 베르훌스트(Pierre François Verhulst)는 인구 증가 방정식을 완성했다. 이 방정식은 인구 증가 속도가 처음에는 증가하다가 점차 줄어들고 어느 시점에 이르러 인구 규모가 일정하게 유지된 후 최종적으로 성장이 멈춘다고 설명한다. 그는 외부 조건이 일정하게 유지될 경우 성장 속도가 해당 인구 내부에서 일어나는 작용에 의해 줄어든다고 여겼다. 하지만 그것이 무엇 때문인지 콕 집어 말하지는 않았다. 수학적으로 보면 변수가 너무도 많기 때문이다.

유럽의 다른 학자들, 특히 프랑스와 영국 학자들은 그 점에 대해서 좀 더 구체적인 의견을 제시했다. 영국의 애덤 스미스(Adam Smith)와 토머스 로버트 맬서스(Thomas Robert Malthus)는 인구 재생산율이 언제나 같은 수준으로 유지되는 데 비해 사망자 수는 인구가 많아질수록 늘어난다고 생각했으며, 특히 굶주림을 자주 겪는 빈민들이 많이 죽는다고 보았다. 그 시절에는 가난이 인구 증가 속도를 스스로 제어하는 요인이라고 믿는 사람이 많았고, 그래서 빈민 구제는 불필요하다는 생각이 지배적이었다. 가난한 이들이 많이 죽을수록 인구 과밀 현상으로 인한 각종 사회 문제가 완화되리라고 본 것이다. 당시 학자들은 베르훌스트의 방정식에서 인구 안정화가 나타나는 이유가 식량 부족으로 죽는 빈민들 때문이라고 생각했다. 이와 반대로 요즘 인구통계학자들은 사망률이 낮은 현재 상황에 맞게 높은 출산율이 어떤 식으로든 떨어질 것이라고 말한다.

농업 생산량을 극대화하는 현 체계는 동식물의 생육에 최적화된 환경을 얼마나 꾸준히 지속하느냐에 달렸다. 이미 이야기했듯이 베르훌스트가 제시한 모델에서는 이러한 조건이 변함없이 유지된다고 가정한다. 지금은 우리가 농업 환경을 대폭 개선하고 이 조건을 각지에 균일하게 적용할 수 있으나 시간이 지나도 계속 이런 환경을 유지할 수 있을지는 미지수다. 오늘날은 계절 단위와 연간 단위의 단기적인 기상 이변, 혹은 수십 년에 걸친 장기적 기후 변화가 계속 일어나고 있으며, 이런 문제는 과거에도 늘 그랬듯이 인구 체계와 농업 체계를 근본적으로 뒤흔들 수 있다. 실제로 기후 문제로 인한 농업 생산력의 저하 현상은 중세 후반에 자주 나타났고, 이는 아일랜드, 스코틀랜드, 스칸디나비아 같은 한계 지역에서 특히 심했다. 이 문제는 그보다 과거에 그린란드와 아이슬란드에서, 그리고 이후 유럽이 소빙하기(Little Ice Age)를 겪던 16세기부터 19세기 사이에도 나타난 바 있다. 그중에서도 유럽 북부 지역, 특히 그린란드와 아이슬란드에서는 식량 부족과 생활환경 악화로 왜소증을 겪거나 신체 불구가 되는 이들이 많았다. 또 기온이 떨어지면서 알프스 지방과 스코틀랜드의 산악 지대의 농지가 버려지는 상황도 벌어졌다. 그 결과 밭은 잡초투성이가 되었 고 마을은 폐허가 되고 말았다. 이런 사태들이 약 150년 전까지만 해도 유럽에서 끊이지 않고 일어났으며 벨기에와 핀란드에서는 굶주림으로 목숨을 잃은 사람 수가 수백만 명에 달했다(1867~1868). 지금도 이런 일이 아프리카 사하라 사막의 사헬(Sahel)이나 농사가 잘되지 않는 덥고 건조한 지역에서 비일비재하게 일어나고 있다. 기상과 기후의 변동은 수많은 인구를 위험에 빠뜨릴 수 있으며, 이미 약 5억에 달하는 인구가 심각한 문제를 겪고 있는 건조 지역에서는 특히 더 큰 피해가 생길 수 있다. 1846년에서 1848년 사이 아일랜드에서는 주식이었던 감자에 곰팡이병의 일종인 감자 잎마름병이 번지면서 약 백만 명이 사망하고 살아남은 인구 중 백만여 명이 북아메리카로 이주하는 사태가 벌어졌다. 당시 아일랜드에 남은 인구 중 수천 명은 잉글랜드로 이주하여 공장 노동자가 되었다.

그밖에 인구 성장과 안정화에 지장을 주는 요소로는 지진, 태풍, 가뭄, 범람, 이류(泥流, mudflow: 자갈이나 점토 물질로 가득한 흙물이 급속히 흐르는 것.—옮긴이) 같은 자연 현상이 있다. 그리고 또 다른 문제인 사막화와 염류 집적, 토양 및 물 오염 등은 단순히 인구 안정화를 방해할 뿐 아니라 농촌 지역을 파멸로 이끌어 심각성을 더한다.

식물과 환경 사이에 이뤄진 자연적 체계는 인간에 의해 환경적 다양성과 생물의 유전적 다양성이 감소하면서 크게 약화되었다. 그래서 요즘은 새로운 질병이 발생했을 때 작물들이 아예 저항도 해보지 못하고 죽기 일쑤다. 최근의 농업은 단일 재배 방식을 선호하므로 전염병이 발발할 경우 단 몇 달 만에 한 지역에서 키우는 농작물이 전멸할 우려도 있다. 현재는 먼 지역에서 우연히 유입된 종들을 포함한 각종 병해충이 전 세계적으로 확산되었는데, 이것을 박멸하는 데는 상당한 비용이 든다. 미국에서만도 해마다 수천억 달러가 드는 실정이다. 그 대책으로 병충해에 저항성이 있는 새로운 품종이 생산되기 시작했으나, 이 방법이 도입된 후로 종자 생산과 관련된 변화나 생산국의 정치적인 결정에 따라서 농업계 전체가 좌지우지되는 문제가 나타났다. 게다가 가난한 농부들은 이런 종자를 사는 데 점점 더 부담을 느끼고 있으며 아예 사지 못하는 이들도 늘어나고 있다.

현재 세계 각지에서는 주어진 조건에서 생산 가능한 한계를 넘어 식량이 소비되고 있다. 일례로 잉글랜드에서는 브리튼 섬 전역에서 생산할 수 있는 농작물의 여섯 배가 소비된다고 한다. 이는 곧 식량 생산이 점점 인구 성장을 제한하는 요소로 변해간다는 뜻과 같다. 이런 현상은 선진국과 개발도상국에 식량을 수출하는 여러 저개발 국가에서 실제로 나타나고 있다. 시장 경제 논리를 따라서 부유한 나라는 자유롭게 식량을 사들이지만 이제 후진국에서는 자국민이 스스로 생산한 농산물을 직접 소비하거나 사지 못하는 상황이 발생하기도 한다. 이런 이유로 일부 저개발 국가에서는 자국에서 생산한 쌀을 선진국에 팔고 다른 곳에서 더 싼 쌀을 수입하기도 한다. 1970년대에 사람들은 사막에 시비(施肥) 작업을 하고 관개수를 공급하면 농업 생산량을 증가시킬 수 있으리라 생각했다. 하지만 비료와 물을 공급하는 과정에서 많은 문제가 발생했고 땅을 비옥하게 바꾸는 데 소모된 비료와 뜨거운 햇살 아래 증발되는 물의 양은 헤아리기 어려울 만큼 많았다. 석유로 벌어들인 자본을 이용해 리비아와 사우디아라비아의 사막 한가운데에 담수를 끌어온다는 계획은 별다른 결실을 보지 못했다. 단지 농작물의 증산 작용이 대폭 증가하고 토양에 염분이 다량으로 축적되었을 뿐이다. 이제는 이러한 개발 계획에 관심을 기울이는 사람이 거의 없는 것 같다.

지금의 인구수를 유지하거나 더 성장시키려면 계속되는 기후 변화와 도시화, 점점 늘어가는 환경오염 속에서 현재의 농업 생산 능력을 안정적으로 유지해야만 한다. 하지만 과연 그것이 얼마나 오래갈까?

4. 인구 성장과 공업 생산

18세기 중반까지 유럽 전역의 사망률이 감소하고 생활수준이 크게 향상된 데 비해서 출산율은 약 두 세기 동안 거의 변화 없이 유지되었다. 결과적으로 인구가 크게 증가하여 경제적인 변화와 확장 및 강화가 필요해졌고, 이주 활동 역시 활발하게 일어났다. 그리하여 수백만 명이 유럽을 떠나 세계 곳곳으로 흩어졌다. 유럽 내에서는 식량 부족 문제와 얽힌 반란이 종종 일어났고, 그 결과 국민을 억압하던 정부들과 경제 활동 면에서 한계성을 내재한 지역 사회의 자급자족체제가 무너졌다. 이후 토지 개혁이 일어나고 농업 생산 체계가 재편성되면서 농민들은 이전보다 자유롭게 농업 활동에 종사하게 되었다. 또한 앞 장에서 살펴봤듯이 윤작, 시비 작업, 농업 기계화 등의 여파로 생산성 또한 크게 향상되었다. 농부들은 과거에 사람이 살지 않던 숲과 산지를 점유하고 나무를 베어냈다. 이후 뒤이은 대규모 배수 작업과 도로 및 수로 건설로 농경지는 점점 넓어졌다.

그러나 이 방법 때문에 식량 부족 문제가 해소되기는커녕 더욱 악화되었다. 농부들은 살아남기 위해 다른 수입원을 확보해야만 했다. 그 대책으로 그들은 집에서 옷감을 짜기 시작했다. 이렇게 시작된 가내공업은 폐쇄적인 제조업 길드 체제를 보완하거나 대체했다. 새롭게 등장한 이 생산 체제의 목적은 물건을 많이 만들어 잉여 생산물을 파는 데 있었고, 가내공업자의 수가 크게 늘면서 산업혁명의 싹이 움트기 시작했다.

이후 전문화를 통해 제품 생산과 상거래가 효율적으로 이뤄지고 생산량이 증가하면서 수익 역시 늘어났다. 제조업자들은 원료를 가능한 한 값싸게 많이 사들이고 상품은 최대한 이익을 남겨 대량으로 팔았다. 개인 수준에서 물건을 만들어 파는 것과 비교할 바가 아니었다. 이런 결과는 많은 사람이 더 큰 작업 단위를 이룸으로써, 즉 공장에 모여서 함께 일함으로써 가능했다. 이후 농촌 인구의 이탈이 점차 늘어나면서 도시화가 촉진되었다. 그리하여 산업혁명은 그 기폭제였던 농업혁명의 그늘에서 벗어나 인구과잉 문제를 해소하는 열쇠가 되었다. 한마디로 상품의 과잉 생산과 배후지의 확장이 인구 과밀 현상을 해결한 셈이다.

이제 상공업으로 벌어들인 막대한 수익은 귀족과 교회가 아닌 공장주와 상인들의 몫이 되었지만, 새롭게 등장한 노동자 계급은 노동의 대가를 충분히 받지 못했다. 이후 사회는 급속도로 변했다. 많은 인구가 가난과 굶주림에 시달리자 사회개혁의 목소리가 높아지고 그 결과 대중에게 시민으로서 힘과 권리가 부여되었다. 대중의 집합적인 행동 양식이 발견되고 형성되면서 새로운 재판 제도가 생겨나고 사회학, 경제학, 인구통계학, 역사편찬학, 민족학, 인류학 같은 사회과학 분야가 새로운 활력을 얻었다. 그리고 지질학, 토지 측량술, 지리학의 발전으로 공간적 지식도 한층 늘었다. 국가는 사회 단위와 경제 단위로 인식되었고 국가주의가 대두했다. 새로운 세상이 도래한 것이다.

복지를 향상시키기 위한 새로운 과학 분야도 등장했다. 그중 대표적인 것이 의학과 미생물학, 심리학이었고 이와 더불어 과거의 인구 변동 현황과 통계 이론을 토대로 한 생명보험회사도 탄생했다. 과학과 기술의 발전은 각종 제조 공정의 향상에도 이바지하여 화학, 물리학, 공학을 토대로 한 통신, 조명, 철도 교통의 발달이 이어졌다. 이러한 발전상은 교육 체계의 변화 또한 요구했다. 당시의 세계관은 더 넓어지고 구체성을 띠는 한편으로 더욱 추상적인 이해에 의존하는 형태로 변했고, 이런 특성이 새롭게 등장한 문학과 철학에 그대로 반영되었다. 새롭게 변화한 사회에는 계수화의 바람이 불었고 수학이 큰 힘을 발휘했다. 몇십 년 만에 세계는 완전히 다른 모습으로 바뀌었다. 맨 처음 저지대 국가에서 주춤거리며 일어난 변화는 브리튼 섬에서 한층 강렬해졌고 마침내 프랑스와 미국에서 꽃을 피우며 세계 곳곳으로 퍼져나갔다.

세계는 경제적인 면에서도 과거와 모습을 달리했고 이러한 변화는 19세기뿐만 아니라 20세기에도 지속되었다. 시장은 농촌 인구와 노동력이 도시와 공장으로 집중된 이후로 지역 사회에서 국가적인 차원으로 확대되었으며 얼마 지나지 않아 상거래가 국제적인 수준에서 이뤄지기 시작했다. 이 흐름을 따라 미국 남부의 목화밭에서는 값싼 아프리카 노예의 노동력을 토대로 거대한 자본이 형성되었고, 한편으로는 그렇게 싸게 생산, 판매된 면제품 때문에 인도와 이집트를 비롯한 각국의 산업과 시장이 타국에 예속되거나 파탄을 맞이하기도 했다. 이런 변화와 함께 국내외적으로 상품 주문과 수송, 대금 지급을 위한 체계와 기반 구조가 마련되었다. 각국의 시장은 노동자 급여의 증가, 물류 산업의 도입, 제품 수명의 증가 등으로 더욱 커졌다. 이후 인구 1인당 물자 소비량이 증가했고 각국 정부는 출산 장려 정책으로 인구 성장을 꾀했다.

지금까지의 흐름을 요약하면 대략 이렇다. 인구 증가로 인해 농업 생산력이 향상되고 이것이 다시 공업의 성장과 경제적 배후지의 성장으로 이어지면서 결과적으로 더 큰 인구 증가를 가져 온 것이다. 이렇게 인구가 늘어나면서 국가는 조직체로서 더욱 복잡성을 띠게 되었고, 사회 기반 구조를 구성하는 데 필요한 인력의 수요는 더욱더 늘었다. 앞에서도 이야기했듯이 조직 내에서 일어나는 상호 작용의 수는 그 관계에 얽힌 사람의 수보다 더 빠르게 늘어난다. 이것이 결과적으로 통신과 전산의 발전을 촉진했고 점점 늘어나는 일거리를 기계가 떠맡게 되었다.

물론 당시 기업가들이 제조 공정의 효율성 제고를 목적으로 기계를 사용한 것은 아니다. 단지 그들은 돈을 더 효율적으로 벌기 위한 욕심으로 움직였을 뿐이다. 기업가들은 지역 통치자의 입김이 닿지 않는 시장, 또 그다음에는 길드나 도시의 세력이 미치지 않는 시장, 오늘날 세계화 시대에 이르러서는 자국과 연맹체의 손길이 닿지 않는 시장을 선택함으로써 물가, 노동력, 사회적 규제와 법률의 제약에서 벗어나 영리 활동을 하고 더 많은 이윤을 벌어들일 수 있었다. 1980년대 시작된 규제 완화 운동은 세계화와 위탁 생산 방식의 영향을 일부 받은 것이다. 산업혁명이 일어날 시기에 발생한 잉여 노동인구에게는 여전히 일자리와 먹을 것이 필요했지만 당시 사회는 문제 해결을 위해 아무런 손도 쓰지 않았다. 전체적으로 봤을 때는 사회 변혁의 결과로 새로운 활동이 늘어나면서 이전보다 더 많은 에너지와 물질이 소비되었다. 이런 일은 지금도 일상적으로 일어나고 있다. 실제로 어떤 분야에서든 새로운 기계가 발명되면 자원 소비량과 폐기물 생산량이 줄어드는 것은 고사하고 오히려 증가하는 경향이 나타난다.

노동자와 기계가 많아지면 필요한 에너지양도 그만큼 늘어난다. 그리하여 더 많은 식량이 필요해졌고 식량의 보존성과 분배 및 판매의 효율성을 높이기 위해 농업의 기계화, 수송, 도로 건설에 더 많은 에너지가 투입되었다. 비료, 제초제, 살충제를 생산하고 식품 조리 및 저장에 필요한 화학 약품을 만드는 데도 많은 에너지가 소모되었다. 하지만 주택과 도로, 공장, 항구, 물류 저장 · 분배 시설 등을 건설하고 채광, 수송, 각종 제조 공정에 필요한 기계를 만드는 데 필요한 광물을 확보하는 과정에서 훨씬 더 많은 에너지가 쓰였다. 그러니까 에너지 소비 측면에서는 농업보다 도시화와 산업화가 더 큰 악영향을 미친 셈이다. 얼마 지나지 않아 연료로 쓰이던 나무가 고갈되자 그 자리를 석탄이 대신했고, 채광과 수송 면에서 경제성이 뛰어난 석유가 나머지 부분을 보충하는 형태가 되었다. 현재는 천연가스가 서서히 석유를 대체하는 중이며, 나중에는 혈암유(shale oil)가 그 자리를 대신할 가능성이 있다. 이러한 화석연료는 곧장 에너지원으로 쓰이기도 하고 전기 형태로 전환될 수도 있다. 막 채굴한 화석연료에는 수은이나 황 따위가 포함된 화합물이 섞여 있는데, 그중에서도 황은 동식물에게 해로운 산성비를 유발한다. 석유나 천연가스의 경우, 이런 화합물을 석탄보다 더 쉽게 정제할 수 있다는 장점이 있다. 물론 그렇다 하더라도 석탄이 여전히 전 세계적으로 널리 사용되는 주요 에너지원이라는 점은 변함이 없다.

우리는 개인의 일상생활을 비롯하여 곳곳에서 일어나는 모든 사회 활동이 이러한 외부 에너지원 덕분임을 잊지 말아야 한다. 현대인의 삶은 거의 전적으로 화석연료가 책임지고 있으니 말이다. 인간은 생물이고 생물은 모두 에너지의 흐름을 이룬다. 이 흐름은 아주 먼 옛날부터 지금까지 화석 에너지의 형태로 줄곧 이어졌다. 그리고 우리는 화석 에너지의 은총으로 현재를 살아간다. 인류는 에너지가 개인 단위로 소비되던 수렵 · 채집과 소규모 농경 위주의 자급자족 경제 시대부터 사회의 복잡성과 세계화로 말미암아 모든 에너지가 대량으로 소비되는 현시대까지 아주 먼 길을 걸어왔다. 이렇게 커질 대로 커진 사회를 이제 와서 거꾸로 되돌리기란 불가능하고, 변화가 일어날 여지가 있다 하더라도 그 가능성은 그리 크지 않다. 사회를 이루고 유지하는 힘은 바로 막대한 양의 화석연료 에너지이며, 이 사회가 있기에 우리는 자신의 삶을 살아갈 수 있다. 현 사회는 우리의 필요에 의해 만들어진 것이다. 이제 우리는 이것 없이 살아가지 못한다. 문제는 그 구성원의 수가 너무 많다는 사실이다.

한때 사람들은 식량 부족 문제를 해결하는 방법이 농업과 사회의 기계화와 산업화라고 생각했다. 이에 따라 각종 기계가 경작, 파종, 김매기, 수확 작업 같은 농경 작업에 쓰였다. 낙농업 분야에서는 착유기가 발명되고 외양간 시설이 개선되었다. 또한 작물과 가축의 유전적 특질을 개량하기 위해 다양한 육종 계획이 세워졌다. 농작물의 수확 방법과 각종 동식물의 특성 및 생육 환경이 향상된 것 외에 농지 자체에도 엄청난 변화가 일어났다. 지주의 힘이 농부보다 훨씬 강했던 브리튼 섬에서는 16세기와 18세기에 두 차례의 종획 운동으로 당대의 유력자들이 토지 대부분을 소유하게 되었고 그 결과 수많은 영세농이 농촌을 떠났다. 스코틀랜드만 해도 북아메리카, 그중에서도 특히 뉴욕과 온타리오로 이주한 사람이 12만 명에 달했다. 그리고 남은 사람들은 작은 도시의 공장에서 일거리를 찾아야 했다. 지주들은 마치 공장을 운영하듯 농장을 경영하며 최소의 비용으로 수확량을 극대화하고 그 생산물을 팔아 이익을 최대한으로 끌어올렸다. 사실 그들의 주요 관심사는 식량 생산이 아니라 양모 생산이었기 때문에 식량 문제는 오히려 악화되었다. 1827년에 맬서스는 인구 이주를 촉진할 목적으로 영국 의회에 농부와 해당 법이 제정된 해로부터 2년 후에 태어난 어린아이에게는 교구 복지금을 지급하지 말 것을 권했으며 주민이 떠난 즉시 그들이 살던 집을 허물어야 한다고 주장했다. 결국 영국의 많은 농부들은 변변찮은 땅 한 번 가져보지 못하고 공장 노동자가 되었다. 이런 현상은 프로이센에서도 나타났으나, 유럽 대륙의 다른 지역, 이를테면 프랑스에서는 영세 농민들이 직접 농장을 소유하고 쉴 새 없이 농토 관리와 개발에 힘쓰며 땅에 강한 애착을 보였다. 이런 이유로 프랑스 혁명으로 땅을 잃은 쪽은 대개 농부들이 아니라 귀족들이었다. 수확량을 극대화하고 비용을 최소화하는 영국의 농업 생산 방식은 이후 미국으로 넘어가 훨씬 정교한 체계를 갖추고 곧이어 재계 및 산업계와 관계를 맺었다. 이 시점부터 이윤 극대화에 초점을 맞춘 식량 생산이 이뤄졌다. 사실 앵글로색슨 자본주의(Anglo-Saxon capitalism)와 유럽 대륙 자본주의(Continental capitalism), 또는 시장경제체제와 조정시장경제라고 불리는 자본주의의 두 가지 유형이 뿌리내리기 시작한 것도 이 무렵이었다. 이윤 극대화에 기초한 앵글로색슨 자본주의는 토지의 남용으로 이어졌고 이로 말미암아 각지의 토양이 고유한 특성을 잃고 말았다. 농민 계층이 하층 노동자 계층이 바뀌면서 지역에 따른 농법이나 농사 환경에 대한 지식이 상당수 사라지고, 외국의 거대한 식품 산업계가 토지의 용도 변경과 확장을 요구하는 경향이 이어졌다. 이것과 비견한 예로 최근 중국 정부는 아프리카의 땅을 대량으로 구입하거나 빌려서 농산물을 생산하고 있다.

그다음에 나타난 현상은 비료, 제초제, 살균제, 살충제 등의 농약을 생산하는 석유화학산업과 농업의 융합이었다. 과거에 인간이 농사를 짓기 위해 숲을 제거하고 밭을 갈면서 부식토가 공기 중에 노출되었고 이 흙은 땅속에 묻혀 있을 때보다 더 빠른 속도로 분해되었다. 그러면서 점차 토양의 수분 보유 능력이 떨어졌다. 조금 더 시간이 지나 농약이 사용되면서 보수력이 훨씬 크게 떨어졌다. 이로 인해 농토에 관개수와 비료를 더욱 많이 공급해야 할 필요가 생겼고 그 결과 염분 축적과 사막화, 침식 작용이 나타났다. 결국 이런 문제가 생긴 땅은 식량 생산 능력을 상실하고 만다. 한때 에콰도르와 인도에서는 새로운 비료 덕분에 농업 생산량이 폭발적으로 증가했지만 지금은 토양 침식으로 농부들이 그 땅을 모두 떠나야 할 지경에 이르렀다. 현재 중국 각지의 농촌에서도 이런 일이 일어나고 있다. 그래서 황하(黃河) 강에는 토양 침식으로 쓸려 내려간 비옥한 흙이 가득하다. 식량 생산에 반드시 필요한 무기물인 인의 경우, 전 세계적으로 광상에서 채굴되는 양보다 침식으로 소실되는 양이 더 많다고 한다.

거대한 종자 회사들의 설립도 농업의 공업화 추세에 다소나마 힘을 보탰다. 그러나 이들이 각지에서 펼친 기업 활동으로 말미암아 자연계의 유전적 다양성이 크게 상실되는 문제가 나타났다. 질병 저항성과 수확량 면에서 뛰어난 '개량' 종자가 등장하면서 결과적으로 우리가 그에 상응하는 대가를 치른 셈이다. 그리하여 독특한 유전 정보를 지니고 수백 년에 걸쳐 발달한 각지의 수많은 작물 품종이 영원히 사라지고 말았다. 한 가지 다행인 것은 얼마 전 무자비한 이윤 추구로 인한 생물다양성의 상실을 막기 위해 노르웨이의 스피츠베르겐(Spitsbergen)에 세계 각국의 종자를 모은 지하 저장고가 생겼다는 사실이다. 요즘은 연료 부족 문제와 에너지 가격 상승 문제로 산업계와 재계의 관심이 생물연료용 작물에 옮겨가고 있는데, 이로 말미암아 전 세계적인 식량 부족 현상이 심화되고 있는 실정이다. 현재 유럽에서는 농업 분야와 다른 산업계의 융합이 아직 이 정도로 진전되지 않았지만 이미 그 발걸음은 뗀 상태이다. 하지만 점차 심각해지는 식량 생산 문제를 생각해봤을 때, 이제 우리에게 토양 유실과 유전적 다양성의 감소, 비식량 작물의 재배 증가로 인한 엄청난 손실을 그냥 지켜볼 여유는 없다.

이러한 기나긴 산업의 발달사 속에서 생산된 식량은 음식으로 조리되고 보존 · 분배 · 판매 과정을 거친다. 이와 함께 각종 자원과 폐기물도 함께 움직여야 한다. 그리하여 각종 도로를 비롯해 이동 수단의 생산 및 유지 · 보수와 관련된 분야가 발달을 거듭했다. 교통 부문의 발전은 관광 산업으로 이어졌고 일부 국가에서는 이 산업이 국가 예산에서 10퍼센트를 차지할 만큼 크게 성장했다. 또한 건설과 서비스 산업, 각종 가정용품 제조 산업이 꾸준히 발달했고, 법률과 의료 산업 분야 역시 번창했다. 이렇게 산업화가 계속 진행되면서 화학과 전자 산업은 결코 없어서는 안 될 분야가 되었고, 산업 활동에서 발생한 이익을 지키기 위해 군수 산업 또한 필수불가결한 요소가 되었으며, 금융업을 비롯한 각종 부수적인 산업이 나타났다. 그리고 이러한 온갖 산업은 모두 함께 사회 구성원의 복지, 즉 기본적인 의식주를 보장하는 상부 구조(superstructure)를 형성했다. 그렇게 인류가 산업 사회에 발을 들이면서 조직 구조는 마치 생명체처럼 누구도 제어할 수 없는 자체적인 규칙을 따라 역동적으로 움직이기 시작했다. 이제 거대한 산업계와 재계는 과거에 왕과 귀족, 종교 집단이 그러했고 이후에는 의회와 모든 정부 조직이 그러했듯이 다음과 같은 사실을 인정해야 한다. 그들이 이 사회에 영향력을 발휘할 수 있는 여지가 점점 줄어들고 있다는 사실을 말이다.

크게 보면 인류가 지난 수백 년간 스스로 조절을 거듭하며 바쁘게 움직인 덕분에 이런 결과가 나타났다고 생각할 수 있다. 우리가 세계의 모습을 과거와 완전히 다르게 뒤바꾸면서 결국 개인의 행복과 편리함을 증진시켰다는 점에서는 그 몇 세기 동안 이룩한 것을 성공과 발전이라 불러도 무방할 것이다. 과거의 인류가 끝없는 성장과 부를 향한 길을 선택한 덕분에 우리가 지금과 같은 혜택을 누리게 되었음을 다들 잊지 않았으면 한다. 하지만 이 세계에 무슨 일이 일어나는 중인지, 또 긴급 구제책을 마련하지 않았을 경우 어떤 일이 일어날지를 깨닫지 못한다면 현대 인류의 번영은 그야말로 바람 앞의 등불과 같다. 수많은 인구, 인간이 지금까지 이룬 막대한 업적, 우리의 미래, 너무도 많은 것이 위기에 처해 있다. 우리는 알 수 없는 앞날에 대비하여 인류가 지금까지 쌓아온 바람직한 유산들을 보호하기 위한 구제책을 마련해야 한다.

지금까지의 발전으로 인류가 누린 혜택 중 가장 먼저 손꼽아야 할 것은 바로 세계 여러 지역에서 식량의 양과 질, 안정성과 다양성이 크게 향상되었다는 사실이다. 그중에서도 먹을거리의 질은 국가적인 개입과 식품 산업계의 노력으로 계속 일정한 수준으로 유지되고 있다. 식량과 더불어 주거 시설과 피복 또한 크게 좋아졌고 이러한 발전상은 곧 많은 인구의 건강 수준 향상으로 이어졌다. 환경도 과거보다 더 깨끗하고 건강하게 바뀌었다. 이것은 과거보다 주변 환경을 청결하게 가꾸었기 때문이기도 하지만 도시 지역에 광범위한 하수 배출 및 처리 시설이 갖춰진 덕분이기도 하다. 이렇게 깨끗한 생활환경의 확보와 함께 여러 나라에서 질병 예방과 환자 치료 및 간병을 위한 보건의료체계가 마련되었다. 그리고 다양한 국가의료보장체계와 기관이 만들어지면서 건강보험과 생명보험 제도가 등장하여 아플 때 병가를 내고 일을 쉬거나 노년기에 근로 활동을 그만두는 것이 가능해졌다. 또한 기계가 대부분의 중노동을 맡게 되고 운송업이 발달하면서, 또 사회 기반 구조와 통신 체계가 크게 개선되면서 일상생활과 업무 중에 가해지는 육체적 부담이 훨씬 줄어들었다. 근로조건이 향상되었고 직업의 종류는 더욱 다양해졌으며 일하는 시간이 짧아지는 한편 여가가 늘어났다. 경찰과 거리 조명 시설이 늘면서 사람들은 낮과 밤에 더욱 안전하게 거리를 활보하게 되었다. 이렇게 다양한 변화와 발전의 바탕에는 대중을 위한 교육 제도가 있었다. 교육의 발전은 사회 성원의 문화 수준을 높이고 사회 전체적인 효율성을 높였다. 현대 사회를 과거의 자급자족 경제 사회와 비교해보면 많은 분야에서 성, 인종, 종교와 관련된 사상의 자유와 인간 평등이 이뤄졌다고 볼 수 있다. 또 한 가지 중요한 것은 사회가 과거와 다르게 법률로 통제된다는 사실이다.

이 모든 변화와 발전에는 대가가 필요했다. 자원 사용과 폐기물 생산 면에서도 그러했고 실제로 경제적인 비용 면에서도 그랬다. 생산 비용이 증가하면서 산업계는 비용 부담이 적은 다른 나라로 거점을 옮겨야 할 지경에 이르렀다. 위탁생산 방식이 도입되면서 저개발 국가들의 재정과 사회경제적인 조건도 차츰 좋아졌다. 그리고 그곳에서도 일찍이 선진국에서 그러했듯이 자원 사용량과 폐기물 생산량이 늘어났다. 세계화는 거침없는 속도로 확장되었고 여러 신흥 국가에서는 인구 성장과 더불어 인구 1인당 자원 사용량과 폐기물 생산량도 덩달아 증가했다. 그리고 서비스, 통신, 보건의료, 관광 산업 등 이전에 없던 새로운 산업 분야가 속속 등장했다. 이러한 발전으로 인해 전 세계의 자원 사용 및 폐기물 생산 속도는 더 빨라졌다. 이러한 경향은 비교적 최근에 아시아의 인도와 중국, 남아메리카의 브라질과 아르헨티나 등지에서 나타났다. 이제 인도는 자국의 비용 상승 문제 때문에 생산을 위탁받은 제품을 제3국에 맡겨 만들고 있다.

지난 두 세기 동안 엄청난 발전이 이뤄졌지만 생산과 관련된 한 가지 기본 원리만은 변함이 없었다. 자원을 투입하고 폐기물을 배출하는 선형적 체계 말이다. 이런저런 변화가 있었지만 모두 이 체계를 확장하고, 강화하고, 가속시킨 것에 지나지 않았다. 인구수가 늘어나면서 사회의 규모와 복잡성 역시 커졌고, 자원의 수요가 점점 더 커지는 한편으로 폐기물의 생산량은 더욱더 늘어났다. 인구 성장이 사회의 가속적인 성장으로 이어졌고 거기에 발맞춰 수요와 폐기물 생산량이 늘어난 것이다. 지금처럼 사회가 성장한 것은 모두 인구 성장 문제를 해결하기 위해, 즉 식량과 각종 자원 부족 문제를 해소하고 폐기물의 양을 줄이기 위해서였다. 하지만 이것이 오히려 훨씬 더 크고 빠른 성장을 불러일으켰다. 그리고 이로 인해 지구의 부존자원이 더 많이 소모되고 다 쓴 자원은 더 많은 폐기물로 전환되었다. 지금과 같은 상황에서 경제 성장을 아예 멈추거나 성장에 기초하지 않은 다른 체계를 선택하기란 불가능하다. 만약 그런 방법을 택하고자 한다면 우선 인구 성장을 멈추고 자원 소비를 줄여야 한다. 그러면 사회 기반 구조와 전체 시스템의 높은 수요 역시 자동적으로 감소할 것이다.

안타깝게도 재순환은 물질의 선형적인 흐름을 대체하기 위한 해답은 되지 못한다. 자원을 다시 순환시키는 방법 역시 물질과 에너지를 요구하기 때문이다. 물론 폐기물 중에 다시 자원으로 이용할 수 있는 것이 있다고 외치는 사람도 있겠지만, 인위적인 물질 순환 방식은 완벽이라는 말과 아주 거리가 멀다. 실제로 온갖 형태의 플라스틱을 모아서 기름을 만들 수는 있지만 거기서 얻는 양은 실제 사용된 석유의 5퍼센트 정도밖에 안 된다. 저 앞에서도 살펴봤지만 자연 체계도 물질을 아주 잘 순환시킨다고는 보기 어렵다. 지금 우리가 발붙이고 사는 땅, 생물학적 폐기물과 유기 퇴적물로 이뤄진 산들, 시아노박테리아와 온갖 식물이 지난 25억 년 동안 폐기물로 대기에 내뿜은 산소를 생각해보면 그렇다. 물론 그 덕분에 우리가 휴일에 산을 오르고 산소를 이용해 숨을 쉬거나 트럭, 자동차, 비행기 등을 움직이는 것이지만 말이다. 아무튼 산업 활동에서 생겨난 폐기물을 다시 자원으로 전환하려면 엄청난 양의 에너지가 필요하다. 또 그렇게 한다고 해도 아주 적은 양만이 자원으로 재순환되므로 제대로 된 물건을 만들어 쓰려면 결국 새로운 자원을 투입하여 부족분을 메워야 한다.(아래 그림 참조) 그 예로 재생 유리는 전체 조성의 80퍼센트 정도가 버려진 유리로 구성되고 나머지는 일반 모래로 구성된다. 재생 종이를 만들 경우에는 종이를 이룬 섬유가 재순환 단계를 거칠 때마다 잘려나가고 닳기 때문에 새로 나무에서 추출한 섬유를 제조 과정에 추가해야 한다. 또한 재생 콘크리트에 포함된 폐콘크리트 함량은 아무리 많아 봤자 20퍼센트를 넘기지 못하므로 나머지 80퍼센트를 채우려면 결국 새로운 물질을 이용해야 한다.

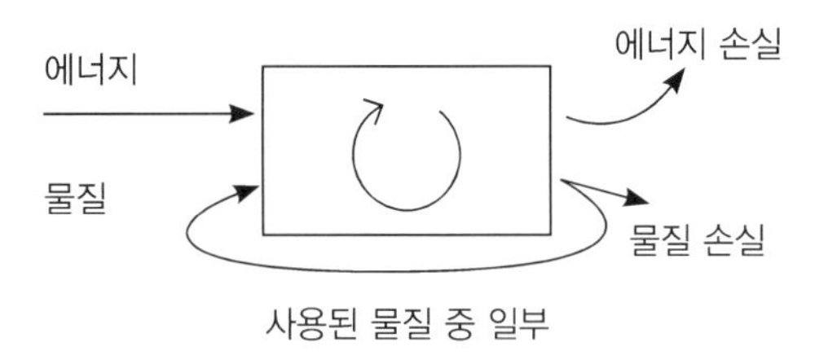

농업혁명과 산업혁명이 인류에게 여러모로 긍정적인 결과를 안겨주긴 했지만, 멈출 수 없는 인구 증가의 결과로 나타난 두 혁명은 결국 더 큰 인구 증가의 요인이 되고 말았다. 지금 우리 사회에서 일어나는 온갖 문제의 가장 근본적인 요인은 바로 세계 인구의 증가로, 이 문제는 지금까지 인류가 이룬 모든 위업을 물거품으로 만들 수 있다. 인구 증가를 막기 위해 즉각적인 구제책을 마련하고 실행하지 않는다면 우리가 예상한 위기는 곧 현실이 될 것이다. 인구 증가에서 기인한 부차적인 문제, 즉 대기 중의 이산화탄소 증가, 수질 및 토양 오염 문제를 막거나 에너지와 물질의 경제성을 제고하기 위해 애쓰기보다는 그 근본 원인을 해결하고자 노력하는 편이 훨씬 효과적일 것이다. 한마디로 한시라도 빨리 더는 인구 증가가 일어나지 않도록 막아야 한다는 뜻이다. 그리고 그 후에는 인구수를 줄일 방법을 강구하고 곧장 실행해야 한다.

그렇다고 해서 이산화탄소 배출 규제안이나 기후 변화 문제의 완화 방안 등에 아예 신경 쓸 필요가 없다는 말은 아니다. 당연히 현존하는 각종 문제에 맞서 싸우고 해결을 위해 힘써야 한다. 무책임한 자원 이용과 폐기물 생산을 낳는 주원인을 처리할 방법과는 별개로 우리는 체계적이고 타당한 방식으로 현재의 자원을 아껴 쓰고 유해한 폐기물의 생산을 줄이며 재순환이 가능한 것은 최대한 재순환시켜야 한다. 그리고 대체 에너지원을 찾는 노력도 게을리해서는 안 된다. 지금은 수십억 인구의 생명뿐 아니라 그들을 살리기 위해 오랜 세월에 걸쳐 진화한 모든 시스템이 위험에 처한 상황이다.

지금까지 불가피하게 이뤄진 모든 역사적 발전상을 생각해보면, 지구 온난화의 해법과 에너지 사용량 감소 대책 등을 제시했을 때 상황이 얼마만큼 개선될 수 있을지가 대충 눈에 보인다. 앞에서도 이야기했듯이 인간의 개입으로 개선될 여지는 그리 크지 않고 또 그럴 가능성은 시간이 흐를수록 더욱 작아질 것이다. 모든 문제의 뿌리, 즉 인구 증가 문제를 다루지 않고 거기서 파생된 결과에만 손을 대봤자 별다른 효과를 보기는 어려울 것이다. 우리는 원인과 결과 양쪽을 동시에 공략해야 한다.

5. 농업 비즈니스와 기업형 국가

혹시 당신은 고고학자가 땅속에 묻힌 옛 무덤, 먼 옛날의 마을, 도로, 전장의 위치를 어떤 식으로 찾아내는지 생각해본 적이 있는가? 고고학자는 옛 지도나 현지 명칭, 특정 식물이나 동물의 서식지 정보를 활용하기도 하고 때로는 전설과 민담을 분석하여 유적지를 찾는다. 실제로 호메로스가 지은 고대 그리스 서사시《일리아드》를 보면 트로이의 위치에 대한 단서를 찾을 수 있으며, 시칠리아를 비롯한 몇몇 지중해 섬 안팎에서는 그가《오디세이아》를 쓰는 데 영감을 주었으리라고 추정되는 물건들이 발견되기도 한다. 일례로 외눈박이 거인 키클롭스(Cyclops) 전설은 지중해 섬에 살던 소형 코끼리의 머리뼈에서 유래했을 가능성이 있다. 어쩌면 당시 사람들이 머리뼈 가운데 있는 콧구멍을 괴물의 눈 부위로 착각한 것일지도 모른다. 고고학자들은 항공사진을 들여다보며 자연 식생이나 작물의 색 변화를 단서로 삼아 버려진 옛 마을과 저택, 혹은 로마 시대에 생긴 2,000년 묵은 수레바퀴 자국을 찾아내기도 한다. 몇 년 전에 나는 알프스에 올라 그와 같은 식생의 변화상을 두 눈으로 직접 확인했다. 그곳에는 제2차 세계대전 당시 프랑스군의 야영지로 쓰인 부지가 있었는데 그곳의 초목은 주변의 것들과 확연히 달랐다. 반세기가 훌쩍 지났는데도 군부대가 주둔했던 흔적이 아직도 그 자리에 선명히 남아 있는 것이다. 역사가 남긴 그림자가 참으로 길지 아니한가?

역사가 오랫동안 흔적을 남긴다는 측면에서 녹색혁명(Green Revolution)이 개발도상국인 인도에 미친 영향을 한 번 생각해보자. 과거에 인도의 농부들은 토속 농작물의 재배법과 생육 조건을 잘 이해하고 이 지식을 여러 세대에 걸쳐 전수했다. 그들은 수천 년에 걸쳐 인도 특유의 환경에 적응해온 각종 벼 품종에 대해 다양한 지식을 갖추고 있었다. 하지만 현재는 수많은 이들이 더 나은 삶을 찾아 도시로 이주한 상태이고 농촌에서는 거의 30분에 한 명꼴로 자살이 일어나고 있다. 그렇게 목숨을 잃은 이들의 수가 지난 16년간 거의 25만 명에 달한다고 한다. 그 결과 인도의 전통적인 농업 지식이 사라졌고, 지금은 다양한 환경에 적응해온 수천 가지 품종의 작물들 역시 사라지고 있다. 오늘날 다국적 종자 회사들은 환경에 완벽하게 적응한 작물 대신 우수한 유전 형질이 한두 해만 유지되는 잡종 작물을 생산한다. 이런 품종은 같은 종 내에서 유전형이 약간 다른 품종이나 계통을 교잡함으로써 만들어진다. 이 작물을 재배한 다음 해에는 전년도에 수확한 종자를 심어도 수확량이 떨어지거나 가뭄에 취약한 품종만 생산된다. 결국 농부는 새로운 종자를 사거나 관개용수를 더 끌어다 써야 하는 상황에 놓인다. 그런데 이보다 더 큰 문제는 이제 인도라는 나라 전체가 종자를 제공하는 특정 국가의 정치적 호의에 기대고 있다는 사실이다. 만약 이 녹색혁명이라는 실험이 실패로 돌아간다면 우리는 과연 어떻게 시곗바늘을 되돌릴 수 있을까? 그때는 역사가 영원히 지워지지 않는 그림자를 남길지도 모른다.

지금까지 나타난 농업 분야의 발전상과 각 지방, 국가, 세계 규모의 경제적·정치적 세력 재편성, 그리고 생활환경의 변화 등을 생각하다 보면 아마도 다들 우리가 먹는 식량과 그 생산 환경에서 실제로 무슨 일이 벌어지는지 궁금증이 생길 것이다. 지금과 같은 변화를 통해 인류는 단기적으로, 또 몇 세대에 걸쳐서 어떤 이익을 얻을 수 있을까? 과연 녹색혁명은 성공을 거둘까, 아니면 실패할까? 만약 실패한다면 우리는 점점 늘어나는 인구와 생활수준의 향상으로 인한 수요 증가 문제를 해결하기 위해 또 다른 대책을 마련해야 한다. 흔히 우리는 현 사회가 항상 사람들이 원하는 바를 감당할 수 있고 지금과 같은 상황이 먼 미래에도 계속 이어지리라 생각한다. 하지만 이런 생각이 틀렸다면 어떻게 해야 할까? 그때는 수요를 얼마나 줄이고 인구수를 얼마나 줄여야 할까? 또 얼마나 많은 폐기물을 치우고 처리해야 할까?

인류의 역사 대부분에 걸쳐 농부는 주로 땅을 갈아 농사를 지으며 그들 자신, 이웃들, 땅을 빌려준 지주들에게 필요한 식량을 생산했다. 옛날에는 수확량이 얼마 되지 않는다고 해도 도로 상태가 워낙 좋지 않아서 농작물을 도시까지 수송하기가 어려웠다.(물론 그것도 도로가 있을 때나 하는 소리다.) 그렇다고 해서 수레나 황소, 말 따위가 모든 집마다 있었는가 하면 그것도 아니었다. 촌락과 시장을 이어주는 운하나 철도, 기타 근현대적인 운송 수단이 나타난 것도 전체 역사를 따져보면 극히 최근의 일이다. 그들은 규모가 극히 작은 지역 사회를 위해 식량을 생산했고 시장을 이용하기보다는 주로 이웃과 상부상조하는 형태로 생활을 이어갔다. 그래서 식량 생산량은 그리 많지 않았고 대부분 한 지역 내에서 그대로 소비되었다. 가축이나 사람의 분뇨를 이용한 퇴비 역시 현지에서 조달해 쓰는 형태였다. 한마디로 영양분의 재순환이 한 곳에서 모두 이뤄진 셈이다. 또 식량 가격에 지역 상황이 그대로 반영되어 기상 상태가 나쁠 때는 가격이 크게 요동쳤고, 밀이나 쌀 같은 주요 곡식에도 국제 시세가 존재하지 않았다. 그렇다고는 해도 식량이 먼 곳까지 수송되는 일이 아예 없지는 않았다. 15세기와 16세기에 네덜란드는 스페인과 발트 3국에서 곡물을 수입한 후 그것을 서유럽 국가에 다시 수출하여 차익을 남겼다. 그러나 기근이 들었을 때는 당시 한창 성장 중인 도시 인구의 수요에 맞게 적국인 스페인으로부터 곡물을 수입했다. 물론 그때도 도시와 떨어진 지역에 사는 농부들은 대부분 계속해서 자기 지역에 필요한 농작물을 생산했다.

식량 생산 방식은 19세기에 들어와 도로, 운하, 항구 등이 건설되고 조금 더 시간이 지나 철도가 식량과 각종 자원의 운송 수단으로 쓰이기 시작하면서 급변했다. 교통의 발달로 나라 전체가 식량 생산에 참여하게 된 것이다. 그와 함께 토양에 인, 질소, 칼륨 등을 공급하는 화학 비료가 개발되어 작물 수확량이 증가했다. 그리고 그 무렵 유럽 전역에서 대대적인 습지대 배수 작업과 함께 개간이 이뤄지면서 농작물 생산지가 대폭 늘어났다. 최초의 현대적인 농기계가 탄생한 것도 바로 이 무렵이었다. 하지만 농민 대다수가 기계를 이용하여 농사를 짓게 된 것은 제2차 세계대전 이후 새로운 에너지원인 화석연료가 대대적으로 공급되고 농기계의 대량 생산이 이뤄지면서부터였다.

물론 유럽에서 일어난 이 광범위한 변화는 지역에 따라 조금씩 다른 양상을 보였다. 영국에서는 부유한 지주와 실업가들이 두 차례의 종획 운동이 일어난 시기에 농부들의 땅을 사들이고 여기에서 수익을 올리기 시작했다. 사실, 당시에 땅을 판 사람보다는 농토를 빼앗기고 눈앞에서 자기 집이 파괴되는 광경을 지켜봐야 했던 이들이 더 많았다. 그리고 그 후 나타난 양상은 식량의 공급 증가와 거리가 멀었다. 식량을 파는 것보다 양모 판매에서 더 큰 수익을 내자 자본가들이 농작물 대신 양 떼를 키우고 먹이는 데 그 땅을 이용했기 때문이다. 그렇게 농장에서 생산된 양모는 신생 자본가들이 소유한 공장에서 가공 과정을 거쳤고 그 결과물인 모직물은 수출되거나 국내 시장에서 판매되었다. 그러나 값비싸고 보온성이 좋은 모직물은 부자들의 차지였고 가난한 이들은 대개 면제품을 사용했다.

이후 농업 생산 활동의 초점은 수익 창출에 맞춰졌고 국제 시장과 연계된 각종 공장에서는 농산물을 원료로 다양한 상품이 생산되었다. 과거에 농사를 짓던 이들은 도시의 공업 프롤레타리아 계층을 형성했고, 그들이 경작하던 땅은 지주와 자본가들이 고용한 노동자들, 즉 새로운 농업 프롤레타리아 계층이 관리하였다. 하지만 이들에게는 자신이 관리하는 농경지에 대한 세부적인 지식이 부족했다. 그저 농사를 지어서 고용주의 수익만 높여주면 그만이었기 때문이다. 농공산업 자본주의의 씨앗은 바로 이러한 토지 이용 체계의 변화로부터 싹을 틔웠다.

얼마 후 이 씨앗 중 일부가 신생국가인 미국으로 건너갔다. 그때는 사람의 손이 닿지 않은 광활한 초원을 수백만 마리의 들소 떼가 활보하던 시절이다. 물론 지금은 이 멋진 동물이 무분별한 사냥 때문에 거의 멸종에 이르렀다는 사실을 다들 익히 알고 있을 터. 대초원은 새로운 농토를 꿈꾸던 이주 농민들의 손에 경작지로 탈바꿈했다. 하지만 곧이어 미국 동부의 부유한 투자가들이 이 땅에 관심을 보이기 시작했다. 그들은 영국의 지주 집단과 마찬가지로 자신이 사는 소규모 지역 사회를 위해서가 아니라 그보다 더 큰 지방과 국내 시장을 노리고 농장을 경영했다. 거기서부터 점차 세계 시장이라는 새로운 시장 개념이 형성되었고 이것이 지역 농산물의 가격에 영향을 미치기 시작했다. 처음에는 대륙과 대륙 사이의 화물 이동에 선박이 쓰였고 제2차 세계대전 이후부터는 비행기가 이용되었다. 19세기에 확립된 우편 제도 또한 무역 활동을 용이하게 했다. 얼마 지나지 않아서 국제 전신 체계가 마련되고 전화와 팩시밀리가 등장했다. 1980년 이후에는 전자공학의 급속한 성장, 행정 전산화, 정보통신 체계의 구축 등으로 컴퓨터를 이용한 각종 대금 지급과 은행 업무, 자본 거래 등이 가능해졌다. 그리하여 오늘날은 다양한 수단을 통해 어마어마한 자본이 이곳저곳으로 움직이고 있다. 인건비가 낮은 국가에 제품 생산을 위탁하는 방식 역시 제2차 세계대전 이후 등장했는데, 최근 몇십 년 사이에는 정보통신 체계를 이용해 무역 · 보험 · 기타 금융 거래 업무를 대신 맡아 하는 업종도 등장했다.

이러한 발전 덕분에 지역과 지역, 지역과 국가, 국가와 국가 간의 상호 협력 체계 및 생산 체계를 잇는 복잡한 관계망이 생겨났다. 즉 물리적인 형태나 경계가 없는 새로운 체계가 형성된 것이다. 온전히 컴퓨터 전산망이나 우리의 머릿속에만 존재하는 이 관계망은 짧은 시간에 생성 및 성장, 소멸이 가능한 역동적이고 가상적인 체계를 이루며 그 내부에서는 시시때때로 구조의 확장과 축소, 구성 요소의 변화가 일어난다.

이러한 양상은 19세기 이래 계속 이어졌지만 아직도 그 끝은 보이질 않는다. 작은 지역 단위로 이뤄진 토지 이용과 식량 생산은 성장을 거듭하는 가상 체계, 즉 '시장'을 위한 생산으로 대체되었고 여기에는 도로와 항구의 건설, 새로운 해외 지사의 설립과 같은 현실 세계의 변화가 뒤따랐다. 과거에 건설된 수많은 식민지와 점령국의 관계는 탈식민지화 단계에서 추상적인 사업 관계로 전환되었다. 우편에서 시작하여 전신, 전화, 팩스를 거쳐 이메일까지 점차 새로운 연락 방법이 등장하면서 이제는 업무상 정기적으로 연락을 취하는 사람이나 자신이 거래하는 제품을 볼 일도 없어졌다. 또 농산물과 광물이 어디서 나고 어떻게 운송되는지, 어디로 가는지도 굳이 알 필요가 없다. 때로는 아직 채 자라지도 않은 농산물의 거래 계약이 맺어지기도 한다. 이제 우리는 우편이나 이메일로 상대방에게 지시를 내리거나 원하는 바를 요청하고 거래 대금을 주고받는다. 그 과정에서는 단지 전자회선 또는 지구를 도는 인공위성을 따라서 신호만 왔다 갔다 할 뿐이다. 그렇게 하여 얼굴도 모르는 누군가가 그 결과를 확인하면 회사는 수익을 올린다. 그렇게 회사가 벌어들인 돈은 직원들의 은행 계좌로 입금되고 우리는 그 돈을 찾아서 먹을 것을 사는 데 쓴다. 그렇게 기나긴 과정을 거쳐서 마침내 직접 만지고 먹을 수 있는 무언가가 우리 손에 들어오는 것이다!

앞서 영국에서 나타난 노동자와 마찬가지로 19세기 미국에서도 몰개인화와 추상화라는 대세를 따라서 농민이 아닌 임금 근로자들에 의해 농지가 경작되었다. 목적은 단기적인 수익의 극대화에 있었다. 이를 위해 각종 신기술에 대규모 투자가 이뤄졌으며 이 과정에서 일개 농부들은 도저히 생각할 수도 없는 엄청난 양의 대부금을 이용하기도 했다. 산업화 시대의 대농들은 식량을 더 많이 생산하고 그것을 일반 영세 농민들보다 더 싸게 팔았다. 바로 이 이점 덕분에 그들은 더 많은 땅을 사들이고 쉽게 농장을 넓힐 수 있었다. 그 결과로 기업 영농, 즉 현지의 식량 조달을 위해서가 아니라 국내와 국제 시장에서 수익을 올리기 위한 새로운 유형의 농업이 생겨났다. 이러한 경제 조직은 차츰 현대 농업 비즈니스의 핵심이 되었다.

하지만 이것이 기업 활동에 속한다고 해도 어디까지나 그 바탕은 농업이었다. 만약 본사와 멀리 떨어진 곳에서 농장을 운영할 경우, 현지에서는 임금 노동자들이 잘 알지도 못하는 넓은 땅을 돌봐야 한다. 이런 인부들에게는 땅에 대한 지식이 부족할 수밖에 없고 결국 그렇게 관리된 농토에서는 시간이 지남에 따라 필수 무기물의 고갈, 수확량 감소, 염분 축적이나 침식 현상이 나타나기 쉽다. 또한 이런 농장에서는 질소, 관개수, 에너지 사용 효율이 떨어지고 사육되는 소들의 수명이 대체로 짧다. 이런 문제가 중첩되면서 농장에서 얻는 수익이 현저하게 낮아지면 결국 기업가는 땅을 팔아버리고 수익이 더 나은 다른 농지나 회사 또는 업계에 돈을 투자한다. 전체적으로 보면 이윤을 얻기 위한 추진력이 강할수록 식량의 생산량과 질은 떨어지는 반면에 필요한 물질 자원과 에너지, 그리고 그 과정에서 생산되는 폐기물은 늘어나는 셈이다. 이러한 양상은 식량 생산과 공급 체계가 발전할수록 더 악화되었다.

이후 농기업들은 성장을 거듭하며 기타 사회 조직망과 연결 체계를 갖추고 통합되는 모습을 보였는데, 그 목적은 오로지 투자 위험을 분산시키는 데 있었다. 대개 기업과 관련된 조직망은 수익의 극대화에 초점을 맞춘다. 그리고 더 많은 돈을 벌어들이려면 여러 조직망을 합쳐 규모를 더 키우는 편이 유리하다. 실제로 업계에서는 식량 생산을 담당하는 부문과 공급망이 그 위아래에 존재하는 조직망과 통합되는 상황이 자주 일어났다. 그 예로 농업계는 현존하는 종자 생산 회사들, 농약을 제조하는 석유 화학 업계, 식량의 운송과 보존을 맡은 기업들, 패스트푸드 업계, 식품 포장 및 판매 업계, 그리고 금융 분야와 하나가 되어 움직이고 있다.

이러한 대규모 통합은 기본적인 공급 체계부터 일반 상점이나 식당까지, 세계 곳곳의 온갖 경제 활동을 조직화하는 신속하고 정교한 전자통신 체계가 있었기에 가능했다. 오늘날은 이러한 통신 체계가 있기에 신속한 지시 전달과 합의, 환율에 따른 즉각적인 대금 지불이 가능하다. 아홀트(Ahold), 알디(Aldi), 울워스(Woolworth), 월마트(Wal-Mart) 같은 거대한 다국적 유통업체와 유니레버(Unilever)

와 네슬레(Nestlé) 같은 식품 생산 업체가 성장한 것도 모두 이러한 변화 덕분이다. 사람들은 이 회사들을 단순한 식품 판매 업체 정도로 생각하지만, 사실 이들이 현 사회와 전 세계에 미치는 영향력은 정말 엄청나다. 동네에 들어선 대형 할인매장과 슈퍼마켓은 한마디로 빙산의 일각인 셈이다. 이제 식량의 생산과 공급은 세계적인 대기업들의 활동에서 빠지지 않는 부분으로 자리 잡았고, 우리는 그로부터 많은 편의를 얻고 있다. 하지만 약 40년 전 스위스 최대의 식품 유통회사 미그로스(Migros)가 정당 창당을 제안했을 때 사람들은 이러한 발전이 마냥 좋은 것은 아님을 깨달았다. 이론적으로는 한 나라가 민영 기업에 의해 좌지우지될 가능성도 있기 때문이었다. 그래서 스위스 연방은 이 제안을 받아들이지 않았다. 결국 직접적인 정치 활동은 불가능해졌지만 이 기업을 대표하는 수많은 비즈니스맨들은 여전히 유럽연합 혹은 미국 정부 기관의 주위를 맴돌며 강력한 힘을 발휘하고 있다.

물론 처음부터 한 기업이 지금처럼 다양한 활동을 하지는 않았다. 초거대 기업들이 즐비한 오늘날의 모습은 각 기업이 기존의 크고 작은 전문 업체들을 하나둘씩 인수합병하면서 나타난 결과다. 사실 이런 대기업들은 농업을 토대로 삼아 경제 활동을 한 것도 아니었고 굳이 식량 산업에 깊이 파고들 필요도 없었다. 애초에 그 뿌리는 식품이나 유통 관련 산업, 아니면 석유화학산업에 있기 때문이다. 이들은 다른 분야에서 기반을 닦은 후 농업과 여타 식량 생산 부문에 발을 들였다. 그리고 이 과정에서 독립된 여러 가지 생산망이 하나로 뭉쳐 복합 기업을 이루고 사회 곳곳에 가지를 뻗은 것이다. 경제적으로, 또 이따금 정치적으로도 큰 영향력을 발휘하는 대기업들은 정부와 연계하여 경제 활동을 하기도 한다. 그 예로 지방자치단체에서 그들의 요구나 바람에 맞게 법과 규정을 바꾸거나 특별 허가를 내주는 경우를 들 수 있다. 또한 이런 기업들은 정부의 도움으로 도시 내외부의 주요 부지를 선점하기도 한다.

대기업들은 기존 전문 업체들의 기능과 결과물을 조직 내로 흡수, 체계화하고 은행 및 정부와 연계하여 전체 조직을 아우르는 상부 구조의 수익을 극대화하고 안정화한다. 즉 각종 경제 활동으로 벌어들인 수익 대부분이 조직 내에 포함된 개개의 회사로 가지 않고 상부 구조로 향하는 것이다. 이 다국적 대기업들은 생산비를 최대한 낮출 수 있는 나라와 제품을 가장 비싸게 팔 수 있는 나라, 또는 법적인 면에서 기업 활동에 가장 유리한 나라를 찾아다닌다. 그러나 19세기 영국의 제조 공장들과는 달리 현대의 복합 기업들은 제품의 생산 과정이나 품질 향상에 관여하지 않는다. 이들은 그저 이용할 수 있는 각종 요소를 조직화하여 많은 돈을 벌어들일 뿐이다. 그래서 이런 조직체에 속한 개별 공장이나 회사들은 대체로 독립성을 유지하지만, 만약 충분한 수익을 올리지 못하거나 유사한 업체와의 경쟁에서 뒤처질 경우, 또는 타 기업에서 그곳을 좋은 가격에 인수하길 원할 경우 곧장 매각될 수 있다.

수익 극대화에 기초한 산업 활동, 그리고 시장 경쟁 약화를 위해 타 기업을 퇴출시키거나 인수 · 합병하는 활동은 경제 성장을 이끄는 촉진제로서 세계 곳곳에서 점점 더 빠르고 더 광범위하게 나타나고 있다. 이러한 흐름 속에서 유통업체들은 식품 가공 업체에 지불할 비용을 최대한 줄여 자체적으로 수익을 극대화하면서도 경쟁을 감안하여 소비자에게 제품을 가장 싼 값에 팔려고 한다.

수익을 극대화해야 하는 것은 식품 업체 역시 마찬가지이므로 결국 제품의 질이 낮아지고 제품 라인의 수가 대폭 늘어나게 된다. 같은 이유로 유통업체에서는 인건비를 줄이고 각종 보험과 기타 사회적 조건 등을 배제하여 비용 최소화, 수익 극대화를 추구하고 매장에 최대한 많은 종류의 제품을 진열한다. 한편 그들은 기업 경영에 필요한 각종 비용과 함께 세금, 대부금, 매장 임차료, 인건비 등을 고려해야 한다. 하지만 다국적 기업으로 활동하면 각종 국세와 규제에서 벗어날 수 있으며 그 결과 비용이 최소화된다. 다만 전체적으로 보면 이러한 기업 활동으로 말미암아 이윤 폭이 최소화되고 토지 자원의 고갈 및 고용인에 대한 처우 악화 현상과 함께 값싸고 질이 떨어지는 제품이 과잉생산되는 경향이 나타난다. 유통업체들은 시장 지위를 유지하기 위해 물가와 임금이 낮은 국가에 제품 생산을 위탁하면서 수익 증대를 위한 성장과 다각화를 도모한다. 이들은 종종 시장에 제품 수명이 얼마 되지 않는 '신상품'을 대량으로 쏟아낸다. 그 결과 막대한 양의 폐기물이 남게 되고 소비자들은 점차 과체중이 된다. 그리하여 사회적으로 만연한 비만 문제는 의학적인 면에서나 인구학적인 면에서나 심각한 결과를 낳는다. 이렇게 연쇄적으로 일어나는 각종 문제 현상과 사태로 말미암아 성장을 거듭하던 시장은 과포화 상태에 이른다. 게다가 앞에서도 이야기했듯이 이러한 경제적 변화는 토양 자원과 수자원의 고갈, 폐기물 생산과 환경오염, 인간적 가치의 훼손 문제를 일으키고 국내외적으로는 사회 불안을 증폭시킨다.

또 다른 문제는 각종 기업이 1980년대부터 자체적인 연구 활동에 투자하는 비용을 줄이고 이 돈을 대학교에서 수행되는 연구 활동에 투입해왔다는 사실이다. 이런 현상은 현재 제약 업계에서도 일어나고 있다. 이 말인즉슨 장기적인 안목에서 기초 연구에 힘쓰고 때로는 비현실적이면서도 창의적인 연구에 도전해야 할 대학이 단기적인 성과에만 매달린다는 뜻이다. 다시 말하면 이것은 혁신이 일어나는 속도가 둔화한다는 뜻과도 일맥상통한다. 또 더 크게 봐서는 앞으로 인류가 맞닥뜨릴 수많은 도전 과제에 대하여 확실한 대비책을 세우지 못한다는 말과 같다.

중국과 인도처럼 인구가 엄청나게 많은 국가에 새로운 시장이 형성되면서 이제 선진국들(미국, 유럽 일부 국가, 오스트레일리아)이 겪었던 모든 과정이 전 세계적인 규모로 반복되고 있다. 앞으로 중국과 인도는 지금보다 성장세가 더 커지면 미국과 유럽보다 더 비싼 값에 온갖 잉여 농산물을 사들일지도 모른다. 이런 상황이 현실로 닥친다면 현재 기근을 겪으며 부유한 국가에 농지를 빌려주거나 팔고 있는 가난한 개발도상국들(그중에서도 인구 성장률이 아주 높은 국가들)은 착취의 고리에서 벗어나지 못할 테고 결국 이 문제는 국제적인 불안을 증폭시켜 전쟁의 발발 위험이 커질 것이다.

사회를 구성하는 각종 분야가 거대한 다국적 기업에 통합되는 단계 이후 등장한 것은 생산과 상업 활동이 개인 자본 대신 국가 전체의 재원으로 이뤄지는 국가 자본주의(state capitalism)다. 현재 두바이나 싱가포르처럼 작은 나라 외에도 중국, 러시아, 인도처럼 영토가 넓고 재정적으로도 강력한 국가들이 이러한 체제를 구축하고 있다. 이들은 세계 도처의 대기업과 금융 회사들을 사들이며 이 회사들이 일찍이 벌어들인 소득을 이용해 더 큰 수익을 올리고 있다. 또 이런 나라들은 금속 광물을 사들이는 데도 열을 올리고 있다. 그 예로 중국은 남아프리카공화국, 콩고, 오스트레일리아 등지의 광산을 직접 사들이거나 채굴권을 확보한 상태다. 현재 중국, 인도, 사우디아라비아는 식량 획득을 위해 타국의 농지를 대규모로 임차하거나 매수하고 있는데, 이로 말미암아 아프리카의 식량 부족 문제가 더욱 가중되고 있다. 일례로 아프리카에서 활발히 경제 활동 중인 한국은 이미 마다가스카르에서 재배되는 상업 작물의 3분의 2가량을 사들인 전력이 있다. [과거 빅토리아 여왕 시대에 인도 사람들이 건설한 철도를 통해 엄청난 양의 식량이 영국으로 수출되는 사이 인도에서는 엘니뇨(El Niño)에 의한 가뭄으로 약 5,000만 명이 목숨을 잃은 적이 있다. 부디 이런 역사가 반복되지 않길 바랄 뿐이다.] 이런 일이 벌어지는 동안 북아메리카, 유럽, 브라질 등지에서 넓은 농토와 엄청난 양의 물과 비료가 식량 작물이 아닌 생물연료용 작물을 생산하는 데 쓰이면서 전 세계의 식량 위기가 한층 가중되고 있다. 지금은 인구 증가 때문에 식량을 증산할 필요성이 점점 커지는 상황, 게다가 2050년경에는 지금보다 인구 1인당 식량 수요가 70퍼센트 정도 높아진다고 한다. 이런 심각한 문제를 앞두고 현 인류는 생산량의 손실을 벌충하기 위해 남은 천연자원을 더 많이 소비하며 자연환경을 더욱 훼손하고 있다.

농업혁명과 산업혁명은 인류가 과거의 몇 세기 혹은 수천 년간 키워온 문제를 해결하기 위해 일어났다. 하지만 그때 우리가 구축한 성장 체계는 언젠가 쇠퇴할 수밖에 없는 운명이다. 기본적으로 이 체계는 증가일로를 달리는 수요를 해결하는 데 초점을 맞춘다. 지금은 이것이 무자비한 경쟁 덕분에 추진력을 얻어 빠르게 앞으로 나아가는 중이지만, 나중에는 자원 고갈로 인해 스스로 무너질 것이 뻔하다. 현재의 발전 방식은 식량 공급에 가장 중요한 토양을 쇠퇴시키기 때문이다. 결국 수억 명이 빈곤과 굶주림을 겪을 수밖에 없다. 따라서 인구와 수요의 증가로 발생한 문제들을 해결하려면 다른 방법을 찾아야만 한다. 다시 한 번 생각해보자. 과연 우리는 시간을 되돌릴 수 있을까? 만약 그럴 수 있다면 방법은 무엇일까? 엄청난 인구 성장이 가져다준 과제들을 대체 어떻게 해야 풀 수 있을까?

세포가 에너지를 얻는 방식과 현 사회에서 수익을 올리는 방식 사이에는 유사점이 있다. 세포가 활동을 계속하려면 에너지가 필요하고 그러기 위해서는 세포 안팎에 존재하는 물질들 사이에 비평형 상태가 이뤄져야 한다. 경제면에서도 이러한 비평형 상태가 유지되어야 하는 국가 내부, 그리고 나라와 나라 간의 관계에서 금전적인 이익이 발생한다. 이 조건은 수익을 얻기 위해서 반드시 필요하다. 그리고 이 비평형 상태가 최고 수준으로 유지되는 한 수익과 경제적 성장역시 최고 수준으로 유지될 수 있다. 현재 우리 사회는 토양과 천연자원을 소모하는 체계를 비롯하여 생산 · 공정 · 유통 체인에서 얻는 한계 이익, 그리고 소비의 극대화라는 요소에 기초하여 움직인다. 하지만 토양 악화와 자원 고갈이 심각한 수준에 이르고, 에너지와 광물 가격이 높아지고, 각종 사회 · 경제 체제의 효율성이 떨어지고, 환경의 질적 저하와 오염이 심해지면 지금과 같은 비평형 상태가 유지될 수 없다.

이것과 마찬가지로 기업들도 지역에 따른 임금과 생활수준에 차이가 존재해야만 경제 활동을 할 수 있다. 현존하는 경제 체제에서는 수익을 창출하기 위해 반드시 이러한 차이를 발견하고 유지해야 한다. 반대로 이 차이점을 없애는 것은 수익을 내는 데 오히려 불리하게 작용한다. 1961년과 1997년을 비교해보면 사람들의 전반적인 생활수준은 1961년보다 1997년이 높지만 그 사이에 세계 최부국과 최빈국 간의 1인당 소득 불균형 정도는 16년 사이에 약 12배에서 30배로 더 커졌다. 아무래도 세계화는 이 경제적 차이를 줄이지 못하고 오히려 더 심화시키는 것 같다. 오늘날 세계의 경제 지형은 평평해지기는커녕 깊은 골과 함께 점점 더 울퉁불퉁하게 변하고 있다. 이제 세상은 평등과 균형을 생각하지 않는다. 지금 세상을 움직이는 것은 최고조에 이른 불평등과 불균형, 빠르게 고갈되는 자원, 가장 값싸게 폐기물을 처리하는 방법뿐이다.

상황은 중국과 러시아 같은 옛 공산 국가들에 의해 더욱 악화되고 있다. 과거에 내부적으로 확고한 권력 분배 체계를 갖췄던 이 나라들은 이제 새로운 민영 기업을 육성하고 외적인 성장을 하는 데 이 체계를 활용하고 있다. 그렇게 각종 산업과 금융 부문의 짜임새 있는 체계 덕분에 이들 국가는 내부적으로 체계가 덜 잡힌 다른 나라들 앞에서 강력한 국제 경쟁상대로 우뚝 설 수 있었다. 이 현상은 싱가포르 같은 비공산주의 국가에서도 나타난 바 있다. 이런 나라들은 타국의 각종 공장과 거대 은행들, 또는 커다란 기업 전체를 손쉽게 인수할 수 있을 만큼 부유하다. 약소국들은 산업 무역 보호 법령에 기대어 이들의 투자 공세를 막는 수밖에 없다. 현재 국가 자본주의 체제를 갖춘 국가들은 전례 없는 경제 확장을 경험하고 있다. 일례로 중국은 지난 수십 년간 꾸준하게 10퍼센트가 넘는 연간 성장률을 유지해왔다. 국민소득이 증가하면서 중국은 현존하는 체계를 더 효율적으로 만드는 데 많은 투자를 하고 주거, 교육, 건강, 근로 환경, 수송 및 산업 계획을 지탱하는 사회 기반 구조를 정비했다. 이제 중국은 미국의 달러화 대신 위안화를 국제 통화로 만들고자 애쓰는 중이다. 이 시도가 성공하면 중국의 발전은 더욱 빨라지고 서양 세계는 한층 위축될 것이다. 중국은 이제 세계의 어떤 회사보다도 더 거대하고 강력한 기업이 되었다. 반면에 서양 세계는 경제 활동과 관련된 많은 부분을 다른 나라에 맡기면서 대대적인 탈공업화의 길을 걷고 있다. 결국 각국의 위상이 바뀔 뿐 비평형 상태는 그대로 유지되는 셈이다.

지금까지 이 책에서 이야기했던 내용을 생각해보면 현재의 변화상이 어떤 식으로 귀결될지 다들 쉽게 예상할 수 있으리라. 결국 거대한 기업형 국가의 수가 늘어나면 자원 사용량이 역사상 유례없는 수준으로 증가할 것이다. 수천만 명이 살 새로운 도시를 비롯하여 주택과 공장, 수천 킬로미터에 달하는 도로, 사람과 화물을 실어 나르는 운송 수단을 만들고 세계 시장으로 팔려나갈 공산품을 생산하려면 엄청나게 많은 광물 자원과 에너지가 필요하다. 이렇게 경제를 확장하기 위해, 그리고 부를 축적하기 위해서는 돈이 필요하다. 재산이 많아질수록 사람들의 요구도 덩달아 많아지고, 이것은 자원 소비를 촉진하게 된다. 하지만 이미 선진 세계에서 이 행성에 존재하는 에너지 자원을 절반 가까이 써버렸기에 지금 시작되는 경제 확장과 차후 세대를 먹여 살릴 과업은 남은 절반으로 해결하는 수밖에 없다. 문제는 현존하는 경제 체제가 증가일로에 놓인 엄청난 수요를 포기할 준비가 안 돼 있다는 것이다. 이래서는 남은 자원의 절반이 다음 세대, 혹은 그다음 세대에서 금세 고갈되고 말리라. 그러나 이 흐름은 이제 중국, 러시아, 브라질 등 급속히 성장 중인 기업 국가들의 막대한 경제력으로 인해 도저히 멈출 수 없는 지경에 이르렀다. 새롭게 떠오르는 이 초강대국들에게는 언제라도 전 세계의 광산, 광물 자원, 은행, 각종 산업, 식량 생산 분야를 마음대로 휘두를 수 있는 힘이 있다. 그리고 앞에서 언급한 '전 세계 에너지 자원의 절반'이라는 표현이 자원의 상대적인 풍부함이나 희귀성은 고려하지 않고 지구에 존재하는 모든 자원의 총량만을 고려한 것임을 기억하기 바란다. 세세하게 따져보면 우리는 이미 희귀 자원들을 절반 이상 써버렸는지도 모른다.

게다가 지금은 오늘 소비된 광물질과 에너지가 곧 내일의 폐기물과 환경오염으로 바뀌는 시대다. 실제로 우리가 각종 화석연료를 이용해 이 사회의 발전과 확장에 필요한 에너지를 얻었지만 결과적으로는 그 때문에 지구 온난화 문제가 점점 더 심해지지 않았던가? 이대로 계속 가면 지구의 자연환경은 머지않아 낭비와 파괴로 얼룩진 채 파멸을 맞이할 것이다. 광물과 수자원이 고갈되고 농경지는 황폐하게 변하며 자연 식생과 농작물의 생물다양성이 대폭 감소할 것이다. 과거 선진 세계의 기업들이 그랬듯이 수억, 수십억 인구로 이뤄진 거대한 사회 조직의 비인간적이고 무책임한 성향은 이러한 문제를 더욱 가속화할 것이다.

이 새로운 경제 조직은 지구에 남은 절반의 자원을 두고 각국의 경쟁이 한층 치열해지면서 생겨난 결과물이다. 바꿔 말하자면 18세기 후반 유럽에서 시작된 인구와 자원 수요의 거듭된 증가가 낳은 결과라 할 수 있다. 인류의 생존이 계속된 성장에 의존하는 상황에서 대체 어떻게 해야 이 조류를 뒤바꿀 수 있을까? 인류는 대체 언제쯤 지금과 같은 삶에서 벗어나 자발적으로 변화를 꾀할 수 있을 것인가?

수많은 기업과 국가가 막대한 자본을 밑천으로 삼아 제각각 다른 목표를 향해 달리는 이 경주는 각지의 주민과 환경에 미치는 영향을 고려하지 않은 채 계속 이어지고 있다. 안타깝게도 이들의 경쟁은 인류의 장기적인 생존에 나쁜 영향을 미치리라 예상된다.

인류 사회는 수만 년에 걸쳐 발전을 거듭하면서 지금과 같은 상태에 이르렀다. 우리가 사는 이 세상은 수백만에 달하는 인구가 자연환경과 유리된 채 나무 한 그루 없는 거대한 도시, 콘크리트로 겹겹이 둘러싸인 커다란 건물 속에 틀어박혀 전자 회선을 통해 얼굴도 모르는 상대방과 연락을 주고받는 기묘한 세계다. 수많은 도시와 국가는 주변 지역에서 막대한 자원을 끌어 모으고 외부로는 폐기물을 되돌려 보낸다. 이 사회는 상호 신뢰를 기반으로 하는 사회다. 우리는 금융 제도를 신뢰하고, 자신이 속한 조직체를 신뢰하고, 법과 보건의료 체제를 신뢰하고, 정부를 신뢰하고, 국제기구를 신뢰하고, 세계 시장을 신뢰하고, 광물 자원과 식량 생산량, 자연환경의 앞날을 신뢰한다. 우리는 생각하거나 질문하지 않고 그저 신뢰할 따름이다. 이제 사람들은 상대방이 누구인지도 모른 채 대화하고 자신이 어떤 체계에 속했는지도 모른다. 혼자서는 세상이 어떻게 변하는지도 알기 어려운 세상이다. 우리는 규칙의 지배를 받고 신뢰라는 이름 아래 행동하며 입을 다문다. 눈에 보이지도 않는 추상적인 개념이 홀로 움직이며 형체가 있는 인간을 다스리는 격이다.

이제 사회적 · 경제적 · 정치적으로 변화가 일어날 여지는 크지 않다. 그저 멈추지 않는 성장 욕구를 따라 앞으로 나아갈 뿐이다. 더 멀리, 더 빠르게. 우리는 앞으로 어떤 결과가 나타날지 생각하지 않고 성장을 위한 성장, 효율성 제고를 위한 성장, 그리고 경쟁에 의한 성장을 계속 이어가고 있다. 결국 성장 자체도 자신이 낳은 추상적인 규칙을 따라 움직이는 셈이다. 지금 우리는 인구 성장, 수요의 증가와 무분별한 자원 소비, 온갖 규칙과 기관, 조직, 환경오염 사이에 끼어서 오도가도 못하는 신세가 되었다. 나중에 자원이 부족하다는 사실이 확연히 눈에 보일 때, 그리고 우리에게 꼭 필요한 자원을 사용하려면 환경과 공기, 토양, 지하수, 바닷물의 오염과 낭비가 불가피하다는 사실을 다들 깨달았을 때, 그때 우리 인류가 지금까지 걸어왔던 길을 되돌아갈 수 있을까? 현존하는 추상적인 체계가 해체되어 모두 사라지고 화려했던 과거가 희미한 옛 추억만으로 남았을 때, 과연 인류는 과오를 되돌릴 수 있을까? 우리가 그 방법을 알기는 할까? 혹시 다들 성장에만 몰두하여 성장률을 낮추는 방법에 대해서는 아예 생각하지도 않는 것이 아닐까? 만약 성장을 포기한다면 과연 어떤 사회 조직이 가장 먼저 없어져야 할까? 그중에서 우리에게 가장 영향을 작게 미치는 조직은 무엇일까? 지금처럼 모든 분야가 거미줄처럼 촘촘하게 이어진 상황에서 실제로 조직을 없앨 수는 있을까? 우리는 어떤 조건에서 어떤 식으로 인구수를 조절해야 할까? 또 조절을 한다면 과거의 어느 수준으로 되돌려야 하는가? 이런 것도 앞으로 인류가 지구에서 얼마나 오래 살지를 고려한 후 결정해야 하지 않을까? 그렇다면 인류의 존속 기간은 얼마나 될까? 지금 우리에게 앞날에 대한 계획이나 대책, 기대, 혹은 희망이 있는가?

인류의 미래를 두고 막연한 추측과 기대를 일삼는 것도 문제다. 지금까지 우리는 이 지구에 계속 늘어나는 인구를 항상 유지할 수 있을 만큼 많은 자원이 존재한다고 생각했다. 그리고 자원이 하나둘 고갈되면 그것을 대체할 만한 것이 곧 발견되리라 여겼다. 또 인간 사회가 배출하는 폐기물을 지구가 언제까지나 흡수하리라 생각했다. 우리는 무엇이든 원하는 대로 쓰고 환경을 오염시켜도 자연이 알아서 그것을 정화하리라고 막연하게 생각한다. 그저 이산화탄소 배출량을 줄이면 지구 온난화가 진전되지 않으리라 믿는다. 하지만 지구가 더는 우리의 기대를 충족시키지 못한다면 그때는 어떻게 해야 할까? 지금까지 인류는 대기로 배출하는 이산화탄소의 양을 줄이거나 자원 재순환 계획을 통해 자원 수요를 줄일 수 있다고 어림짐작하며 인구 성장이 낳은 온갖 문제와 싸워왔다. 하지만 모든 문제의 근원인 끝없는 인구 증가와 수요 증가 문제를 내버려두고 부수적인 대책만 잔뜩 내세워봤자 그것이 얼마나 오래가겠는가?

지금 우리는 사회, 경제, 정치, 도덕, 종교로 이뤄진 관계망, 성장, 고갈, 오염의 관계망, 준비와 계획의 관계망, 세계 곳곳의 크고 작은 기관과 조직체로 이뤄진 관계망, 온갖 체계의 추상화와 인간 소외의 관계망, 미래에 대한 추측과 희망의 관계망 속에 갇혀 있다. 그리고 모든 문제의 근본 원인인 엄청난 인구수와 나날이 증가하는 수요 문제에는 손 쓸 생각도 하지 않은 채 거기서 파생된 증상만을 치료하려 애쓰며 상황이 나아질 것이라고 막연하게 믿고 있다.

지나간 선택, 앞으로의 결정

수천 년 전, 인류는 과도한 인구 증가 문제를 해소하기 위해(물론 그것이 의식적이거나 의도적이지는 않았지만) 성장과 발전이라는 길을 선택했다. 하지만 그 길은 우리에게 더 큰 난제를 안겨주었고 이제는 한시라도 빨리 이 문제를 해결해야 할 필요가 생겼다. 1970년대에는 인구 문제를 손쉽게 해결할 기회가 있었고 그에 대한 경고의 목소리도 드높았지만, 이후 세계 인구수는 거의 세 배로 증가했고 자원 수요는 물론 이를 뒷받침하는 사회 기반 구조 역시 늘어났다. 다시 말해서 우리가 직면한 각종 문제의 규모가 그때보다 세 배 이상 커진 것이다. 이제는 신속하게 해결책을 마련해야 한다. 지구의 천연자원이 몽땅 고갈되고 우리가 쓰레기 더미에 파묻혀 질식하기 전에.

B
자원의 낭비와 고갈

사람이든 사람이 모여 만든 조직체든 활동을 하려면 에너지가 필요하다. 에너지는 모든 활동의 중심이 되는 자원이며, 에너지 없이는 어떤 것도 움직이지 못한다. 하지만 우리가 이용하는 에너지원은 양이 한정되어 머지않아 모두 고갈될 운명이다. 인류는 대지를 밟고 일어선 이래 늘 이런 문제를 겪었으나 그럴 때마다 양이 더욱 풍부한 고에너지 자원을 찾아냈다. 그러나 현대 사회의 주요 에너지원을 화석연료에서 원자력으로 바꾸지 않는 한 우리는 연료 자원의 고갈과 기후 온난화라는 심각한 문제에서 벗어나지 못한다. 일반적인 광물 자원은 대부분 제한된 범위 내에서 재순환이 가능하지만 에너지는 원칙적으로 재순환이 불가능하다.

6. 정점에 도달한 석유 생산, 그다음은?

1960년대와 1970년대는 많은 이들의 뇌리에 대단히 매력적인 시대로 각인되어 있다. 아마 1968년을 전후로 세계 곳곳에서 활발하게 일어난 학생 운동을 떠올리는 사람도 많겠지만 그것은 빙산의 일각에 불과하다. 당시에는 사람들 사이에 이뤄진 계층 관계가 개인적인 책임과 의무로 대체되며 전 세계적으로 보이지 않는 사회 변혁이 진행되던 중이었다. 이전 시대에는 사람들이 엄격한 계층 관계 속에서 자신에게 주어진 역할만 수행해야 했다. 그 역할이란 사회 계층, 종교와 정치 세력, 나이, 성별 등과 관련이 있었다. 그러나 당시는 계층성과 규제가 점차 줄어들고 가정, 교육계, 종교계, 정부와 산업 조직 등 사회 각계각층에서 평등성과 역동성이 점점 높아지는 시대였다. 또 한 가지 중요한 움직임이었던 여성해방운동은 가족 구조는 물론 남성과 여성의 근로 조건, 업무상의 책임 및 경력 평가(급여의 평등!) 측면에서 커다란 변화를 불러일으켰다. 이와 더불어 자녀 양육 책임에 대한 인식도 달라졌다.

그리하여 모든 것이 바뀌었다. 과학, 기술에 대한 사람들의 인식에 크나큰 변화가 일어났고 문화, 예컨대 음악 분야에서는 시대별로 새롭고 다양한 시도가 나타났다. 이 점은 비틀스(The Beatles)와 그 뒤를 이어 등장한 가수들을 생각해보면 금방 이해가 갈 것이다. 사회적 · 문화적인 변화는 곧장 과학계에 영향을 미쳐 대학교와 기업의 연구 활동이 한층 심화되는 결과를 낳았고, 이로 인해 과학이 사회 주요 부문에 깊이 파고들게 되었다. 그러나 원칙론을 고수하던 당대의 자유사상가들은 정부와 산업계가 과학 기술을 다루는 방식에 반대를 표했다. 그들은 핵

무기 사용, 화학 살충제와 제초제의 무분별한 사용에 대하여 반대 운동을 펼쳤다. 당시 과학계에서 일궈낸 발전 덕분에 세상을 바라보는 현대인의 관점이 달라지면서 이전까지 금과옥조처럼 받들어지던 여러 가지 이론이 권위를 잃고 무너져 내렸다. 그 예로 우주 계획으로 말미암아 우리가 사는 세계와 우주를 보는 눈이 넓어지면서 생명과 그 기원에 대한 사고가 바뀌었다는 점을 들 수 있다. 지질학은 좁은 지역에서 벗어나 지구 전체를 대상으로 이 행성의 기원과 수억 년에 걸쳐 이뤄진 세계의 구조 및 역학 관계를 설명하기 시작했다. 기후학과 인문지리학, 경제지리학, 자연지리학이 재정립되었고 수학 분야에서는 통계학과 공간분석기법이 뿌리를 내리며 기업 물류에서 생태학까지 곳곳에서 다양한 활용도를 자랑했다. 또 점차 더 빠르고 더 효율적인 성능의 컴퓨터가 개발되면서 복잡한 계산을 엄청나게 짧은 시간 내에 대량으로 처리할 수 있게 되었다. 그 밖에도 각종 시뮬레이션 기술과 새로운 수학적 도구와 하위 분야가 생겨나 이러한 발전상을 뒷받침했다. 이런 현상은 냉전 시대에 군사 · 산업 · 경제 · 정치 분야에서 커다란 관심을 불러일으킨 우주 탐사 활동으로 인해 더욱 촉진되었다. 그러다가 마침내 컴퓨터를 이용하여 몇십 년 후의 경제상을 예측하는 것이 가능해졌다.

이런 과정을 거쳐 사람들이 세상을 더 넓게 보기 시작하면서 지구촌이라는 개념이 등장했다. 이 신개념으로부터 인류의 자원 이용 방식이나 자원 공급의 유한성에 대한 관심이 일기 시작했다. 이 모든 변화는 전자통신과 컴퓨터의 급격한 발달이 있었기에 가능했다. 그리고 석유화학산업의 엄청난 발전에 따라 우리의 삶이 완전히 달라졌다. 그러면서 과거에는 존재하지 않았던 비분해성 폐기물이 등장하고 살충 효율이 대폭 향상되었다. 또 기후 변화, 토양 오염과 수질 오염, 광물자원의 감소 문제 등이 잇따라 나타났다.

이러한 변화와 함께 지구 자원의 유한성을 인식하는 이들이 늘어나면서 1968년에 로마 클럽(the Club of Rome)이라는 국제 민간단체가 결성되었다. 로마 클럽은 작은 조직위원회를 중심으로 세계 곳곳에서 자료를 수집하고 컴퓨터를 이용해 미래의 가상 시나리오를 작성하는 수많은 회원으로 이뤄졌으며 세계 유수의 기업 경영자, 학자, 정치가들도 이 클럽의 활동에 참여하고 있다. 설립자는 이탈리아의 기업가이자 토리노(Turin)에 소재한 피아트(Fiat) 자동차 공장의 총괄 책임자였던 아우렐리오 페체이(Aurelio Peccei)와 영국 정부의 수석 과학 고문을 맡았던 스코틀랜드 출신의 화학자 알렉산더 킹(Alexander King)이다. 1972년에 데니스 메도우즈(Dennis Meadows)가 이끌던 시스템 분석 연구팀은 컴퓨터를 이용해 수많은 자료를 분석한 후 현존하는 주요 자원과 그 사용 방식, 그리고 세계 곳곳에서 나타나는 문제들이 밀접한 관계를 가진다고 발표했다. 그들이 이야기한 인류의 앞날은 암울했다. 머지않은 미래, 그러니까 앞으로 몇 세기, 더 짧으면 몇십 년 사이에 현대인의 삶을 지탱하는 중요한 자원들이 하나씩 고갈되리라고 전망한 것이다. 이러한 경고는 전 세계를 충격에 빠뜨렸다. 이후 서양 세계에서는 출산율 하락 현상이 나타났고 사람들은 나름대로 자원 사용량을 줄여나가기 시작했다. 하지만 전 세계적으로는 인구수가 이전보다 20억 이상 불어나 천연자원이 과거 어느 때보다 빠른 속도로 소모되고 있었다.

한편 로마 클럽의 경고와 제안에 반대로 가는 세력도 존재했다. 각국 정부는 자국의 산업 및 경제 이익을 높이기 위해 정책적으로 자원 소비를 촉진했다. 미국의 일부 경제학자들은 공업 생산과 일상생활에 필요한 각종 자원을 입수하려면 인구와 수요의 계속된 증가로 에너지 사용량과 생산량이 더욱 늘어야 한다고 주장하며 인구 성장이 둔화되어서는 안 된다고 목소리를 높였다. 그리하여 공업 생산의 초점은 자동차를 만들고, 석유 연료와 각종 석유화학제품을 이용하고, 도로와 주택, 항구 등을 건설하고, 송유관과 고압 선로를 만들고, 과학 · 통신 · 군사 분야를 확장하는 데 맞춰졌다. 그렇게 세계는 팽창을 거듭하며 역동성을 더해갔다.

자원, 그중에서도 특히 에너지 자원의 사용량이 로마 클럽의 경고에 역행하여 더욱 급증했다는 사실은 참으로 아이러니하다. 게다가 미국의 석유 지질학자 매리언 킹 허버트(M. King Hubbert)가 밝힌 전 세계 석유 생산량의 추이를 생각하면 더더욱 그러하다. 그가 1950년대 말부터 1960년대에 걸쳐 수행한 이 연구로 인해 석유 자원이 유한하다는 사실이 밝혀졌으며, 미국의 석유 매장량이 곧 고갈되고 얼마 후에는 가스 매장량도 바닥을 보일 것이라는 전망이 나왔다. 허버트는 새로운 유전이 발견된 초기에는 엄청나게 빠른 속도로 석유가 생산된다고 설명했다. 왜냐하면 유정(油井)을 뚫으면 지하 깊숙한 곳에 자리 잡은 유층(油層)의 높은 압력에 밀려 석유가 저절로 솟아오르기 때문이다. 그러나 시간이 지나서 남은 석유를 펌프로 끌어올릴 즈음에는 생산된 석유에서 얻는 에너지보다 펌프를 가동하는 데 더 많은 에너지가 소모된다. 이때 획득한 에너지양을 소비된 에너지양으로 나눠서 에너지 고갈률을 그래프로 나타내면 아래를 향해 움푹 꺼진 지수감소곡선이 나타난다. 따라서 처음에는 에너지가 빠르게 소모되지만 점차 그 속도가 줄어들어 최종적으로 모든 에너지가 바닥나기까지는 아주 오랜 시간이 걸린다. 실제로 1940년에는 일반적인 유정에서 추출한 에너지양이 소모량의 100배에 달했지만 1970년에는 그 비율이 23배로 줄어들었다. 이런 경향은 개별적인 유전은 물론이고 산유국 전체, 그리고 전 세계적으로도 똑같이 나타난다. 처음에 석유 생산량은 가파른 증가 곡선을 그리다가 정점을 찍은 후 빠르게 줄어들고, 마침내는 어떠한 산유국이든 생산을 완전히 포기하게 된다. 이런 상황에서 생산 비용의 경제성을 좌우하는 것은 상대적인 에너지 소모량이며 그 분기점은 에너지 생산량보다 땅속에서 원유를 퍼 올리는 데 에너지가 더 많이 소모되는 시점이라고 볼 수 있다. 바로 그때부터 경제적인 측면에서 에너지 수지가 마이너스로 돌아서는 것이다. 지난 2008년에 석유 채굴량의 정점을 지나친 몇몇 유전의 생산 추이를 예측해 본 바로는 매년 9퍼센트씩 생산량이 감소할 것이라는 결과가 나왔다.

에너지양을 기준으로 삼지 않고 금전적인 면만 고려한다면, 순 에너지 획득량이 줄어들더라도 원유 채굴 활동이 여전히 유익한 결과를 낳는다고 판단할 수 있다. 하지만 시간이 갈수록 새로운 거대 유전의 발견 가능성과 기존 유전의 석유 채굴량이 줄어든다는 사실은 정말 큰 문제다. 이제 남은 유전들은 기존의 유전들보다 깊은 곳에 존재하거나 규모가 더 작아서 찾아내기가 훨씬 어렵기 때문이다. 유전 탐사 비용이 많이 든다는 말은 수익이 적어진다는 의미이다. 또한 시추 비용이 늘어나는 반면 생산 기간이 짧아진다는 사실도 수익성 하락에 한몫한다. 그러면 석유 채굴은 재정적인 측면에서 급속하게 효용성을 잃게 된다. 그런데 때로는 한 국가 내부의 석유 소비 현상이 국제 수준의 소비 현상보다 더 복잡한 경향을 띠기도 한다. 미국이 바로 그러한 예에 속하는데, 이 나라에서는 국내 석유 생산 비용이 타국의 생산 비용보다 비싸다. 이는 국제 통화 시장에서 미국 달러화의 가치가 높게 거래되는 탓에 인력과 장비의 운용에 드는 비용이 다른 나라보다 비싸기 때문이다. 이런 이유로 미국은 석유 가격이 더 싼 다른 나라로 눈을 돌리고 거대한 유전을 보유한 중동 국가들을 첫 번째 목표물로 삼았다. 한편 부유한 미국의 유전에 의존하던 다른 나라들 역시 중동의 석유로 시선을 돌렸고, 그 결과 반세기 동안 국제 분쟁이 점점 더 늘어났다. 이제 중동 지역의 거대 유전들은 몇 세기도 아니고 단 몇십 년밖에 버티지 못한다.

석유 생산이 이로운지 아닌지를 따질 때는 에너지 획득량과 채굴에 드는 에너지양을 비교하는 것도 중요하지만 생산된 석유나 천연가스가 연료 외에 어떤 용도로 사용되는지도 고려해야 한다. 원유나 천연가스 중 일부는 비료와 제초제, 의약품, 각종 플라스틱 제품 등을 만드는 데 쓰이기 때문이다. 이런 이유로 에너지 자원의 채굴 작업에서 많은 에너지가 소모되더라도 장기적으로는 유익한 효과가 나타날 수 있다.

허버트의 연구 결과는 로마 클럽이 가장 활발하게 활동하던 1970년대 초에 발표되었지만 미국은 그의 말을 무시했다. 지금도 전 세계는 그의 예언과 로마 클럽의 경고를 무시한 채 움직이고 있다. 하지만 석유 산업계의 전문가 대다수는 전 세계의 석유 생산이 이미 정점을 지났거나 머지않아 그 지점에 도달할 것으로 보고 있다. 실제로 최근 몇 년간 세계 시장에서 원자재 부족으로 인해 석유 가격이 3배 이상 뛰었다. 생산량이 해마다 몇 퍼센트씩 감소 중인 오늘날 각국은 마지막으로 남은 거대 유전을 찾기 위해 급박한 경주를 펼치는 한편 천연가스와 석탄을 향해서도 눈길을 돌리고 있다. 그 옛날 유전 개발 초창기에 쓸모없는 폐기물 취급을 받던 천연가스가 이제 중요한 에너지 자원이 되었다는 사실은 왠지 씁쓸한 웃음을 짓게 한다. 과학자들의 예측대로 향후 20년에서 30년 사이에 화석연료가 바닥난다면, 지난 한 세기 동안 그중에서도 특히 지난 50년 동안 인구, 수요, 산업의 엄청난 성장에 기여했던 인류의 주요 에너지원은 빠른 속도로 사라지고 말 것이다.

전 세계 에너지 자원의 고갈 여파는 이미 여러 곳에서 나타나고 있다. 1930년대 중반부터 석유 생산을 국유화한 멕시코는 한때 세계 주요 산유국에 속했지만 지금은 채굴 비용 증가와 수익 하락 문제를 감당하지 못할 지경에 이르렀다. 반면에 상당한 규모의 유전을 보유한 러시아와 오스트레일리아, 캅카스와 중동 지역, 베네수엘라 등은 정치 · 경제면에서 중요한 지역으로 부상하고 있다. 현재 오스트레일리아는 북서부 대륙붕 지대에서 새로운 유정을 뚫는 중이고, 북반구에서는 북극 얼음이 녹은 덕분에 석유와 천연가스가 풍부한 시베리아 대륙붕에 접근하기가 쉬워졌다. 원유 유출 문제를 겪고 있는 나이지리아의 니제르 삼각주(Niger Delta) 지역에서는 여전히 채굴 작업이 진행 중이며 서아프리카와 알래스카, 브라질을 비롯하여 아시아의 남부 외곽 지역에서는 해양 유전 탐사가 활발히 이뤄지고 있다. 하지만 우리는 여전히 만족할 줄 모르고 더욱 빠른 속도로 에너지를 소비하고 있다. 예컨대 알래스카에서 발견된 거대 유전의 원유 산출량은 미국의 연간 석유 수요 중 5퍼센트 정도를 겨우 18개월 동안 충당할 수 있는 수준이라고 한다. 이와 마찬가지로 최근에 멕시코 만(Gulf of Mexico)에서 발견된 대형 유전 역시 전 세계의 석유 수요와 공급에는 별 영향을 미치지 못할 것으로 보인다. 또한 새로운 천연가스 공급원으로 세계 곳곳에서 발견되고 있는 셰일가스 매장지는 가스를 공급할 수 있는 기간이 길어야 200년밖에 되지 않는다고 한다. 북아메리카 지역의 유전 역시 겨우 45년 정도, 그러니까 미국인 평균 수명의 절반을 약간 넘는 세월 동안 지금의 수요를 충족시킬 수 있다. 이런 문제는 인구와 각종 수요, 사회 기반 구조가 성장을 멈추지 않는 한 지속될 것이다.

유전이 줄어들고 개발 비용이 증가하니 이제 다들 석유와 기타 에너지 자원을 채굴하면서 경제성을 더 따지지 않겠느냐는 생각이 들지 모르지만, 실상은 반대로 가고 있다. 일례로 벼락부자를 꿈꾸는 캅카스 지역 국가들은 시장 경쟁을 최소화하기 위해 싼값에 석유를 공급하고 있다. 이런 점에서 실제 성과보다 수익에 기초한 현 인류의 경제 체제는 낭비 그 자체가 아닌가 싶다. 옛날에 자동차 왕 헨리 포드는 이런 말을 했다. "소형차는 적은 수익을 가져다준다." 이 말은 더 크고 덜 효율적이면서도 수명이 더 짧고 더 낭비적인 자동차를 만들어야 더 큰 수익을 얻는다는 뜻과 다르지 않다. 지금 우리가 사용하는 대다수 제품에 이것과 똑같은 논리가 적용된다. 우리가 자원의 고갈 위기와 심각한 폐기물 생산 문제 앞에서도 아랑곳하지 않고 자원을 마구 낭비하는 이유는 바로 이러한 사고방식이 머릿속에 깊이 박혀 있기 때문이다.

화석 에너지의 공급원이 사라졌을 때 우리 생활에 당장 어떤 영향이 미칠지 한번 생각해보자. 현대인은 주택의 냉난방과 조명, 그리고 각종 가전제품 사용에 많은 에너지를 소비한다. 지금까지 우리는 전기에 의존하여 전기면도기, 전동 칫솔, 커피 메이커, 전기난로, 전자레인지, 전동믹서, 전동칼, 냉장고와 냉동고, 식기 세척기, 세탁기와 헤어드라이어, 선풍기, 요리용 스토브, 오븐, 진공청소기, 디지털 카메라, 컴퓨터, 영사기, 텔레비전, CD와 DVD 플레이어, 휴대전화, 위성항법장치, 아이팟, 전기담요, 보청기 등 수많은 전기기기를 사용해왔다. 혹시 당신이 마당이 딸린 집에 산다면 필시 창고에는 전기드릴과 회전톱, 재단기, 잔디 깎기 기계 따위가 갖춰져 있을 것이다. 우리는 외출 시 백화점 입구에서 자동문을 드나들기도 하고 이동을 위해 전동 골프 카트나 전동 휠체어 등을 이용하기도 한다.

아마 다들 집 구석구석을 살펴보면 화석연료를 이용해 만든 석유화학제품이 가득할 것이다. 플라스틱 장난감, 쇼핑백, 플라스틱병, 패스트푸드 포장, 의약품, 다양한 종류의 세제와 비누, 각종 부엌 용구와 식기류, 문고리, 전등갓, 붓 종류, 페인트, 매트리스, 의류, 옷걸이, 치약, 신발, 창틀, 카펫…… 거기에 벌레나 잡초, 곰팡이, 박테리아 따위를 죽이는 화학약품은 또 어떠한가? 게다가 온갖 식품 보존료와 첨가물은? 토양 무기물이 고갈된 광대한 밀밭과 옥수수 밭에는 비료를 대량으로 살포한다는 사실도 기억하기 바란다. 어떻게 보면 우리가 먹는 식량 작물을 화석연료의 변신이나 부활체라고 해도 크게 틀린 말은 아니다. 사실 이 식량 작물을 소비하는 우리 자신도 크게 보면 화석연료가 모습을 바꿔 다시 태어난 것이라 할 수 있다.

결국 화석연료 자원이 고갈되면 현대 사회의 물질적 기반을 이루는 석유화학제품도 사라지고 만다. 주택과 사무실, 도로를 비롯하여 벽돌, 각종 바닥재, 카펫, 창유리 등을 만들고 전력을 생산하거나 전화 통신망과 하수 처리 시설 등을 구축하기 위해서 엄청난 양의 에너지가 필요하다는 사실도 잊지 말자. 우리는 이곳저곳으로 이동하기 위해 승용차, 버스, 기차, 배, 비행기, 엘리베이터, 에스컬레이터 등을 이용한다. 이런 것들을 만들려면 금속 용해로, 롤러, 중장비 등이 필요하고 자원 수송을 위해서는 기중기, 트럭, 트랙터, 액체 또는 분말 살포기, 펌프 따위가 필요하다. 이렇게 철과 각종 금속 물질을 이용해 제품을 만들거나 건물을 짓는 작업은 엄청나게 많은 에너지를 요구한다. 또 한 가지 기억해야 할 것은 폴리에스테르와 나일론을 이용해 의복을 만들 때 물이 많이 소모된다는 사실이다. 화학섬유로 옷을 만들지 않고 면이나 양모로 옷을 짜고 염색을 하더라도 상당히 많은 양의 물이 필요하다. 그래서 장소에 따라서는 양수기를 이용해 지하의 깊은 대수층(帶水層, aquifer)에서 물을 끌어올리거나 먼 지역에서 여과 작업 또는 염분 제거 과정을 거친 물을 기다란 송수관을 이용해 받아쓰기도 한다.

여기에 더하여 소지역과 국가 및 국제 규모의 사회 상부 구조는 에너지와 물질의 사용 측면에서 더 큰 비용을 요구한다. 이로 말미암아 사회 성원 개개인에게 필요한 것보다 더 많은 자원이 소모되지만, 결국은 그 덕분에 우리가 지금과 같이 편리한 생활을 즐기게 되었다. 요즘은 사람들이 주로 한 지역에 모여 사는 편이라

도시에서 떨어져 사는 사람이 그리 많지 않다. 그 많지 않은 예로 자신의 논과 밭을 관리하는 농부들을 들 수 있는데, 직접 땅을 경작하여 먹고사는 이들 역시 먹을 것을 저장하기 위한 냉장고가 필요하고 시내로 이동하기 위해(자신이 논밭에서 직접 생산하지 않는 먹을거리와 의약품을 사고 농기계의 부품을 교환하거나 은행 업무를 보기 위해) 자동차가 필요하다. 현대인에게는 일기 예보와 교통 정보를 알려주는 사회적 · 경제적 기반 시설이 필요하고, 지구 궤도를 도는 통신 위성과 전 세계를 잇는 빽빽한 통신망이 필요하다. 이제 선진 사회에서는 사람이 온전히 자신의 힘만으로 살아가기가 불가능하다. 지금은 모든 이가 사회 조직이라는 상부 구조에 의존하여 살아가는 시대다. 이 거대한 조직체가 없으면 에너지는 물론이고 물과 먹을 것, 상거래, 운송, 병원, 경찰도 없다. 모든 것이 곧장 멈춰 설 테고 라디오와 텔레비전에 의존하던 사람들은 어떤 일이 일어났는지 또 무엇을 해야 할지도 모른 채 우왕좌왕할 것이다. 그리고 혼란과 범죄, 기근이 만연하는 세상이 도래할 것이다. 이렇듯 화석연료가 없으면 우리는 아무것도 할 수 없다. 물론 과거의 전쟁 시기에도 그러했듯이 화석 에너지가 부족해져도 당장은 적은 양으로 어떻게든 버틸 수 있을지 모른다. 오늘날 진흙투성이 판자촌에서 사는 사람의 수는 수억 명으로, 그 사람들이 전기도 없이 어떻게 사는지 근래 들어서 무척 궁금하다.

요즘 우리는 에너지의 존재를 너무도 당연하게 여긴다. 저녁 식사 때만 생각해봐도 다들 당연하다는 듯이 냉동육과 생선, 통조림 콩이나 직접 만든 요리를 전자레인지에 데워 먹고 냉장고에서 캔 음료를 꺼내 마시지 않는가? 그런데 앞으로 에너지 가격이 오를 경우, 우리는 과연 어떻게 해야 할까? 과연 전기를 쓰지 않고 우리가 무엇을 할 수 있을까? 차를 더 작은 종류로 바꾸면 될까? 아니면 직장과 가까운 곳으로 이사해야 할까? 엘리베이터를 타지 않고 13층짜리 아파트 계단을 걸어 올라가야 할까? 시내로 가기 위해 승용차 대신 대중교통을 이용해야 할까? 사실 민영화된 전기 회사들은 전기요금 인상이나 세금 부과로 소비자들의 전기 사용량이 줄어드는 것을 반기지 않는다. 수익에 나쁜 영향이 미치기 때문이다. 실제로 에너지 가격 상승 문제가 일으킨 파장은 꽤 컸다. 미국에서는 자동차 업계가 엄청난 손해를 보았고 항공회사들은 항공편을 줄이거나 대대적인 인수합병을 시도했다. 그렇다면 인도와 중국처럼 한창 수천 킬로미터에 달하는 도로와 교차로, 교량을 건설하고 수많은 공장과 수력발전소를 지으며 급성장하는 나라에도 꽤 큰 영향이 미치지 않겠는가? 이들 국가는 모두 서양 세계를 모방하여 에너지 집약적인 발전상을 선택했으니 말이다.

이렇듯 석유 에너지의 부족 현상이 차츰 눈에 띄기 시작하자 사람들은 천연가스나 19세기의 주요 에너지원이었던 석탄에 다시 관심을 보이고 있다. 여전히 전 지구의 석탄은 대량으로 채굴이 가능한 상태이고 그 양은 대략 50조 톤에 달한다고 한다. 하지만 이만한 양도 두 세기만 지나면 다 고갈되고 만다. 과연 50조 톤이나 되는 석탄을 썼을 때 얼마나 많은 폐기물이 발생할까? 이 질문의 답은 인류가 지금까지 20조 톤에 달하는 석탄을 사용하면서 해마다 기체상 폐기물을 얼마나 많이 방출했는지 생각해보면 금방 알 수 있다. 지난 한 세기 동안 석탄을 태울 때 발생한 폐가스의 양은 매년 20억 톤으로, 이는 지구의 기후에 막대한 영향을 미쳤다. 석탄의 또 다른 단점은 단위당 에너지양이 적고 채굴 · 가공 · 수송 등에 큰 비용이 든다는 것이다. 최종적으로는 석탄이 함유한 에너지 중 겨우 3퍼센트만이 전기로 변환되어 가정에 유입된다. 채취한 석탄을 수송하기 쉽게 석유, 가스, 또는 전기 형태로 바꾸려면 새로운 공업 시설이 필요하고 이것을 채굴 현장에서 도시나 공장 지대로 곧장 보내려면 수송관이나 고압선로를 설치해야 한다. 석유를 분쇄하여 물과 섞어 만든 현탁액을 수송관으로 보내는 방법도 있는데, 이 작업 자체에도 물과 화학약품이 상당히 많이 소비되지만 그 물을 퍼 올리거나 수송관을 만들고 유지하는 데도 꽤 많은 에너지와 자원이 든다.

결국 시간이 지날수록 투자 수익이 감소하므로 자본 공급자들은 수익성이 더 높은 투자처로 눈을 돌리게 되고 채굴 지역에 매장된 석탄 중 일부는 그대로 남게 된다. 이런 결과를 맞이하기 전까지 어떤 지역에서는 채굴할수록 석탄의 질이 떨어지기도 하고 엄청난 비용을 들여 지하 수천 미터 아래에서 석탄을 채굴하는 일이 벌어지기도 한다. 이 모든 조건과 상황을 고려해봤을 때, 석유의 점진적인 고갈 현상을 설명하고자 고안된 허버트 곡선이 석탄에도 똑같이 적용된다는 사실을 알 수 있다. 실제로 이 곡선은 1900년대 초에 정점을 찍은 펜실베이니아 주의 석탄 생산과 고갈 추세에 꼭 들어맞는다. 요즘은 다른 에너지 자원과 마찬가지로 석탄의 수요 역시 빠른 속도로 증가하고 있다. 그 예로 앞으로 10년간은 중국에서 부는 도시화 바람 때문에 시멘트, 강철, 구리, 알루미늄 등 건축 자재를 생산하는 데 최소 1억 톤에 달하는 석탄이 소비될 것으로 보인다. 이렇게 빠르게 수요가 증가한다면 다음 세기 동안 넉넉하게 사용할 수 있으리라 예상했던 석탄이 단 몇십 년 만에 고갈되는 사태가 일어날지도 모른다.

모든 연료는 연소를 통해 기체상 폐기물로 전환된다. 그중에서 가장 큰 비율을 차지하는 것은 바로 이산화탄소다. 예를 들어 자동차 연료로 휘발유를 100킬로그램 연소할 경우 방출되는 이산화탄소는 300킬로그램이나 된다. 대기 중으로 방출된 이산화탄소는 기온을 상승시키고(온실 효과) 수증기와 반응하여 탄산가스를 형성한다. 그 결과로 발생한 산성비는 자연환경을 산성화시켜 수많은 수중 생물과 토양 생물을 죽음으로 몰고 간다. 산성비는 석회암 같은 일부 암석의 부식을 촉진하기도 한다.

석탄을 태우면 이산화탄소 외에 황화물(sulfides)과 질소산화물(nitrogen oxides)도 함께 생성된다. 두 가지 모두 온실 효과를 일으키는 기체이자 산성비의 원인으로 작용한다. 대기로 방출된 각종 황화물이 수증기와 결합하여 작은 물방울을 이루고 엷은 백색 구름을 형성할 경우 지구에 유입된 태양광을 분산시키는 효과가 나타난다. 그래서 이 구름은 온실 효과를 상쇄시키고 대기 온도를 낮춘다. 하지만 반대로 검은 구름이 형성되면 태양광이 구름에 흡수되어 기온이 올라간다. 이렇게 기온이 상승하면 대기의 수증기 보존력이 향상된다.(수증기는 온실기체의 일종으로 기온 상승에 60퍼센트 정도 영향을 미친다.) 이런 이유로 대기 온도가 높아지면 공기 중의 수증기량이 늘어나서 기온이 더욱 올라가게 된다. 또한 이산화탄소에 의해 기온이 상승할 때도 수증기 때문에 그 효과가 두 배 이상으로 커진다. 이 문제를 해결하는 방법 한 가지는 이산화탄소와 각종 연소 기체를 지하에 매립하는 것인데, 아직은 이산화탄소를 회수하고 매립하는 기술이 완벽하지 않다. 그런데 이렇게 이산화탄소를 지하에 묻을 경우 기체 누출 시 지표면에 고농도의 이산화탄소층이 형성되어 사람과 동물이 질식할 우려가 있다. 게다가 이산화탄소를 지하에 묶어두는 데 에너지를 소비함으로써 실질적으로 석탄을 연소시켜 얻는 에너지양이 줄어든다는 문제도 있다. 지구 대기 온도를 낮추는 또 다른 방안은 황화수소의 연소 후 생성되는 이산화황 기체를 성층권에 살포하여 태양광을 반사시키는 것이다. 하지만 이산화황은 염화불화탄소(chlorofluorocarbons/CFCs)에 의한 오존층의 분해를 촉진하는 효과가 있어 섣불리 사용하기가 어렵다.

폐가스도 문제지만 산 정상을 깎아내고 석탄을 채굴하는 작업 자체도 상당히 많은 폐기물을 생성한다. 석탄을 가공하면 작업장 구석에 대량의 슬래그(slag)가

쌓이는데 비가 내릴 때 이 폐기물 더미에 스며든 빗물이 강한 산성을 띠고 종종 지하수를 오염시킨다. 에너지 수요가 늘어 석탄을 많이 파내면 1차 폐기물 역시 자연스럽게 늘어난다. 특히 갱도를 뚫을 때마다 쌓여가는 잡석들은 넓은 공간을 뒤덮어 많은 흙을 못 쓰게 만들고 주변 환경을 황폐하게 뒤바꾼다.

요즘 캐나다 앨버타 주(Alberta)에서는 타르 모래 채취를 목적으로 노천 채굴이 한창 진행되고 있다. 석탄과 석유와 마찬가지로 탄소 연료의 일종인 타르 모래를 채굴, 열처리, 정제하는 데는 많은 에너지와 물이 소비된다. 결국 다 쓰고 난 물은 오염수로 뒤바뀌어 자연 수계를 더럽힌다. 이 노천 채굴장 근처의 강을 조사해보면 화학적으로 안정적인 다환방향족 탄화수소 물질(polynuclear aromatic hydrocarbons/PAHs)이 다량으로 발견된다. 흔히 발암물질로도 알려진 PAHs는 수생동물의 체내에 유입되면 생체 대사 작용에 영향을 미치고 독성물질을 생성한다. 우리는 연료 자원을 얻는 한편으로 막대한 에너지와 지하수를 소모하고 환경오염과 환경 파괴를 일으키며 엄청난 대가를 치르고 있다.

이론적으로는 값싸고 풍부한 천연가스, 즉 메탄가스 역시 새로운 탄소 에너지원으로 부족함이 없다.[사실 우리가 천연가스라고 부르는 연료의 주성분은 메탄이다. 석탄 광산에서는 이것이 갱내 가스(mine gas)로 불리며 최근에는 습지가스(marsh gas)라는 이름으로도 불린다.] 메탄은 산소가 없는 환경에서 식물의 구성 물질이 혐기성(嫌氣性, anaerobic) 박테리아에 의해 분해될 때 발생하는 기체상 폐기물이다. 이 기체를 대기 중에 대량으로 방출하는 근원은 소의 방귀와 트림, 목초지, 논, 쓰레기 처리장과 매립장, 내륙호, 습지, 북극 근처의 영구 동토 및 이탄지(泥炭地, peatland) 등이다. 최대 지하 50미터까지 얼어붙은 유기물층으로 이뤄진 영구 동토는 알래스카 토양의 90퍼센트, 캐나다 토양의 50퍼센트, 시베리아 토양의 60퍼센트를 차지한다. 이런 지역의 부식토는 언 땅이 녹는 시기에 개울과 강으로 흘러들어 바다로 유입된다. 이후 각 대륙으로 퍼져 나간 영구 동토의 유기토양물질은 분해 과정을 겪으며 메탄가스를 생성한다. 한편 영구 동토 지역과 해저 깊은 곳에서는 메탄이 물과 함께 결정을 이루어 일명 메탄 얼음을 형성하기도 한다. 이 화합물은 일정한 압력하에서 저온 상태가 유지될 때만 화학적으로 안정하다고 할 수 있다. 그러므로 수온이 상승하면 메탄 얼음은 곧 녹아서 메탄가스 형태로 대기 중에 방출된다. 바다 밑의 메탄 얼음 덩어리는 압력이 낮아지면 바닥의 퇴적물

로부터 분리되면서 녹는데, 이때 폭발이 연달아 일어나서 대양저에는 곰보 자국처럼 울퉁불퉁한 모양이 남는다. 바로 이러한 불안정성 때문에 이 자원을 채취하는 데 어려움이 뒤따른다. 해수면을 향해 대량의 메탄가스가 솟아오르는 탓에 근처에서 선박을 움직이기가 매우 위험하기 때문이다. 이런 현상이 나타나는 해수면에서는 메탄에 금방 발화하여 물 위에 얇은 불의 장막이 형성되기도 한다. 메탄 얼음이 한 곳에 잔뜩 모여 있지 않고 주로 육지와 가까운 심해층에 넓게 퍼져 있다는 점도 채굴을 한층 어렵게 한다. 게다가 적외선을 흡수하는 능력이 이산화탄소의 20배에 달하므로 채굴 작업 중에 메탄가스가 뜻하지 않게 다량 방출될 경우 온실 효과가 더욱 심각해질 위험도 있다. 이렇게 대기 중에 방출된 메탄가스가 산소와 반응하여 발화하면 또 다른 온실기체인 이산화탄소와 수증기가 생성된다. 물론 온실 효과에 미치는 영향은 메탄보다 이산화탄소가 약하지만 어느 쪽이든 간에 문제를 일으킨다는 점은 틀림없다. 결국, 매장량은 풍부하지만 현재 기술로는 해저나 영구 동토 지역에서 채굴하기가 어렵기에 이 메탄 얼음을 당장 대체 에너지원으로 쓰는 것은 불가능하다.

하지만 실망하기는 이르다. 앞에서도 이야기했듯이 세계 곳곳에서 새롭게 발견된 셰일가스가 있으니까. 얼마 전부터 이 셰일가스가 개발되면서 전 세계 천연가스의 가채연수는 250년으로 대폭 늘어났다. 문제는 이 자원을 채취하기 위해 지하의 깊은 암석층에 고압수를 분사할 때 막대한 에너지가 소모된다는 점이다. 또 정제 과정에서 벤젠과 크실렌 같은 독성 화학물질이 사용된다는 사실도 큰 문제를 야기한다. 이런 화학물질로 인해 지하수가 오염될 가능성이 있기 때문이다. 게다가 남아프리카처럼 건조한 지역에서는 채굴 작업 때문에 담수 고갈 문제가 심각해질 수도 있다.

또 다른 대안으로는 오늘날 전 세계적으로 각광받는 생물연료(biofuel)가 있다. 생물연료란 다양한 농작물과 그 찌꺼기를 이용해 만드는 연료 자원으로, 식물이 이산화탄소를 흡수하고 이후 연료로 쓰일 때 같은 양의 이산화탄소를 배출한다는 점에서 탄소 중립적인 에너지원이라 볼 수 있다. 하지만 이 방법으로 생산 가능한 에너지양이 전 세계의 에너지 수요에 훨씬 못 미친다는 것이 큰 문제다. 또한 작물 생산이 에너지 소비 측면에서 전혀 평형을 이루지 못한다는 점도 문제가 된다. 그 원인은 생물연료용 작물을 기를 때 석유화학 물질로 만든 비료가 필요하고 지하대수층이나 강에서 많은 양의 물을 끌어와야 한다는 데 있다. 게다가 농부들이 식량 대신 연료를 생산하기 위해 작물을 길러야 하므로 국내외 식량 공급이 위태로워질 수 있다는 우려도 있다. 현재 미국은 곡물 수확량의 30퍼센트가량을 생물연료 생산에 투입하고 있으며, 유럽은 전체 교통 연료의 10퍼센트를 생물연료로 충당하고자 애쓰고 있다. 하지만 이런 식으로 식량 작물을 다른 용도로 활용할 경우 자국의 부족분을 메우기 위한 식량 수입이 불가피해진다. 그러면 브라질과 필리핀의 식량 폭동 사태에서 미루어 알 수 있듯이, 과도한 물가 상승 문제가 발생할 수 있다.

이러한 문제들 때문에 현재 각국에서는 탄소 중립적인 대체 에너지원, 즉 화석연료 이외의 에너지원을 개발하고자 많은 노력을 기울이고 있다. 그 예로 현재 암스테르담에서는 최신식 고효율 소각로를 이용해 쓰레기를 원료로 도시의 전체 에너지 수요 중 약 1퍼센트를 생산하고 있다. 과거 1970년대에는 풍력, 수력, 조력, 파력을 잠재적인 대체 에너지 자원으로만 생각하는 사람이 많았다. 그러다가 자연력을 이용한 에너지 생산 가능성이 수면 위로 다시 떠오른 것은 에너지 부족 문제가 가시화되면서부터였다. 하지만 폴 에를리히는 40년 전, 즉 세계 인구가 오늘날의 절반에 불과했고 각종 산업과 교통이 지금보다 덜 발달했던 그 시절에 이미 이러한 대체 에너지가 수요를 충족시킬 수 없다고 예견했다. 그때 이후로 총 인구 수와 1인당 에너지 사용량, 사회적인 자원 수요가 급속히 증가하면서 문제는 더욱 악화되었다. 이런 상황에서 자연력을 이용한 대체 에너지 자원의 비율은 아무리 커봤자 전체 에너지 사용량의 20퍼센트 수준에 불과하다. 결국 나머지 80퍼센트는 화석연료로 채워야 한다. 결국 이러한 대체 에너지 자원이 작은 지역 내에서는 효과적일 수 있지만 전 세계적인 규모로 에너지를 공급하기에는 충분하지 않다는 결론이 나온다.

그보다 더욱 전도유망한 비탄소계 대체 에너지 자원으로는 수소가 있다. 수소는 연소 시 대량의 에너지를 생성하고 폐기물로서 물만 남기므로 환경적으로 아무런 해를 끼치지 않는다. 이 기체를 구하기에 가장 좋은 방법은 물을 분해하는 것이다. 분해 반응 뒤에 생성되는 물질은 수소와 산소뿐이고, 산소는 수소의 연소 과정에서 그대로 사용되니 그야말로 완벽한 순환 체계가 아닐 수 없다. 또 수소를 구하기 위해 바닷물을 분해할 경우, 소금이 분리되고 이후에 수소를 연소시킬 때 담수가 만들어지므로 이 방법은 물 부족 문제를 해소하는 데도 도움이 된다. 다만 현재 기술로는 물을 분해하는 데 드는 에너지가 수소를 연소하여 얻는 에너지보다 많이 든다는 점이 문제다.

따라서 수소를 연료화하려면 물을 분해할 때 드는 에너지양을 최소화하고 이 작업을 기술적으로 더 쉽게, 그리고 산업적인 규모로 실현할 방법을 찾는 것이 관건이다. 또 한 가지 문제는 수소가 화학 원소 중에서 가장 작고 가벼운 탓에 저장 탱크나 수송관을 이용했을 때 누출되기가 쉽다는 점이다. 요즘은 태양 에너지를 이용한 식물의 물 분해 기작을 모방하거나 개선하는 방법이 많이 연구되고 있다. 보통 식물의 태양 에너지 이용 효율이 1퍼센트 정도라고 하니 굳이 이 프로세스를 달리 바꾸지 않더라도 에너지 확보 면에서 개선될 수 있는 여지는 분명히 있다. 벌써 이 효율이 12퍼센트에 달하는 인공 장치가 개발되었다는 소식이 들려오는 것을 보면 말이다. 현재 풍부한 물과 태양광을 이용해 에너지를 만드는 이 방법에 많은 관심이 집중되고 있다.

또 다른 탄소 중립적 에너지원으로는 원자력을 들 수 있다. 하지만 해마다 에너지 수요가 워낙 빠르게 증가하는 탓에 이제는 원자력으로도 다 감당하지 못할 지경에 이르렀다. 이 연간 에너지 수요 증가분을 모두 충당하려면 현존하는 450여 개 핵발전소 외에 해마다 핵발전소 600개를 더 지어야 한다. 또 하나 기억할 점은 발전소 하나를 짓는 기간이 10년에서 15년 정도이고 핵발전소의 수명이 40년에서 50년 정도로 우리가 기대하는 바에 비해 상대적으로 짧다는 사실이다. 현재 중국은 이런 사실에도 아랑곳하지 않고 자국 내 에너지 수요를 일부분 충당하기 위해 빠른 속도로 원자력 발전소를 건설하고 계속해서 거대한 화력 발전소와 석탄 광산의 수를 늘려가고 있다. 또 거기에 그치지 않고 얼마 전부터는 고비 사막(Gobi Desert)에 대규모 풍력 발전 시설을 만들기 시작했다. 일반적으로 원자력 에너지를 이야기할 때 사람들이 주로 걱정하는 문제는 두 가지다. 하나는 폐기물로 방사성 물질이 발생한다는 사실이고, 또 다른 하나는 폭발이 일어나 방사성물질이 주변으로 직접 방출될 수 있다는 사실이다.

에너지 문제를 논할 때 우리는 늘 기후 온난화에 관심의 초점을 맞추지만, 탄소 연료에 대한 현 사회의 의존성이나 인구 및 사회적인 수요 증가로 인한 에너지 사용량 증대를 생각해보면 이산화탄소 배출량을 줄여서 온난화 속도를 늦추기란 아무래도 무리가 아닌가 싶다. 더군다나 대체 에너지 기술 개발은 주로 대학교에 속한 작은 연구소나 일부 석유 회사에서만 수행하는 실정이다. 에너지 부족 문제가 코앞에 닥쳤기에 앞날을 위해서 한시라도 빨리 효과적인 기술을 확보해야 하건만, 이를 위한 대규모 투자와 세계적인 협력은 아직도 이뤄질 기미가 보이지 않는다.

에너지와 관련하여 현 인류에게 닥친 문제는 크게 두 가지다. 하나는 주요 화석연료의 고갈 시기가 얼마 남지 않았다는 것, 그리고 또 하나는 연소 시 발생하는 이산화탄소와 질소산화물 등의 폐가스가 온실기체로 작용하여 기후 온난화에 영향을 미친다는 것이다. 따라서 화석연료의 무분별한 사용은 지양해야 한다. 하지만 대체 에너지원인 동시에 탄소 중립적 에너지 자원인 수소의 생산과 대규모 수송 방법이 여전히 개발 단계에 있으므로 수소가 화석연료의 자리를 대신하는 상황은 당분간 일어나지 않을 것으로 보인다. 결국 이런저런 이유로 하나씩 제외하고 나면 앞으로 우리의 에너지 수요를 만족시킬 수 있는 에너지 자원은 원자력 하나뿐이다. 앞에서도 이야기했듯이 원자력 발전은 두 가지 문제를 안고 있다. 발전소의 폭발 위험성과 방사성 폐기물의 기나긴 수명이 바로 그것이다. 하지만 수십 년간 원자력 발전이 이어지는 동안 석탄, 석유, 천연가스 같은 화석연료의 채굴 지역에서 치명적인 사고가 수없이 자주 일어난 데 비해 원자력 발전소에서 사고가 일어난 경우는 해리스버그와 체르노빌, 후쿠시마의 폭발로 비롯한 문제들을 포함해서 몇십 차례에 불과하다. 물론 방사능이 생물의 유전 요소에 장기적으로 영향을 미친다고 하지만, 에너지 자원 채굴로 인해 차마 회복할 수 없는 수준까지 파괴되고 오염된 육지 환경과 수서 환경을 생각해보라. 또 수은과 황 같은 무기물의 방출, 석유화학 폐기물의 생성, 화석연료를 태우면서 일어난 대기오염, 그리고 이로 인해 앞으로 2,000년은 족히 지속될 기후 온난화 문제를 생각해보라. 나중에 더 자세히 살펴보겠지만, 인류와 지구의 수많은 생물은 기후 온난화 때문에 이미 크나큰 위기에 직면한 상태다.

방사성 폐기물이 야기하는 위험은 저속 중성자 원자로를 고속 중성자 원자로로 교체하여 크게 줄일 수 있다. 저속 중성자 원자로에서는 우라늄이 핵분열을 일으킬 때 방출된 중성자(화학 원소의 원자핵 구성 요소)의 속도가 줄어든다. 하지만 고속 중성자 원자로에서는 이런 현상이 나타나지 않는다. 저속 중성자 원자로에서는 원소 수명이 수만 년에 이르는 이른바 초(超) 우라늄 원소들이 생성되지만, 고속 중성자 원자로에서는 이것들이 우라늄과 함께 사용되어 수명이 단 몇백 년에 지나지 않는 원소들로 변화한다. 이 과정을 거쳐 남은 핵폐기물로는 폭발 무기를 만들기도 어렵다. 또 저속 중성자 원자로에서는 우라늄의 에너지가 1퍼센트밖에 방출되지 않지만 고속 중성자 원자로에서는 에너지가 99퍼센트 방출된다는 점에서 후자 쪽이 안정성과 효율성 면에서도 더 뛰어나다. 이 원자로에는 지난 몇십 년간 저속 중성자 원자로에서 계속 생성된 폐기물, 즉 막대한 에너지가 저장된 초 우라늄 원소를 다시 연료로 쓸 수 있다는 장점도 있다.

현 인류는 지속가능한 수소 경제를 실현하지 못한 채 그다지 내키지 않는 두 가지 대안 사이에서 고민해야 하는 상황에 빠져 있다. 하지만 이럴 때는 항상 문제를 일으킨 근본 원인을 해결하는 것이 바람직하다. 즉 지속가능성을 논하기 어려울 정도로 과도하게 불어난 인구 문제를 해결해야 한다. 결국 지속가능한 사회를 이루기 위한 진짜 해결책은 현실에 안주한 채 지속 불가능한 인구 안정기를 향해서 계속 성장하는 것이 아니라 과감하게 현존하는 인구수를 줄이는 것이다.

7. 한정된 자원

사람이 살아가는 데 가장 필수적인 것은 바로 음식이다. 이 점은 부유한 사람이든 가난한 사람이든 다 똑같다. 먹을 것이 없다면 누구도 오랫동안 생존하지 못한다. 하지만 다른 곳보다 조금 더 부유한 나라에서 사는 우리는 이 사실을 종종 잊고 지낸다. 먹고 싶은 것이 있으면 곧장 구할 수 있으니 말이다. 그저 냉장고와 찬장으로, 혹은 가게 진열대로 손을 뻗기만 하면 된다. 사람은 음식을 먹은 후 일정 시간이 지나면 다시 배고픔을 느낀다. 이 문제를 해결하려면 다시 무언가를 먹어야 한다. 요즘은 음식의 영양적 가치보다 식사 행위를 통해 이뤄지는 사회 활동과 식사 예절을 더 중요하게 여기는 사람들도 많다. 비교적 잘 사는 나라의 국민인 우리는 극심한 굶주림을 겪는 일이 거의 없지만 아직도 세계 곳곳에서는 수억 명에 달하는 사람들이 매일 주린 배를 움켜잡고 겨우겨우 살아간다. 사실 얼마 전까지만 해도 인류의 역사는 이러한 광경으로 점철되어 있었다. 그리고 이 점에서는 서양 세계도 딱히 예외가 아니었다.

식량 부족 문제는 언제든 대대적으로, 또 세계적인 규모로 쉽게 나타날 수 있다. 역사를 통틀어보면 춥거나 습한 날씨, 또는 주요 농작물의 병해 때문에 심각한 식량 부족 문제가 1~2년 이상 이어지고 이로 인해 인구수가 대폭 감소하는 현상이 빈번하게 나타났다. 19세기에 아일랜드에서는 감자 잎마름병이 유행하여 약 백만 명이 굶어 죽고 그만큼 많은 인구가 외국으로 이주하는 사태가 벌어졌다. 또 13세기 말 그린란드에 살던 수많은 노르웨이 사람들은 식량 부족과 생활환경 악화로 왜소증을 겪으며 이른 나이에 사망했다. 과거에는 끝없이 이어지는 기근 때문에 사망률이 높아져 평균 수명이 20세에서 30세 정도밖에 되지 않았다. 굶주림으로 인한 사망 문제는 특히 빈민층에서 더욱 심하게 나타났는데, 당시 전체 인구수가 크게 늘지 않고 어느 정도 유지된 것은 이 문제가 그만큼 많이 발생했기 때문이다. 이후 잉글랜드와 아일랜드에서는 방직 작업이 기계화되면서 수많은 가내 공업자들이 일거리를 잃고 굶주림에 시달리는 문제가 발생했다. 이와 비슷한 재난과 참사는 지금도 기후와 사회적 · 경제적 조건 변화 때문에 세계 곳곳에서 빈번하게 일어나고 있다.

한 지역의 사회 상황이 다른 지역에 크게 영향을 미치는 일도 있다. 이 점은 어딘가에서 갑자기 전쟁이 터졌을 때를 생각해보면 금방 이해가 간다. 대개 인구수는 환경적 · 사회적 · 정치적으로 좋은 조건이 갖춰졌을 때 증가하기 마련이다. 하지만 이 조건은 금세 변화하여 대규모 이주 활동을 유발할 수 있다. 선진 사회의 도시 환경은 식량 공급이나 기타 생활 조건이 인위적으로 안정을 이룬 상태지만 우리가 많은 것을 의존하는 자연계에서는 어떤 것도 변함없이 일정하게 유지되지 않는다. 그에 따라서 인간 사회에서는 인구 부족 현상이나 부유한 생활상이 나타나기도 하고, 또 그러다가 조건이 바뀌면 이내 인구 과잉 문제가 발생한다. 이런 결과는 사회적인 변화에 의해서도 나타날 수 있다. 통화 팽창, 경제 불황, 전쟁 등으로 여러 나라 혹은 대륙 전체가 부침을 거듭하던 옛 역사를 떠올려보라. 최근까지도 세계 곳곳에서는 혼인 규제를 비롯하여 노령 인구의 안락사나 영유아 살해(여아 살해가 주를 이루는데, 인도에서는 이런 행위가 여전히 광범위하게 일어나고 있다.) 등 인구 과잉 문제를 막기 위한 사회 관습과 규칙이 준수되고 유지되었다. 사람들은 이런 방법으로 온갖 변화 속에서 기근을 피하거나 배고픔과 맞서 싸웠다.

사실 우리는 지금도 변화에 변화를 거듭하는 세상에서 살고 있다. 1873년에서 1889년 사이에 영국에서 일어난 대불황과 제1차 세계대전 직후 이어진 오스트리아의 불황, 1929년 미국에서 시작되어 유럽 전역과 전 세계로 파급된 대공황을 한번 생각해보라. 이후 1980년대와 1990년대, 가장 최근인 2007년에도 세계적인 경제 불황이 발생했으며 이렇게 큰 사태들이 일어나는 사이에 각국은 숱한 경기 침체 위기를 겪었다. 또 제1차 세계대전 중에 프랑스 북동부 샹파뉴(Champagne)와 로렌(Lorraine) 지방에서 수차례 벌어진 전투를 떠올려보라. 당시 그 지역의 부존자원과 산업을 두고 치열한 전투가 이어지며 수백만 명이 목숨을 잃었지만, 그로부터 단 20년 사이에 자원과 산업의 중심이 다른 곳으로 옮겨가면서 한때 번영을 구가했던 도시들은 발전을 멈추고 남은 자원들 역시 쓰이지 않은 채 그대로 남게 되었다. 그와 함께 주택과 은행들, 마지노선(Maginot Line)이 버려지고 과거에 빈번히 사용되던 운하와 철도 교통은 성장을 멈추고 말았다.

이제 우리는 수많은 천연자원이 차례차례 고갈되고 자원 부족 문제로 잠재적인 불안이 가중되면서 그에 대한 국제적인 관심과 중요성이 재정립되는 시대에 살고 있다. 2009년에 전 세계 65억 인구 중에서 줄곧 굶주림에 시달리며 지낸 인구는 10억 명 정도 된다. 어떤 이들은 앞으로 식량 가격이 내려간다고 호언장담하지만, 반대로 생산 비용의 증가, 화석연료의 고갈과 가격 상승, 옥수수 같은 일부 식량 자원의 생물연료화 때문에 식량 가격이 더욱 높아지리라 예상하는 사람도 많다. 이런 상황이 벌어지면 빈민들은 식량이 멀쩡히 생산되는 광경을 보고도 돈이 없어서 먹을 것을 못 구할 가능성이 크다. 그 사람들에게 식량이란 그야말로 한정된 자원인 셈이다. 결국 그들의 에너지는 고갈될 수밖에 없다.

고도의 발전을 이룬 현대 사회는 에너지와 석유화학 제품을 기반으로 하여 돌아간다. 하지만 지금은 두 가지 모두 슬슬 바닥을 보이는 상황이다. 만약 인류가 지금처럼 자원을 펑펑 쓰면서 지구에서 1,000년가량을 더 살아간다면, 그 시간이 다 지나기도 전에 전 세계의 거의 모든 부존자원은 완전히 고갈되고 말 것이다. 개중에 조금 남은 자원이 있다고 해도 그때는 무용지물이나 마찬가지다. 가령 에너지가 충분히 생산되더라도 인이 고갈된 상태라면 인간은 생명을 유지할 수가 없다.

인간은 아주 먼 옛날부터 농사를 지으면 토양의 양분이 고갈된다는 사실을 알았다. 당시 농부들은 수확량이 줄어드는 기미가 보이면 작물 생산이 아예 불가능한 상태가 되기 전에 재배 작물을 바꿨다. 이런 경작 방식은 지중해와 중앙아메리카, 남아메리카의 여러 지역에서 나타났다. 한편 메소포타미아와 이집트, 중국, 인도 북부 같은 지역에서는 해마다 강의 범람으로 농경지에 영양분이 풍부한 흙이 공급되었다. 하지만 메소포타미아에서는 범람 현상이 규칙적으로 발생하지 않았기에 농사를 지으려면 계속해서 지하수와 관개용수를 끌어다 쓸 수밖에 없었고, 그 결과 땅에 염분이 축적되는 문제가 나타났다. 이 문제는 지하수위(ground water level)가 깊지 않거나 관개 농업을 위해 지하수위를 높일 경우 발생하며 이 때문에 현재 오스트레일리아, 중국, 미국 남서부 지역에서 토양의 염류화가 진행되고 있다. 이렇게 염분이 쌓여 딱딱하게 굳어버린 땅에서는 대다수 농작물이 자라지 못한다. 인류 역사 초창기의 농부들은 언젠가부터 동물의 분뇨가 수확량 증진에 도움이 된다는 사실을 깨닫고 논과 밭에 거름을 뿌리기 시작했다. 그들은 다음 해에 심을 작물에 영양분을 공급할 생각으로 앞서 수확한 작물의 그루터기를 태우기도 했다. 이 방법은 식물이 흡수한 영양분을 땅으로 되돌리는 역할을 했다. 물론 여기서 설명한 영양분의 재순환 방법은 폐쇄적인 자급자족 경제 체제에서만 가능하다. 이 순환 고리는 옥수수, 아마, 소고기 같은 농산물이 작은 지역 사회를 벗어나 더 큰 지방, 국가, 대륙으로 이동하는 순간 곧바로 깨진다.

토양의 영양분 고갈 문제를 해결하는 또 다른 방법은 바로 땅을 가는 것이다. 밭 표면의 흙과 표토(表土, surface soil) 아래의 흙을 섞어 영양분을 일시적으로 공급하는 방법으로 먼 옛날 자급자족 경제 체제에서는 이 방법이 자주 사용되었다. 그러다가 토양에 거름을 뿌려 질소를 공급하는 시비법이 등장하면서 깊이갈이는 영양분의 재순환을 가능케 하는 연결 고리로 거듭났다. 초기 농경시대에는 작물을 수확한 후 농경지를 한두 해 정도 놀리는 일이 잦았다. 그렇게 휴경을 하고 잡초가 무성해진 땅을 갈아엎으면 밭의 질소 함량이 증가하는 효과가 나타났기 때문이다. 이후 시간이 더 흘러서 윤작법이 도입되었다. 토끼풀은 토양의 질소 함량을 높였기 때문에 돌려짓기용 작물로 환영받았다. 그리고 지역 사회가 점차 성장하면서 토끼풀 같은 질소고정 작물과 거름을 이용한 토양의 양분 보충 작업은 농사에서 빠져서는 안 될 요소가 되었다.

이후 사회의 확장이 상거래의 확대로 이어지면서 토양 영양분이 급격히 고갈되었고, 이로 인해 새로운 시비 방법이 필요해졌다. 과거 네덜란드 북부의 프리슬란트(Friesland)와 흐로닝언(Groningen) 지방 사람들은 마을이 바닷물에 침수되지 않도록 '테르프(terp)'라는 인공 언덕을 쌓고 그 위에 농장 건물과 교회 등을 지었는데, 언제부터인가 그들은 테르프의 흙을 거름으로 사용하기 시작했다. 그 흙에는 점토와 부식토, 유기물 쓰레기 등이 골고루 포함되어 거름으로는 그야말로 안성맞춤이었다. 또한 부식토나 유기 물질이 풍부한 지역에서는 농부들이 밭에 석회를 뿌려서 흙 속에 묶여 있던 영양분을 방출시켰다. 이후 유럽의 농부들은 질소 성분이 풍부한 구아노(guano)를 머나먼 칠레 땅에서 수입하여 비료로 썼다. 그보다 더 시간이 지나서는 인공비료가 구아노의 자리를 대신했다. 그리고 19세기 중반에 독일의 화학자 유스투스 폰 리비히(Justus von Liebig)가 식물의 생장에 질소 외에도 칼륨과 인이 반드시 필요하다는 사실을 발견하면서 이후에 새롭게 등장한 화학 비료는 모두 이 세 원소를 포함한 화합물로 만들어졌다. 하지만 앞으로 석유 화학 물질과 중국, 모로코, 미국 플로리다 주와 러시아 콜라 반도(Kóla Península) 등지의 인산염 광상이 고갈되면 인공비료를 만들기는 불가능하다. 현재는 같은 이유로 캐나다의 칼륨 광상을 두고도 각국 간에 치열한 경쟁이 벌어지고 있다. 질소의 고갈은 천연가스의 고갈과 때를 같이 한다. 질소를 생산할 때 드는 엄청난 양의 에너지를 천연가스로 해결하기 때문이다. 이 작업은 이른바 하버-보시(Harber-Bosch) 고압 촉매 반응기라는 장치를 통해 이루어지는데, 이때 화학적으로 매우 안정한 대기 중의 질소 가스가 수소와 반응하여 암모니아와 이산화탄소가 생성된다. 이렇게 만들어진 암모니아는 비료를 만드는 데 쓰인다.

이렇듯 농업 초창기에 사용되던 전통적인 비료는 농촌이 도시로 성장하고 지역 간의 농산물 거래가 확대되면서 점차 새로운 비료로 대체되었다. 새로운 발전 단계를 거칠 때마다 시대에 따라 주로 사용되던 비료들은 한계에 봉착했다. 전체적인 자원 흐름을 살펴봤을 때, 우리는 한 지역의 토양 양분을 추출하여 다른 곳에 폐기물 형태로 버림으로써 지력을 고갈시키고 있다. 이 과정에서 우리에게 없어서는 안 될 필수 영양소 대부분이 강을 통해서 바다로 흘러가거나 작물을 재배할 수 없는 곳으로 빠져나가 버린다. 토양 영양분의 제한적인 이용성과 무기물 자원의 유한성을 감안한다면, 현재의 선형적이고 자원 고갈적인 식량 생산 체계의 한계성을 (제거가 아니라) 완화하는 길은 전 세계적인 자원 활용 계획을 수립하고 자원을 재순환시키는 방법뿐이다.

이러한 흐름은 그 밖의 각종 필수 자원에도 똑같이 적용된다. 의복용 섬유 재료를 한 번 생각해보자. 처음에 인류는 의복을 만드는 데 동물 가죽을 사용했다. 풀과 나무껍질 역시 섬유 재료로 사용되었으나 그보다는 양모가 더 귀하게 취급되었다. 산업혁명 시기에 양모는 목화에 자리를 넘겨주는 대신 수출품으로 인기를 끌었다. 1960년대 중반과 1990년 이후 양모의 인기가 떨어지면서 오스트레일리아의 양모 산업은 면제품과 합성섬유 앞에서 무너지고 말았다. 또 먼 옛날부터 자주 사용되던 섬유로는 아마(亞麻) 섬유가 있는데 그 생산 과정이 노동 집약적인 탓에 나중에는 대량생산이 용이하고 합성섬유와 혼용이 가능한 목화가 그 자리를 대신하게 되었다. 목화는 고온다습한 기후에서 잘 자라고 물이 많이 필요한 작물이다. 하지만 러시아 남부의 아랄 해 부근과 미국 남서부, 그리고 중국 서부 등지에서 물 부족 현상이 심화되는 오늘날 이러한 특성이 목화 재배에 큰 제약으로 작용하고 있다. 또 다른 섬유 작물인 황마와 대마는 가방과 밧줄 따위를 만드는 데 주로 사용되었으나 최근에는 그 역할 역시 합성섬유가 대신하고 있다. 또한 비단은 생산 과정에서 노동력이 상당히 많이 소요되는 탓에 예나 지금이나 손쉽게 접할 수 없는 소재이므로 요즘은 합성섬유를 이용한 모조품이 많이 생산되고 있다.

이렇게 전 세계적으로 의복 수요가 증가하면서 섬유 생산의 흐름은 천연섬유에서 화석연료나 플라스틱 폐기물에서 추출한 합성섬유로 옮겨갔다. 목화를 제외한 대다수 섬유 작물은 대규모로 재배하기가 어려울뿐더러 각종 영양분이나 물, 농지 등을 두고 식량 작물과 경쟁해야 한다는 문제가 있다. 반면에 석유화학 물질로부터 손쉽게 추출 가능한 합성섬유에는 그러한 결점이 없다. 게다가 목화 생산량은 앞으로 기후가 어떻게 바뀌느냐에 따라서도 달라질 수 있다. 결국 다른 물질자원과 마찬가지로 인구와 수요의 증가 문제가 걸려 있으므로 우리가 천연섬유 쪽으로 다시 방향을 돌리는 상황은 좀처럼 일어나지 않으리라 생각된다. 하지만 합성섬유의 생산도 화석자원을 손쉽게 획득하고 사용할 수 있을 때나 가능한 일임을 기억해야 한다.

현재 세계에서 가장 널리 사용되는 금속은 아마도 철일 것이다. 이 금속은 가장 흔하면서 채굴하기도 쉬운 편이다. 먼 옛날 원시 생명체가 서서히 모습을 드러내던 시절에 철은 고농도의 이온 상태로 바닷속에 존재했다. 그로부터 10억 년에서 15억 년 정도가 흘러 해수에 점차 많은 산소가 녹아들면서 철이 금속 형태로 침전되어 해저에는 철로 이뤄진 두꺼운 퇴적층이 형성되었다. 그렇게 만들어진 줄무늬 모양의 철광층은 전 세계 곳곳에서 발견되고 있는데 그 양이 실로 무궁무진하다고 할 수 있다. 따라서 철을 구하는 데는 아무런 어려움이 없다. 문제는 철을 이용한 합금을 만들 때 꼭 필요한 다른 금속들이 부족할 수 있다는 점이다.

유사 이래로 용도에 맞는 합금을 찾고 만드는 일은 언제나 매우 어려웠다. 철은 가공하기에 용융 온도가 너무 높고 금세 녹이 스는데다가 부러지기도 쉬워서 오랜 세월 동안 대규모로 사용되지 못했다. 다만 과거 로마인에게 철기를 공급했던 에트루리아(Etruria) 사람들은 철을 다양하게 사용한 것으로 보인다. 구리와 주석의 합금인 청동에는 철과 같은 단점이 없었다. 물론 주석이 지역적으로 편재된 탓에 채굴 작업이 머나먼 잉글랜드 서부의 콘월(Cornwall) 광산에서 이뤄졌다는 단점이 있었지만 말이다. 하지만 청동은 철보다 비교적 낮은 온도에서 생산이 가능하다. 그래서 철제품의 대량 생산은 주물 공장에서 석탄이 사용된 이후에나 이뤄질 수 있었다. 철은 19세기 후반에 영국에서 강철로 모습을 바꾸어 대량 생산되기 시작했고 이러한 변화는 산업혁명에 추진력을 보탰다. 철을 더욱 단단한 강철로 변신시키는 성분은 바로 탄소로, 강철의 종류와 특성은 이 원소를 얼마나 추가하느냐에 따라서 달라진다. 강철을 만들 때는 녹는점이나 강도 등의 특성을 바꾸기 위해 다른 금속들을 섞기도 한다. 하지만 철 이외의 금속들을 발견하거나 채굴하기가 점차 어려워져서 이제는 다른 재료를 사용하여 합금을 만드는 방법을 강구해야 한다.

과거 지중해 동부의 키프로스(Cyprus) 섬에서 많은 양이 생산되어 키프로스의 금속으로 불렸던 구리는 이제 공급량이 한계에 가까워지고 있다. 한때 이 금속은 각종 배관과 통신선로를 만드는 데 많이 쓰였지만 지금은 값이 싼 PVC와 유리섬유가 그 자리를 대신하고 있다. 유리섬유는 비용이 적게 들 뿐만 아니라 정보 전달 면에서 구리보다 성능이 더 뛰어나다는 장점이 있다. 이렇게 몇몇 분야에서는 다른 물질이 선호되고 있지만 여전히 가정의 전기 배선과 송전선을 만드는 데는 구리만 한 것이 없다. 하지만 컴퓨터나 휴대전화처럼 작은 기기 내부의 전기 전달에는 구리 대신 금이 사용된다. 금은 부식이 되지 않고 전기 전달 속도가 매우 빨라서 초소형 회로를 만들기에 적합하기 때문이다. 앞으로 20년에서 30년 사이에 이 금속이 고갈된다는 전망이 나온 이후 업계에서는 폐기계류에 포함된 금을 대대적으로 재활용하고 있다. 지금으로부터 약 40년 전, 그러니까 1970년대에 남아프리카 지역에서는 전 세계 금 소비량 중 3분의 2가 생산되었는데, 지금은 생산량이 당시의 10분의 1 수준에 지나지 않는다. 이렇듯 금속 자원이 점차로 고갈되자 중국은 구리, 금, 주석, 라듐, 우라늄, 다이아몬드, 코발트 등을 획득하기 위해 사회간접자본 형태로 콩고에만 무려 수십억 달러를 투자하고 있다. 또한 남아프리카의 잠비아와 오스트레일리아에도 동일한 방식으로 투자를 계속하고 있다.

최근 들어 산업적 이익을 목적으로 적극적으로 개발하는 유전자원(genetic resource) 역시 언제라도 고갈될 수 있는 한정된 자원이다. 지금까지 각종 동물과 식물의 인위적인 이종 교배를 통해 전체적으로 유전 형질이 다양해졌다는 사실을 생각해보면 이 주장이 조금 이상하게 보일지도 모른다. 옛날부터 사람은 동식물을 기르는 동안 독특한 유전적 특성이 나타나면 이것을 필요에 따라 보존하고 활용했다. 그 결과 지역별로 특정한 환경에 적응했거나 특별한 기능 혹은 독특한 외모를 지닌 동물과 식물들이 나타났다. 바로 이런 방식으로 토끼굴을 찾는 개, 냄새만으로 사냥감 또는 범죄자를 추적하는 개, 양치기 개 등 제각기 능력과 형태가 다른 여러 가지 견종이 생겨났다. 또 동남아시아 지역에서는 수 세기 동안 각지의 환경에 완벽히 적응한 수천, 아니 수만 가지에 달하는 벼 품종이 탄생했다. 그리하여 품종에 따른 동물들의 능력과 기능이 분화되고 향상되었으며 각종 작물의 수확량이 증가하였다. 이러한 발전상은 주로 유전 형질의 선발(selection)에 의해 이뤄졌다. 즉 어떤 생물에게 유전적으로 새로운 변화가 나타나거나 특정한 형질이 존재할 경우 그 특성을 보존하고 동종 생물과 교배시키는 것이다. 그렇게 새롭고 특이한 형질을 보존하고 늘려가면서 유전자원의 다양성이 점차 커졌다. 이 변화는 몇십 년에서 몇 세기(개나 튤립의 경우)에 걸쳐 일어나기도 하고 수백 년에서 수천 년(각종 농작물의 경우)에 걸쳐 일어나기도 한다. 만약 이 기나긴 시간을 거쳐 탄생한 각 지역 특유의 품종이 사라진다면 그러한 동물과 식물들을 다시 만나기란 불가능하다.

옛날에는 사람이 가축이나 농작물로부터 특별히 원하는 형질이 있을 경우, 새로운 변종이 우연히 나타날 때까지 기다리고 실제로 그것이 유용한지를 확인하기까지 오랜 시간이 걸렸다. 하지만 최근 들어 이 지난한 과정이 180도 바뀌었다. 지금은 작물 수확량을 극대화할 목적으로 전 세계 각지의 식물 품종을 종자 생산 공장에 한데 모은 후 인공 환경에서 교잡시키는 시대다. 이제는 이렇게 새롭게 탄생한 수많은 교잡종이 곳곳에서 자라나고 있다. 옛날에는 농부들이 가급적 교잡을 피하려고 했다. 왜냐하면 교잡종의 유전자 조합이 대개 한두 세대만 반짝 나타나고 이후 세대에서는 분리되어 유용한 형질이 사라지기 때문이다. 이후 교잡종은 교잡 이전의 상태로 되돌아가 환경 변화에 잘 적응하지 못하는 모습을 보인다. 게다가 교잡종을 만들 때 품종을 선별하는 기준은 수확량밖에 없다. 단기간에 수익을 극대화할 수 있는 유전자 조합만을 찾는 것이다. 이런 식으로 유전 형질을 인위적으로 선별한 결과 유전적 다양성이 많이 감소했고, 이는 다시 새로운 교잡종과 새로운 농약의 생산으로 이어졌다. 이렇듯 인류의 개입으로 자연계의 풍부한 유전자원이 급격히 고갈되면서 병충해 저항력과 환경 변화에 대한 적응력 감소, 또 그로 인한 장기적인 대규모 흉작 문제가 발생할 우려가 가중되고 있다.

요즘은 다른 동식물종의 단일 유전자나 유전자 복합체를 생물 체내에 주입하는 방법도 종종 활용된다. 그래서 이제는 젖소의 몸에 특정 유전자를 삽입하여 우유 생산량을 늘리거나 특정 질병에 대한 면역력을 높일 수도 있다. 하지만 이 방법을 쓰면 유전적 다양성이 감소할 뿐만 아니라 유전자 조작을 거친 생물체에서 부작용이 나타날 수 있다는 단점이 있다. 이것은 유전적 · 생화학적으로 이질적인 환경에 투입된 외부 유전자가 세포 성장 단계에서 좋지 않은 형질을 발현시키기 때문이다. 이렇게 부작용이 나타나는 유전자 변형 생물은 곧장 제거되는데, 이것 역시 크게 보면 생물학적 다양성을 감소시키는 행위라고 생각할 수 있다. 이런 과정을 거쳐서 생산성이 향상되거나 병충해 저항성이 높아진 새로운 유전형이 탄생하더라도 얼마 지나지 않아서 병해를 일으키는 미생물과 곤충들이 변화에 완벽히 적응하고 작물에 크게 해를 입히는 일이 종종 일어난다. 결국 기존에 재배하던 작물은 무용지물이 되고 더 강한 병충해 저항성을 지닌 유전자 변형 작물이 필요하게 된다.

교잡이든 유전자 조작이든 모두 기존의 유전 물질을 활용하는 것일 뿐 아예 없던 것을 만들어내는 경우는 없다. 하지만 각 단계를 거칠 때마다 기존 변이 형질의 일부분이, 또 때로는 많은 부분이 사라진다. 결과적으로 식량의 질과 양을 향상시키기 위해 개발된 새로운 방법들이 지구의 한정된 생물자원을 감소시킨 셈이다. 게다가 특정한 종자 회사가 여러 변종 작물에 대한 특허를 획득하면서 이제는 그 원산지에서도 해당 작물을 재배할 수 없게 되어 이 문제는 더욱 심각해지고 있다.

지금까지 살펴봤듯이 자원은 다양한 이유로 사용 한계에 도달한다. 따라서 우리는 이 과정을 고려하여 전 지구적인 자원 재순환 방법을 연구하고 더욱 효율적인 자원 활용 방식을 찾아야 한다. 아니면 각 자원의 사용처를 한 부문으로만 제한하고 다른 부문에서는 대체 자원이나 인공 자원을 사용하는 방법도 있다. 예컨대 현재 지구에 남은 화석연료는 식량 생산에 필요한 석유화학 물질을 추출하는 용도로만 쓰고 에너지 생산에는 다른 수단을 이용하는 식으로 말이다. 앞으로는 좋든 싫든 간에 현재의 선형적이고 소모적인 자원 사용 체계에서 벗어나 자원을 재순환시키는 방향으로 가야 한다. 물론, 그렇게 하더라도 언젠가는 모든 자원이 바닥나겠지만 말이다.

8. 인공 폐기물

아마 다들 어릴 적에 밖에서 놀고 집에 들어온 다음에는 손을 씻고 뒷정리를 하라는 이야기를 들었을 것이다. 또 학교에서, 직장에서, 밥을 먹고 나서, 또 정원 · 헛간 · 차고 일을 한 뒤에도 이런 소리를 들었을 것이다. 뭘 했든 간에 다 마쳤으면 뒷정리를 하고 청소를 하라고 말이다. 어른이 되고 나서는 집안일로 세탁, 빗자루질, 설거지, 걸레질, 장난감 정리, 쓰레기통 비우기, 아이들 자전거 수리 등을 해야 한다. 정말 청소에는 끝도 없다. 이 점은 밖에 나가서도 마찬가지다. 우리는 정원이나 근처의 숲에서 말라붙은 잡풀, 나뭇잎, 죽은 나뭇가지 등을 치우고 바닥을 정리한다. 이제 이러한 자연 폐기물들은 인간이 사는 마을과 도시에서 죄다 사라져 버렸다. 그리고 거기에 의존해 살아가는 온갖 동물과 새들, 딱정벌레, 거미들도 함께 사라졌다. 오늘날 도심 주택가의 정원들은 모두 깔끔하게 정리된 채로 생명체가 거의 살지 않는 맨바닥만 휑뎅그렁하게 보여준다. 이제 사람들은 새들이 노래하고 작은 곤충과 달팽이들이 기어 다니는 곳, 또 밤에는 부엉이가 울고 고슴도치가 부산스럽게 돌아다니는 진짜 정원을 '황무지'라고 부른다. 지금까지 더러운 곳, 흙, 폐기물, 야생 동물과 식물에 대해서 진정으로 관심을 보인 사람은 아무도 없었다. 우리는 잡초와 쓰레기에 아무런 관심도 두지 않는다. 각종 곤충을 잡아먹는 새, 그리고 쓰레기 더미를 뒹굴던 파리를 제거하는 거미는 사람에게 이로운 생물이지만, 우리는 거미가 눈앞에서 나타나지 않길 바란다. 거미는 더러운 것을 먹는다고 더러운 벌레 취급을 받는다. 우리는 흙과 폐기물에도 관심이 없다. 그저 강이나 호수로 쓸어내 버리거나 공기 중으로 날려버릴 따름이다. 그런 식으로 도시는 다시 말끔하게 정리된다.

하지만 폐기물은 우리 주변에 있는 모든 유용한 물건, 먹을 것, 놀이에 필요한 것, 일할 때 필요한 것들과 짝을 이룬다. 우리 인간은 어떤 활동을 하든지 자원을 폐기물로 뒤바꿔 놓는다. 그리고 자원을 쓴 양만큼 폐기물이 생겨난다. 더도 덜도 아닌 딱 그만큼. 결국 자원은 미래의 폐기물인 셈이다. 사람들은 전 세계의 천연자원이 고갈될까 봐 전전긍긍하지만 그만큼 많은 폐기물 때문에 질식사할 수도 있다는 걱정은 하지 않는다. 여느 물리학자들이 흔히 말하듯이 우리는 결코 새로운 물질을 만들지도 파괴하지도 못한다. 에너지도 마찬가지다. 또 이 점은 자연계에나 우리가 사는 인공세계에서나 모두 똑같다. 어디에서든 차이가 없다. 단 하나 차이점이 있다면 그것은 우리 인간이 자연과 다르게 재순환이 불가능한 폐기물을 만들어낸다는 사실일 것이다. 자연이 만들어내는 폐기물은 아주 일부만이 처음 상태 그대로 남을 뿐 대부분 분해되어 사라진다. 이 분해 과정에는 독수리부터 균류와 박테리아에 이르기까지 크고 작은 여러 가지 생물이 참여한다. 그리하여 자연의 폐기물은 다른 생물들에게 필요한 새로운 자양물, 새로운 자원으로서 거대한 생명의 순환 고리에 다시 편입된다. 그러나 인간이 만들어내는 폐기물은 폐기물인 상태 그대로 남아 도시 근방에 쌓이고 이름도 모르는 멀고 먼 후진국 어딘가로 실려 간다. 그렇게 산을 넘고 바다를 건너간 폐기물은 오염물질로 남아 자연의 영양소 순환을 방해한다. 그러면 그 피해는 결국 우리에게 되돌아온다. 왜냐하면 인간 역시 다른 생물과 마찬가지로 생물학적 영양소 순환에 철저히 의존하는 존재이기 때문이다. 이러한 순환 체계가 없다면 이 세상의 자원은 금방 바닥나고 말 것이다. 따라서 우리는 인간으로서 폐기물을 보며 느끼는 감정이나 어린 시절의 가정교육에서 벗어나 폐기물을 만들고 처리하는 이 세상의 더러운 일면에 대해 관심을 기울여야 한다.

사회가 발달하고 인구가 증가하면서 1인당 자원 사용량이 늘어나고 비분해성 폐기물의 발생량이 함께 늘어났다. 개개인의 자원 수요는 계속해서 커졌고 사회 규모와 복잡성 역시 더욱 커져 사회 전체적인 자원 수요와 폐기물 생산량이 증가했다. 지금까지 몇 번이나 이야기했듯이 이러한 흐름은 인류가 등장한 이래로 변치 않고 계속되었다. 다만 과거에는 인간이 남긴 폐기물 중 많은 것들이 자연적으

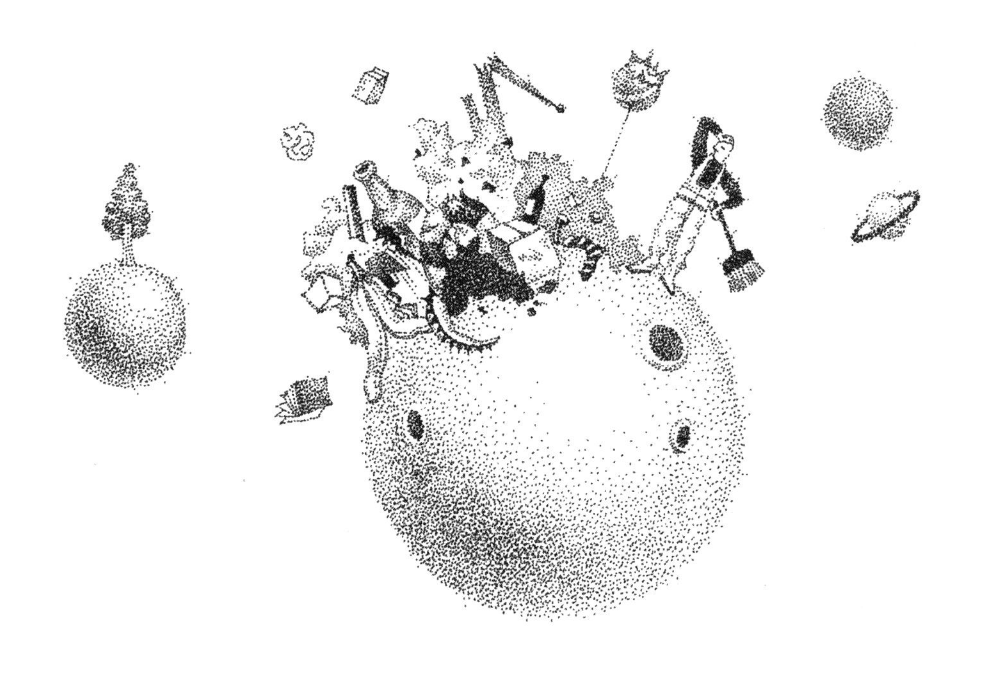

로 분해되었다는 점이 지금과 다르다. 한 번 생각해보자. 주택과 사원 같은 건물의 잔해와 녹슨 검 따위를 제외하고 우리보다 먼저 살다간 수많은 이들의 물건 중 지금까지 남은 것은 얼마나 될까? 사실상 거의 없다고 해도 틀린 말은 아니다. 이번에는 옛 사진에 담긴 사람들의 모습을 한 번 살펴보자. 내가 찾은 사진을 보면 시위를 벌이는 것인지 누군가를 추모하는 것인지 잘은 모르겠으나 광장에 수많은 사람이 잔뜩 모여 있다. 다들 신발, 바지와 치마, 코트, 모자 따위를 입고 걸쳤다. 신발만 해도 수천 개다. 그때로부터 두 세기가 지난 지금, 그 많던 옷과 신발은 어디로 갔는가? 또 그 사람들은 다 어디로 갔는가? 그러나 지난 세기, 특히 지난 몇십 년 동안 인류가 남긴 폐기물은 그때와 확연히 다르다. 자연의 힘으로는 더는 분해되지 않는다. 최근에 생성된 폐기물은 대부분 비분해성 폐기물이다. 게다가 지금은 인구수가 제2차 세계대전이 일어났던 시기의 세 배에 달한 상태다. 인구와 폐기물 생산량 그리고 폐기물 처리 공간의 급격한 증가, 이 세 가지 현상이 모두 근래에 일어난 탓에 인류에게는 이런 문제를 다뤄본 경험이 별로 없다. 하지만 지금까지 우리는 한정된 자원의 남용 문제에만 신경을 기울였지 다 쓴 자원이 폐기물로 변한다는 사실에는 별로 관심을 두지 않았다.

지난 38억 년(지구에 생명이 존재했던 대략적인 시간) 동안 지구의 생물들은 끊임없이 유기 폐기물을 생산했고 그중 대부분은 또 다른 생물들의 먹이가 되었다. 이들은 다른 생물의 폐기물을 분해하는 효소와 섭취한 먹이를 이용해 몸을 구성하기 위한 효소를 모두 지니고 있었다. 생명을 유지하는 데 필요한 각종 무기물은 이런 방식으로 먼 옛날부터 멈추지 않고 순환에 순환을 거듭했다. 하지만 당시에도 자연의 힘으로 쉽게 분해되지 않는 폐기물이 존재했다. 그런 것들은 호수나 깊은 바다 밑바닥에 가라앉아 두꺼운 퇴적층을 형성했다. 이렇게 쌓인 퇴적물은 수백만 년에 걸쳐 서서히 산악 지대를 이룬 암석으로, 지층 깊숙한 곳의 화석연료로 변화했다. 생명체가 지구에 생겨난 이래 생물체가 소화할 수 있는 폐기물이 계속해서 자연계를 돌고 도는 동안 다른 한편에서는 처리 불가능한 폐기물이 생성된 것이다. 이 지구에서는 이렇게 재순환되지 않는 일부 무기물질과 화합물을 남기면서 늘 자원의 과소비 현상이 나타났다.

이후 시간이 한참 지나서 인류가 등장한 뒤에도 크게 달라진 것은 없어 보였다. 처음에 인간은 자연의 거대한 영양소 순환 과정에 전혀 어긋남이 없었다. 다른 모든 동물과 마찬가지로 인간은 호흡을 통해 이산화탄소와 수증기를 내뱉고 식물이 만들어낸 탄수화물을 섭취하고 소화했다. 그렇게 배출된 이산화탄소는 다시 식물의 영양분으로서 탄수화물을 생산하는 데 이용되며 끝없는 순환 고리 속을 여행했다. 음식물 중 체내에서 소화되지 않는 성분들은 배설물을 이루고 박테리아를 비롯한 여러 생물의 먹이가 되어 다시 이산화탄소와 물로 분해되었다. 하지만 이런 과정을 거치고도 남는 폐기물은 있었다. 세계 곳곳에서 발견된 동물들의 뼈와 조개껍데기가 바로 그것이다. 선사 시대에 우리 선조들은 물고기, 조개, 매머드, 말, 소, 염소, 개들을 잡아먹고 쓰레기를 남겼다. 물론 환경적으로 적절한 조건이 갖춰졌거나 시간이 더 지난 후에는 이러한 동물의 뼈도 결국 분해되어 그중 일부가 다시 영양소의 순환 과정으로 유입되었다. 그런데 얼마 지나지 않아서 이러한 흐름이 바뀌었다. 언젠가부터 인간이 남긴 쓰레기 더미에는 부싯돌로 된 화살촉, 도끼, 긁개 따위가 포함되었다. 곧이어 숯과 함께 음식 조리와 저장을 위한 도자기와 '주방 용품'이 등장했다. 이런 물건들은 분해가 불가능했으므로 자연의 자원 재순환 체계에 다시 유입되지 못하고 버려진 자리에 그 모습 그대로 남게 되었다.

도자기는 그때까지 존재하지 않았던 완전히 새로운 유형의 폐기물이었다. 도

자기를 만들기 위해서는 고온의 열이 필요했고 옛 인류는 그 연료로 나무를 사용했다. 이 과정에서 도자기와 마찬가지로 자연적으로 분해되지 않는 숯이 만들어졌다. 이 잔해는 지금도 먼 옛날 인류가 사용하던 가마 유적에서 계속 발견되고 있다. 이후 새로운 물질인 금속과 유리가 등장했다. 이 두 가지 모두 고온의 열을 이용해 제조되었다. 도자기, 숯, 금속과 유리 외에 주택과 사원 같은 건물도 흔적을 남겼다. 하지만 대개 남은 부분은 토대뿐이었다. 나머지 부분은 침식되어 사라지거나 사람의 손에 의해 재활용되었다. 시간의 경과와 함께 자연적으로 분해되지 않는 물질이 점점 늘어나면서 폐기물 위로 또 새로운 폐기물 층이 쌓여갔다. 과거에 중동 사람들은 이렇게 형성된 수십 미터 높이의 언덕, 이른바 텔(tell)이라는 지형 위에 계속해서 거주지를 만들었다. 이렇듯 인간의 행동 양식이 더욱 세련되게 변해가면서 점점 더 많은 폐기물이 생겨났다.

그 뒤로 수천 년 동안 생산된 폐기물의 종류는 이전과 크게 다르지 않았다. 인구 증가와 함께 양이 늘어나기는 했지만 말이다. 그 과정에서 인간 활동의 주요 에너지원으로 쓰이던 목재가 석탄으로 대체되었다. 땅을 지금처럼 깊게 파지 않고도 석탄을 채굴할 수 있던 그 시절, 새로운 고에너지원인 석탄의 이용은 기술과 인류의 생활면에서 혁명을 불러일으켰다. 바로 산업혁명이 시작된 것이다. 그때부터 급속도로 늘어나는 수요에 맞춰 철을 비롯한 각종 금속이 대량으로 채굴되고 강철이 생산되어 사회 곳곳에서 활발하게 사용되었다. 그리하여 철로 된 각종 교각과 기차역이 지어지고 철제 선로를 달리는 철제 기차가 등장하면서 광범위한 철도 교통망이 생겨났다. 철은 석탄과 온갖 금속, 상품 따위를 수송하는 선박들과 1889년 파리 만국박람회를 위해 설계된 에펠탑, 그리고 상하수도관을 만드는 데도 쓰였다. 교외 지역에는 벽돌과 유리를 이용해 만든 다층 주택과 공장이 잔뜩 세워졌다. 17세기 중반에 처음 등장한 다층 건물은 시간이 지나면서 점점 더 커지고 더 높아졌다. 유럽 곳곳에서 열대식물 재배를 위해 유리와 강철로 만들어진 거대 온실이 등장했고 런던의 대규모 전시 시설인 수정궁(Crystal Palace)처럼 사방이 온통 유리로 둘러싸인 시장과 화랑이 등장했다.

석탄이 광범위하게 사용되기 시작하고 얼마 지나지 않아서 석유가 발견되었다. 처음에 석유는 자동차 연료와 각종 공장의 조명용 연료로 쓰였지만, 이 연료는 곧 대규모 운송(기차와 선박)과 철강 공장의 용광로, 일반 가정의 냉난방과 조명까지 담당하게 되었다. 이러한 변화가 일어나고 오래 지나지 않아 각종 산업 공정에서 점점 더 높은 열을 요구하게 되면서 훨씬 더 많은 석탄과 석유가 소비되었다. 그 결과 이산화탄소와 유황화합물, 질소화합물처럼 분해되기 어려운 기체상 폐기물이 대량으로 방출되어 하늘이 뿌옇게 흐려지고 각종 폐질환의 발병률이 높아졌다. 그때부터 도자기, 벽돌, 철, 유리 같은 비분해성 생산물과 함께 새롭게 등장한 무기화학 물질과 석유화학 물질이 쓰레기 처리장에 버려지기 시작했다.

20세기 후반에는 석유와 석유화학 물질이 사회 곳곳에서 쓰였다. 석탄은 여전히 전 세계적으로 많이 사용되는 연료였지만 그만큼 폐쇄된 탄광도 많았다. 도로는 원유 정제 과정에서 생산된 아스팔트로 포장되었고, 수많은 가정용 기구와 가전기기, 산업용 장비가 플라스틱으로 제작되었다. 그때부터 석유화학업계에서는 각종 섬유, 의복, 가구, 건축재, 의약품, 살충제와 제초제에서 구두약과 치약까지 다양한 신제품을 대량으로 만들어내기 시작했다. 요즘은 석유화학 물질이 포함되지 않은 물건이 거의 없다고 해도 과언이 아니다. 가령 어떤 물건 전체가 플라스틱으로 만들어지진 않더라도 그 속에는 석유를 이용해 만든 것이 꼭 한두 개씩 있기 마련이다. 게다가 슬로푸드(slow food)로 불리는 자연식품들도 어느 정도는 석유화학 물질에 의존하고 있다. 화석연료에는 생산량에 비해 에너지 비용이 적게 든다는 장점이 있지만 매장량에 한계가 있어 언젠가 고갈된다는 크나큰 단점이 공존한다. 결국 우리는 화석연료보다 에너지 비용이 많이 드는 물질을 이용해야 할 운명이다. 언젠가는 영양분이 고갈된 토양, 황폐해진 바다, 인력을 이용한 고된 노동에 기대어 식량을 생산해야 한다.

석유를 사용하면서 일어난 변화는 그야말로 혁명적이었다. 무엇보다도 에너지를 비롯해 유용성이 뛰어난 여러 가지 물질을 매우 값싸게 구할 수 있다는 점이 이전과 확연하게 달랐다. 처음에는 펌프로 끌어올릴 필요도 없이 원유가 지하 깊숙한 곳에서 지표면까지 펑펑 솟아올랐기 때문이다. 오늘날 우리 개개인의 부와 건강, 긴 수명, 그리고 이 사회의 부와 다양한 면모는 모두 엄청난 세월에 걸쳐 만들어진 과거의 유산으로 이룩된 것이다. 하지만 석유는 양이 한정되어 있고 이 자원으로부터 파생된 폐기물은 자연적으로 분해되지 못한다. 결국 해답은 자원을 대규모로 재순환시키는 방법뿐이다. 문제는 자원을 다시 순환시켜 쓰기보다 석유화학물질을 이용하는 편이 비용 면에서 더 낫기 때문에 사람들이 지금 남아 있는 유전에서 기름을 계속 채굴하려고 한다는 점이다.

생명체는 신진대사 활동을 통해 단계적으로 에너지를 보충하고 분자 물질을 조금씩 재구성한다. 그리고 단계마다 최소한의 에너지를 요구한다. 생명체가 에너지를 보존하는 비결은 획득한 에너지를 다른 형태로 변환하지 않고 늘 전기·화학적 에너지만 사용하는 데 있다. 에너지를 다른 형태로 변환하는 과정에서 막대한 손실이 뒤따르기 때문이다. 이렇게 에너지 손실을 최소화하는 방법을 활용함으로써 구조와 기능이 매우 복잡한 생물들이 나타날 수 있었다. 그러나 손실을 줄인다고 해도 한계는 있기 마련이다. 어떤 동물이 식물이나 다른 동물을 잡아먹을 경우, 우선 소화 가능한 부분과 소화 불가능한 부분으로 나뉘고 체내로 유입된 부위의 화학적 체계와 기능, 그리고 그것을 이루는 대다수 분자가 파괴된다. 이러한 분자들은 소화 과정에서 온갖 화학 원소로 나뉘거나 이산화탄소와 아미노산 등 또 다른 분자를 이루며 제각기 다른 화학적 변화를 겪는다. 이 변환 과정을 통해 먹잇감의 체내에 저장된 에너지 중 80~90퍼센트가 상실되고 남은 10~20퍼센트 정도가 포식자의 활동에 이용된다. 이 비율은 우리가 고기를 먹고 소화할 때도 비슷하게 나타난다. 결국 생물학적인 변환 과정은 에너지 형태를 그대로 유지하며 일정한 체계를 이뤄 진행된다.

그런데 인류라는 집단은 그처럼 복잡하고 에너지 보존적이며 다단계로 이루어진 생화학적 경로와 순환계를 이용하지 않는다. 대신 인류는 직접적인 연소 작용을 통해 불필요할 정도로 과다한 에너지를 이용한다. 우리는 화학 에너지에만 의존하지 않고 이 에너지를 다른 형태로 바꾼다. 대개는 이것이 열에너지에서 시작하여 역학적 에너지를 거친 후 전기 에너지로 변환된다. 그래서 궁극적으로는 인간의 활동이 모두 열에너지에 의존한다고 할 수 있다. 이 변환 과정에서는 단계마다 막대한 물질과 에너지 손실이 일어나 이산화탄소와 매연은 대기로, 변환 에너지는 우주로 방출된다. 게다가 변환 단계를 거칠 때마다 에너지가 60퍼센트씩 손실되는 탓에 우리가 이용할 수 있는 에너지는 이전 단계의 40퍼센트 수준을 넘지 못한다. 그래서 변환 단계를 두 번만 거쳐도 우리가 쓸 수 있는 에너지 비율은 맨 처음 에너지양의 16퍼센트 수준으로 확 떨어진다. 나머지 84퍼센트는 에너지 형태를 바꾸는 과정에서 낭비되어 사라진다. 일례로 전구를 이용하여 전기 에너지를 빛에너지로 변환할 경우 에너지 손실률은 95퍼센트에 달한다. 빛을 만드는 데 단 5퍼센트의 에너지만 이용되고 나머지는 모두 열로 사라지는 것이다. 더군다나 전기 자체적으로도 변환 손실이 일어난다. 교류를 직류로 바꿀 때도 40퍼센트 정도 에너지 손실이 일어나기 때문이다. 우리가 컴퓨터를 사용할 때마다 이 귀한 전기는 추상적인 '정보'만을 남기고 변압기를 통해서 열로 사라지고 만다.

이렇게 형태를 바꿈으로써 손실되는 에너지 외에 기계 장치의 에너지 효율이 떨어져서 생기는 손실도 있다. 우리가 쓰는 에어컨이나 냉장고는 에너지 효율이 25퍼센트 정도, 자동차 엔진은 30퍼센트 정도밖에 안 된다. 변환 과정에서 일어나는 에너지 손실을 생각해보면 냉장고는 에너지원인 화석연료의 전체 에너지양 중에서 10퍼센트(40%*25%=10%)만을 이용하고 나머지 90퍼센트를 낭비하는 셈이다. 여기에 변환 단계가 많아질수록 아무 데도 쓰이지 못하고 오롯이 손실되어 공중으로 날아가는 에너지양은 더더욱 늘어난다.

에너지에 굶주린 현대 사회에서는 대량의 에너지 손실을 일으키는 변환 과정이 곳곳에서 쉴 새 없이 일어난다. 만약 우주에서 지구의 밤 풍경을 내려다본다면 모든 도시는 열에너지, 즉 적외선으로 빛나는 점처럼 보일 것이다. 또 한편으로는 뜨거워진 냉각수를 품고 죽어가는 강들이 보이리라. 에너지는 모두 그렇게 낭비되어 사라진다. 영원히. 인구가 증가하고 개인과 사회 단위의 에너지 수요가 함께 증가하면서 에너지 위기가 점점 더 빠르게 우리의 목을 죄어오지만, 여전히 엄청나게 많은 에너지가 헛되이 사라지고 있다.

이렇게 직접적인 에너지 손실 외에 대량으로 버려지는 음식 쓰레기 때문에 간접적으로 발생하는 손실도 있다. 농촌에서 수확된 농작물을 소비자가 식료품으로 구매하기까지 수확물의 약 30~40퍼센트가 슈퍼마켓에서 손실되고 그나마 남은 것 중 4분의 1은 최종 소비자에 의해 직접 버려진다. 이러한 에너지 낭비 현상은 최초에 태양 에너지를 받아들이는 식물에서 시작된다. 식물은 지구에 유입되는 태양 에너지 중 극히 적은 양만을 체내로 받아들이고 거기서도 아주 일부분인 단 1퍼센트만을 활용한다. 작물을 키우려면 비료를 만들어야 하고, 그러기 위해서는 우선 화석연료를 채굴하여 필요한 지역까지 수송해야 한다. 그것을 비료로 가공한 후에는 완성 제품을 다시 수송하여 농지에 살포해야 한다. 이런 단계를 거칠 때마다 엄청난 양의 물질과 에너지가 손실된다. 그리고 이 과정에서 비료가 토양과 물을 오염시키기도 한다.

역사의 흐르는 동안 인류가 발전 단계를 거칠 때마다 연료의 연소로 낭비되는 에너지는 계속해서 늘어났다. 또 에너지원의 낭비가 느는 한편 자연적으로 재순환이 불가능한 인공 생산물도 함께 늘어났다. 자연계에는 이런 물체를 분해하는 생물 효소가 존재하지 않는다. 도자기를 분해하는 효소, 자동차의 휠캡을 분해하는 효소는 이 지구 어디에도 없다. 지금 우리가 활용하는 물질들은 섭씨 100도 이하에서 만들어지고 분해되는 자연 물질과는 완전히 달라서 미생물에 의해 자연적으로 분해되거나 썩지 않는다. 이렇게 인공적으로 만들어진 분자 물질을 분해하려면 비자연적인 고온이 필요하기에 지구 입장에서는 과거보다 더 큰 부담이 될 수밖에 없다. 이제 엄청나게 많은 벽돌, 유리, 철과 기타 금속들, 온갖 화학약품과 플라스틱, 오래된 자동차와 수천 개의 타이어, 가정 쓰레기, 버려진 선박, 콘크리트 따위가 점점 더 빠른 속도로 깊은 매립지를 채우고 폐기물 산을 만들면서 악취와 함께 인근 주민의 건강을 위협하고, 이 쓰레기 구덩이와 쓰레기 더미로 스며든 빗물이 지하수를 오염시키고 있다. 지금은 공기, 토양, 물속에 해로운 기체·액체상 폐기물이 어느 때보다 많이 존재하는 시대다. 사람의 손이 닿지 않은 극지방도 예외는 아니다. 요즘은 남극에 사는 펭귄의 몸에서도 농약 성분이 검출된다. 또 광범위한 지역이 생명체 하나 없는 곳으로 황폐하게 변하는 경우도 많다. 언젠가는 인구수가 안정을 찾거나 그 증가 속도가 둔화하겠지만 그만한 수준을 유지하려면 한정된 자원을 계속 사용하면서 오염물질인 폐기물을 계속 자연환경으로 돌려보내야 한다. 그러면 끝에 가서는 어떻게 되겠는가? 지구에 존재하는 자원의 양이 한정되었듯이, 우리가 생산하고 마구 버릴 수 있는 폐기물의 양에도 한계가 있다. 지금은 아무도 보지 못하거나 이의를 제기하지 않는 지역에 마음대로 쓰레기를 버리고 있지만 말이다. 이제 인간의 생활환경은 과거와 확연하게 달라졌고 이 변화는 우리가 손 쓸 틈 없이 더욱 빠른 속도로 진행되고 있다. 인간은 소규모 지역사회는 물론 지구 전체의 물리·화학적 생활환경에도 막대한 영향을 미친다. 이 영향은 우리 자신만이 아니라 우리를 둘러싼 수십억 생물종에게도 모두 똑같이 미친다.

화석연료를 태우면 사용한 양만큼 폐기물이 생산된다. 화석연료가 대량으로 사용되는 이 시대에 대기 중의 이산화탄소가 증가하고 이 기체가 바다와 산악 지대 암석 사이사이에 침투하여 곳곳이 산성화하는 것은 당연한 결과다. 또 우리는 낡은 슬리퍼, 의자, 매트리스, 비닐봉지 같은 석유화학 제품과 오염물질을 한데 모아 버리고 수많은 생물을 질식시킨다. 우리는 금속도 잔뜩 모아서 버리고 때로는 비행기와 선박까지도 통째로 갖다 버리며 공장과 핵발전소는 그 자리에 그대로 버려둔다. 자동차를 이루는 금속 부품들은 시간이 지나면서 점점 닳는다. 언젠가부터 피스톤이 헐거워지고 차 문이 덜컹거린다. 금속은 이렇게 조금씩 우리가 모르는 사이에 닳아서 어디론가 사라진다. 차를 몰면서 엔진 윤활유를 그리도 자주 갈아야 하는 이유가 다 여기에 있다. 요즘은 곳곳에서 어렵지 않게 금속 냄새를 맡을 수 있다. 금속이 공기 중으로 증발하기도 하고 때때로 손에 묻기도 하니까. 금속 농도가 높은 곳에서는 박테리아가 잘 살지 못한다. 이런 이유로 화장장 근처에서는 많은 생명체가 목숨을 잃는다. 시체를 태울 때 틀니나 금속물질이 연소하여 증발하기 때문이다. 공기 중으로 퍼진 금속 성분은 주변에 사는 식물과 곤충의 체내에 축적되고 다시 그것을 잡아먹는 동물의 몸속에 축적된다. 물고기는 미량의 금속에도 영향을 받는다. 금속 때문에 수생환경의 전기 전도도가 변하면 방향 감지와 의사소통을 담당하는 감각 기관이 제 기능을 온전히 발휘하지 못하기 때문이다. 그리고 금속 농도의 증가는 생식 활동에도 영향을 미쳐 궁극적으로는 한 지역 내에 사는 동일 생물종 전체의 생존이 위협받게 된다. 검출이 어려울 만큼 극미량으로 퍼져 나간 금속이 자연환경과 각종 생물에게는 과연 어떤 영향을 미칠까? 그 점에 대해서는 아직도 뚜렷하게 밝혀진 바가 없다.

금속을 비롯한 많은 화학물질은 전기 전도도를 바꾸는 한편, 산도(acidity 또는 pH)도 변화시킨다. 주변 환경의 산도가 바뀌면 개체 수가 크게 증가하는 생물종도 있지만, 그 밖의 생물들은 대체로 변화에 적응하지 못하고 죽는다. 오늘날 농업 분야에서는 해마다 비료, 제초제, 살균제, 살충제를 비롯한 온갖 농약부터 가축을 위한 구충제와 의약품, 사람을 위한 의약품까지 수백 가지 화학물질이 사용된다. 이런 물질들은 자연적인 분해가 어려워서 상당량이 토양과 물속에 오랫동안 잔존한다. 그러다가 결국은 음식물이나 공기를 통해 우리 몸속으로 유입된다. 과거에 일부 서유럽 국가에서 수많은 의약품과 화학물질이 라인(Rhine) 강과 인근 강으로 유출된 적이 있다. 당시 오염된 강물은 북해로 흘러가 그곳에 서식하는 수많은 생물에게 죽음을 안겨주었다. 또 현재 네덜란드에서는 환경에 대량으로 유출된 의약품 때문에 살균제에 강한 내성을 보이는 토양 세균들이 점차 늘어나고 있는데, 이 문제는 공중보건에 악영향을 미칠 가능성이 있다. 이렇게 의약품에 저항성이 있는 박테리아는 이제 우리가 먹는 고기에도 존재한다. 또한 몇몇 병원성 박테리아는 일부 항생제에도 내성을 보이며 해당 약품을 무용지물로 만들었다.

그 밖에 매일같이 공장이나 각종 연구소에서 사용되거나 생산되는 화학 약품들은 곧장 밖으로 배출되어 하늘과 도랑, 시내, 큰 강을 알록달록하게 물들이기도 한다. 일전에 나는 작은 강가를 지나가다가 수많은 폐기물 때문에 '물길'이 꽉 막혀서 강물이 멈춰버린 모습을 본 적이 있다. 가정에서 설거지와 빨래, 소독 등에 사용하고 버리는 엄청난 양의 화학물질도 이런 문제를 일으키는 주범이다. 이렇게 마구 버려진 오염물질은 하수처리 시설로 이동하거나 공기 중으로 곧장 증발한다. 또 건물 도색을 마치고 버리는 페인트와 붓은 어떠한가? 만약 붓을 세척한다고 하면 거기에 사용된 물이나 용제는 어디로 갈까? 이런 오염물질은 하수도로 유입되어 결국에는 바다로 흘러간다. 과거에 의약품 누출 사고를 겪었던 라인 강에서는 오랜 세월에 걸쳐 정화 작업이 이뤄졌지만 아직도 사람들은 거기서 수영을 하지 못한다. 하수처리 시설이 잘 갖춰진 서유럽에서도 이러할진대 열대 지역의 큰 강은 어떠할까? 더군다나 그런 지역에서는 사람들이 강에서 수영과 목욕을 하고 그 물을 식수로 쓰지 않던가? 수백만 명이 종교적인 목적으로 목욕을 하는 갠지스 강은 또 어떻고?

수많은 산업 폐기물과 마찬가지로 교통수단이 배출하는 폐유와 폐가스도 지하수, 지표수, 대기를 오염시킨다. 이른바 스모키 마운틴(Smoky Mountain)으로 불리는 미국의 몇몇 산들은 이제 그 이름 그대로 매연에 휩싸여버렸고 더러운 연기 때문에 중유럽과 세계 각지의 다른 숲 지대처럼 민둥산으로 변하고 말았다. 이제 우리가 매일 들이마시고 내쉬는 공기는 독한 매연 구름으로 가득하고 토양 환경은 하수 웅덩이와 쓰레기로 가득한 매립지와 둔덕으로 점철되었다. 지금까지 인류의 역사에서 늘 그러했듯이 자연은 아무 대가 없이 폐기물을 받아들이고 있지만, 이제는 그 엄청난 양과 특유의 화학적 안정성이 인간의 생활환경은 물론이고 자원의 재순환을 담당한 모든 생물에게 악영향을 미치고 있다. 그럼에도 우리는 더 많은 것을 사용하고 더 많은 것을 낭비한다.

이 책 초반부에서 소개했던 자원의 폐기물화 도식(25페이지 참조)을 한 번 떠올려보라. 지금 우리는 인구와 수요 증가를 촉진하여 의도적으로 이 처리 장치를 키움으로써 폐기물 생산 속도를 높이고 있다. 그리고 우리는 최신 유행이라는 명목으로 수명이 짧은 생활용품, 자동차, 의복, 가구 따위를 만들어서 자원을 더 비효율적이고 더 빠르게 폐기물로 바꿔버린다. 오늘날 인간 사회의 경제 체제는 시장 경쟁에 의한 이윤 극대화에 기초하고 있다. 이 말을 현실적으로 풀어보면 유용성이 떨어지고 사용 수명이 짧은 제품이 다양하게 생산되어 대대적으로 광고된다는 뜻이 된다. 요즘은 자동차, 노트북 컴퓨터 등의 수명이 모두 길어야 5년 정도이고, 휴대전화는 채 1년이 되지 않는다. 물론 현대의 소비지상주의는 불필요한 발명을 촉진하는 데 그치지 않고 실질적인 발전을 이루는 데도 이바지했다. 그리하여 각종 장비와 가전기기, 기계류가 더 나은 종류로 교체되면서 삶의 질이 향상되었고 에너지 면에서도 부담이 줄어들었다. 이러한 소비지상주의는 통신수단, 부엌 용구, 주택, 공장, 도시 전체, 농업, 금융, 기술 및 교통까지 모두 새로운 체계로 바뀌어야 함을 암시한다. 이제 우리는 50년 전, 아니 불과 10년 전 영화 속에 비친 모습이 촌스럽다고 낄낄거린다. 이제 우리는 성능 문제 때문에 컴퓨터를 몇 년에 한 번씩 바꾸어야 한다. 이제는 인공위성을 띄워 자동항법 시스템을 이용하고, 더욱 적중률 높은 일기예보를 하고, 기후 온난화 정도를 측정하고, 정밀한 군사 정보를 얻는 시대다. 이제는 정교한 컴퓨터 기술을 이용해 깊은 바다의 물고기 떼를 남김없이 잡아들일 수도 있다. 이러한 변화상은 자원의 효율을 조금씩 높이고 또 조금씩 낮추면서 그 속도를 높였지만, 결과적으로는 자원의 처리 단위가 커짐으로써 이전보다 더 많은 자원이 소비되고 더 많은 폐기물이 생산되었다. 처음부터 낭비적이었던 우리의 경제 체제와 군사 제도는 해가 갈수록 더욱더 낭비적인 행태를 보이며 그 몸집을 불리고 있다. 이런 체계 하에서 비용만 많이 드는 자원의 재순환 방식은 발붙일 곳이 없다.

얼마 전까지만 해도 사람들은 폐기물 생산 문제에 전혀 관심을 보이지 않았다. 물론 지역적으로는 이따금 골치 아픈 문젯거리로 주목을 받았지만 말이다. 인간이 폐기물에 무관심하다는 사실은 고고학 발굴 작업으로 발견된 옛 조선소나 산업 현장에서도 잘 드러난다. 선사시대의 도구 제작소에서는 수천 개에 달하는 부싯돌 조각이 이곳저곳에 널려 있거나 수북하게 쌓여 있는 모습을 볼 수 있다. 고대 도시들은 대체로 지저분하고 악취로 가득한 곳이었다. 도시와 도시를 잇는 도로는 진흙투성이에 요철이 수두룩했고, 도시 주변의 길과 운하, 개울은 하수도나 다름없었다. 과거에 네덜란드가 지배했던 바타비아(Batavia, 오늘날 인도네시아의 자카르타)에는 질병이 만연하여 당시 영국 정부는 자국의 뱃사람들이 그곳에 가지 못하도록 공식적으로 상륙 금지령을 내렸다.

자연환경으로 배출되고 확산된 비분해성 화학물질은 시간이 한참 지나도 사라지지 않고 제 형태를 유지한다. 또 마구 버려진 건축 자재와 금속류 역시 오랫동안 사라지지 않고 그 모습 그대로 남는다. 하지만 앞에서도 이야기했듯이 먼 과거에 생성된 인공 폐기물(직물, 옷, 나무 손수레, 주택, 가구, 수천 대의 선박 등)은 자연적으로 분해될 수 있었다. 그런 물건들은 유기물로 만들어져 박테리아, 균류, 나무를 갉아 먹는 동물들이 소화할 수 있었고 생산된 양도 비교적 적었기 때문이다. 이 지구에 그런 종류의 폐기물을 분해할 수 있는 생물은 얼마든지 존재한다. 물론 고고학자들 처지에서는 수많은 유물이 자연적으로 빠르게 분해됨으로써 중요한 역사적 단서가 사라지는 것이 안타깝겠지만 말이다. 그래서 지금까지 이 지구에 살다 간 사람이 수없이 많지만 지금 우리가 찾을 수 있는 유해의 수는 얼마 되지 않는다. 또 그들이 잡아먹은 동물의 수, 대자연 속에서 살다간 동물의 수는 수억, 수십억 마리에 달하지만 이제 그 흔적은 많이 남아 있지 않다.

아까도 이야기했듯이 이 양상은 단 두 세기 사이에, 특히 지난 50년 사이에 비분해성 금속과 석유화학 물질의 등장으로 급격히 바뀌었다. 이 변화는 두 가지 결과를 낳았다. 첫째는 우리 인간이 경제성 부족, 에너지 소모량, 물질적 손실 등을 이유로 자원을 재순환시키지 않고 오히려 더욱더 많은 자원을 채취하여 사용한 것이다. 그리하여 한 번 사용된 자원은 영원히 우리 눈앞에서 사라지고 말았다. 이 경우 자원의 사용은 곧 폐기물의 생산과 같다. 이런 양상은 우리가 사용하는 에너지에서도 똑같이 나타난다. 또 이제는 자원의 재순환에 명백한 한계가 존재한다. 둘째는 인공 폐기물이 인류에게 식량과 자원을 제공하는 자연을 점점 더 빠른 속도로 뒤덮고 있다는 사실이다. 오늘날은 식량 생산을 위한 농업 활동과 그 생산물을 수송하고 가공하는 과정에서 항상 폐기물이 생성된다. 게다가 식량 생산 활동은 토양까지 황폐하게 만든다. 언제가 될지는 모르지만 결국 현존하는 비옥한 농토와 자연은 영양분 고갈과 오염, 도시화, 광물 채굴, 침식, 사막화, 염분 축적 등의 문제로 불모지로 바뀌고 말 것이다. 아무것도 낳지 못하는 불모지, 이것은 인간이 만든 또 다른 폐기물이다. 이러한 환경적 손실은 자원 채취와 가공으로 인한 직접적인 손실 이후 나타나는 간접적인 손실이라 할 수 있다. 지금 우리에게는 이렇게 생산성을 상실한 한 지역 자체를 자원처럼 재순환시키고 재활용할 수 있는 능력이 없다.

이렇게 다양한 이유가 있기에 우리는 환경적으로 나타나는 손실을 심각하게 받아들여야 한다. 이제는 예전처럼 자연환경을 멋대로 이용하고 훼손할 여지가 없다. 특히 지금부터 반세기 동안은 이 지구의 인구수가 더 늘고 사회의 규모가 계속 커질 것이므로 더욱 그러하다. 그때가 되면 세계 인구수는 현재의 약 1.5배로 늘어날 테고 그 상태는 현 세대가 살아 있는 동안 지속될 것이다. 그러는 사이에도 비분해성 폐기물과 오염물질은 끊임없이 생산될 테고, 그 결과 땅과 물과 공기, 즉 우리가 생존을 위해 의존하는 모든 자연환경이 황폐해질 것이다.

앞으로 우리의 자원 수요와 폐기물 생산량은 인구 증가분보다 훨씬 더 많이 늘어날 것이다. 아직 세계 대다수 지역의 자원 소비 양상은 서양 세계만큼 낭비적이지 않다. 하지만 엄청난 인구를 보유한 인도와 중국에서는 국가 전체의 자원 사용량과 폐기물 생산량, 그리고 인구 1인당 자원 사용량과 폐기물 생산량이 조만간 서양과 같은 수준으로 증가할 것이다. 이 말은 앞으로 더 많은 자원이 필요해지고 자원 생산을 위한 땅과 비분해성 폐기물을 처리할 땅이 더 늘어나야 한다는 뜻이다. 결국 이런 식으로 자원 생산지와 불모지가 늘어날수록 먼 훗날의 생존을 위해 우리에게 필요한 땅은 더욱 줄어든다.

자원을 흥청망청 사용하는 오늘날의 행태는 이 지구를 황폐화하고 고도의 발전을 이룬 지난 천 년을 비롯하여 인류가 지구에 등장한 이래 무려 600만 년에 걸쳐 쌓아온 역사, 그리고 앞으로 우리에게 다가올 다양한 기회를 모두 포기하는 짓이다. 실제로 우리는 인류의 탄생과 독특한 문명 및 다양한 문화의 탄생을 이끈 수십억 년간의 생물학적 진화 결과를 피폐하게 만들고 있다. 이런 관점에서 보면 우리는 각종 자원을 폐기물로 뒤바꾸고 그 생성물을 자연에 버림으로써 우리의 삶, 우리가 발붙이고 사는 세계와 그 과거 및 미래, 세상의 메커니즘 등을 느끼고 이해할 기회마저 놓치는 셈이다. 우리는 무심하게 쓰레기를 버리고, 부드러운 습지대의 토양에 중장비로 지울 수 없는 흔적을 남기고, 흙과 지하수를 오염시키고, 수십억 톤에 달하는 독성 물질을 강과 대기로 방출하고, 기후 온난화를 촉진함으로써 이 소중한 기회를 저버리고 있다. 그렇게 하여 우리의 미래는, 또 이 세계는 점점 황폐하게 변하고 있다. 그리고 그렇게 하여 지구에 사는 아름다운 생명체들이 사라져간다. 그렇게 이 지구는 죽어간다.

9. 사라진 자원은 다시 돌아오지 않는다

홍차를 한 잔 우려내어 그 속에 작은 각설탕 한 개를 넣어보자. 그다음에 숟가락으로 차를 저어보자. 그러면 설탕이 곧 녹아 눈앞에서 사라질 것이다. 여기까지는 어려울 것이 하나도 없다. 그렇다면 녹은 설탕을 처음 상태 그대로 되돌리는 것은 어떨까? 그런 일은 죽었다 깨어나도 일어날 수 없다. 말 그대로 절대 불가다. 물론 에너지를 소비하여 차를 증발시키고 남은 물질로 각설탕 모양을 만들 수는 있다. 일단 열을 가해 수분이 날아가면 컵 바닥에는 설탕 결정으로 이뤄진 얇은 막이 남는다. 그리고 바닥에 붙은 결정을 긁어모아서 압착하면 각설탕 모양이 완성되는데, 이때도 에너지를 약간 소비해야 한다. 이렇게 에너지를 들여서 다시 각설탕을 만들 수는 있지만, 이 각설탕은 차에 녹이기 전의 것과 같지 않다. 각설탕 내부의 결정 위치가 달라졌을 뿐 아니라 결정을 이룬 분자의 위치도 달라졌으므로 결코 같은 각설탕이라 할 수 없다. 게다가 거기에는 홍차의 이런저런 성분까지 섞여 있지 않은가?

사실 결정 속의 분자를 원래대로 되돌리느냐 마느냐 하는 문제는 그리 중요하지 않다. 그보다는 설탕이 녹아 있던 홍차의 흔적을 없애고 다시 순수한 각설탕을 만들 수 있느냐가 더 중요하다. 그 밖에 차에서 이전과 똑같은 양의 설탕을 추출할 수 있느냐, 그러니까 물이 증발할 때 설탕이 같이 사라지지는 않았는지, 또 그 과정에서 분해되지는 않았는지도 관심거리가 될 수 있다. 일단 여기서는 설탕을 예로 들었지만 사실 이 질문은 모든 자원의 재순환과도 관계가 있다.

왜 똑같은 각설탕을 다시 만들어 낼 수 없느냐? 이 문제는 자연과 생물 및 무생물, 찻잔 속, 그리고 전 우주에 공통으로 적용되는 어떤 물리원칙과 연관이 있다. 이것과 관련된 현상은 이른바 엔트로피적 소실[entropic dissipation, 'entropic'은 무질서도, 즉 엔트로피(entropy)에서 유래한 형용사다.]로 불린다. 각설탕을 녹이면 물체 내부의 공간 구조, 즉 수많은 결정 내부의 분자 구조와 각설탕 내부의 결정 구조가 사라진다. 이 경우에 컵이라는 하나의 계(界) 내부에서 어떤 물질 자체가 사라지지는 않는다. 그러나 물질이 더 작은 단위로 분해된다면 이것이 소실되거나 다른 어딘가로 확산, 분산되는 상황이 벌어질 수 있다. 이렇게 잘게 분해된 물질은 전방위로 흩어져 온갖 오염물질이 토양과 지하수로 스며들 듯 주변 환경으로 소실되거나 우리가 다 쓰고 난 에너지와 수소처럼 우주로 사라진다. 이런 이유로 '소실(dissipation)'이란 단어는 엔트로피라는 단어와 함께 쓰이는 일이 많다. 이 소실 단계는 물질의 분해나 에너지의 방출 및 변환 단계 이후에 나타난다.

찻잔 속에서 각설탕이 녹아 그 구조가 사라지듯, 우주는 150억 년 전의 탄생 시기부터 원래의 구조를 잃고 팽창하기 시작했다. 그래서 우주의 모든 질서는 지금도 서서히 흐트러지거나 사라지고 있다. 그리고 우주는 앞으로도 수십억 년 동안 그 광대한 공간이 열이라는 가장 저급한 에너지로 가득 찰 때까지 계속해서 무질서도를 높이며 팽창하여 끝에 가서는 이른바 열죽음(heat death)을 맞이할 것이다. 그 상태에 이르렀을 때 우주의 온도는 절대 영도를 약간 웃도는 수준이 된다. 어떤 이론에서는 그 단계에 도달했을 때 이 우주에서 어떠한 변화도 일어나지 않으리라 예견하고 있다. 그때가 되면 형체를 갖춘 구조가 사라지고 질서는 무질서, 즉 엔트로피로 대체된다. 우리 눈에 보이는 주변의 모든 것, 산과 건물, 동상, 의자 같은 구조물과 모든 생물, 우리 자신이 제 형체를 잃고 각각을 이루는 분자, 원자, 소립자까지 뿔뿔이 흩어지고 마는 것이다. 무엇하나 빠짐없이 그렇게 된다. 세상 어느 것도 이 보편적인 흐름에서 벗어나지 못한다. 모든 것이 방대하고 고요한 무형의 열로 변할 것이다. 어떤 이들은 이렇게 말한다. 우리가 우주의 탄생 시기와 열죽음 시기의 한가운데에 서 있다고.

분해와 사멸을 향한 방향성은 그 보편적인 특성 때문에 자연의 기본 법칙으로 통한다. 세상에 존재하는 모든 것은 분해되어 사라진다. 이 사실은 폐기물을 다시 자원으로 되돌리고자 하는 우리의 고민과도 관계가 있다. 그러나 이 법칙에서 내세우는 원리 자체는 단순해도 이것을 과학적으로 풀어낸다는 것은 굉장히 복잡하다. 이 법칙을 이 책에서 다루는 과제, 즉 인간 활동에 의한 폐기물의 불가피한 생산과 그에 따른 재순환의 한계라는 맥락에서 논하지 않은 까닭은 바로 이러한 난점이 존재하기 때문이다. 아무튼, 우리가 어떤 활동을 하든지 그 뒤에는 폐기물이 생산되고 이 폐기물을 다시 사용 가능한 형태로 바꾸려면 또 다른 에너지가 추가로 소모된다.

이 점은 자동차, 선박, 중장비, 요리용 믹서 등의 원료인 철에도 여지없이 적용된다. 이런 물건들은 수명이 다하거나 사용 가치가 없어지면 부위와 재료별로 분해되어 용융 과정을 거친다. 이후 철은 재활용 공정을 거쳐 유용한 제품으로 다시 태어난다. 하지만 어떤 물건이든 사용 과정에서 조금씩 손상되는 부분이 있기 마련이다. 모든 부품은 마찰 때문에 사용자가 알게 모르게 조금씩 닳는다. 그래서 운전자는 자동차 엔진의 동작 부위에 기름을 쳐야 한다. 자동차 성능을 유지하려면 이 기름을 꽤 자주 갈아줘야 하는데 쇠와 쇠의 마찰이 일어나는 부위인지라 다 쓴 폐유에는 그만큼 금속 성분이 많이 섞여 있다. 또 창고나 버려진 공장에 방치된 금속들은 녹이 슨 채로 이리저리 쓸리고 날려가며 조각조각 흩어진다. 이렇게 자원이 서서히 모습을 감추기 때문에 우리는 이 과정에서 유실되는 크고 작은 부분들을 계속해서 보충하고 대체해야 한다.

자동차를 만들 때는 순수한 철이 아니라 철을 기타 금속과 섞은 강철을 사용한다. 강철을 만들 때는 혼합 성분과 비율을 달리함으로써 자동차 각 부위에 적합한 물성(物性)을 얻을 수 있다. 문제는 다른 금속들이 철처럼 흔하지 않는다는 사실이다. 거기다 생산지도 세계 일부 지역에 국한되어 있고 암석 속에서 발견되는 양도 그리 많지가 않다. 따라서 강철이 소진되면 어렵게 구한 다른 희귀금속들도 함께 사라지는 셈이다.

자동차 소음기의 촉매로 쓰이는 백금을 한 번 생각해보자. 이 금속을 제품 생산에 필요한 양만큼 모으려면 막대한 에너지를 들여 엄청나게 많은 암석을 부숴야 한다. 그다음에는 광석에서 백금만 추출하는 과정이 이어지는데, 이 작업에는 상당히 많은 에너지와 물, 화학약품이 투입된다. 그 결과 순수한 백금이 생산되면 소음기의 가공과 운송, 판매, 장착 과정이 뒤따른다. 이 모든 작업에는 에너지가 소모된다. 하지만 이렇게 다양한 단계를 거쳐 완성된 소음기는 대부분 수명이 다했을 때 별도로 보관하거나 해체하는 과정 없이 바로 버려지고 만다. 그러면 소음기가 부식되는 동안 그 속에 포함된 미량의 백금은 다시 쓰이지 못하고 주변으로 뿔뿔이 흩어지게 된다. 그 시점에 이르면 다시 백금을 회수하고 싶어도 에너지 측면에서 효율이 너무 떨어지므로 아예 생각을 접는 편이 낫다.

이번에는 금을 생각해보자. 현재 미국 네바다 주에서는 육중한 중장비를 이용해 깊이 500미터에 달하는 노천광으로부터 수십 톤에 달하는 금광석을 캐내는 작업이 진행 중이다. 채굴된 광석은 트럭에 실려 가까운 분쇄장으로 옮겨진 후 그곳에서 잘게 부숴져 약 60미터 높이의 광석 더미 위로 던져진다. 그다음에는 시안화물(cyanide)을 이용해 광석에서 금을 추출하는 작업, 그리고 이 시안화물을 화학적으로 제거하는 작업이 이어진다. 이런 과정을 거치는 동안 엄청난 양의 에너지가 소모되고 일부 화학약품이 누출되어 주변 환경이 오염된다. 게다가 광석을 채굴할 때는 항상 '배수' 작업이 이뤄져야 한다. 바꿔 말하면 광물이 채굴되는 사이에 주변의 샘과 강을 비롯하여 일부 대수층에서 흘러드는 물을 계속 틀어막고 퍼내야 한다는 뜻이다. 심지어 이 작업은 광산이 폐쇄된 후까지 계속 이어지기도 한다. 이렇게 물을 대량으로 낭비하고 엄청난 양의 에너지와 화학약품을 들여 환경오염을 유발하면서 땅속에서 수많은 광석을 파내지만 금광석을 3톤 정도 모아 만들 수 있는 것은 겨우 금이 18그램 섞인 결혼반지 하나뿐이다. 하지만 결혼을 하는 데 반지가 하나만 필요한가? 그다음에는 또 어떤가? 세월이 흘러 그 주인이 반지를 손에 꼭 쥔 채 땅속에 묻힌다면 이 귀하디귀한 금 조각은 다시 찾을 길 없이 영원히 사라지는 것이다.

또 수십 년 동안 전 세계 곳곳에서 사용된 수백만 개의 백열전구, 그 부품인 필라멘트를 만드는 데는 얼마나 많은 텅스텐이 쓰였을까? 이제 뉴칼레도니아에는 니켈 채굴 작업 때문에 정상 부위가 온전한 산이 없다. 니켈 250만 톤을 구하려면 니켈 광석이 1억 톤 정도 필요하고 이 양을 얻으려면 암석을 5억 톤이나 캐내야 한다. 즉 온 산을 깎아내서 암석을 채굴해도 생산되는 니켈의 비율은 겨우 0.5퍼센트밖에 안 된다. 또 몰리브덴 광산에서도 수많은 암석을 캐내지만 거기서 얻는 광물의 비율은 단 1퍼센트밖에 되지 않는다. 이런 작업을 하는 동안 얼마나 많은 에너지가 소모되고 또 얼마나 많이 오염될지 생각해보라. 결국 이로 말미암아 강이 생명력을 잃고, 태곳적 아름다움을 갖춘 숲이 사라지고, 지역 거주민들의 삶이 뿌리째 흔들리고 만다. 자원 채굴은 이렇게 많은 부작용을 낳았지만 사람들은 경제성이 떨어진다는 이유로 희귀한 금속들을 재순환시키지 않았다. 그러다가 에너지가 부족해지고, 환경오염이 만연하고, 금속을 풍부하게 함유한 광석이 바닥나자 사람들은 앞날을 걱정하기 시작했다. 아, 대체 이 금속들은 다 어디로 갔단 말인가? 땅속으로, 물속으로, 아니면 공기 중으로 사라진 것일까? 완전히?

몇몇 금속은 실제로 증발되어 사라지기도 한다. 1850년에서 1990년 사이에 대기 속으로 증발된 니켈의 양은 13만 3,140톤에 달한다. 또 같은 기간에 카드뮴 2만 9,780톤, 구리 22만 6,700톤, 아연 131만 8,000톤, 납 159만 1,000톤이 증발되어 대기 속으로 사라졌다. 생물에게 유해한 이 중금속들은 아마 빗물에 씻겨 내려가거나 매연에 섞인 채 수천 킬로미터를 이동했을 것이다. 결국 다시는 금속으로 되돌릴 수 없게 어딘가로 사라진 것이다.

철의 물성을 향상시키기 위해 합금을 만들 때는 다른 금속과 무기물을 조금씩 혼합한다. 이런 금속들은 세계 각지에서 채굴한 암석에서 추출한 것으로, 애초에 그 양 자체가 적은 편이기는 하나 그래도 처음에는 채굴이 가능한 수준으로 매장되어 있다. 이후 이 금속들은 가공을 거쳐 휴대전화, 각종 기계와 엔진, 비행기 등 수많은 도구와 장비에 필요한 작은 부품으로 변신한다. 그러다가 각종 도구와 장비들이 유실되거나 폐기될 경우 합금 제조에 사용된 수많은 희귀금속은 다시 활용되지 못한 채 뿔뿔이 흩어지고 만다. 다음 인용문은 에이머리 B. 로빈스(Amory B. Lovins)가 쓴 《노천 채굴(Openpit Mining)》의 첫 페이지에 실린 내용으로, 평범한 구식 타자기를 만드는 데 필요한 수많은 금속이 무엇인지와 그것들이 어디서 왔는지를 잘 보여준다.

> 지금 내가 사용하고 있는 타자기에는 아마도 자메이카나 수리남에서 생산된 알루미늄, 스페인산(産) 철, 체코산 마그네슘, 가봉산 망간, 로디지아산 크롬, 소련산 바나듐, 페루산 아연, 뉴칼레도니아산 니켈, 칠레산 구리, 말레이시아산 주석, 나이지리아산 콜럼븀, 자이르산 코발트, 유고슬라비아산 납, 캐나다산 몰리브덴, 프랑스산 비소, 브라질산 탄탈룸, 남아프리카산 안티몬, 멕시코산 은 등 세계 각지에서 생산된 금속이 포함되었을 것이다. 또 타자기 몸체를 두른 에나멜 성분에는 노르웨이산 티타늄이 섞였을 테고, 플라스틱은 (미국산 희토류 촉매로 정제된) 중동산 석유와 (스페인산 수은과 함께 추출된) 염소로 만들어졌을 것이다. 또한 타자기 부품을 제작하는 주물공장에서는 중국산 텅스텐이 섞인 전동 공구와 루르 지방에서 생산된 석탄과 오스트레일리아산 모래가 쓰였을 것이다. 이 많은 자원을 써서 만든 최종 산물을 포장하는 데

는 스칸디나비아산 가문비나무가 많이 쓰인다고 한다.

과거에 이 모든 금속과 무기물질들은 비록 그 농도가 낮은 편이고 매장지가 일부 지역에 국한되었다고 하나 채굴 자체는 가능한 수준으로 존재했다. 하지만 가공 과정을 거친 이 물질들은 이제 세계 곳곳으로 흩어져 채굴 전의 자연 상태보다 훨씬 더 낮은 농도로 존재한다. 물론 겨우 타자기 하나 가지고 이런 주장을 할 수 있느냐고 반문하는 사람도 있겠지만, 요즘은 실제로 다양한 금속이 합금 형태로 타자기를 비롯한 각종 기계를 만드는 데 쓰인다. 그뿐 아니라 금속은 유리를 만들 때도 사용된다. 철은 포도주병의 짙은 녹색을 자아내고 포도주 잔을 만드는 데 쓰인 미량의 납은 우리에게 영롱한 푸른빛과 쨍강거리는 맑은소리를 선사한다. 플라스틱을 만들 때도 금속은 빠지질 않는다. 일례로 레고(LEGO) 사에서는 빨간색 블록을 만드는 데 인체에 유해한 코발트를 사용한 적이 있다. 물론 이 원료는 블록을 가지고 노는 아이들의 건강에 악영향을 미칠 수 있다는 연구 결과가 나오면서 즉각 사용이 중지되었다. 오늘날은 이렇게 다양한 금속이 수많은 제품 속에 섞인 채 점점 어딘가로 사라지고 있다.

문제는 산업에서 많이 이용되는 희귀 금속들이 전 세계적으로 고갈 현상을 보인다는 사실이다. 그중에는 원소 주기율표상에서 아래쪽에 배치된 금속이 많다. 이런 것들은 원자 크기가 커서 상대적으로 무게가 많이 나가는 희토류 금속(rare-earth metal)에 속한다. 일반적으로 원자 크기가 크면 원소 내부의 안정성이 떨어져서 일정량의 에너지를 방출하고 하나 이상의 작은 원소로 붕괴되기가 더 쉽다. 그래서 이런 희귀금속류는 가만히 두어도 지속적으로 그 양이 줄어든다. 물론 그 속도는 매우 느리지만 말이다. 이와 같은 불안정성은 원자력 발전소와 원자폭탄의 핵분열 원리와도 관련이 있다. 이때 핵분열을 일으키는 원소들은 막대한 양의 에너지를 방출하고 그 뒤에 일정량의 핵폐기물, 즉 재사용이 불가능한 방사성 원소들을 남긴다. 이 반응에 관여하는 중금속류는 다른 원소에 비해 형성 자체가 어렵다. 그리고 바로 이 희귀한 특성 때문에 발견과 채굴이 까다로워서 많은 에너지와 물, 화학약품이 소모되고 대량의 오염물질이 발생한다. 하지만 이따금 이런 금속들은 매장량이 풍부한 다른 원소들과 섞여서 발견되기도 한다. 그 예로 셀레늄은 황화광에, 텔루륨은 동광석에, 또 우라늄은 인광석에 포함되어 각각 황, 구리, 인을 추출할 때 부산물로 생산된다.

이런 희귀 원소들은 전 세계에 골고루 분포하지 않고 일부 지역에 편재되어 있다. 일례로 텔루륨은 주요 산지인 페루에서 전 세계 사용량의 50퍼센트 이상 생산된다. 이렇게 불균등한 자원 분포 때문에 일부 국가가 세계 시장을 지배하는 현상이 나타나고 이것이 결국 정치적 긴장과 불안으로 이어진다. 현재 중국은 세계 시장에서 갈륨과 게르마늄 공급을 각각 83퍼센트, 79퍼센트가량 책임지는 동시에 전 세계에서 사용되는 희토류 금속 중 95퍼센트를 생산하고 있다. 또 탄탈룸의 전 세계 생산량 중 60퍼센트는 오스트레일리아, 18퍼센트는 브라질이 맡고 있으며, 로듐과 백금은 남아프리카공화국산이 전 세계 생산량의 79퍼센트와 77퍼센트를 차지한다. 앞으로 합금을 만드는 데 필요한 희귀 중금속의 생산은 중국과 미국의 주도로 이뤄질 것이다. 이제 유럽에는 남은 자원이 거의 없기에 유럽 산업의 일부분이 자원도 풍부하고 인건비도 저렴한 중국으로 옮겨가리라 예상된다.

과연 희귀 중금속의 고갈 사태를 어떻게 극복할 수 있을까? 혹자는 이렇게 말한다. 구리가 고갈되면 우리가 직접 만들어 쓰면 된다고. 이론상으로는 가능하지만, 이 방법은 전혀 실용적이지 않다. 다른 금속과 마찬가지로 구리는 화학 원소이므로 직접 만들어내는 데는 오랜 시간이 걸리고 막대한 에너지와 비용이 든다. 예컨대 니켈이 방사성 붕괴를 통해 구리로 변하는 데 필요한 반감기는 100년, 이 방법을 이용해서 현재의 구리 수요를 감당하려 한다면 그만한 양을 만들어내는 데 수천 년은 족히 걸릴 것이다. 게다가 이 과정에 필요한 에너지를 공급하려면 석탄이 15억 톤이나 필요하다. 이렇게 생산된 구리는 1990년의 시장 가격을 기준으로 따져봤을 때 가격이 대략 2억 5천만 배나 비싸진다. 결국 실용성 면에서 구리를 직접 만들기란 말도 안 되는 소리인 셈이다. 또 원자력 발전소에서 나온 핵분열 생성물은 다른 용도로 사용할 수 있지만, 거기에는 방사능 오염이라는 문제가 뒤따른다. 이런 문제들이 존재하므로 일단 한 번 써버린 원소는 아예 사라진 것과 크게 다르지 않다.

하지만 지금 우리는 이런 원소들 없이 아무것도 하지 못한다. 텔루륨을 한 번 생각해볼까? 태양 전지판 제작에 사용되는 이 원소는 앞으로 에너지 생산을 위해 점점 더 많이 필요해질 것이다. 납과 아연의 제련 과정에서 부산물로 생산되는 인듐 역시 꼭 필요한 원소지만 지난 20년간 사용량이 세 배나 늘면서 슬슬 바닥이 드러나고 있다. 게다가 이 금속의 원천인 납과 아연마저도 현재 고갈 위기에 놓여 문제는 더욱 가중되고 있다. 이런 이유로 2003년에 킬로그램당 100달러에 거래되던 인듐이 2006년에는 킬로그램당 980달러로, 몇 년 사이에 가격이 거의 열 배가량 뛰었다. 이번엔 셀레늄을 생각해보자. 다른 희귀금속과 달리 우리는 이것을 의약품을 제조하거나 휴대전화와 컴퓨터용 평면 스크린을 만드는 데 쓴다. 이뿐만이 아니다. 요즘은 제품을 만들 때 금속류가 두 가지 이상 포함되는 경우가 많다. 특히 하이브리드 자동차는 세륨, 디스프로슘, 유로퓸, 란타늄, 네오디뮴, 백금, 프라세오디뮴, 테르븀, 이트륨, 지르코늄 등 온갖 희귀금속을 집어삼키는 괴물이다. 이런 자동차 엔진에 장착된 자석의 성능을 최적화하려면 네오디뮴이 한 대당 500그램씩 필요하다. 일본의 토요타 사에서는 매년 200만 대 정도의 하이브리드 자동차가 생산되므로 이 금속은 매년 100만 킬로그램씩 소비되는 셈이다. 물론 네오디뮴을 디스프로슘으로 대신할 수는 있지만, 디스프로슘은 효율이 더 떨어질뿐더러 가격이 훨씬 비싸다. 테르븀은 최근 들어 작은 에너지 절약형 형광등에 점차 많이 쓰이고 있다. 또한 에르븀과 이테르븀, 네오디뮴은 유리섬유 케이블의 적외선 광파를 증폭시킨다. 탄탈룸은 다양한 제품에 쓰이는 중요 금속이다. 절연성이 뛰어난 탄탈룸은 휴대전화, 디지털 카메라, DVD 플레이어, 컴퓨터와 텔레비전 스크린용 축전기 및 필라멘트 제조에 쓰이며, 뛰어난 강도 때문에 발전소와 항공기용 터빈을 만드는 데 쓰이기도 하고 부식성이 없어 의료 분야에서도 종종 사용된다.

이 모든 금속, 그러니까 코발트, 갈륨, 게르마늄, 인듐, 리튬, 몰리브덴, 니오븀, 팔라듐, 백금, 로듐, 탄탈룸, 텔루륨, 티타늄, 그리고 각종 희토류 금속들이 앞으로 몇십 년 사이에 고갈된다고 한다. 모두 다양한 경로로, 각기 다른 속도로 흩어지고 사라질 것이다. 이 금속들은 모두 미래 사회에 없어서는 안 될 각종 첨단 기기의 부품을 만드는 데 쓰인다.(대개 이러한 기기들의 등장은 에너지 절약과도 관련이 있다.) 아, 과연 어떻게 해야 이 자원 고갈 문제를 극복할 수 있단 말인가?

문제는 여기서 그치지 않는다. 이런 자원들은 대부분 저농도로 존재하므로 광석이나 합금으로부터 해당 금속을 남김없이 추출하고 회수하려면 상당히 많은 에너지가 든다. 비유적으로 생각해보면 이렇다. 물과 알코올이 섞여 있을 경우, 처음에는 알코올로부터 물을 분리하기가 그리 어렵지 않다. 하지만 끝에 남은 극소량을 분리하려면 많은 에너지가 든다. 이것과 마찬가지로 금을 순도 100퍼센트까지 정제하기란 극히 어렵다. 그래서 늘 알코올에는 미량의 물이 섞여 있고 결혼 예물용 반지와 목걸이, 시계 등은 주로 18캐럿짜리 금으로 만들어지는 것이다. 이렇게 금속에 섞인 '불순물'의 농도가 낮더라도 이 점은 그 금속을 녹여 합금을 만

들 때 결과물의 물성에 영향을 미친다. 이 영향은 기하급수적으로 증폭되는 특성을 보이는데, 그 이유는 불순물의 양이 늘어나서가 아니라 작업 단계를 거칠 때마다 해당 광물질의 양이 줄어들기 때문이다. 게다가 광석에서 금속을 남김없이 추출할 경우 많은 장비가 필요할뿐더러 생산되는 폐기물의 양까지 엄청나게 늘어난다는 문제도 있다.

이런 문제는 비료 제조에 필요한 인, 칼륨은 물론이고 헬륨의 경우에도 똑같이 나타난다. 헬륨은 네온과 아르곤처럼 비활성기체, 이른바 영족기체(noble gas)로 불리는 원소로서 상대적으로 희귀한 편이다. 또한 수소 다음으로 가벼운 기체라서 금세 지구를 벗어나 우주로 사라지는 원소이기도 하다. 헬륨은 태양에서 광범위하게 일어나는 핵반응의 산물로 그 이름은 그리스어로 태양을 뜻하는 헬리오스(Helios)에서 유래했다. 지금으로부터 47억 년 전 태양이 등장한 이후 지구에서도 소량의 헬륨이 생성되었다. 끓는점이 매우 낮은 헬륨은 병원과 의료 연구 기관에서 활용되는 자기공명영상(magnetic resonance imaging /MRI) 장치의 냉각용 기체로 쓰이고 액정표시장치(liquid crystal display), 이른바 LCD 스크린을 만드는 데 쓰인다. 이 두 가지 용도 모두 헬륨 이외의 원소로는 대체할 수가 없다. 또 그 밖에 이 기체는 유원지의 풍선 충전물로 낭비되기도 한다. 헬륨은 값이 싸서 흔히 그 가치가 높지 않다고 생각하지만, 실제로는 매장량이 한정되어 있어서 함부로 쓰기에는 너무도 아까운 자원이다. 전문가들의 예상으로는 헬륨이 앞으로 한 세대 안에, 그러니까 약 25~30년 사이에 고갈될 것이라고 한다.

과거의 자급자족 경제 시대에는 식량 재배로 인해 토양에서 빠져나간 일부 영양소가 퇴비의 형태로 같은 땅에 되돌아왔다. 그리하여 한 지역 내에서 오랫동안 영양소의 재순환이 이루어졌다. 하지만 그 방법에는 한계가 있어 결국 토양의 영양물질이 고갈되는 시기를 맞이하고 말았다. 예외적으로 나일 강처럼 큰 강이 있는 지역에서는 해마다 강의 범람으로 다른 지역의 영양물질이 밀려와 고갈된 양분이 보충되었다. 이런 곳을 제외하고는 인근 지역에서 가축에게 풀을 먹이고 거기서 생산된 분뇨를 이용해 토양에 부족한 영양분을 공급하는 수밖에 없었다. 이후에 식량 거래가 시작되어 각지의 농토에서 영양분이 빠져나가는 속도가 더욱 빨라지자 부족분을 모두 보충하기가 어려워졌다. 농경지에서는 토양이 머금었던 양분이 서서히 줄어들기 시작했고 얼마 후 그것이 완전히 바닥나자 사람들은 그 땅을 버리고 떠나갔다. 앞에서 이야기했던 철, 우라늄, 백금을 비롯하여 각종 화학 원소와 무기물질들이 점점 더 먼 지역으로, 혹은 강이나 바다로 점점 흩어진 것과 마찬가지로 땅속의 영양분도 다시는 회수할 수 없는 지경에 이른 것이다. 그 시절부터 화석연료와 암석에서 추출한 인 등을 이용해 생산된 인공비료가 천연비료를 대체하게 되었다. 지금까지의 흐름을 곰곰이 생각해보면 우리는 에너지를 이용할 때와 마찬가지로 먼 과거의 유산에 의존해 현재를 살아가는 셈이다. 하지만 모든 자원이 그렇듯이 인위적으로 생산된 영양분 역시 호수나 강으로 유출되거나 도시의 하수처리 시설을 거쳐 결국은 바다에 도달하게 된다. 그곳에서 각종 영양물질은 용해, 확산되어 우리 눈앞에서 완전히 자취를 감춘다. 그리고 다시는 자원으로 쓰이지 못한다.

많은 경우에 금속과 합금은 다른 물질로 대체될 수 있다. 육상과 해저에 깔린 전화선은 구리에서 유리섬유로 대체되었고 화석연료에서 뽑아낸 나일론 섬유는 이제 각종 끈, 줄과 의복을 만드는 데 쓰인다. 또 앞에서 이야기했던 타자기의 자판 중 일부분은 이제 옛날과 다른 물질로 만들어진다. 하지만 특정 물질을 다른 것으로 대체할 수 없는 경우도 분명히 있다. 우리 몸을 한 번 생각해보자. 생물 체내의 생리 작용과 생화학반응에 필요한 화학 원소들은 절대로 다른 것으로 대체할 수 없다. 여기에 관련된 화합물들은 대개 수십억 년 전의 환경에 맞게 형성되고 오랜 시간에 걸쳐 발달과 변화를 거듭한 결과물이다. 일례로 그 옛날 철이 지금과 다르게 바닷물 속에 용해되어 매우 풍부하게 존재했다는 사실은 오늘날 생물 체내의 각종 화합물, 이를테면 혈액 속의 헤모글로빈 속에 철이 포함된 이유를 설명하는 데 좋은 근거가 된다. 현재는 바닷속의 철 농도가 생물 세포 내의 철 농도보다 9,000배가량 묽다. 철은 적혈구의 헤모글로빈이 폐에 유입된 산소를 온몸에 전달하기 위해 없어서는 안 되는 원소로, 수십억 년 전과 환경이 달라진 지금은 다들 별도의 공급원을 통해 철을 보충해야 한다. 물론 우리가 먹는 음식물 속에 이 원소가 다량 함유되어 있어 심각한 철 부족 문제를 겪을 일은 없다.

인의 경우는 상황이 다르다. 이 원소는 생명체의 진화 초기부터 각종 효소와 조효소처럼 다른 화합물 간의 반응 속도를 높여주는 화합물 속에 포함되어 생물 체내의 생화학적 흐름에 자주 관여했다. 그 과정에서 세포 간 에너지 전달을 맡은 아데노신 3인산(adenosine triphosphate / ATP)이라는 작은 분자로부터 고분자 물질인 뉴클레오티드(nucleotide)가 발달했다. 뉴클레오티드는 세포핵(cell nucleus)에서 거대 고분자 물질인 디옥시리보핵산(deoxyribonucleic acid / DNA)의 기본 단위를 이룬다. DNA는 세상의 모든 생물 세포, 즉 모든 박테리아, 균류, 식물, 동물, 인간의 세포 작용과 유전적 특성을 전하는 데 중심적인 역할을 한다. 아마 뉴클레오티드는 초창기의 인산기로부터 형성된 원시 ATP가 오랜 진화를 거듭하여 만들어진 최종 결과물일 것이다. 그러나 DNA로의 진화가 일어나기 전에 이것과 성질과 기능이 아주 유사하면서도 안정성과 복잡성이 다소 떨어지는 리보핵산(ribonucleic acid / RNA)의 발달이 있었으리라고 생각된다. 최근 몇십 년 사이에 RNA의 종류가 매우 다양하다는 사실이 밝혀졌는데, 이는 질소를 기반으로 한 단백질 위주의 생화학적 층위 속에서도 여전히 원시적인 뉴클레오티드와 원시적인 RNA에 의존하는 부분이 있음을 의미한다. 이렇게 RNA에 기초한 생화학적 반응들을 보면 현존하는 DNA 세계 이전에 RNA 세계가 분명히 존재했으리라는 생각이 든다.

다시 본론으로 돌아와서, 우리가 명심해야 할 점은 세포 내에서 핵심적인 기능을 하는 수많은 분자가 모두 인, 수소, 산소로 이뤄진 인산염에 의존한다는 사실이다. 이 화합물은 다른 무엇으로도 대체할 수 없다. 이 물질들은 우리 체내 화학 작용의 기본, 그리고 이 지구 상 모든 생명체의 바탕을 이룬다. 인산염 없이 우리는 아무것도 할 수 없다. 하지만 대다수 농경지의 인 성분은 고갈되었고 이제는 영양이 결핍된 땅에 인공비료를 이용해 이 원소를 공급해야 한다. 이제 인류는 철저히 비료에 의존하여 식량을 생산하게 되었으며 궁극적으로 전 세계 인 공급의 27퍼센트, 43퍼센트를 각각 책임지는 중국과 서부 사하라에 의존하게 되었다. 사실 이들 광산의 채굴 수명은 그리 길지 않다. 기껏해야 70년에서 100년 정도? 이론적으로는 박테리아를 이용한 아나목스 공법(anammox process, 혐기성 암모니아 산화 공법)으로 폐수에서 질소를 80퍼센트, 인산염을 90퍼센트 정도 회수할 수 있다. 하지만 이 기술은 아직 실용화 단계에 이르지 못했다.

또 한 가지 기억해야 할 것은 과거에 농부들과 도시 사람들이 분뇨와 퇴비를 농지로 되돌려 영양 자원을 재순환시킨 것과 다르게 오늘날 인의 사용 방식이 선형적이고 소모적이라는 사실이다. 현대인은 온갖 영양물질이 가득한 하수를 바다에 내다 버리며 자원을 낭비한다. 우리가 인 성분이 함유된 세제를 대량으로 방출하여 환경을 오염시킨 것도 그리 오래된 일이 아니다. 게다가 토양 침식으로 인이 포함된 표토가 대량으로 유실되어 그 많은 양분이 바다로 흘러가는 상황 역시 빈번하게 벌어진다. 전체적으로 봤을 때 생물에게 필수적이고 대체 불가능한 원소인 인은 채굴 작업으로 얻는 양보다 주변 환경으로 유실되는 양이 더 많다. 결국 우리는 아무것도 유지하지 못하고 자원은 이대로 점점 고갈될 뿐이다. 지금 같은 추세로 가면 지구 상에서 채굴 가능한 인은 21세기가 끝나기도 전에 모두 바닥날 것이다. 가시화된 식량 부족 문제를 해소하기 위해 거대한 채광 회사들과 농기업들은 인과 마찬가지로 우리의 먹을거리와 비료에 없어서는 안 될 원소인 칼륨을 확보하기 위해 경쟁을 펼치고 있다. 칼륨은 캐나다의 서스캐처원(Saskatchewan) 주와 브라질, 카자흐스탄에 있는 몇몇 광산에서만 발견된다. 하지만 앞으로 몇십 년 사이에 세계 인구가 90억에서 100억에 도달한다, 금세기 말에는 110억이 된다, 또 2050년까지는 식량 생산량을 70퍼센트 이상 증산해야 한다는 이야기가 나오는데도 이 사회에는 아직 아무런 경보도 울리지 않고 있다. 아, 도대체 이 사실을 어떻게 받아들여야 할까?

우리가 채굴 작업을 통해 모은 대량의 금속과 영양물질은 여러 과정을 거치면서 뿔뿔이 흩어지고 바다로 사라진다. 자원이 그렇게 흩어져서 저농도로 존재할 경우, 그것을 다시 회수하고 실제로 사용 가능한 농도로 되돌리는 데는 엄청난 에너지가 소요된다. 이런 에너지 자체도 효용성이 떨어지는 열로 바뀌며 물질 자원과 유사한 과정을 겪는다. 에너지는 연속적으로 존재하지 않으며 에너지 양자라는 불균등한 작은 덩어리 형태로 존재한다. 물리학자들은 이 개념을 설명하기 위해 어떤 상수를 변수로 나누는 방정식을 이용한다. 여기서 상수는 당연히 늘 같은 값을 유지하지만 변수는 그렇지 않다. 이때 양자 집단은 변수를 지닌 일종의 파동으로 생각할 수 있는데, 이 변동 요소는 파동주파수와 함께 변화한다. 에너지를 지닌 전자기파 중에는 열복사선과 라디오파처럼 주파수가 낮으면서 파장이 긴 종류도 있고, 인체에 유해한 자외선이나 병원에서 방사선 사진을 찍는 데 쓰이는 X선처럼 파장이 짧은 종류도 있다. X선은 인체의 뼈를 제외하고 모든 조직을 투과하는 전자기파로서, 발견 당시 그 효과와 정체를 알 수 없다고 하여 그런 이름이 붙여졌다. 이 X선과 자외선의 경우는 에너지 함량이 많지만 열복사선과 라디오파는 그렇지 않다. 이런 점에서 열복사선과 라디오파는 에너지가 적은 소규모 양자 집단을 나타낸다. 어떤 반응을 통해 에너지가 사용되면 에너지양이 많은 양자 집단이 처음보다 에너지양이 적은 여러 개의 양자 집단으로'잘게 나누어진다.' 이 말은 곧 사용 가능한 에너지가 많고 에너지 농도가 높은 상태에서 더 적고 낮은 상태로 바뀐다는 뜻이다.

어떤 사람들은 저에너지 복사선에 다른 에너지를 추가하여 고에너지 상태로 되돌릴 수 있다고 생각한다. 하지만 그렇게 할 수 있다고 해도 다시 생각해보면 이 작업에 이용되는 다른 에너지 양자 집단이 본디 구조를 잃는다는 뜻이니 결국 나아질 것은 하나도 없다. 결국 실질적인 면을 따져봤을 때 우리는 이리저리 흩어져 눈앞에서 모습을 감춘 물질을 대체할 신물질을 만들지도 못하고 새로운 고에너지 양자 집단을 만들어내지도 못한다. 이 세계는 언제나 고수준 · 고농도의 물질과 에너지를 잃고 무질서를 향해 움직인다. 게다가 물질은 어느 정도 재순환이 가능하지만 에너지는 그렇지 못하다. 늘 선형적인 흐름을 따를 뿐이다.

물질은 재순환이 가능하다고 했지만, 그것도 100퍼센트는 불가능하고 대개는 그보다 수준이 훨씬 떨어지는데다가 많은 시간까지 필요하다. 그 시간 내에서는 재순환이 가능한 어떠한 물질도 그저 선형적인 흐름만을 따른다. 이 점은 재생 가능(renewable)한 물질에도 모두 똑같이 적용된다. 우리는 해마다 새롭게 곡물을 수확하고 또 해마다 새로 짐승을 길러 도축한다. 하지만 이런 활동도 언젠가는 끝이 날 것이다. 왜냐하면 다음 해 농사에 필요한 토양 영양분이 조금씩 줄어들어 결국은 완전히 고갈될 테니까. 이런 결과는 여태까지 거대한 문명 세계에서 어김없이 나타났고, 지금 우리에게도 똑같이 나타나고 있다. 옛 문명과 차이가 있다면 그것은 우리가 토양의 생산성 저하 문제를 실감하지 못한다는 점이다. 바로 인공비료가 손실분을 보충해주기 때문에. 질소와 인을 이용한 인공비료가 없다고 가정할 경우 평균적으로 인구 1인당 0.6헥타르에 이르는 경작지가 필요하다. 훗날 100억 인구가 살 시기에는 60억 헥타르가 필요할 텐데, 현재 지구의 전체 육지 면적 중에서 경작이 가능한 땅은 단 10퍼센트, 그러니까 15억 헥타르밖에 안 된다. 여기에 현대 기술을 이용하면 8억 헥타르 정도는 농지로 더 전환할 수 있다. 그러면 경지 면적이 총 23억 헥타르가 되는 셈인데, 그래도 100억 인구를 위해 필요한 60억 헥타르에는 무려 37억 헥타르나 부족한 실정이다. 결국 부족분은 화석연료에서 추출한 비료로 메울 수밖에 없다. 이런 식으로 가면 시간의 경과와 함께 재생 가능한 자원은 점차 재생 불가능한 자원으로 변할 따름이다. 재생 가능한 자원과 재생 불가능한 자원, 또는 재순환 가능한 자원과 재순환 불가능한 자원의 차이는 절대적으로 정해진 것이 아니라 그 자원이 언제 사용되었느냐, 그리고 우리가 그것을 얼마나 빠른 속도로 소비하느냐에 따라 달라진다. 이때 사용 속도는 대체로 전체 인구수와 인구 1인당 소비량의 증가에 비례하여 점차 빨라진다. 상황이 이러하니 얼마나 많은 인류가 언제까지 지구에 존속할지 어찌 예상하겠는가?

결국 질서는 이런 식으로 끊임없이 무질서로 대체된다. 그러는 한편으로 생명체는 수십억 년에 걸쳐 더욱 복잡한 형태로 발전해왔고, 그 결과 생물 체내에서 또 여러 생물 사이에서 더욱 고도화된 체계와 질서가 구축되었다. 그리고 우리 인간은 매우 복잡하면서도 잘 정리된 사회 체계를 만들고 유지하며 온갖 정교한 도구와 컴퓨터, 고층 건물 따위를 함께 만들어냈다. 이 모든 과정에는 에너지가 소모된다. 이 과정 어딘가에서 에너지가 유용성을 잃고 엔트로피가 증가하며 질서가 흐트러진다. 물리 법칙에 의하면 모든 부분에서 최종적으로는 질서의 상실과 엔트로피의 증가라는 결과가 나타난다. 우리가 무엇을 하든지, 무엇을 얼마나 재순환시키고 만들든지 간에 전체적으로는 상황이 악화되는 것이다. 우리에게는 몸의 체계를 유지하고 그 질서를 유지하기 위해 계속해서 에너지가 필요하며, 생장과 환경 적응을 위해서는 그보다 더 큰 에너지가 필요하다. 이 점은 우리가 이룩한 사회에도 똑같이 적용된다. 단일한 생물이든 아니면 여러 생물로 이뤄진 사회든 모두가 잘 정돈된 하나의 구조체라는 점에서 현재를 사는 우리는 오랜 세월에 걸쳐 한 체계의 생성, 유지, 적응 등에 사용된 모든 에너지를 상징한다. 우리는 곧 역사와 함께 역동적으로 움직이는 에너지의 흐름인 셈이다. 어떤 체계 속에서 지속적으로 손실되는 에너지를 보충하기 위해서는 이 흐름이 멈추지 않고 계속 움직여야 한다. 식물이 태양 복사 에너지를 받아들이고 우리가 그 식물을 섭취하거나 화석연료를 이용하듯이 말이다.

처음 생명체가 등장했을 때 지구에는 에너지가 매우 풍족했었다. 그러나 수십억 년이 지나면서 자유 수소가 다른 물질과 화학 결합을 이루고 전자를 풍부하게 보유한 원소들이 전자를 끌어당기는 힘이 더욱 강한 원소들로 치환되면서 자유롭게 이용할 수 있는 에너지가 줄어들었다. 이 기나긴 지구화학적 변화 속에서 생명체의 몸을 이룬 화합물은 전자를 당기는 힘이 더 강한 원소들을 포함하면서 더욱 더 안정되었는데, 이러한 경향은 훨씬 더 복잡한 생명 체계를 향한 진화의 원동력이 되었을 것이다. 아무튼 그렇게 지구 환경 내의 화학 에너지가 고갈되면서 각종 생명체는 살아남기 위해 태양 복사로부터 많은 에너지를 받아들이게 되었다.

태양 에너지의 도움으로 처음에는 박테리아, 그다음에는 조류, 이후에는 육상 식물이 물 분자를 분해하여 산소를 생성했고 이 과정은 수없이 긴 세월 동안 계속되었다. 그리고 그로부터 생성된 수소 대부분은 대기 중에 산소를 남긴 채 우주 공간으로 탈출했다. 그 결과 처음에는 대기, 그다음에는 바다, 그리고 끝으로 토양이 호기적(好氣的, aerobic)인 환경으로 변화했다. 그리하여 흙 속은 산소를 좋아하는 박테리아, 균류, 지렁이 등 호기성 생물의 왕국이 되었다. 그때부터 이 생물들은 죽은 식물과 동물의 몸을 분해하여 그 구성 물질을 다시 물질 순환 과정에 편입시키며 생물권의 한 축을 이뤘다. 이러한 생물학적 물질 재순환 과정에서도 홍차 속에 녹은 각설탕을 처음 형태로 되돌릴 때와 마찬가지로 대량의 화학 에너지가 소비되는데, 만약 태양이 지구에 매일 같이 빛을 공급하지 않았다면 물질 재순환은 불가능했을 것이다.

균류와 동물들은 식물성 물질을 분해함으로써 식물체의 분자 속에 저장된 태양 에너지를 사용하게 된다. 우리가 자동차를 움직이기 위해 휘발유를 연소시키는 것도 식물체 내에 저장된 에너지를 사용하는 한 방법이다. 다만, 그 공급원이 화석화한 조류와 식물이라는 점에서 호기성 생물들이 식물을 직접 분해하는 것과는 약간 차이가 있다. 아무튼 이 반응으로 생성된 이산화탄소와 수증기는 뜨거운 기체 형태로 방출되어 대기를 데운다. 이런 폐가스를 다시 사용할 경우, 가령 이산화탄소로 비닐봉지를 만들려고 한다면 기체를 회수하는 데 엄청난 에너지가 소모될 테고 수집한 기체를 플라스틱 소재로 다시 바꾸는 데 훨씬 더 많은 에너지가 필요할 것이다. 애초에 인간의 에너지 사용 방식은 극히 낭비적이고, 이런 성향은 물질을 재순환시키는 부분에서도 크게 다르지 않다.

요즘은 현대 사회의 선형적인 자원 사용 방식을 폐기물이 영구적으로 재사용되는 순환 구조로 바꾸어야 한다고 생각하는 사람들이 많다. 하지만 물질을 철저히 재순환시켜 세상을 구하자는 생각은 헛된 희망일 뿐이다. 왜냐하면 재순환 효율이 절대로 100퍼센트가 될 수 없을뿐더러 이 작업을 우리 손으로 직접 할 경우에는 많은 에너지가 소모되기 때문이다. 게다가 요즘 만들어지는 인공 폐기물은 박테리아가 분해할 수도 없다. 박테리아에게는 그런 물건들을 분해할 화학물질도 없고 그만한 에너지도 없다. 설령 미생물들이 21세기의 폐기물을 분해할 화학물질을 지녔다 하더라도 자연적으로 분해되기까지는 꽤 시간이 걸릴 테고, 아마 우리가 살아 있는 동안에는 그 결과물을 새로운 자원으로 활용하기가 어려울 것이다. 현존하는 인구, 그리고 현대인의 습관은 폐기물의 신속한 자원화를 요구한다. 하지만 제아무리 박테리아와 균류의 수가 많다고 해도 이 속도 문제는 어떻게 해결할 수가 없다. 이런 점들을 종합해서 보면 현재 우리는 빠른 속도로 에너지를 고갈시키면서도 한정된 물질들을 재순환시키는 데 있어 폐기물의 신속한 자원화를 요구하며, 그 과정에서 막대한 양의 에너지를 추가로 투입해야 한다는 문제를 안고 있다.

자원 재순환에 드는 에너지도 중요하지만 현 사회에서 폐기물이 계속 생성된다는 사실에도 관심을 기울여야 한다. 어차피 재순환도 다 쓴 자원이 폐기물로 변해가는 단계 중 하나에 불과하다. 일반적으로 폐기물 1톤을 재순환시킬 때 추가로 필요한 채굴이나 벌목, 수송 작업 때문에 20톤이나 되는 폐기물이 더 생산되고 상품화 과정에서 폐기물 5톤이 더 추가된다. 이렇듯 재순환 과정이 완벽하지 않은 탓에 우리는 추가로 소비되는 물질과 그로 인해 발생하는 환경오염까지 고려해야 한다. 어떤 사람들은 이렇게 생각하기도 한다. 남은 자원의 양이 한정되었으니 재순환을 하지 말고 옛날에 쓰던 물건들을 다시 만들어 쓰면 재순환 과정에서 나타나는 에너지 문제는 해결될 수 있지 않느냐고 말이다. 딱히 틀린 말은 아니지만 과거에 쓰던 냉장고, 컴퓨터, 난방 기구 등의 구식 제품들은 최근에 개발된 것들보다 에너지 효율이 떨어진다. 그래서 이 방법도 효과적인 해결책은 못 된다.

C2C 패러다임을 지지하는 사람들은 현 인류가 각종 물질 자원을 끊임없이 사용할 수 있다고 믿는다. 그저 인구와 수요의 증가세에 맞춰 자원의 재순환 속도를 높이면 된다는 식이다. 하지만 현대인의 물질 소비 양상은 대체로 순환적이지 않고 인구수와 자원 수요는 오로지 증가하기만 한다는 것이 문제다. 게다가 물리적 열화와 관련된 법칙들은 완벽한 순환 체계가 존재할 수 없고 순환 과정에서 언제나 물질의 손실이 발생함을 보여준다. 태양 복사를 이용해 인공적으로 에너지를 생성할 때도 일정량의 물질이 필요하고 또 그것으로 만든 에너지 생산용 기기 역시 시간의 경과와 함께 닳거나 부식되기 마련이다. 결국 우리는 늘 새로운 자원을 찾고 폐기물을 버릴 새로운 공간을 찾아 헤매야 하는 운명이다.

처음에 인류는 수렵 · 채집 생활을 했지만 점점 인구가 늘면서 영구적으로 한 곳에 정착할 필요성이 생겼고, 그다음에는 정착 생활을 위해서 일정한 체계를 수립할 필요성이 생겼다. 이런 식으로 사회가 발전하면서 더 많은 사람이 필요해졌고 물질 사용량은 늘어났으며 폐기물의 악영향이 미치지 않는 곳은 점차 줄어들었다. 결국 인구 성장이 더 큰 인구 성장과 물질과 에너지 사용량의 증가를 불러일으켰고 이것이 다시 사회 · 경제 체제의 성장 가속화로 이어진 것이다. 현재 전 세계의 광대하고 복잡한 사회적 · 경제적 상부 구조는 세계 인구 증가 속도보다 더 빠르게 성장하면서 더욱더 많은 사람, 더욱 빠르고 강력하고 자동화가 잘된 기계, 더 많은 에너지와 더 많은 화학물질을 요구하고 있다. 이렇듯 인구와 사회 · 경제 체제는 스스로 성장을 가속하며 서로 그 진행을 촉진한다. 이제는 우리가 더 효율성을 따지고 물질을 철저히 재순환시킨다고 해도 사회적 · 경제적인 성장을 멈추거나 그 진행 방향을 바꿀 수 없다. 우리 사회와 경제는 근본적으로 자원의 선형적인 처리 방식을 따르기 때문이다. 바로 이 특성 때문에 사회적 · 경제적 성장은 불가피하고 또 우리 힘으로 멈추게 할 수도 없다. 성장의 근본적인 원동력인 인구수와 개인 수요를 제어하지 않는 한은 말이다.

C2C 패러다임의 지지자들은 현재 우리 앞에 놓인 수많은 문젯거리를 그 원인인 1인당 수요 증가 및 인구 증가 문제와 따로 떼어 생각한다. 그들은 엔트로피의 증가라는 가장 기본적인 물리 법칙을 부인한다. 지금 이 세계의 황폐화 속도가 점점 빨라지는 이유는 에너지 고갈, 식물 영양소와 물의 고갈, 삼림 벌채 및 그로

인한 침식과 침수 등의 문제를 유발하는 온갖 인간 활동이 중첩되어 나타나는 데 있다.

우리가 에너지와 물질 자원을 사용하는 방식은 매우 낭비적이기에, 결국 인류는 언젠가 그 대가를 치러야 할 것이다. 현재 우리는 먼 미래를 생각하지 않고 수많은 자원을 점점 더 빠른 속도로 소비하고 다시는 사용하지 못하게 소멸시키고 있다. 하지만 이렇게 자원을 방탕하게 낭비한 대가는 나와 당신이 아니라 앞으로 이 땅을 살아갈 당신의 자식, 손자를 포함한 후손들이 치를 것이다. 그들은 얼마 남지 않은 자원을 물려받을 테고, 이후 이 지구에서는 오래지 않아 에너지와 자원 모두 영원히 모습을 감추고 말 것이다.

감당하기 어려운 한계

어떤 생물종이든(그것이 동물이든 식물이든) 한 곳에 대규모로 모여 살다 보면 점차로 삶의 질이 떨어지고 궁극적으로는 한 지역 내에서의 생존에 악영향이 미치기 마련이다. 이 점은 우리에게도 똑같이 적용된다. 인간이라고 해서 절대로 예외적이지 않다. 현시점에서 우리 스스로 인구 재생산과 자원 소비를 줄일 방도를 마련하지 않는다면, 머지않아 인류의 생존 역시 위협받을 순간이 올 것이다. 이런 문제는 개인 차원에서 대처하기가 거의 불가능하다. 인구 재생산을 우리 스스로 제어하기가 매우 어렵고 또 어쩌면 고통스러울지도 모르지만, 인구 증가 문제를 이대로 내버려뒀을 때 나타날 결과는 그보다 훨씬 심각하리란 사실을 기억하라.

인구 증가 문제는 분명히 식량 자원, 에너지 자원, 각종 물질 자원의 고갈 문제, 폐기물과 오염물질의 생산 문제, 그리고 대규모 자원 재순환 문제와 한데 얽혀 있다. 비록 자원 재순환의 효과가 일시적이고 그리 크지 않다고 하지만 이 활동이 지금까지 수십억 년 동안 이 지구 상의 모든 화학 작용과 생물 간의 상호 작용에서 중추적 역할을 한 만큼 재순환은 우리가 앞으로 취할 대비책의 중심이 되어야 한다. 지금까지 인류는 재순환을 심각하게 고려하지 않고 한정된 자원을 마구 소비해왔다. 결국 자원 고갈 문제가 가시화됨으로써 이제 인류는 안 그래도 점점 줄어드는 에너지를 쏟아 부어 자원을 재순환시키면서 목숨을 부지해야 하는 처지가 되었다.

C
망가지는 자연

자연환경은 수자원의 이용이나 식생 파괴 등 여러 가지 인간 활동에 의해 황폐하게 변할 수 있다. 이를테면 숲과 초지의 파괴는 토양 침식과 토양 환경의 온도 상승 및 건조화를 유발한다. 또 자연환경은 과도한 토지 개발과 폐기물로 인한 오염으로도 황폐해질 수 있다. 토양뿐만이 아니다. 우리가 대기 중에 방출한 유독 기체 때문에 공기가 오염되고 강이나 바다에 버린 대량의 플라스틱 폐기물 때문에 수중 생물들이 목숨을 잃기도 한다.

10. 담수가 바닥나고 있다!

아마 다들 선박 난파로 무인도에 표류한 로빈슨 크루소 이야기를 알 것이다. 그가 섬에서 정신을 차린 후 가장 먼저 한 일은 마실 물을 찾는 것이었다. 다행히도 그는 곧 개울을 발견하고 허겁지겁 물을 마셔댔다. 아마 누구든 그런 상황에서는 로빈슨 크루소처럼 체면 차리지 않고 미친 듯이 물을 마셔대지 않을까 싶다. 더운 날 온종일 물 한 모금 마시지 않고 버티기가 얼마나 어려운지는 다들 알 터. 날씨가 어떻든 간에 물 없이 하루, 이틀을 지내기보다는 그만한 시간을 먹을 것 없이 보내는 편이 더 수월하다. 물은 어떤 생물에게든 반드시 필요한 자원이다. 심지어 평생 물속에서만 사는 물고기도 물을 마셔야 한다고 한다.

로빈슨 크루소가 개울물의 수원지를 찾는 데는 오랜 시간이 걸리지 않았다. 태곳적부터 수원지는 바위틈이나 땅속에서 맑고 시원한 물이 솟아나는 신비한 장소로 알려졌다. 그래서 지하 세계에서 솟아오르는 이 신비로운 물과 얽힌 신화나 전설도 많다. 현재 유럽이라는 지명은 옛 그리스 신화에 등장하는 페니키아의 공주 에우로파(Europa)의 이름에서 유래했다. 신화에 의하면 그녀는 그리스의 주신인 제우스에게 쫓기던 중에 지하 세계로 들어가 시칠리아 섬의 샘을 통해 지상으로 나왔다고 한다. 지금도 그 섬에서는 아주 오래전 이 이야기의 배경이 되었으리라 추정되는 작은 웅덩이를 찾아볼 수 있다.

생존을 위해서는 물이 꼭 필요하기에 인간은 먼 옛날부터 강 근처, 혹은 강과 바다의 접점 지역 부근에 정착하여 살았다. 지금도 강과 호수, 바다는 음용수와 각종 어패류를 제공하며, 농경지에 관개용수를 공급한다. 지금도 생명의 기원지인 바다에서는 무수히 많은 생명이 태어난다. 그런데 안타깝게도 오늘날 강과 바다는 폐수와 각종 오염물질, 냉각수, 쓰레기 따위가 버려지는 곳이기도 하다.

지금으로부터 약 4억 년 전, 그러니까 생명체가 바다에서 30억 년에 걸친 진화를 거듭했을 때, 식물이 처음으로 육지에 등장했다. 액체가 아닌 건조한 공기로 둘러싸인 환경, 금방이라도 몸을 말려버릴 것 같은 뜨거운 직사광선……. 뭍은 바다와 완전히 다른 세계였다. 메마른 웅덩이의 진흙 속에 몸을 뉘인 태초의 식물들은 곧 몸속의 수분을 모두 잃고 쪼글쪼글하게 말라 죽어버렸다. 그래서 무엇보다도 먼저 몸이 마르는 것을 막고자 두꺼운 세포벽을 만들 필요성이 생겼다. 당시의 원시식물들은 오늘날의 고등식물들처럼 하늘을 향해 꼿꼿하게 서지 못했다. 그러다 얼마간의 시간이 지난 후 단단한 조직이 생겨나 식물 스스로 무게를 지탱할 수 있게 되었다. 하지만 이로 말미암아 식물들은 건조한 환경에 더욱 취약해졌다. 왜냐하면 온몸을 물에 적신 채 일부 부위만 공기와 맞닿았던 때와 달리 이제는 위를 향해 자라면서 몸 전체가 대기 중에 노출되었기 때문이다.

수분 증발을 완전히 멈추기란 불가능했기에 식물들에게는 습한 토양으로부터 건조한 공기와 맞닿은 부위까지 물을 수송하는 조직이 필요했다. 또한 바닷속에서 살 때와 마찬가지로 이산화탄소를 이용해 탄수화물을 만들려면 수소를 얻을 물이 필요했다. 원시식물들은 그렇게 생존에 필요한 기능과 기작을 마련하여 녹말 속에 태양 에너지를 저장하고 그 밖의 탄수화물, 셀룰로오스, 리그닌을 이용해 몸을 지탱하는 조직을 구성했다. 이러한 화합물들은 다양한 화학 결합을 통해 거대 분자를 이루고 식물체에 필요한 에너지 대부분을 저장한다. 인간을 비롯한 동물들은 호흡으로 얻은 산소를 이용해 위와 같은 화합물을 이룬 수소를 연소시키고 그 속에 저장된 에너지를 방출시킨다. 그리고 이 에너지를 이용해 산책과 대화를 비롯한 각종 활동을 한다. 하지만 에너지원을 만드는 데 필요한 이산화탄소는 공기 중에서만 얻을 수 있고, 이 기체의 유입은 결국 식물체의 수분 손실을 일으킨다. 이런 이유로 초창기 식물들에게는 물을 구하고 체내에 수분을 유지하는 것이 무엇보다 중요한 문제였다.

물은 식물과 동물, 인간의 갈증 해소를 위해서도 필요하지만, 체내의 화학 작용에서도 중추적이 역할을 한다. 물은 화학계 내에서 끊임없이 분해와 생성 과정을 거친다. 식물이 물 분자를 분해하고 동물이 수소와 산소를 이용해 다시 물을 만들기 때문이다. 이때 식물은 물 분해 과정에서 태양 에너지를 이용하고 동물은 그 에너지를 다시 물을 생성하는 데 이용한다. 물 분자의 결합력은 매우 강하며 이 결합이 생성될 때는 많은 에너지가 방출된다. 그래서 산소와 수소의 혼합기체, 이른바 산수소(oxyhydrogen)의 폭발력이 강한 것이다. 이렇게 수소와 산소가 반응하면서 방출되는 에너지의 원천은 식물 체내에 '저장된' 탄수화물이다. 따라서 엄밀하게 말하면 우리가 이용하는 에너지는 수소와 산소의 결합에서 방출된 것이고 그 반응에 필요한 수소는 식물과 동물에게 없어서는 안 될 물에서 비롯된 것이다. 결국 모든 생명체는 여전히 태곳적에 시작된 수소 경제 체제를 토대로 살아가는 셈이다.

식물이 육지에 등장하고 얼마 지나지 않아서 최초의 동물이 뭍에 그 모습을 드러냈다. 처음에는 동물들도 최초의 육상식물과 유사하게 웅덩이 속에서 살았지만 점차 많은 수가 그곳을 벗어나기 시작했다. 일반적으로 어류에 이어서 육지에 진출한 최초의 척추동물을 양서류라고 본다. 이들은 습한 육상 환경에서 살았지만 그 유생인 올챙이를 보면 알 수 있듯이 생식 활동은 물속에서 이뤄졌다. 원시 육상 식물과 마찬가지로 초기의 육상 동물들도 수분 증발과 피부 조직의 건조화라는 난제(難題)를 겪었다. 결국 수분 부족 문제 때문에 그들은 한참 동안 물웅덩이를 떠나지 못했다. 하지만 이후 수백만 년에 걸친 생명의 진화를 통해 동물들의 피부는 수분 증발에 대한 대응력을 점차 높여갔다. 그 결과, 양서류는 파충류로 진화하여 오늘날 사막에서도 그 존재감을 드러내고 있다. 양서류는 유체일 때 아가미로 체내의 수분을 증발시키고 성체가 되어서는 우리 인간처럼 허파로 호흡한다. 사실 우리 몸에서 수분이 사라지는 주요 통로는 바로 이 허파다. 이 기관을 통해 수증기가 증발하기 때문이다. 이 사실은 추운 겨울에 밖을 거닐다 보면 금방 알 수 있다. 숨을 내쉴 때마다 우리 몸에서 배출된 수증기가 하얀 입김을 만들어내는 모습을 생각해보라. 또 영화 속에서 말이 숨을 씩씩 몰아쉴 때 수증기가 피어오르는 장면을 생각해보라. 정말 추울 때는 우리가 내쉰 입김이 유리창에 곧장 얼어붙어 별 모양을 한 아름다운 결정을 만들어 내기도 한다.

실제로 우리 몸에서는 소변으로 배출되는 물보다 호흡으로 배출되는 물의 양이 훨씬 더 많다. 사는 지역이 열대 지역이냐 한대 지역이냐에 따라서 배출되는 수분량에 차이가 생기기는 하지만, 보통은 하루에 2~3리터 정도의 물이 몸 밖으로 빠져나간다. 따라서 우리는 매일 그만큼 물을 마셔서 손실분을 보충해야 한다. 우리가 흔히 인식하지 못하는 사실이지만 물은 음식물을 통해서도 체내로 유입된다. 식물과 동물성 음식물이 대부분 수분으로 이뤄져 있기 때문인데, 그 비율이 90퍼센트에 달할 때도 있다. 또 우리는 딱딱하게 말린 완두콩이나 쌀, 파스타를 먹을 때도 그것을 건조된 상태 그대로 먹지 않고 대개 끓는 물을 이용해 불려 먹는다. 이 과정을 거치면서 음식물에는 많은 수분이 포함된다. 이렇게 물을 끓여 조리한 완두콩과 쌀, 파스타, 감자나 양파 등이 소화 과정을 거치는 동안 각 음식물에 포함된 탄수화물의 화학 결합이 분해되는데, 이 과정에서 의도치 않게 물이 생성된다. 앞에서도 이야기했듯이 이 물은 탄수화물의 분해 과정에서 나온 수소와 호흡을 통해 체내로 유입된 산소가 반응함으로써 생성된다. 사막에 사는 동물, 이를테면 사우디아라비아의 커다란 오릭스(oryx) 같은 종은 물을 마시지 않고 마른 풀을 소화하여 생성된 이른바 생리수(physiological water)만을 이용한다. 아마 다들 한 번쯤은 동물원에서 나뭇가지를 우적우적 씹어 먹는 코끼리를 본 적이 있을 것이다. 사막에서 생활하는 이런 동물들은 수분을 잃지 않기 위해 코나 신장, 장 같은 기관에 수분을 보유하는 특수 조직을 지니고 호흡이나 배설 활동으로는 수분을 최소한도로만 배출한다. 이런 생물들은 땀도 흘리지 않는다.

아무튼 우리는 직접 물을 마시거나 먹을 것으로부터 간접적으로 수분을 섭취하여 매일 생활에 필요한 물을 얻는다. 그런데 우리가 어떤 식물이나 그 종자 또는 열매를 먹기 위해서는 수주 또는 수개월에 걸친 재배기간이 필요하고, 그 과정에서 식물 역시 일정량의 물을 소비한다. 식물의 성장기에 밭에서는 시금치나 양배추 잎, 당근과 고구마의 괴경, 밀알과 옥수수 알갱이, 사과, 버찌, 자두가 자라고 익어간다. 또 우리가 먹는 오렌지, 바나나, 파인애플을 비롯한 수많은 열대 과일 역시 나름의 생장 기간이 필요하다. 사과와 버찌, 오렌지 나무는 자라는 동안 새로 가지와 뿌리를 뻗치고 해마다 새로운 잎과 열매를 생산한다. 이 과정에서 각 식물은 태양으로부터 얻은 (잠재적인) 에너지를 저장하고 물을 분해하여 획득한 수소 역시 몸속에 저장한다. 이렇게 식물을 통해 우리가 얻는 물의 양을 계산할 때는 재배 기간에 증발된 물의 양도 함께 고려할 필요가 있다. 물론 식물이 생존을 위해 이용한 물의 양을 우리가 눈으로 직접 확인하거나 측정하기란 불가능하다. 왜냐하면 그 일부는 이미 대기 중으로 증발되어 사라졌으니까!

이렇게 눈에 보이지 않는 생리수와 증발수를 일컬어 '가상수(virtual water)'라고 한다. 직접 볼 수도 없고 측정할 수도 없지만 우리는 식물을 재배하는 데 그 물이 소비되었음을 안다. 일반적으로는 식물 체내에 존재하는 수분이나 버찌 및 오렌지 같은 과일을 짜서 만든 과즙을 가상수와 반대되는 '진짜 물'이라고 생각할 수 있다. 하지만 소비자 눈에는 보이지 않는 물이라도 직접 작물에 물을 주거나 밭에 관개수를 대는 농부들은 가상수를 반드시 중요하게 고려해야 한다. 그들에게는 그 물이 눈에 보이지 않는 가짜 물이 아니라 실제로 만져지고 바로 눈앞에서 소비되는 진짜 물이기 때문이다. 그들은 직접 농작물에 줄 물을 구하고 비용을 지불해야 한다. 이 점을 고려해보면 가상수의 양은 우리가 어떤 식물이나 과일로부터 직접적으로 섭취하는 물의 양보다 수십 배, 수백 배 이상 많다고 할 수 있다. 결국 식물을 먹는다는 말은 그 식물체의 조직이나 과즙 등에 함유된 물을 직접 마시고 재배 기간에 식물 체내에 저장되었던 생리수와 그간 계속 증발된 가상수를 간접적으로 마신다는 뜻이 된다. 농부의 노고를 생각했을 때, 그리고 작물을 낳고 길러 내는 자연의 관점에서 봤을 때 가상수 개념은 단순한 학술적 정보 이상의 의미를 지닌다.

이 가상수 개념을 실생활에 적용할 경우, 우리가 커피 한 잔을 마실 때 소비된 물의 양은 컵에 든 실제 물과 커피나무 한 그루가 매년 성장하는 데 사용된 물까지 포함하여 최소 140리터 정도로 추산된다. 또 다른 예로 밀 1톤을 생산하는 데는 담수가 1,000톤가량 소비된다. 이 많은 양을 농부가, 그리고 그 작물을 길러 내는 땅이 공급해야 한다. 이제 이 책을 읽는 당신과 나를 비롯하여 이 땅의 모든 동물이 식물을 먹거나 식물성 생산물을 소비함으로써 얼마나 많은 물을 섭취하는지 대충 예상할 수 있을 것이다. 이번에는 양이나 소 같은 동물의 고기를 먹는 경우를 생각해보자. 식물과 관련된 가상수 계산법은 동물에게도 똑같이 적용된다. 육용으로 사육되는 가축은 도축되기 전까지 대개 1년 이상 생장 과정을 거치며 몸집을 키운다. 당연히 동물들은 그 생장 기간에 매일 물을 마시고 사료 작물을 먹는다.(이 과정에서 가상수 역시 대량으로 섭취한다.) 그러는 사이에 동물들은 먹잇감인 식물과 마찬가지로 호흡을 통해 수분을 증발시키고 먹을 것과 물을 섭취하여 손실량을 보충한다. 이렇게 식물을 먹는 동물이 있고 그다음에는 초식동물들을 잡아먹는 포식자가 있다. 초원에서 영양이나 얼룩말을 잡아먹는 사자를 떠올려보라. 어떤 생물이나 생산물을 가상수 단위로 바꿔 생각할 경우, 일상생활에서 식물성 음식물과 고기를 먹는 우리는 그야말로 어마어마한 양의 가상수로 환산된다.

결국 이런 점에서는 동물 역시 대량의 가상수를 나타낸다고 말할 수 있다. 체내에 포함된 수분은 상대적으로 그리 많지 않지만 말이다. 식물은 생장을 거듭하며 가상수를 축적하고 동물은 그 식물을 섭취함으로써 해당 식물이 축적한 가상수를 자신의 몸에 축적한다. 우유 한 잔을 가상수로 환산하면 그 양은 물 200리터에 해당한다. 이 우유로 치즈를 만들 경우 우유에 포함된 진짜 물 중에서 많은 양이 쓰이지 못한 채 사라지고 만다. 따라서 치즈를 섭취하면 우리가 소모하는 가상수의 양이 훨씬 더 늘어나는 셈이다. 그 밖에도 계란 하나는 135리터의 가상수로 환산되고 햄버거 하나는 2,400리터의 가상수로 환산된다. 다들 이런 사실을 알고나 있었는지 모르겠다. 게다가 당신이 신는 가죽 신발 한 켤레는 가상수로 바꿔 생각하면 그 양이 무려 8,000리터나 된다. 그야말로 엄청난 양이 아닌가? 우리가 발붙이고 사는 토지는 그렇게 많은 물을 잠시도 아니고 먹을 것의 종류에 따라서 최소 1년에서 최대 3년까지 계속 공급해야 한다. 기온이 바뀐다고 해서 특별히 물이 덜 쓰인다거나 하는 일도 없다. 기온 상승과 그로 인한 토양의 건조화는 오히려 이 문제를 더욱 악화시킬 따름이다. 전 세계 어느 곳에서나 똑같은 작물과 과일, 고기, 채소 등이 생산되지 못하는 이유는 바로 여기에 있다.

우리가 채소나 과일을 먹어서 소비하는 물의 양은 실제로 그 채소와 과일에 포함된 수분량의 수백 배에 달하며, 고기나 치즈를 먹어서 소비하는 물의 양은 실제 섭취량의 수천 배에 달한다. 밀가루를 1킬로그램 생산하는 데 필요한 물은 1,000리터, 소고기를 1킬로그램 생산할 때 드는 물은 1만 3,000리터나 된다. 이렇게 많은 물이 지속적으로 사용되면서 이 지구 상의 수계에 큰 부담이 되고, 그로 인해 생물이 사용할 수 있는 담수가 점점 줄어들고 있다. 물론 누군가는 이렇게 말할지도 모른다. 지금까지 세계 여러 지역에서는 소고기나 돼지고기가 아닌 물고기를 단백질 공급원으로 항상 이용해왔다고 말이다. 그런 곳에서는 먹을거리가 대부분 식물의 잎과 줄기, 뿌리, 또는 과일, 벼, 옥수수, 기장, 수수, 밀 같은 곡식의 알곡으로 국한된다. 그러나 최근 몇십 년 사이에 중국과 인도, 남아메리카 지역민의 소득이 증가하면서 지금은 그들도 수 세기 동안 부유한 서양 세계 사람들이 그랬던 것과 마찬가지로 고기와 각종 동물성 식품을 먹고 있다. 비록 시간이 조금 더 흘러야겠지만 이러한 양상은 언젠가 아프리카에서도 나타날 것이다. 지난 50년간 세계 인구는 약 두 배 정도 증가했는데 육류 소비량은 무려 다섯 배나 증가했다. 이런 추세로 미루어 봤을 때 담수가 짊어진 짐은 앞으로도 더욱 무거워질 테고, 학계에서 예측한 것처럼 이후 20년간 현 인구수의 50퍼센트가 더 늘어날 경우 물 소비량은 엄청나게 늘어날 것이다.

가상수 개념은 식량뿐 아니라 의복에도 똑같이 적용된다. 과거에는 옷이 주로 양털을 깎아 만든 모직 소재로 제작되었는데 이 양털은 물론 그 공급원인 양 역시 대량의 가상수로 환산된다. 앞에서 가죽 신발 한 켤레가 8,000리터에 상당하는 물로 환산된다고 한 것처럼 양모도 가상수로 따져보면 그 양이 어마어마하다. 물론 이런 물건들은 수분 한 방울 느끼기 어려울 만큼 건조하다. 이런 점에서 양모 스웨터는 온전히 가상수로만 이뤄진 셈이다. 지난 한 세기 동안 의복은 양모뿐 아니라 목화 섬유로 만든 면으로도 제작되었다. 이 식물은 생장 과정에서 실로 엄청난 양의 물을 필요로 한다. 따라서 목화의 건조한 섬유 역시 양털과 마찬가지로 거의 전체가 가상수로 이뤄진 셈이다.

산업화, 각종 생산물 · 생활양식 · 무역 · 농업 세계화와 함께 나타난 중요한 변화 한 가지는 바로 물의 세계화, 더 엄밀히 말하면 가상수의 세계화다. 이러한 사실은 지중해형 기후에서만 자라는 목화가 세계인의 의복 원료가 되었다는 데서 뚜렷하게 드러난다. 예컨대 유럽인은 면제품이 된 대량의 인도산 가상수를 소비하고 북아메리카인은 인도와 중국산 가상수를 소비하는 식이다. 세계 여러 곳의 목화 산지는 지중해성 기후를 띠어 덥고 건조한 편인 데다가 주변에는 관개용수를 끌어다 쓸 커다란 강도 없다. 그런데 이런 곳에서 자란 목화를 통해 대륙과 대륙을 이동하는 가상수의 기본 단위는 수백만 세제곱미터, 때로는 그 수치가 백억에서 천억 세제곱미터에 이를 만큼 크다. 목화는 그만큼 물을 많이 먹는 작물이다. 그 예로 거대한 내륙호였던 아랄 해는 주변국들이 이 호수로 이어지는 강물을 목화밭의 관개수로 끌어다 쓰는 바람에 완전히 바닥을 드러내고 말았다. 또 미국은 목화 재배를 위해 지하 깊숙한 대수층에 존재하는 화석수(化石水, fossil water, 먼 옛날 지층이 퇴적될 때 암석층에 갇힌 물.—옮긴이)를 왕창 뽑아 쓰고 있다.

물을 대량으로 소비하는 목화 때문에 현재는 막대한 양의 가상수가 물 부족 국가로부터 먼 바다를 건너 유럽과 미국처럼 물이 풍족한 국가로 이동하는 실정이다. 이 점은 다른 식물성 생산물도 크게 다르지 않고 동물성 생산물은 그 정도가 더욱 심하다. 이렇게 어떤 지역은 물을 잃고 어떤 지역은 물을 얻는다. 이런 관점에서 봤을 때 오늘날 물을 평균적으로 가장 많이 수입하는 국가는 인도와 중국이고, 반대로 물을 가장 많이 수출하는 나라는 수자원이 그다지 풍족하지 않은 오스트레일리아다. 하지만 목화를 기르는 농부들 처지에서는 이러한 양상을 바꾸기 위해 할 수 있는 일이 거의 없다. 그들은 순식간에 물을 공중으로 날려버리는 목화를 위해 얼마 되지도 않는 근방의 물로 밭에 관개수를 공급할 따름이다. 이들을 고용하여 작물을 재배하는 거대한 다국적 농기업들은 가용 수자원을 모두 끌어 쓰다가 생산 경제성이 떨어지는 순간 황폐해진 농지로부터 곧장 등을 돌린다.

앞으로 몇십 년 동안 가상수의 사용량과 거래량은 지속적으로 증가할 가능성이 크다. 반면에 깨끗한 지표수와 지하수량은 감소할 것이다. 기후 변화로 기온이 높아짐에 따라 문제가 광범위하게 발생할 우려도 있다. 실제로 이미 물 부족 문제를 겪고 있는 미국 남서부 지역과 아프리카의 북동부 지역, 인도와 호주는 기후 온난화와 엘니뇨 효과로 인한 가뭄으로 더욱더 건조해질 가능성이 매우 크다.

이론적으로 생각해보면 무기물과 에너지에도 가상수와 같은 개념을 적용할 수 있다. 식물은 물을 흡수할 때와 마찬가지로 생존과 성장을 위해 많은 무기물과 에너지를 사용하고, 우리는 그 식물을 원산지에서 다른 곳으로 수출한다. 수확 작업과 타 지역으로의 수송 작업이 이뤄질 때까지 식물은 가상의 광물과 에너지를 축적한다. 이미 앞에서도 이야기했듯이 식물이 평생에 걸쳐 흡수한 인과 칼륨은 어딘가의 시장으로 이동하여 또 다른 어딘가로 사라져간다. 이 말은 해마다 토양의 손실분을 보충해야 한다는 뜻이 되고, 이는 곧 광산에서 캐낸 인과 칼륨을 비료로 공급해야 한다는 뜻과 같다. 이런 점에서 식물과 동물은 가상수뿐만 아니라 가상 무기물과 가상 에너지로도 환산할 수 있다.

우리는 식수 외에도 다양한 목적으로 물을 사용한다. 물은 몸을 씻고, 식료품을 씻고, 옷을 세탁하고, 집과 자동차를 청소하는 데 쓰인다. 또 욕조나 뒤뜰 수영장을 채우거나 잔디에 물을 주는 데도 많은 물이 사용된다. 오늘날 우리가 사는 거대 도시에서 매일 같이 얼마나 많은 물이 소모되는지 한 번 생각해보라. 게다가 이렇게 큰 도시들은 건조한 아열대 지방에 주로 존재한다. 대도시에는 고대 로마와 마찬가지로 광범위한 상하수도 시설이 갖춰져 있으며 신선한 물을 얻기 위한 넓은 저수지와 오물을 처리하기 위한 공간이 함께 준비되어 있다. 아마 이 사실을 염두에 두고서 수백만 명이 사는 넓디넓은 도시를 차로 이동하거나 비행기 안에서 내려다본다면, 자연스레 그 많은 물이 어디에서 오고 그 많은 폐수가 어디로 가는지 의문이 생길 것이다.

게다가 사회가 복잡해지면서 사무실 건물과 공장, 병원, 연구 시설 역시 점점 더 커지고 높아져 우리 시야를 온통 뒤덮은 채 갈수록 많은 물을 소비하고 있다. 한 가지 예로 산업계는 광석을 채굴하고 세척하거나 가공을 거친 금속을 냉각하는 데 많은 물을 소비한다. 이런 점을 생각해보면 우리가 모는 자동차는 수천 리터나 되는 가상수로 이뤄진 셈이다.

노천광에서 이뤄지는 각종 광물 자원의 채굴 작업은 작업장 인근 지역의 지하수위를 크게 낮춘다. 광물 채굴을 위해서는 '배수' 작업이 끊임없이 이어져야 하는데, 그 결과 해당 지역의 지하수는 폐수 취급을 받으며 아무데도 쓰이지 못한 채 버려진다. 타르 모래의 채굴 작업에는 막대한 양의 담수가 소비되는데, 그 영향은 일개 소지역에 국한되지 않고 채굴장 주변에 있는 지방 전체에 미친다. 그 밖의 산업계와 대다수 연구 시설들은 각종 화학 약품의 개발 및 생산 단계에서 많은 물을 사용한다. 그뿐만 아니라 물은 도시를 건설하고 높다란 아파트 건물을 짓는데, 또 각 건물을 잇는 도로와 하수처리 시설을 만드는 데도 쓰인다. 농업 분야에서는 엄청나게 많은 물이 관개용수로 쓰이는데, 직간접적으로 동물 사육과 작물 재배에 소비되는 물도 많지만 땅에서 대기 중으로 곧장 증발하는 양도 그에 못지 않게 많다.

우리가 직접 마시거나 식물성 식품과 동물성 식품을 통해 간접적으로 섭취하는 물을 제외하고, 앞에서 설명한 물 사용 방식은 모두 인간 사회에만 국한된다. 자연계의 다른 동물들은 자동차를 몰지도 않고 아침마다 샤워나 목욕을 하지도 않는다(단, 작은 물웅덩이에서 몸에 이리저리 물을 끼얹는 찌르레기 같은 새들은 제외). 하지만 우리 인간은 다른 생물과 다르게 빗물, 강물, 지표수, 지하수, 수백 미터 암반 속의 화석수 등 종류를 가리지 않고 지구 상의 온갖 담수 자원을 빠른 속도로 소비하고 있다.

이렇게 물을 많이 이용하는 특성 때문에 인간의 거주지는 대부분 강과 해안 부근으로 한정된다. 물론 먼 옛날의 인류에게는 사용할 물을 얻기 위해서만이 아니라 선박을 이용한 장거리 교역과 이동을 위해서도 강과 바다가 꼭 필요했다. 시냇물과 강은 인간에게 식수를 제공했고 수렵 · 채집 시대에는 물고기와 사냥감을, 농경이 시작된 후에는 작물을 기르는 데 필요한 용수를 공급했다. 사람들이 강에서 물을 끌어다 쓰면서 메소포타미아, 이집트, 중국과 인도의 고대 문명지에는 식량과 식수가 풍부해졌고, 그 덕분에 도시가 성장하면서 각종 산업의 기틀이 잡히기 시작했다.

그러나 당시에도 담수 사용의 우선순위는 식량 생산을 위한 관개용수보다 도시의 생활용수와 산업용수 쪽이 더 높았다. 놀랍게도 이런 현상은 오늘날 전 세계적으로 만연해 있다. 최근에는 우선순위가 거대한 댐과 방대한 저수지를 이용한 수력발전 쪽에 주어지기도 한다. 산에서 내려오는 급류를 댐으로 막고 계곡 지대를 물로 채우면 저수지가 완성되는데 이 인공 지형에서는 이따금 범람 사고가 발생하기도 한다. 현재 스웨덴에서는 한 곳을 제외한 모든 강에 이런 댐을 건설하여 수력 발전에 이용하고 있다. 이렇게 발전용 댐이 지어지면 그 지역의 어장이나 풍요로운 농토, 가축 사육지는 물론 수세기에 걸쳐 형성된 거주지까지 모두 물속으로 사라진다. 나일 강은 수천 년에 걸쳐 이집트에 비옥한 농토를 만들어왔지만 댐이 건설되면서 그 역할을 잃었고 강변의 역사 유적까지 일부 소실되고 말았다. 당시 댐 건설 지역에 있던 사원과 신성한 조각물들은 조각조각 해체되고 다른 지역으로 옮겨져 복원 작업을 거쳤다. 또 일부 사원은 공사 원조에 대한 보답으로 기증되어 세계 곳곳으로 뿔뿔이 흩어졌다. 하지만 그렇게 완성된 아스완 댐(Aswan Dam)에서는 토사가 급속도로 쌓여 저수지가 매몰되는 사태가 발생했고, 결국 전기 생산을 목적으로 엄청난 비용을 들여 만든 댐이 제 기능을 발휘하지 못하는 문제가 발생했다. 토사의 퇴적으로 전력 생산에 지장이 생긴 동시에 나일강 삼각주(Nile Delta)에서도 급속한 침식 현상이 나타나 강 하류에 있던 비옥한 여러 농경지와 어장이 사라지고 말았다. 원래 모든 저수지는 그 수명에 한계가 있다. 한 장소에 물을 가둬 이용하는 동안 토사가 서서히 쌓이기 때문이다. 이런 현상 때문에 풍요로운 농지 위에 세워져 수백만 명의 생활 터전을 망가뜨리고 수천 년간 형성된 야생 동식물들의 생활공간을 파괴한 중국의 싼샤댐(三峽大堤) 역시 많은 이들의 우려를 사고 있다.

농업 관개용수와 도시 생활용수 및 공업용수의 수요가 늘면서 전 세계 곳곳의 지하 수위가 낮아지고 있다. 일례로 중국 북부 지역에서는 밀 생산을 위한 과도한 지하수 추출로 지하 수위가 매년 1미터씩 낮아지는 실정이다. 과거 유럽에서는 농경지 확장을 위해 숲 지대의 대규모 배수 작업과 개간 작업을 실행한 이후 이런 문제가 뒤따랐다. 당시 네덜란드는 뛰어난 토양 배수 및 개간 기술로 영국과 프로이센에 명성을 떨쳤고, 프랑스 북부에서는 운하 건설 기술로 유명했으며, 라인 강의 상류처럼 큰 강의 수자원을 관리하는 기술로도 이름을 날렸다. 이탈리아를 여행하다 보면 언덕 위에 자리 잡은 옛 도시들과 배수 작업을 통해 19세기 이후 지어진 현대 도시들을 비교 · 대조하며 살펴볼 수 있다. 그곳 사람들은 도시별로 옛 이탈리아인의 유전적 특징을 잘 간직하고 있다. 과거에는 한 도시에서 다른 도시로 이동하기가 어려웠던 탓에 인구 재생산이 주로 도시 내부에서만 이뤄졌기 때문이다. 현대적인 도시들이 세워지기 전까지 계곡 지대는 대부분 습지로 이뤄져 있었고, 그래서 사람들은 산 위로 올라가 살 수밖에 없었다.(수 세기 동안 습지대는 말라리아의 온상이 되었지만 언덕 위의 도시에서는 상대적으로 말라리아의 발병 빈도가 낮았다.) 이렇게 습지대가 많았던 지역이 이제는 관개용수가 없어서는 안 되는 곳이 되었다. 또 그 옛날 습지와 개구리가 가득했던 저지대 국가, 즉 네덜란드 역시 배수로가 메말라버려 관개 작업이 반드시 필요한 지경에 이르렀다. 한때 개구리 요리로 유명했던 이탈리아 북부의 페라라(Ferrara) 시도 비슷한 변화를 겪었다. 이런 현상은 유럽 북서부 지역의 여러 국가에서 유사하게 나타났는데, 이 나라들 모두 예전에는 습지와 늪, 구불구불한 강이 많았다. 그 옛날 식수와 농업용수가 남부럽지 않게 풍부했던 유럽은 이제 갈수기가 되면 심심치 않게 물 부족 문제를 겪는 지역이 되고 말았다.

요즘은 세계 각지에서 큰 강물이 마르는 사태도 일어난다. 처음에는 작은 시냇물이 말라붙고, 점점 더 큰 지류가 말라버리고, 대륙을 가로지르는 강의 본류까지 바닥을 드러낸다. 실제로 북아메리카 대륙의 서부 지역을 흐르는 콜로라도 강은 이제 바다에 닿지 못하고 있으며, 동부를 흐르는 미시시피 강에서도 조만간 같은 문제가 발생할 것으로 예상된다. 또 오스트레일리아 동부의 머리(Murray) 강과 인도의 갠지스 강도 수계 고갈 문제를 보이고 있으며, 강 중의 강인 브라질의 아마존 강 역시 위기에 처해 있다. 과거에 황하 강의 물을 이용하던 중국의 농경지와 도시들은 이제 다른 곳에서 농업용수와 식수를 구해야 하는 상황에 처했고 이 때문에 현재 중국 각지에서는 수천 킬로미터에 달하는 운하의 건설 작업이 고려되거나 실제로 진행되고 있다. 수량이 줄어든 황하 강은 마실 물을 공급하기에 더는 적합하지 않은 상태이며 또 그 수위가 배를 몰기 어려울 만큼 낮아져서 강 근처에 자리 잡은 수많은 공장에 악영향을 미치고 있는 실정이다. 최근에는 세계에서 가장 거대한 강 중 하나인 이 황하 강조차 바다까지 도달하지 못한 채 중간에 말라버리는 일이 벌어지고 있다. 이제 이탈리아 북부의 포(Po) 강이나 세계 각지의 큰 강에 놓인 다리들은 과거의 화려했던 시절을 나타내는 상징물 그 이상도, 그 이하도 아니다. 지금은 굳이 다리를 밟지 않고도 직접 건널 수 있는 강이 많아졌기 때문이다.

중국 서부에서는 농부들이 물 고갈 때문에 목화 재배를 포기해야 할 지경이 되었다. 이런 양상은 미국 남서부 지역과 멕시코에서도 나타났으며 해당 접경 지역에서는 물 분쟁이 심화되고 있다. 또 앞에서도 이야기했듯이 목화 재배 때문에 아랄 해는 완전히 말라버리고 말았다. 한때는 이 호수와 목화 재배지를 모두 보전할 목적으로 북쪽으로 향하는, 시베리아를 흐르는 몇 몇 강의 물줄기를 남쪽으로 돌리는 방안까지 검토된 적이 있었다. 또한 성서 시대부터 높은 소금 농도로 널리 알려진 사해(Dead Sea)는 마그네슘과 칼륨 등 각종 광물을 추출하는 공장들 때문에 해마다 그 수위가 1미터씩 낮아지고 있다.

요즘은 지표수와 얕은 지하수의 고갈로 화석수를 머금은 깊디깊은 대수층이 세계 각지의 농업과 도시, 산업에 필요한 물을 공급하고 있다. 특히 미국 남서부와 오스트레일리아, 중국에서는 이 대수층의 물이 놀라우리만치 빠른 속도로 소모되고 있다. 특히 중국에서는 과도한 지하수 개발로 지반 침하가 진행되어 도시 곳곳이 수십 미터 아래로 폭삭 내려앉는 사고가 일어나기도 했다. 또한 미국의 산조아킨 벨리(San Joaquin Valley)에서도 1925년과 1977년 사이에 지역 전체가 8미터가량 가라앉는 사태가 일어났고, 멕시코시티 일부 지역에서는 무려 20미터나 지반이 가라앉았으며, 자카르타는 지금도 해마다 10센티미터씩 가라앉는 중이다. 미국 애리조나 주에서는 지반 침하로 도로 곳곳에 생긴 커다란 균열을 조심하라고 운전자들에게 직접 경고까지 하고 있다. 한편, 멕시코에서는 농부들이 비싼 양수기를 구입하지 못해 밭에 물을 대지 못하고 농사를 포기하는 상황이 벌어지고, 미국에서는 화석수가 고갈된 대수층 위쪽의 메마른 토양으로 강과 습지대의 물이 새어나가 지역 수계가 고갈되는 상황까지 벌어졌다. 이렇게 전 세계 수많은 인구가 물을 비롯한 먼 과거의 유산에 의존하며 살아가는 바람에 한정된 옛 자원들이 점점 더 빠른 속도로 고갈되고 있다. 결국 우리의 식량, 식수, 위생 상황은 화석연료가 부족해지고 그 결과 농업을 유지하는 데 드는 각종 화학물질과 에너지 비용이 급격히 증가함으로써 더욱 심각한 수준에 이를 것이다.

물 부족 문제를 해결하는 방안 중 하나로 바닷물에서 염분을 추출하여 담수를 생산하는 방법이 있다.[실제로 오스트레일리아의 퍼스(Perth) 시에서 시도한 바 있다.] 그러나 염분 제거 공정은 재정적 측면이나 에너지 측면, 그러니까 화석 연료의 사용량 측면에서 많은 비용을 요구한다. 일단 염분을 추출하는 작업에서 엄청난 에너지가 소모되고 생산된 대량의 담수를 먼 곳까지 이동시키는 데도 많은 에너지가 든다. 그래서 이 방법은 경제성 측면에서 실현성이 없다. 오염된 강물과 호숫물도 정화하지 못하는 대다수 가난한 나라들 입장에서 바닷물을 담수로 바꾸기란 그야말로 꿈과 같은 일이다. 이집트의 경우, 8천만 인구가 사용하는 식수 중에서 40퍼센트가 오염된 상태인데, 2050년경에는 그 물을 이용하는 사람 수가 1억 2,000만 명으로 늘어나리라 예상된다. 현재 이집트 국민 1인당 물 소비량은 826세제곱미터 정도지만 2017년에는 그 양이 582세제곱미터로 더 줄어들 것이라 한다. 이미 이 지구는 물이 부족한 상황에 처해 있으며, 앞으로는 현존하는 전 세계 인구 절반 이상이 이 문제로 고통을 겪을 것이다. 육류 소비가 늘면서 그와 관련된 가상수 소비량이 함께 늘어나 개개인이 쓰는 물의 양이 더욱 증가할 테고 머나먼 바다를 건너 대륙과 대륙을 오가는 물 역시 늘어날 것이다. 결국 농업, 축산업, 건설, 공업, 일상생활에 필요한 물의 양이 모두 늘어날 텐데, 현존하는 수량으로는 이 수요를 다 감당하지 못한다. 또 경제성이 크게 떨어지는 해수의 담수화 기술은 앞으로 화석연료가 고갈되어 연료비용이 늘어나면 그 효용을 더욱 잃을 것이다.

깨끗한 담수가 점점 줄어드는 지금, 물 부족 문제는 도시 생활과 공업 및 광업 활동에 의해, 또 농업과 제약 업계에서 사용하는 화학물질에 의해 대규모 수질 오염과 상수원 오염이 발생하여 더욱더 심각해지고 있다. 그 예로 이집트의 공장들은 해마다 5억 5천만 세제곱미터에 달하는 폐수를 나일 강에 방출하고 농업계는 여기에 농약과 비료로 오염된 물을 해마다 25억 세제곱미터씩 더하고 있다. 깨끗한 물을 구하기가 워낙 어렵다 보니 농부들이 하수를 농업용수로 사용하는 바람에 생산물의 질까지 나빠지고 있는 실정이다. 현재 몇몇 개울이나 강은 물결치며 흐르기는커녕 물 같지 않게 알록달록한 색을 띠기도 한다. 이런 물은 오염물질 때문에 사람이나 동물이 마시지도 못하고 농업용수나 공업용수로도 부적절하다. 깨끗한 물이 없어 어쩔 수 없이 더러운 물을 이용할 경우는 부작용으로 온갖 질병과 정신 장애, 육체적 통증이 발생하기 십상이다. 이런 이유로 이집트에서는 해마다 1만 7,000명이나 되는 아이들이 설사병과 탈수증을 앓다가 사망한다.

전 세계의 강과 호수, 습지대가 사라지면서 내륙 지역과 하구 지역의 생물다양성 역시 크게 훼손되었다. 한때 수많은 어부의 황금 어장이었던 북해의 하구 지역과 근해 지역에서는 많은 동물이 자취를 감춘 지 오래다. 이는 남획 때문이기도 하지만 농업과 공업 분야에서 사용된 화학물질과 각종 의약품이 수십 년에 걸쳐 강을 따라 바다로 유입된 탓이 크다. 또 가정에서 쓰이는 살균제와 세제도 많은 양이 지표수와 지하수에 섞여서 바다까지 도달하는데, 그런 물질들은 완전히 분해되지 않은 채 해양 생물들에게 악영향을 미친다. 한편 수서 생물들은 강을 따라 떠내려 오는 대량의 토사에 의해서도 고통을 당한다. 대표적인 예로 수 세기에 걸쳐 황해로 토사를 실어 나른 황하 강을 들 수 있다. 이제 수십 년째 흙탕물이 흐르는 오스트레일리아의 강에서는 옛날에 원주민들이 즐겨 먹던 지역 고유의 어종을 이제 찾아보기가 어렵다. 같은 이유로 이제는 인도차이나 지역의 메콩 강을 비롯한 다른 세계 여러 지역의 강에서도 민물고기를 찾아보기 어려워졌다.

담수가 줄어들고 수질 오염이 심해질수록, 달리 말해서 지구 온도가 높아지고 양수와 정수 및 수송에 드는 에너지가 많이 들수록 물은 더 비싸진다. 그러면 식량 생산이 위태로워져 먹을거리 가격이 지금보다 훨씬 더 비싸지고 전 세계의 빈민이 먹을 것을 아예 구하지 못하는 상황이 벌어질 수 있다. 따라서 우리가 예측하는 몇몇 위기 상황은 에너지 부족과 한정된 광물 자원 때문만이 아니라 물 부족 문제 때문에도 발생할 수 있다.

요즘은 병에 든 생수가 전 세계적으로 빠르게 보급되고 있는데, 이런 식으로 물을 유통시킬 경우 플라스틱 용기가 많이 필요한 것은 물론이고 수송 수단의 이동 거리가 대폭 늘어나는 문제가 뒤따른다. 현재 사우디아라비아 사람들은 4,300킬로미터나 떨어진 곳에서 나는 핀란드산 물을 마시고 지내며, 이탈리아 내에서만 해도 생수를 나르기 위해 각지를 바쁘게 오가는 트럭 수가 30만 대나 된다. 미국에서는 해마다 자그마치 300억 개나 되는 플라스틱병이 생산되고 버려진다. 전에도 이야기했듯이 이런 병들을 재순환시키지 못하는 것은 아니지만 그 과정에서 많은 에너지가 필요하므로 결국은 화석 에너지의 힘을 빌려야만 한다. 또한 이 병들을 처음에 생산할 때는 병 하나당 석유 160밀리리터와 함께 담수 5리터가 소비된다. 1리터짜리 생수를 생산하는 데 물이 5리터나 더 드는 것이다. 결국 이런 식으로 우리 몸에는 또 다른 형태의 가상수가 축적된다.

그렇다면 대수층의 화석수가 고갈되고 습지대와 호수, 그리고 아랄 해 같은 내륙해가 말라버릴 때 그 많은 물은 다 어디로 갈까? 분명히 지구 내의 어딘가로 가는 것은 맞다. 물은 농작물의 증산 작용에 의해, 논밭의 자연적인 건조 작용에 의해, 영구 동토의 얼어붙은 부식토가 녹음으로써, 또는 광대한 원시림이 벌채됨으로써 대기 중으로 흩어진다. 이렇게 증발된 물은 모두 비로 변하는데 그중 대부분이 바다에 내린다. 그리고 육지에 내린 나머지 빗물은 거의 다 강을 따라 바다로 흘러간다. 결국 육상 환경에 존재하는 담수는 죄다 바다로 향하는 셈이다. 그 밖의 물은 대기 중에 수증기 형태로 남아 지구의 기온을 높인다. 현재 우리가 지구에서 이용하는 물의 97퍼센트는 바다로 흘러가는데, 이것은 현재 해수면 상승분의 4분의 1에 해당하는 양이다. 나머지 4분의 3은 지구 온난화로 녹아내리는 전 세계 극빙과 빙원, 빙하가 차지한다. 하지만 재순환 공정을 통해 폐기물로부터 다시 광물질을 회수할 때와 마찬가지로 이 소금물을 다시 담수로 바꾸는 데는 막대한 에너지가 든다. 결국, 머지않아 우리가 바로바로 쓸 수 있는 담수 자원은 사라질 테고 오염된 물과 소금물을 깨끗한 물로 되돌리는 데는 엄청난 비용이 들 것이다. 물도 우리가 사용하는 여러 광물질이나 에너지 자원들처럼 그렇게 사라져버리는 것이다.

식량과 마찬가지로 필수 자원인 담수의 이용 가능성 역시 앞으로 화석연료를 얼마나 더 쓸 수 있느냐와 깊은 관계를 맺고 있다. 한편 화석연료의 사용은 기후 온난화를 심화시키고 이 문제는 우리가 이용할 수 있는 식수와 식량을 감소시킨다. 인류는 화석연료에 의해 돌아가는 악순환의 고리에 빠지고 만 것이다. 하지만 자원의 남용, 고갈, 폐기물의 생산과 환경오염 문제를 낳은 궁극적인 원인은 바로 인구 증가다. 인종과 국가를 막론하고 모든 사람에게는 기본적인 의식주가 필요하며, 우리는 늘 지금보다 나은 삶을 살길 바란다. 또 사람은 다들 자손을 낳고 기르며 살고 계속해서 더 많은 것을 원한다. 끝없이 더…….

지금 우리 사회가 맞닥뜨린 여러 가지 문제를 다루기 위해서는 현상을 완벽하게 파악해야 할 뿐 아니라 그와 연관된 해결책에 대해서도 반드시 깊이 있게 논의해야 한다. 물론 언제나 그 시작점은 모든 문제의 원인, 즉 더는 지속 불가능한 인구 문제여야 할 것이다.

11. 대기오염과 기후 온난화

오늘 아침에 나는 정원에서 개똥지빠귀가 지저귀는 소리를 들었다. 지금은 11월, 내가 사는 네덜란드에서는 보통 2월쯤 되어야 저 새를 볼 수 있다. 과연 내가 본 개똥지빠귀는 기후 온난화 때문에 더 일찍 이곳을 찾아온 것일까? 아니면 개똥지빠귀들은 원래 이맘때가 되면 날씨가 더 추워도 늘 이곳에서 지저귀었던 것일까? 네덜란드의 겨울이 전반적으로 따뜻해졌다고는 하나 (스케이트를 탈 수 있을 만큼 얼음이 두껍게 얼지 않을 때도 자주 있으니까) 체감상으로는 여름이 예전보다 딱히 더 더워졌다고 말하기 어렵다. 여전히 날씨는 변화무쌍하며 오늘과 내일이 다르고 계절과 연도에 따라 또 조금씩 다르다. 과연 무슨 문제가 있기는 한 것일까? 정말 기후 온난화가 진행되기는 할까? 많은 사람이 여기에 '그렇다'고 말을 하지만, 또 어떤 이들은 '그렇지 않다'고 말한다.

기후 변화 정부 간 위원회(Intergovernmental Panel on Climate Change /IPCC)를 구성한 과학자 2,000여 명은 수년간에 걸친 연구 결과, 현재 지구의 기후가 변화하고 있으며, 이는 인간의 활동 때문이라는 결론을 내렸다. 그런데 그들은 앞으로 어떤 일이 일어날지도 예측할 수 있을까? 지금까지 그들의 예측은 아주 일반적인 내용에만 국한되었다. 이미 다들 알다시피 기후 변화 때문에 식량 부족 문제가 발생했고 아프리카에서는 이 문제가 특히 더 심각하다. 과연 이 사실이 나 자신과 내 주변 환경, 또 내 생활과는 무슨 관계가 있을까? 여전히 서양 세계의 수많은 상점에는 먹을 것이 넘쳐나고 있지 않은가? 기후 변화가 정말로 진행되는 중이라면 이것은 재앙인가, 아니면 반대로 농작물 생산을 촉진하여 과다한 인구를 먹여 살릴 새로운 기회인가? 우리는 무슨 말을 믿어야 하고 어떤 예측을 해야 할까?

이런저런 기술과 자료를 이용해서 미래를 예측을 할 수는 있다. 하지만 이것은 보편적인 사항에만 해당할 뿐, 상세한 부분까지는 알기가 어렵다. 바로 이 점이 우리에게 혼란을 일으킨다. 개똥지빠귀 한 마리가 예년보다 일찍 나타나 지저귀는 것이 어쩌면 기후 온난화 때문일 수도 있지만, 반드시 그렇다고 확신하기는 어렵다. 내가 사는 곳, 그리고 당신이 사는 어딘가에서 실제로 일어나는 일들이 정확히 어느 부분에 속하는지는 알기 어렵지만, 그래도 통계적 확률에 근거하여 전반적인 양상을 설명할 수는 있다. 이를테면 이런 식이다. 겨울은 이전보다 대체로 더 따뜻해졌는데 여름은 그대로이거나 더 시원해진 것 같다고 말이다. 실제로 세계 어딘가에는 과거보다 대체로 더 따뜻해진 지역이 있고, 또 대체로 더 시원해진 지역이 있을 것이다. 결국 나와 당신이 사는 곳에서 일어난 어떤 일을 정확히 예측하지는 못하지만 넓은 지역에 대해서는 '대체로 더' 어떠어떠하다는 식으로 예측할 수 있다. 그러니 이제부터는 '대체로 더' '더 많은 곳에서' 같은 표현을 통계학적인 측면에서, 그리고 상대적인 빈도 측면에서 생각하도록 하자. 아무튼 이런 관점에서 보면 기온 변화를 매일, 매년 같이, 또는 자신의 거주 지역에서 특별히 느끼지 못하더라도 실제로는 기온이 상당히 올라갔을 가능성이 있다. 지난 20년간 네덜란드에서는 서리도 거의 내리지 않을 만큼 따뜻한 겨울이 이어지다가 2010년에 아주 오랜만에 운하가 얼어붙어 그 위에서 다들 스케이트를 탈 수 있었다. 이런 사례를 보면 북대서양 지역은 예전보다 훨씬 더 온난해졌다고 생각할 수 있다.

지구에서 우주로 열이 방출되는 것은 더없이 자연스러운 현상이다. 이 열 방출 현상이 없다면 지구는 태양에서 끊임없이 유입되는 복사열 때문에 생물이 도저히 못 견딜 만큼 뜨겁게 변할 것이다. 지구의 바로 옆 행성인 금성처럼 말이다. 금성의 대기에는 이산화탄소가 고농도로 축적되어 우주에서 유입된 태양 복사열이 다시 밖으로 방출되지 못한다. 그래서 이 행성의 기온은 섭씨 수백 도에 달한다. 그 결과 암석층이 매우 뜨겁고 건조해져 아무 생명체도 살지 못하는 환경으로 변하고 말았다. 한때는 금성에도 지구처럼 바다가 있었고 이산화탄소 대부분이 암석층 사이에 저장되어 있었다. 그러나 대기가 과열되고 온난화 현상이 가속되면서 온건한 기후가 사라지고 뜨거운 오븐 같은 행성이 되고 말았다. 기온 상승으로 수증기와 이산화탄소가 증가하여 기온이 더욱더 높아지고, 그로 인해 더 많은 수증기와 이산화탄소가 대기 중으로 방출되면서 이 현상이 가속된 것이다. 하지만 지난 40억 년간 지구의 대기는 금성을 불바다처럼 만들어버린 태양 복사 에너지를 일부분만 받아들였다. 그 덕분에 우리 지구의 온도는 아주 높거나 극단적으로 낮지 않게 유지될 수 있었다. 지구를 둘러싼 우주의 온도는 빙점보다 섭씨 270도 정도 낮은 절대 영도지만, 지구 기온은 이 혹한의 환경보다 섭씨 300도가량 높은 평균 섭씨 30도 정도로 꽤 안정적인 편이다.

과연 금성에서 나타난 현상이 지구에서도 똑같이 일어날 수 있을까? 계산상으로는 우리가 지금처럼 화석연료를 계속 사용할 경우 실제로 그런 일이 일어날 수 있다는 결과가 나왔다. 그러면 바다는 증발하고 수많은 암석은 바싹 말라버린 채 곳곳에 숨겨둔 이산화탄소를 뱉어낼 것이다. 그때야말로 인류 최후의 날, 아니 지구 상의 모든 생물이 사라지는 날이다. 아름다운 숲과 거대한 고래 떼도 사라지고 오랜 세월 인간이 쌓아온 지식, 사람과 사람, 문명과 문명 사이에서 이뤄진 온갖 변화상 역시 사라질 것이다. 역사도, 미래도 모두 사라진다. 바로 우리 인간의 무관심과 무모함, 욕심 때문에. 황량하고 생명체 하나 없는 뜨거운 지구는 지금의 금성과 하나도 다를 바가 없다. 우리는 이 우주 어딘가에 지구처럼 생명이 살아 숨 쉬는 행성이 존재하리라고 믿거나 추측하지만, 우리가 아는 한도 내에서는 지구 외에 그런 행성이 없다. 현재로서는 지구만이 유일무이하다. 그런데 우리 인간은 이 귀중한 생명의 보고를 영원한 파괴의 위험에 빠뜨리고 그 미래를 망치려 하고 있다.

지구의 기온 상승 현상은 다음과 같이 이어진다. 지구의 대기를 투과한 햇빛이 행성 표면, 즉 토양과 물을 데운다. 이때 지표면을 데움으로써 유입된 복사 에너지가 일부분 소실되고 지구는 받아들인 에너지를 에너지 함량이 적은 열복사 형태로 다시 우주로 돌려보낸다. 그렇게 우주로 돌아가는 도중에 열복사 에너지, 그중에서도 주로 적외선이 대기 중의 몇몇 화합물에 의해 가로막힌다. 이때 이산화탄소, 메탄, 수증기, 질소산화물, 유황화합물, 그 밖에 인공적으로 생성된 프레온 기체 등이 적외선을 다시 지구로 반사하여 지표면과 암석면, 바다의 온도를 높인다. 이런 현상은 유리를 이용해 열복사를 막는 온실 내부에서도 나타난다. 그래서 이 기체들을 온실기체라고 한다. 온실기체는 인간의 활동으로 방출되는 복사열 역시 우주로 빠져나가지 못하게 막는다. 이 열은 열오염(thermal pollution) 현상을 유발하는데, 도시 내에서는 온실기체로 인한 전체적인 기온의 상승 외에도 이 열오염 현상 때문에 낮에는 섭씨 2도, 밤에는 섭씨 12도까지 기온이 더 상승하게 된다.

눈과 얼음, 그리고 이른바 에어로졸(aerosol)로 불리는 공기 중의 작은 입자들은 지표로 향하는 태양 복사 에너지를 다시 우주로 반사시킨다. 그런데 기온이 상승하여 산악 지대와 극지방의 눈과 얼음이 녹을 경우, 태양광은 반사되지 않고 지표면에 그대로 도달하고 만다. 그러면 태양은 색이 짙은 지표면과 암석 지대, 해수면을 가열하여 온실 효과를 가중시킨다. (극지방 얼음의 태양 복사 반사율은 70퍼센트 정도이며 어두컴컴한 해수면의 태양 복사 흡수율은 95퍼센트나 된다.) 현재는 온실 효과에 의한 기온 상승 효과가 빙하와 극빙의 용융에 의해 일부분 흡수되고 있지만, 이 얼음들이 다 녹고 나면 기온은 지금보다 훨씬 빠르게 높아질 것이다. 현재는 이러한 자기 가속적(self-accelerating) 프로세스에 의해 극지대의 얼음과 산악 빙하가 예상보다 더 빠르게 녹고 있다. 이 현상은 공기 중의 에어로졸이 사라질 경우 더욱 악화될 것이다. 결국 대기의 온도 상승은 추가적인 온도 상승을 부추겨 스스로 가속을 거듭하게 된다. 이런 가속 과정을 내버려 둔다면 이 문제는 과거 금성에서 나타난 것처럼 걷잡을 수 없는 재앙을 불러올 수도 있다.

지구의 온도는 19세기 중반의 산업혁명기, 그리고 석탄이 대대적으로 사용되고 삼림 파괴가 가속화되던 시기부터 높아지기 시작했다. 물론 더 옛날, 그러니까 약 8,000년 전쯤에도 벼농사의 시작에 따른 메탄 생성, 목재의 연소와 삼림 벌채에 뒤이은 수목의 부패로 기온이 다소 상승했을 것이다. 하지만 이러한 변화가 자연적인 기온 변동으로 어느 정도 상쇄되었음에도 불구하고 대기 중의 이산화탄소 농도와 기온은 제2차 세계대전을 기점으로 더욱 빠르게 상승했다. 실제로 일시적으로 기온이 낮아졌던 1950년대와 1960년대 이후 지구의 온도는 급격한 상승 곡선을 그리기 시작하여 현재는 세계 여러 곳에서 예전보다 온난한 기후가 더 자주 나타나고 있다.

앞에서도 이야기했듯이 식물은 몸의 주요 구성 성분인 탄수화물을 만들기 위해 공기로부터는 이산화탄소를, 토양 수분으로부터는 수소를 얻는다. 이 과정에서 산소가 폐기물로 공기 중에 배출된다. 동물은 식물을 먹고 소화를 통해 탄수화물을 연소시키는데, 이 과정에서 식물이 내뿜은 산소가 이용된다. 그 결과 이산화탄소와 물이 생성되어 체외로 배출된다. 이후 각종 자연 현상에 의해 공기 중의 수증기가 포화 상태에 이르면 비가 내린다. 이와 달리 이산화탄소는 공기 중에 그대로 머무르거나 바다에 흡수되었다가 시간이 한참 지나서 대기 중으로 되돌아간다. 지구에서는 위의 화합물들이 탄소와 물의 영구적인 순환 체계를 이루는데, 이 시스템 역시 질소와 인, 황 같은 여타 영양물질의 순환과 마찬가지로 수십억 년에 걸쳐 유지되었다. 아마 이러한 물질 순환 없이 생물권 내의 영양분이 계속 소모되기만 했다면 모든 물질은 단 몇 천 년 사이에 완전히 고갈되고 말았을 것이다.

하지만 탄소의 순환은 완벽하지 않다. 수백만 년 동안 엄청나게 많은 탄소가 대기로 돌아가지 못하고 식물, 동물, 박테리아 등 온갖 생물의 유해 형태로 바다 밑에 가라앉아 퇴적물 속에서 서서히 석탄, 석유, 천연가스로 변했다. 약 3억 년 전의 석탄기 동안에는 온난 · 습윤한 환경으로 인해 당시 생존한 동물과 균류들이 다 먹고 분해하지 못할 정도로 무수히 많은 식물이 자라났으며, 남은 식물들은 죄다 석탄이 되었다. 하지만 오랜 세월이 지나 인류의 손에 세계 곳곳의 수많은 삼림과 이탄 지대가 파괴됨과 동시에 석탄은 대량으로 채굴되고 연료로 쓰이면서 이산화탄소를 대기 중으로 방출했다. 이렇게 '태곳적' 온실 기체의 때늦은 귀환으로 말미암아 온실 효과가 촉진되고 지구의 기온이 상승하고 있다.

나무와 이탄, 그리고 기타 화석연료를 태울 때 발생하는 기체상 폐기물들은 대기오염을 유발한다. 우리 인간은 숲을 벌채하여 이산화탄소를 흡수하는 식물들을 줄이고 산업 활동으로 이 기체를 더욱 많이 생산함으로써 자연의 균형을 깨뜨려 버렸다. 그 결과 전에 없이 빠른 속도로 이산화탄소가 대기 중에 축적되고 있다. 게다가 기온 상승으로 이 문제는 자발적인 가속과 촉진을 거듭하고 있다. 지금까지 수많은 암석과 드넓은 대양이 엄청나게 많은 이산화탄소를 받아들였지만, 이 기체를 땅과 바다가 더는 흡수하지 못하는 상황이 오면 이후 생산된 모든 이산화탄소는 대기를 계속 떠다니며 기온을 더 빠른 속도로 상승시킬 것이다. 설상가상으로 기온 상승 때문에 바다의 이산화탄소 보유 능력이 떨어져 물속에 저장된 이산화탄소까지 대기 중으로 방출될 우려가 있다. 그러면 기온은 한층 더 높아지고 결국 이 문제는 또 한 번 자기 가속을 하게 된다. 이렇게 자연이 스스로 기온 상승을 촉진할 경우, 우리 힘으로는 도저히 그것을 제어할 수가 없다. 일단 그 과정이 시작되면 인간이 간섭할 여지조차 사라지고 만다. 그다음부터는 계속해서 기온 상승 속도가 빨라질 따름이다. 우리가 흔히 간과하는 사실이지만, 기후 온난화의 진정한 무서움은 어느 한 단계가 시작되는 순간 그것과 얽힌 다른 문제들까지 덩달아 진행 속도를 높인다는 데 있다. 물론 처음에는 아주 천천히, 눈에 보이지 않을 정도로 느리게 변하지만 그 후로는 계속 빨라지기만 한다.

이산화탄소의 증가 속도를 높이는 요소는 또 있다. 바로 콘크리트의 생산이다. 먼 옛날 탄소가 지질학적인 변화에 의해 암석화하면서 탄생한 석회석은 현대 사회에서 콘크리트를 만드는 데 쓰인다. 문제는 이 콘크리트가 굳을 때 이산화탄소가 방출된다는 사실이다. 지구 상에 현존하는 모든 퇴적암(이런 암석들은 물속에서 침전물이 쌓이면서 생성된다.) 중에서 약 10퍼센트를 석회암이 차지한다. 석회석은 대부분 해양 생물의 유해로 만들어진 것이다. 이 암석은 탄산칼슘, 그러니까 우리 몸의 뼈를 이룬 것과 같은 물질로 이뤄졌다.

사실 얼핏 봐서는 콘크리트가 대기 중의 이산화탄소 증가에 무슨 영향을 미치겠느냐는 생각이 들겠지만, 해마다 전 세계 건설 현장에서 사용되는 콘크리트의 양을 과소평가해서는 안 된다. 콘크리트는 많은 곳에서 나무, 돌, 벽돌 같은 구식 건축 자재를 대신하고 있다. 수백만 명이 살고 일하는 대도시, 그곳에 지어진 커다란 사무용 건물과 온갖 아파트, 공장 건물에는 죄다 콘크리트가 쓰였다. 도시와 도시를 잇는 도로망과 차고, 활주로, 항구, 대형 상가, 수력발전용 댐까지 수많은 것들이 콘크리트로 만들어졌다. 콘크리트는 건축용으로 다루기 쉽고 강철 뼈대로 보강할 경우 기계적 성질이 크게 강해진다는 장점이 있다. 앞에서도 이야기했지만, 한 번 사용한 콘크리트는 안타깝게도 단 20퍼센트만 재활용할 수 있다. 나머지 80퍼센트는 비분해성 폐기물로 버려질 수밖에 없기에 그 빈자리는 새로 생산된 콘크리트로 채워야 한다. 콘크리트 사용으로 방출되는 이산화탄소는 화석연료의 사용, 삼림 벌채, 이탄 지대의 파괴 등으로 방출되거나 자연에 흡수되지 못하는 기체와 함께 대기 중의 이산화탄소량을 엄청나게 늘린다. 이제 와서 파괴된 숲을 다시 살리겠다고 나무를 심어봤자 이미 대기 중에 퍼져 나간 그 많은 이산화탄소를 회수하기란 불가능하다. 매년 봄마다 북반구 전역에서 새롭게 자라나는 식물과 온갖 잎들이 이산화탄소를 대량으로 흡수하고는 있지만, 이것이 급격히 증가하는 이 온실기체의 농도에 미치는 영향은 아주 미약한 수준이다.

대기 중에는 여러 가지 온실기체가 존재하는데, 종류에 따라서 어떤 것은 온실효과에 미치는 영향이 더 강하고 어떤 것은 더 약하다. 메탄과 질산화물, 수증기도 그중 하나인데 모두 이산화탄소보다 강한 온실 효과를 낸다. 아까도 이야기했듯이 수증기는 일정 수준의 포화점에 도달하여 비가 되기 전까지 대기 중에 계속 축적된다. 기체 1킬로그램당 기온 상승 효과가 이산화탄소보다 21배나 높은 메탄의 원천은 습지대와 이탄 지대, 영구 동토의 해빙, 벼의 재배, 소의 트림과 방귀, 쓰레기 매립지, 탄광 등이다. 메탄은 산소가 없는 환경[대표적인 예로 늪지대의 수중 환경을 들 수 있는데, 이런 이유로 메탄을 '습지 가스(marsh gas)'라고도 부른다.]에서 혐기성 박테리아에 의해 식물성 물질이 분해될 때 생성된다. 만약 이런 환경에 산소가 유입될 경우에는 호기성(aerobic) 박테리아가 식물의 유해를 분해하여 메탄 대신 이산화탄소와 물이 만들어진다. 쓰레기 매립지에서는 혐기성 박테리아가 음식물 쓰레기와 기타 가정 쓰레기(영국에서는 이런 쓰레기가 매일 1인당 약 330그램씩 생성된다.)를 분해함으로써 메탄이 생성된다. 이 화합물은 캐나다와 시베리아 영구 동토의 융해 때문에 부식토가 계속 흘러드는 대양 주변부에서도 자연적으로, 그것도 아주 대량으로 발생한다. 이 기체는 일정 수준의 수압과 수온 아래서 메탄 얼음, 다른 말로 메탄 수화물(methane hydrate)이나 메탄 포접화합물(methane clathrate)로 불리는 고체가 된다. 주변 온도가 높아질 경우에는 이 얼음이 녹아서 수많은 메탄 거품이 해수면으로 떠오르게 되고 기체화한 메탄은 곧 대기 중으로 사라지고 만다. 공기 중에서 화학적 조성이 안정적으로 유지되는 이산화탄소와 달리 메탄은 최장 15년까지 대기 중에 머무르다가 산소와 연소 반응을 일으켜 이산화탄소와 물로 변화한다. 그런데 최근 들어 메탄의 연소를 돕는 오존량이 줄어들면서 이 기체의 대기 중 체류 기간이 점점 늘어나고 있다.

서늘하거나 추운 지역의 습지대와 이탄 지대, 또 광대한 영구 동토층이 자리 잡은 지역은 대량의 부식토와 이탄을 한시적으로 저장한다. 지구의 온도가 상승하면 이 저장고가 제 모습을 유지하지 못하고 많은 이산화탄소를 곧장 방출하거나 일시적으로 메탄을 생성하여 서서히 이산화탄소를 방출할 우려가 있다. 결국 메탄 얼음과 전 세계 곳곳의 습지대 및 이탄 지대, 알래스카와 캐나다 북부, 시베리아의 영구 동토는 엄청나게 많은 이산화탄소를 보유한 초거대 저장고인 셈이다. 이 저장고 중 일부는 이미 습지대의 건조화와 영구 동토의 융해 등으로 땅속에 묻힌 저장물을 방출하고 있다. 메탄은 꼭 산소와 반응하여 대량의 이산화탄소를 방출하지 않더라도 기온을 심각한 수준까지 상승시킬 수 있다. 그리고 메탄으로부터 생성된 이산화탄소는 화석연료의 연소, 삼림 벌채, 콘크리트의 사용으로 늘어난 이산화탄소와 함께 지구의 온도를 더욱 높일 것이다. 대기에 존재하는 메탄의 농도는 이미 1980년대 중반에 산업화 이전인 1800년대 전후 시절의 두 배 수준으로 높아졌다. 가장 큰 문제는 기온 상승으로 메탄의 방출량이 늘면 기온이 더욱 상승하고, 결국 지구의 온난화 현상은 우리가 손 쓸 수도 없을 정도로 그 흐름을 스스로 가속한다는 사실이다. 한 가지 더 알아둬야 할 것은 적도의 기온이 섭씨 1도 상승할 경우, 고위도 지방에 자리 잡은 광대한 이탄 지대와 영구 동토 지대의 기온이 섭씨 5~6도 정도 높아진다는 사실이다. 과거 지질 시대에 갑작스럽게 찾아온 종말은 바로 이러한 기후 온난화의 자연적인 자기 가속적 특성에 의해 일어났다고 한다.

이산화탄소 다음으로 중요한 온실기체는 아산화질소(nitrous oxide)다. 이산화탄소보다 거의 300배 정도 강한 기온 상승 효과를 보이는 이 기체는 자연적으로 또는 공업적인 처리 과정에서 방출된 암모니아와 질산염의 질산화 및 탈질소 작용으로 생성된다. 현재 대기 중에 존재하는 아산화질소의 주원천은 인공 합성된 질소 비료와 가축의 분뇨로 만든 거름, 질산을 이용한 산업 생산물 등이다. 이 기체의 발생원들은 앞으로 인간 사회에서 더 큰 중요성을 띠고 점점 늘어날 것이다. 이 점은 작물 생산과 육류 생산, 생물연료의 생산에 필요한 땅이 늘어나고 그로 인해 비료의 사용량이 많이 늘어난다는 사실만 생각해도 금방 알 수 있다.

수증기는 실질적으로 가장 중요한 온실기체다. 현재 탄소가 겨우 섭씨 7도에 상당하는 온실 효과를 내는 데 비해 수증기는 무려 섭씨 21도에 상당하는 온실 효과를 내기 때문이다. 이 기체는 기온의 상승과 하락에 그대로 영향을 받는다. 온도가 높아지면 더 많은 물이 수증기로 변하고 기온이 낮아지면 그만큼 수증기가 되는 양이 줄기 때문이다. 결국 이산화탄소 농도의 증가는 곧 기온 상승과 대기 중의 수증기량 증가와 맥을 같이 한다. 수증기는 주변 온도에 따라서 이산화탄소가 기온에 미치는 영향을 두 배 정도 증대시킬 수 있다. 게다가 이 작용은 일시적인 온도 상승을 불러일으키는 데 그치지 않고 과거 금성에서와 같이 스스로 그 속도를 높이는 경향을 보인다. 기온 상승으로 인해 더 많은 수증기가 방출되고 이것이 다시 기온 상승으로 이어져 수증기량이 더욱 늘어나는 것이다. 그밖에 또 문제가 되는 것은 대기 중의 수증기 함량이 늘수록 비가 더 많이 내린다는 사실이다. 이 말은 곧 전 세계적인 강수량이 늘어난다는 뜻이다. 수증기에 함유된 에너지가 강우를 통해 방출되면 대기 중에 커다란 난류가 발생하여 폭풍우와 토네이도, 가뭄 등 자연재해가 발생 빈도가 늘고 대홍수와 심각한 침식 현상이 나타날 수 있다. 결국 기온 상승은 직접적으로 극심한 가뭄과 폭우의 발생 가능성을 높일 뿐 아니라 간접적인 피해까지 늘리는 셈이다. 하지만 세계 어느 지역에서 가뭄이나 홍수 피해가 발생할지는 아주 일반적인 수준의 통계 수치에 의존하여 예측할 수 있을 뿐이다. 비가 내리고 바람이 내리는 유형은 일정하지 않고 아주 변화무쌍하기 때문이다. 이런 변화 때문에 한 해 혹은 두 해 이상 연속으로 한발이나 냉해가 발생할 경우 각 지역의 작물 수확 주기와 형태 역시 영향을 받게 된다.(이것은 해당 작물이 1년생이냐 다년생이냐에 따라 또 달라진다.) 이렇게 지역에 따른 수확 유형은 계절에 따라서도 크게 달라지므로 계절성이 다른 작물들은 기후 변화에 의해 각기 다른 영향을 받는다.

이러한 예측 불가능성은 기후에 대한 이해도를 높인다고 해서 극복되는 것이 아니다. 기후 변화와 관련된 요소나 과정이 그렇게 많지도 않고 대단히 복잡한 것도 아니지만 그 안에서 우연이라는 요소가 아주 중요한 역할을 하기 때문이다. 그래서 대륙 단위나 전 지구적으로 일어난 가뭄, 강우 유형 등을 이해하고 재구성하기는 가능하지만, 그것이 언제 어디서 어떻게 일어날지 예측한다는 것은 불가능하다. 사실 모든 기후 패턴이 각기 고유한 특성을 보이는 것은 이 우연성의 영향력이 큰 탓이다. 이런 이유로 2010년 여름에 유라시아 대륙 곳곳에서 나타난 가뭄과 홍수의 유형에 대한 이해나 분석은 가능하지만, 언제 다시 그와 같은 사태가 일어날지 예측할 수는 없다.

유라시아에서 2010년에 일어난 극단적인 사태들은 대류권 상부에서 몰아치는 제트 기류(jet stream)와 관련이 있다. 이 기류는 북위 50~70도의 고도 9~14킬로미터 지점에서 시간당 160~240킬로미터의 속도로 강하게 분다. 제트 기류는 속도에 따라서 거대한 동서류나 구불구불하게 이어진 기압골 및 기압마루를 만들어내기도 한다. 보통 기압골과 기압마루는 이동이 가능하지만 이따금 한 곳에 멈춘 채 그 형태를 안정적으로 유지하기도 한다. 2010년 여름에 바로 이런 현상이 나타나서 유라시아의 날씨는 아무런 변화도 없이 몇 주 동안이나 그대로 유지되었다. 제트 기류가 발생하면 기압마루의 남쪽은 날씨가 온난 건조하고 반대로 북쪽(달리 말하면 기압골 안쪽)은 강우량이 많아져 습해진다. 이렇듯 굽이치는 기압골과 기압마루 때문에 당시 서유럽 지역에서는 기압이 이동하기 전까지 더운 날씨가 계속 이어졌고, 동유럽에서는 비가 계속 내렸다. 그보다 더 동쪽에서는 모스크바를 중심으로 매우 뜨겁고 건조한 기상 조건이 형성되었고, 또 그보다 더 동쪽에 있는 지방에서는 엄청난 양의 비가 쏟아져 파키스탄에 큰 홍수가 발생하기도 했다. 이 영향은 중국에도 그대로 이어졌다. 당시 모스크바 일대에서는 몇 주 동안이나 섭씨 40도가 넘는 기온이 유지되었는데, 그 결과 심각한 가뭄이 발생하고 메말라버린 땅에서는 이탄이 자연적으로 발화하여 수천 헥타르에 달하는 이탄 지대와 숲, 농경지 등이 불타버렸다. 이런 현상은 머나먼 시베리아 북동부, 더 정확히 말해서 블라디보스토크 북쪽에서도 똑같이 나타났다. 이런 식으로 한 번 불이 붙으면 지표면의 불을 다 끄더라도 지하의 마른 이탄이 계속해서 타들어간다. 그래서 이탄 지대에 불이 나면 근본적인 진화가 불가능한데, 심한 경우에는 이 불이 몇 년간 계속 이어질 수도 있다. 실제로 불이 꺼지고 몇 달이 지난 후 9월 초에 모스크바 남쪽에서 또다시 자연 발화가 시작된 사례가 있다. 당시 파키스탄에서 일어난 홍수는 티베트 이탄 지대의 건조화와 히말라야 산맥의 삼림 벌채, 거대한 인더스 강의 범람으로 인해 더욱 악화되었다.

하지만 앞으로 제트 기류에 의한 지역별 기압 변화, 화재, 홍수 등의 문제가 같은 곳에서 같은 강도, 같은 형태로 나타나리라 생각하기는 어렵다. 왜냐하면 이런 기후 패턴은 고기압과 저기압이 형성된 위치에 따라 달라지고, 그 위치는 대서양 수온과 해당 지역의 환경 및 인간의 활동(예를 들면 삼림 파괴와 습지의 배수 등) 등 복합적인 요인에 의해 결정되기 때문이다. 더군다나 제트 기류가 흐르는 위도나 세기는 적도와 북극 지방의 에너지 교환, 즉 기후와 대기 조건에 의해 변화하는 북반구의 기온 경도(temperature gradient)에 따라 달라진다.

기후와 기상의 변화에는 다양한 요인이 개입되고 그로 말미암아 여러 가지 현상이 나타나지만, 결국 이 모든 것은 우연이라는 요소에 좌우된다. 그리고 이런 것들이 한데 얽혀 상황과 시기에 따라 각기 다른 예측 불허의 결과를 낳는다. 따라서 우리는 과거에 일어났던 무언가가 언젠가 다시 일어날 수도 있다고 막연하게 말할 수밖에 없다. 지구 전체적인 기후 온난화의 진행이라는 명확한 틀 속에 구체적으로 말하기 어려운 불확실성이 함께 존재하는 것이다.

그럼에도 한 가지 확실한 것은 대량의 이산화탄소가 지금 이 순간에도 새롭게 생성 및 배출되어 대기의 조성과 지구의 온도를 바꾸고 있다는 사실이다. 이제 우리는 화석연료와 자원물질이 얼마나 많이 사용되고 세계 곳곳의 이탄 지대에서 얼마나 많은 화학적 분해 작용이 일어나는지, 또 얼마나 많은 이산화탄소가 대기 중으로 방출되는지를 안다. 그리고 이 사실로부터 공기 중의 이산화탄소 증가 속도를 계산하고 더욱 정교한 측정을 통해 지구의 온도가 얼마나 상승할지를 예측할 수 있다. 이 점에 대해서는 어떠한 이견도 있을 수 없다. 이미 1950년대 중반부터 하와이에서 대기 중의 이산화탄소 농도 증가를 직접 관찰한 자료가 실재하고, 남극의 얼음을 조사하여 대기 중 메탄 농도가 두 배 이상 증가했다는 사실이 밝혀졌기 때문이다. 그 외에도 대기 중의 온실 기체가 증가했다는 증거는 얼마든지 존재한다. 따라서 우리 인간이 기후를 변화시켰는지 어땠는지를 왈가왈부할 필요는 없다. 이미 1996년에 기후 온난화는 인간의 소행에 의한 것임이 명확하게 밝혀지지 않았던가? 일반적으로 태양이 지구 대기를 데울 때는 대기를 이루는 모든 층의 온도가 상승한다. 그러나 온실 효과에 의한 온난화는 그 양상이 다르다. 온실 효과가 나타나면 하층의 공기만 따뜻해지고 상층의 공기는 오히려 식는 경향을 보인다. 그리고 지금까지 측정한 자료들은 바로 이런 변화, 즉 온실 효과에 의한 기후 온난화가 실제로 일어나고 있음을 잘 보여준다. 하지만 안타깝게도 이 문제에 대해 깊이 있는 논의는 거의 이뤄지지 않는 실정이다. 몇몇 업계에서 해마다 수십억 달러를 들여 과학자들을 매수하고 그들에게 기후 온난화에 대한 조사 · 분석 자료의 신뢰성에 반론을 제기하도록 요구하기 때문이다.(흡연이 건강에 미치는 악영향에 대해 이야기가 나올 때마다 일부 과학자들이 앞장서서 반론을 제기하는 상황과 크게 다르지 않다.) 현재 진지하게 논의되는 사항은 인간의 활동이 기후를 얼마나 변화시키고 어떤 일이 어디에서 일어날 수 있는지 정도에 불과하다. 아무튼, 다소간의 아쉬움을 안겨주는 이 논의 결과를 잣대로 삼아 현실을 바라봤을 때, 오늘날 인간에 의한 지구 온난화는 눈에 띄게 진행되어 그 영향이 명백해졌다 말할 수 있으며 우리는 이 현상이 자기 가속화를 시작하기 전에 한시라도 빨리 조치를 해야 한다. 반드시! 기후 변화가 지금보다 조금만 더 진행되어도 전 세계의 식량 공급에 곧장 타격이 갈 테니까.

기후 온난화는 식량 공급에 악영향을 미치고 인류 문명과 수많은 지구 생명체의 존속에 위협을 가하는 것 외에도 우리에게 여러 가지로 직접적인 영향을 미친다. 이 중 몇몇 문제는 우리 인간의 힘으로도 대응이 가능하지만 그밖에 간접적이고 쌍방향으로, 또는 분기적(分岐的)으로 나타나는 효과에는 손을 대기가 거의 불가능하다. 이렇게 대처 불가능한 문제들 때문에 현재 수억 인구의 목숨이 잠재적인 위험에 처했고 수백만 명이 다른 지역, 다른 국가로 이주해야만 하는 상황에 놓였다. 지구 온난화로 인해 더욱 악화하는 문제 중 하나로 현대식 농법에 의한 토양의 염류 집적 현상을 들 수 있다. 이 문제는 지리적인 영향을 많이 받는 편이라 지금까지는 지중해성 기후 지역과 엘니뇨의 영향이 미치는 지역에서 주로 나타났다. 어떤 사람들은 조만간 염분 저항성이 있는 작물을 만들어내면 이 문제를 극복할 수 있으리라 생각하지만, 실제로 그런 기술이 개발되더라도 모든 작물에 작용하기란 불가능하다. 그 외에 기후 온난화가 인간과 작물 및 가축에게 직접 미치는 영향으로 각종 질병의 확산을 들 수 있다. 옛날에는 유럽에서 차디찬 겨울 기온 때문에 월동하는 병해충이 많이 죽었지만, 이제는 온난화 현상 때문에 해충과 병균 따위가 봄까지 그대로 살아남아 풍토병처럼 자리 잡을 위험이 커졌다. 기후 온난화는 수목에도 직접 영향을 미쳐 일부 지역에서는 가지마름병과 잎마름병이 발

생하기도 한다. 나무들이 환경 변화를 극복하지 못하는 것이다. 이런 이유로 숲이 사라지면 토양 침식이 지금보다 더 심해질 수 있다. 대양과 내륙해, 호수, 습지대의 수온 상승은 수중 동물들의 생존 역시 위협한다. 기후 온난화가 더 진행될 경우 북대서양의 멕시코 만류가 흐름을 멈출 위험성도 있다. 만약 그런 상황이 실제로 벌어진다면 인접한 육지의 기후 조건이 급격히 변할 것이다. 유럽의 온건한 기후가 유지되는 데 난류(暖流)가 많은 기여를 하기 때문에, 멕시코 만류가 흐름을 멈출 경우 이의 영향을 받는 지역들은 농업 생산 부문에서 엄청난 타격을 입고 말라리아의 북상과 함께 전반적인 생활면에서 많은 어려움을 겪을 것이다.

기후 온난화는 간접적으로 구름 형성에 영향을 미치기도 한다. 그러면 강우량과 각지의 물 보유량 역시 변화하게 되고 지표를 흐르는 빗물로 인해 토양이 침식되거나(강우량이 증가할 경우) 농업 생산량이 감소(강우량이 감소할 경우)할 수 있다. 수온 상승은 수중 생물의 생활환경에 직접적인 변화를 불러일으키기도 하고 물속의 산소 농도를 감소시켜 간접적인 피해를 안겨주기도 한다. 이산화탄소가 물속에 녹아들면 수생 환경이 산성화되어 어류의 뼈가 약해지는 문제나 미생물의 사체가 산에 의해 녹아서 어류의 먹잇감이 줄어드는 문제가 발생할 수도 있다. 이것은 단순한 예측이 아니라 실제로 세계 곳곳에서 관찰되고 보고된 사실이다. 산호에 의존하여 살아가는 어류 역시 해수 온도 상승에 영향을 받는다. 산호와 공생하는 조류들은 따뜻한 물에서 살지 못하며 이 조류가 없으면 산호는 본연의 색을 잃게 된다.(일명 산호 백화 현상) 결국 수온 상승으로 공생하는 조류가 사라짐으로써 일차적으로 산호가 산소 공급원을 잃게 되고 그다음에는 근처에 함께 사는 어류마저 산소 부족으로 질식하여 죽고 만다. 그러면 최종적으로 열대 섬 부근의 어획량이 감소하여 물고기를 단백질원으로 이용하는 수천 명의 섬사람들이 어려움을 겪게 된다.

현재 그린란드의 빙원과 극빙은 기후 온난화 때문에 빠르게 녹는 중이다. 과학자들의 계산에 의하면 이 지역이 2020년쯤에는 여름마다 얼음이 없는 지역으로 변할 것이라고 한다. 이 문제는 이미 현실로 다가와 있다. 지금도 여름이면 배를 타고 캐나다 북쪽을 통해서 대서양과 태평양을 오락가락할 수 있고 앞으로는 시베리아 북쪽으로도 이동이 가능할 것이다. 이렇게 기후 온난화로 각지의 얼음이 녹는 문제는 더욱 복잡한 문제를 낳는다. 지표면을 뒤덮은 얼음은 지구에 유입되는 태양 복사 에너지 중 많은 부분을 우주로 되돌려 보내므로, 이 얼음이 없어지면 극지방 부근의 육지와 북극해가 흡수하는 복사 에너지양이 늘어나고 결국 해당 지역과 인근 지역의 온도가 높아진다. 북극해의 수온 상승은 심층 해류에도 영향을 미칠 것이다. 그러면 태평양과 대서양을 순환하며 각지로 영양물질과 열을 전달하는 열염해류(thermohaline current) 혹은 다른 말로 대순환해류의 진행 방향이 뒤바뀔 수 있다. 이 경우 바다와 접한 지역의 기온, 습도, 강우 유형이 바뀌어 그곳에 사는 사람, 식물, 동물들의 생활환경이 급변할 것이다. 또 북극 얼음의 용융은 해수의 열팽창 문제와 함께 해수면을 상승시켜 방글라데시 같은 해안 국가와 안다만 제도(Andaman Islands) 같은 저지대 섬들이 침수될 것이다. 지난 몇 년간 그린란드의 빙원은 더욱 불안정해졌다. 얼음의 융해로 생긴 물이 아래로 스며들어 암반과 얼음 사이의 마찰이 감소하고 그로 인해 얼음이 흘러내리는 속도가 더 빨라졌기 때문이다. 과거에는 그린란드에 늘 비 대신 눈이 내려서 두께가 약 3킬로미터에 달하는 빙원의 표면이 안정적으로 유지될 수 있었다. 그러나 눈 대신 비가 종종 내리는 지금은 빙원의 두께가 그대로 유지되지 못하고 얇아질 우려가 크다. 결국 이런 문제들이 중첩되면서 전 세계의 해수면이 상승하게 된다. 2011년에 발표된 한 보고서는 남극 얼음의 용융까지 함께 계산하여 2100년경의 해수면 높이가 지금보다 0.9에서 1.6미터가량 높아지리라고 예측했다. 그러면 여러 해안 국가의 비옥한 농경지와 해안 도시, 그리고 그 안의 도로, 항구, 공장, 하수처리 시설, 지하철, 전력망과 통신망까지 모조리 물속에 잠기고 말 것이다. 현존하는 인구의 80퍼센트가 해안 지대와 감조 하천이 흐르는 내륙 지역에 거주한다는 사실을 기억하라.

이렇게 기후 온난화에 의해 간접적으로 발생하는 문제들은 서로 영향을 주고받으며 온난화를 더욱 촉진한다. 앞에서도 이야기했듯이 극지방의 얼음이 녹으면 기후 온난화는 더욱 빨라진다. 눈과 얼음에 반사되어 우주로 되돌아가는 태양 복사 에너지가 줄어들고 결국 그 열이 지구의 온도를 더 높이기 때문이다. 이후 해수 온도가 상승하면 대륙 부근의 메탄 얼음이 녹고 여기서 방출된 메탄은 온실 효과를 가중시켜 기온 상승을 부채질할 것이다. 그리고 이 기체가 다시 산소와 반응하여 이산화탄소가 생성되면, 기온은 상승일로를 달려 더 많은 메탄 얼음이 녹고 더 많은 이산화탄소가 생성될 것이다. 이 과정은 스스로 가속을 거듭하므로 지구의 온도 상승 속도는 시간이 지남에 따라 점점 더 빨라지게 된다.

기후 온난화 이야기를 하다 보면 여름과 겨울이나 낮과 밤처럼 온도 차가 눈에 띄게 크게 나는 것도 아닌데 겨우 몇 도 오르는 것을 가지고 왜 그리 걱정을 하느냐고 묻는 사람이 많다. 왜 다음 10년간의 연평균 기온이 조금 높아진다고 해서 이렇게 호들갑을 떠는 것일까? 그 이유는 기온 상승 효과가 즉각적으로 나타나지 않고 누적적으로 나타나기 때문이다. 빙하기가 어떻게 시작되었는지 생각해보라. 당시 세계 평균 기온은 수치상으로 겨우 5~6도밖에 떨어지지 않았지만 그로 인해 북아메리카 대륙과 유럽 일대는 두께가 수백 미터나 되는 극빙으로 뒤덮이고 말았다. 그렇게 기온이 떨어진 탓에 겨울에 내린 눈이 여름에도 녹지 않아 얼음으로 뒤덮인 곳이 점점 더 늘어났다. 그리하여 태양 복사 에너지가 이전보다 더 많이 우주로 반사되면서 자기 가속적인 냉각 과정이 이어져 기온은 더욱더 낮아졌다. 지금은 당시 상황과 반대로 기온 상승, 극빙의 용융, 해수면 상승 등의 현상을 통해 지구가 점점 따뜻해지고 있다. 토양의 건조화 역시 누적적인 특성을 보인다. 일단 습도가 떨어지면 토양은 계속해서 건조해지기만 한다. 그러면 토양만이 아니라 식물까지 함께 말라간다. 기온 상승에 의한 식물의 성장 역시 누적적인 특성을 보인다. 식물은 매일 일정량의 빛에너지를 받아들이고 몸의 조직을 구성하는 데 그 에너지를 이용한다. 밤이 된다고 해서 조직 크기가 줄어드는 일은 없으므로 식물체는 시간의 경과와 함께 점차 크게 자란다. 기온이 높아지면 생체 화학반응도 계속 빨라져 양분과 에너지 저장 및 조직 구성 반응이 촉진된다. 이런 특성을 유심히 지켜보던 농학자들은 하나의 종자에서 또 다른 종자가 탄생하려면 식물체가 한 해 동안 그에 필요한 최소한도의 에너지를 축적해야만 한다는 사실을 알아냈다. 그들은 에너지가 일정 기간에 걸쳐 체내로 유입된다는 데 착안하여 식물의 재생산에 필요한 최소 에너지양을 최소 발육일수(the minimum number of degree days)라는 단위로 표현했다. 추운 지방이나 고산 지대에서는 이 수치가 늘 충족되는 것이 아니라서 작물을 심더라도 제대로 수확하기 어려울 때가 많다. 그런데 이런 곳의 기온이 높아진다면 어떨까? 아마 일일 온도가 아주 조금만 높아져도 큰 차이가 생길 것이다. 시간이 어느 정도 지나고 나면 식물이 최소 발육일수에 상당하는 에너지를 축적할 수 있을 테니 말이다. 결국 식량 생산은 하루 어느 시점의 평균 온도보다 온도, 습도, 강우량의 미세한 변화로 나타나는 누적 효과에 크게 좌우된다고 할 수 있다. 사실 인간을 기준으로 생각하면 기온이 1~2도 높아지는 것은 그리 대단한 일이 아니다. 어차피 그런 변화를 느끼지도 못할 테니까. 하지만 핵심은 우리가 아니다. 중요한 것은 온도 변화가 식물과 자연환경에 어떤 영향을 미치느냐다.

작은 온도 변화는 누적 효과를 일으켜 커다란 환경 변화를 초래한다. 이와 마찬가지로 해수면 상승 문제도 가열된 쇠막대가 점점 더 길어지고 넓어지듯 수온이 올라가면서 바닷물이 점점 팽창하여 나타난 결과다. 환경오염, 침식, 삼림 파괴와 부식토 층의 상실, 생물학적 · 유전적 다양성의 상실을 비롯하여 각종 광물자원과 에너지원의 고갈 문제는 모두 우리가 자연에 가한 영향이 조금씩 누적되어 나타난 것이다. 하지만 현 상황을 원래대로 되돌리기란 불가능하다. 어떻게 해보려고 해도 인간의 능력으로는 그 한계가 너무도 명확하다.

토양의 염분 축적과 건조화는 아주 넓은 지역에 걸쳐 대규모로 나타나기도 한다. 땅이 말라버리면 비나 바람에 의해 침식이 일어나기 쉬워지므로 광범위한 지역에서 표토가 유실될 수 있다. 이런 현상은 이미 지구 곳곳에서 나타나고 있다. 기온 상승이나 이산화탄소 농도의 증가는 작물 생장이라는 측면에서 유리할 수 있지만, 그것은 어디까지나 기후 온난화 때문에 발생한 그 밖의 요소들이 악영향을 미치지 않는다고 가정할 때만 성립한다. 다른 요소들이 개입하면 기온은 식물 체내의 생화학 반응을 정지시킬 만큼 높아지거나 낮아질 수 있다.(이는 열대 식물종이 온대 지방에서 자라지 못하는 이유이기도 하다. 반대 경우도 마찬가지.) 또 기온이 높아지면 수분 증발이 늘고 식물이 시들어서 이산화탄소 농도 증가로 인한 긍정적인 효과가 전혀 나타나지 않을 수도 있다. 이와 마찬가지로, 기온이 높아지면 더운 지방에서 자라는 작물을 다른 지역에서도 재배할 수 있지만, 기후 온난화 때문에 그곳의 토양 사정이 나빠지거나 물 공급이 부족해져서 재배가 불가능한 상황이 생길 수도 있다. 결국 이러니저러니 해도 최선의 방책은 기후 온난화가 더는 진행되지 않도록 막는 것이다.

하지만 기후 온난화는 손을 대기가 상당히 까다로운 문제다. 물론 현재는 많은 사람이 이 문제의 발달 과정, 진행 속도, 환경적 영향에 대해 관심을 쏟고 있다. 재조림 사업부터 이산화탄소의 포집 기술까지 사람들이 제시한 대책은 다양하다. 발전소나 공장에서 생성되는 이산화탄소를 포집할 경우 바다, 지하 대수층, 암염갱, 아니면 자원을 모두 채굴한 유전이나 가스전 속에 이 기체를 주입하여 처리할 수 있다. 하지만 포집한 이산화탄소를 모두 길고 긴 수송관을 통해 이동시켜야 하므로 많은 에너지가 소모된다는 문제가 있다. 또 다른 방법으로는 자동차 이용을 제한하거나 크기가 더 작고 연료 효율이 높은 자동차나 더욱 효율성이 좋은 기계 장비를 만드는 것이 있다. 전기 자동차나 하이브리드 자동차를 이용하자는 의견도 있지만, 전기는 결국 화석연료를 태워서 만드는 것이므로 이 방법은 에너지 변환 과정에서 일어나는 손실과 함께 더욱 많은 이산화탄소를 생성할 뿐이다. 현재 날마다 배출되는 막대한 이산화탄소량과 비교 · 대조했을 때 지금까지 제시된 여러 가지 대안 중에서 실제로 어떤 것이 얼마나 문제 해결에 도움이 될까? 사실 우리의 끝없는 에너지 수요를 생각하면 어떤 방안도 크게 도움이 되지는 않을 듯하다. 그 의도가 아무리 좋다고 할지라도 말이다.

우리가 사용하는 에너지를 고려했을 때 자원의 폐기물화 도식(25페이지 참조)에서 제시한 자원 처리 모형은 이렇게 해석할 수 있다. 중앙부의 처리 장치로 투입되는 요소는 화석연료이고 이산화탄소, 물과 열은 처리 과정을 거친 산출물, 즉 폐기물이라고 말이다. 이산화탄소의 산출량을 줄이는 길은 안타깝게도 발생 자체를 막는 예방적 조처밖에 없는 듯하다. 왜냐하면 산출물의 발생을 규제한다고 해서 어떤 프로세스가 제어되거나 정지할 리가 없기 때문이다. 폐기물 생산은 처리 장치가 작동하면서 나타나는 일종의 증상으로, 폐기물을 줄이는 것은 단지 겉으로 보이는 증상을 잡는 방법일 뿐이다. 당신은 자동차를 몰면서 배기가스가 나오지 않게 할 수 있는가? 규제를 통해 산출물의 생성을 막거나 제어하는 방법은 엔진, 그러니까 처리 장치 내에서 일어나는 각종 반응과 작용을 어긋나게 할 뿐이다. 지금까지 우리가 이산화탄소량 감소를 위해 취한 방안들이 아무 효과도 내지 못한 것은 어찌 보면 당연한 결과다. 아무도 처리 장치, 즉 인구 증가와 수요 및 생산량 증가 문제에는 손을 대지 않았으니 말이다. 오히려 그러는 사이에 이 장치는 속도를 더욱 높여 더 크게 성장했다. 반대로 투입을 줄인다고 해도 효과가 없기는 마찬가지다. 연료 사용량을 줄이려고 해도 그 계획을 철저히 준비하지 않거나 가격 상승을 이유로 들어 억지로 시행할 경우, 전 세계의 사회적 · 산업적 환경이 혼란에 휩싸일 우려가 있다. 실제로 에너지 가격이 계속 상승하면서 미국의 운송 분야와 자동차 업계에서는 이미 부작용이 나타났다. 게다가 이 문제는 가난한 국가들의 식량 공급에도 직간접적으로 영향을 미쳤다.

결국 핸들과 가속 페달, 브레이크를 이용하는 것, 그러니까 처리 장치 자체에 손을 대는 것만이 유일한 해결책이다. 이것은 자원 수요를 줄이고 궁극적으로는 인구수를 줄임으로써 실현할 수 있다. 수요 감축은 고기를 적게 먹고 각종 낭비를 줄이는 형태로 단기간에 이룰 수 있다. 의류, 가구, 승용차, 가전기기, 컴퓨터, 휴대전화 따위의 교체 속도를 줄이는 것도 한 가지 방법이다. 자동차를 적게 타거나 절연성이 좋은 물질을 이용하고 전기 효율이 높은 조명 기기를 쓰는 것도 괜찮다. 트럭, 버스, 승용차, 선박, 비행기, 각종 중장비를 더욱 경제적으로 운용할 수 있게 만들거나 사용량을 줄여도 좋다. 그 밖에도 포장재를 줄이고 대중교통을 이용하거나 통근 거리와 이동 거리 줄이기 등 여러 가지 방안이 있다.

물론 수소 에너지 같은 대체 에너지원을 개발하는 방법도 있다. 수소는 연소 시 폐기물로 물만 생성하므로 탄소 중립적인 에너지원이다. 앞에서도 이야기했듯이 수소를 이용하려면 태양 에너지를 이용해 산업적인 규모로 물을 수소와 산소로 분해하는 기술과 수송 체계를 마련해야 한다. 문제는 현존하는 화석연료 기반의 경제를 수소 기반의 경제로 바꾸는 데 꽤 시간이 걸린다는 사실이다. 단기적으로는 원자력의 생성 방법과 이용 방법을 숙지하고 3세대와 4세대 원자력 체계의 조합에도 관심을 기울여야 한다. 물론 원자력을 사용함으로써 발생할 수 있는 안전 문제를 부정하기는 어렵지만, 그 위험성은 화석연료를 계속 사용했을 때 나타날 위험과 비교하면 아주 경미한 수준이다. 이산화탄소는 일단 방출되면 대기 중에 약 2,000년 동안 머무른다. 대기의 이산화탄소 오염이 누적적으로 이뤄진다는 사실을 반드시 기억하라. 이제는 오랜 세월 동안 공중에 체류하던 이산화탄소에 새로운 이산화탄소가 계속 추가되면서 그 농도가 빠른 속도로 위험한 수치에 다가서고 있다. 과학자들은 대기 중 이산화탄소 농도가 최대 450ppm(parts per million, 백만분율) 수준을 넘지 말아야 한다고 주장한다. 그런데 그 농도는 이미 2012년에 400ppm에 도달했다. 아무런 대책도 마련하지 않고 이 문제를 그대로 둔다면 2020년에 마지노선인 450ppm에 도달할 테고, 그 후에는 우리가 손 쓸 겨를도 없이 이산화탄소 농도가 500ppm 수준으로 증가할 것이다.

하지만 450ppm이라는 기준은 너무 높은지도 모른다. 350ppm 정도로 낮춰야 안전을 담보할 수 있지 않을까? 게다가 이러한 계산 결과는 지구 온난화 현상의 자기 가속적 특성을 고려하지 않은 것이다. 이 부분은 너무도 복잡해서 수치로 산정하기 어려운 탓이다. 이런 요소들을 누락함으로써 계산상으로는 아직도 안전하다는 결과가 나오지만, 한편으로는 이것 때문에 현존하는 위기를 심각하게 여기지 않고 넘어가는 문제가 생긴다. 한시라도 빨리 대책을 세워 실행해야 하건만, 우리는 이 소중한 시간을 속절없이 보내고 있다. 2007년에는 2100년에 해수면

이 0.25~0.76미터 정도 상승한다고 예측했던 것이 2011년, 그러니까 단 4년 만에 0.90~1.60미터로 두 배가량 늘어났음을 기억하라.

무엇보다도 가장 위험한 것은 상황을 계속 악화시키는 자기 가속적 프로세스다. 일단 시작되고 나면 온난화가 엄청난 속도로 빨라지면서 인위적으로 전혀 통제할 수가 없기 때문이다. 이산화탄소 농도 450ppm 선을 넘지 말아야 한다는 말은 곧 금세기 말까지 지구의 온도 상승 수치를 섭씨 1~2도 이하로 유지해야 한다는 뜻이다. 기온이 섭씨 6도가량 높아질 경우, 지구는 말 그대로 뜨거운 온실이 되고 만다. 그런데 온난화 과정에서 나타나는 자기 가속적 특성까지 고려하여 계산할 경우, 2100년이면 섭씨 4~6도가량 온도가 상승한다는 결과가 나온다. 고위험 구역에 진입하기까지 남은 거리가 점점 좁혀들고 있는 것이다. 더욱이 앞으로 석탄이 더 많이 사용될 경우 그 속도는 더욱 빨라질 것이다. 인류의 에너지 사용량이 기하급수적으로 증가한다는 사실, 그리고 미국 내에서 석탄 이용 효율이 3퍼센트에 지나지 않으며 나머지 97퍼센트는 채굴과 수송 및 변환 과정에서 낭비된다는 사실을 머릿속에 새겨두길 바란다.

우리 인간은 끝없는 인구 성장과 사회 기반 구조의 확충을 통해 스스로를 매우 심각한 상황 속에 몰아넣고 있다. 현재 미국이 기후 변화 때문에 발생할지 모르는 사회적 불안과 분쟁에 대비하여 대책을 마련 중이라는 사실로 미루어볼 때 이 문제가 얼마나 심각한지를 알 수 있다. 하지만 이러한 예측과 추론이 들어맞을 경우, 우리에게 닥친 상황은 단순히 심각하다는 표현으로 끝날 수준이 아니다. 그야말로 치명적인 상태로 점점 다가서는 중이라고 할 수 있다. 지금 우리 앞에는 인류와 지구 상의 생명 자체가 계속해서 생존하느냐 마느냐 하는 문제가 놓여 있다. 다른 문제들이 아무리 심각하고 중요하다고 해도 이보다는 더 중요할 수 없다. 핵폐기물 문제는 모든 것을 앗아가는 지구 온난화의 가속도에 비하면 아무것도 아니다. 남은 시간 동안 우리는 무엇보다도 에너지 생산과 기후 온난화 문제를 해결하고자 힘써야 한다. 모든 문제의 원인인 인구 문제에 칼을 대는 것보다는 단시간 내에 해결책을 마련할 수 있을 테니 말이다.

하지만 어떤 대책을 세우고 실행하든 간에 궁극적으로는 인구수를 줄여야 한다. 인구 성장이 오래 이어지고 소비가 늘어날수록 기후 온난화는 더욱 심해질 테니 말이다. 인간의 에너지와 자원 이용 행태를 그대로 반영한 기후 변화는 모든 생명체를 위험에 빠뜨린다. 기후 변화는 우리에게 위험을 알리는 경보기인 동시에 그 자체로 커다란 위험 요소다.

인구 증가와 수요의 급증을 제어하지 못한다면 그 후 일어나는 문제들은 모두 우리가 책임져야 한다. 누구든 언젠가는 죽기 마련이라고 해서 살인을 정당화하지는 못한다. 인류의 존속과 멸망도 마찬가지다. 우리에게는 지구의 미래를 지킬 책임이 있다. 우리는 인구와 자원 수요를 줄여 반드시 그 책임을 다해야 한다.

12. 삼림 벌채와 그 결과

지난여름 우리 가족은 프랑스 남동부의 드롬(Drôme) 주에서 휴가를 보냈다. 그곳은 알프스 산맥의 서쪽 산자락에 자리 잡아 점차 경사가 낮아지는 지형을 보이고 있다. 주로 석회암으로 이뤄진 산지에는 수백 미터에 달하는 절벽이 늘어서 있다. 한겨울 추위 때문에 그곳의 가옥과 농장 건물들은 대개 두께 1미터 안팎의 두꺼운 돌벽으로 둘러싸였고 사람들은 높게 쌓인 눈 때문에 2층 발코니의 출입문으로 건물을 드나든다. 그쪽 산은 사보이(Savoy) 지역 부근의 중앙 알프스보다 높이가 낮지만 그래도 여전히 겨울에는 엄청나게 춥다. 하지만 지난 몇 세기 동안은 유럽의 겨울 평균 기온이 지금보다 훨씬 더 낮았으니 드롬 지역 역시 지금보다 더 추웠을 것이다. 아마 농부들은 추위 때문에 땔감을 구하다가 주변의 숲을 몽땅 베어냈을 터, 우리는 경관을 둘러본 뒤 그렇게 생각했다.

하지만 그 지역 역사를 알아보니 실상은 그렇지가 않았다. 프랑스 혁명까지, 그러니까 1800년 전후까지 그곳은 벌채된 적이 거의 없었다. 왜냐하면 그 지역이 농업에는 적합하지 않아서 거주민의 수가 적었으며, 또 그곳 땅이 대부분 귀족이나 교회의 소유였기에 함부로 벌채하기가 불가능했기 때문이다. 하지만 1800년 이전의 몇 세기 동안 프랑스 인구가 크게 늘어나면서 식량 부족 현상이 나타났고 결국 그로 말미암아 혁명이 일어났다. 혁명 이후에는 상황이 180도로 달라졌다. 귀족과 교회가 힘을 잃자 농부들은 자신의 경작지를 만들기 위해 계곡부터 산 높은 곳까지 수많은 나무를 베어 넘기며 땅을 개간했다. 19세기 후반에 이 지역을 찍은 사진을 보면 산비탈이 온통 파헤쳐지고 침식된 민둥산의 모습을 하고 있다.

어떤 사진에는 가지가 모조리 잘려나가고 몸통만 남은 나무와 함께 흙투성이 산비탈을 맨발로 오르는 농민들이 보인다. 그 시절 이후로 새로운 숲이 생겨났지만, 폐허가 된 옛 수도원 근처의 오래된 숲이나 목초지와는 큰 차이가 있다.

역사 표지판에는 이런 설명도 있었다. 과거에 흐르던 개울이 급류로 변하면서 크고 작은 돌덩이가 물길을 따라서 이리저리 흩어졌다고 말이다. 그렇다면 그 물살은 수세기에 걸쳐 숲 바닥에 축적된 비옥한 토양 역시 침식시켰을 터. 그제야 우리는 지금 숲이 자리한 곳의 토양 두께가 왜 그리 얕은지 이해할 수 있었다. 보통 숲 지대의 비옥한 토양은 수천 년에 걸쳐 만들어진다. 하지만 과거에 농지로 개간되면서 부식토는 모두 분해되고 많은 흙이 비가 내리는 동안 씻겨 내려갔을 것이다. 그때 그 숲에서 우리가 본 나무는 다들 나이가 어려 보였다. 다른 곳에서 옮겨온 다 자란 사과나무나 이국적인 나무들을 제외하고는 오래된 나무가 없었다. 아마도 재조림 사업이 이뤄졌거나 주로 침엽수에 의해 숲이 자연적으로 재생되었을 것이다. 개간을 했지만 농사를 짓기에 적합하지 않은 환경과 벌채로 인한 침식 현상 때문에 사람들이 그 땅을 떠나면서 숲이 다시 생겨난 것이다.

18세기 후반과 19세기는 그야말로 격변의 시대였다. 프랑스뿐만 아니라 남북아메리카 대륙과 아시아를 비롯한 세계 곳곳에서 혁명이 일어났고 각지에서 인구가 크게 증가했기 때문이다. 물론 당시의 인구 증가 속도 자체는 그리 빠르지 않았다. 하지만 일부 지역에서 인구가 두 배로 늘어나는 수준이 수백만 명이 아닌 수천만 명 단위로 뛰었다는 점이 수십 년 전과는 크게 달랐다. 절대적인 인구수의 증가는 과거에 인구가 두 배로 늘어났을 때보다 환경에 훨씬 더 큰 영향을 미쳤고 상황은 점점 더 나빠졌다. 결국 이전에는 사람이 살지 않던 습지대나 산지로 인구가 퍼져 나갔고 도시에는 더욱 많은 사람이 몰렸다.

19세기 이전까지는 주택, 공장, 선박, 수레 등을 만드는 자재나 연료로 나무를 대체할 것이 없었다. 도로 건설은 물론 철도 건설에도 엄청나게 많은 양의 나무가 사용되었다.(초기에는 객차만이 아니라 기차 바퀴와 레일까지 모두 목재로 만들어졌다.) 나무는 사회 곳곳에서도 다양한 용도로 사용되었다. 가구와 온갖 도구 제작부터 광택제와 타르 생산까지 쓰이지 않는 곳이 없었다. 나무는 장거리 운송용 연료로도 쓰였다. 기관차와 증기선이 처음 만들어졌을 때는 연료로 많은 나무가 사용되었고 초창기 농기계 역시 나무를 태워 발생시킨 증기로 움직였다. 증기력은 광산에서 무거운 물건을 들어 올리는 데도 유용하게 쓰였고 나무는 이 증기를 얻기 위해 물을 끓이는 용도로 이용되었다. 19세기 전반에 석탄이 대체 연료로 등장하기 전까지 철의 용융 작업에는 대량의 숯이 사용되었다. 물론 그전에도 석탄의 존재가 알려졌었지만 이 연료는 더럽다고 여겨져 빈민층 외에는 사용하는 사람이 별로 없었다. 게다가 너무 무거워서 진흙투성이 도로를 따라서 옮기기에는 무리가 있었다.

이전에 없었던 대대적인 인구 증가 현상은 전 세계의 삼림 파괴 속도를 증가시켰다. 사람 수가 느는 만큼 의식주와 운송의 필요성이 더욱 커졌고 점점 더 많은 숲이 농경지로 바뀌었다. 또 인구 증가로 인해 목재 거래가 시작되고 대륙 간 거래도 활성화되었다. 물론 목재의 장거리 이동이 처음은 아니었다. 16세기에 런던의 주택 건설을 위해 아메리카 대륙에서 잉글랜드로 나무가 수송된 적이 있었으니 말이다. 당시 강대국들은 전쟁을 통한 식민지 확보과 확장, 또는 독립(북아메리카의 경우)으로 필요한 나무를 원하는 대로 구할 수 있었다. 그렇게 세계 곳곳에 식민지를 세운 부유한 나라들은 목화를 재배하고 차, 커피, 후추, 계피, 고무 등 수많은 사치품을 생산하기 위해 많은 땅이 필요했다. 이런 작물들을 키우기 위해서는 넓디넓은 대농장이 필요했고, 결국은 그 때문에 많은 숲이 사라지고 말았다. 또 대규모 농업을 하려면 많은 인력이 필요했기에 그들을 먹이고 재우는 데 엄청난 양의 나무가 소모되었다. 그렇게 해서 생산된 작물과 각종 물품은 대농장과 항구 사이에 깔린 목제 레일을 따라 수송되었다. 이후 19세기 중반부터는 철로가 목제 레일을 대체하면서 남아프리카, 인도, 북아메리카 등지에 광대한 철도망이 구축되었는데, 이 철로를 잇는 데 수만 개에 달하는 침목이 사용되었다. 철 수요가 대량으로 늘면서 철광석의 채굴과 제련 작업도 활발해졌다. 철은 각종 교각을 비롯하여 기차역의 골조와 배수관을 만드는 데도 쓰였다. 철도 근처에는 수많은 나무 울타리가 세워졌고 도시와 도시, 역과 역 사이의 통신을 위해 전신선(나중에는 전화선)이 사용되면서 목조 전신주가 필요해졌다. 이러한 전신선의 길이는 수백, 수천 킬로미터에 달했다. 결국 이 모든 발전상을 뒷받침하기 위해 엄청나게 많은 나무가 소비되었다.

아주 오랜 세월 동안 전 세계 사람들은 고기를 마치 사치품처럼 소량으로 소비했다. 하지만 인구 증가와 함께 곧 엄청난 양의 육류가 소비되기 시작했다. 북아메리카와 아르헨티나의 내륙 지방은 육용 가축이 대량으로 사육되는 곳으로, 이곳에서 생산된 통조림 고기는 19세기에도 서구 문명의 중심지로 종종 수출되었다. 처음에는 소떼를 기르는 데 주로 목초지와 대초원이 이용되었지만, 이후 고기 수요가 늘면서 이제 남아메리카와 중앙아메리카의 넓디넓은 원시림 지역도 나무 하나 없는 방목장으로 변해 햄버거나 빅 맥(Big Mac) 같은 패스트푸드용 고기를 생산하는 데 이용되고 있다.

그렇게 몇 세기에 이어 개발 작업이 이뤄지면서 아열대 지방과 온대 지방의 숲은 모조리 파괴되었고 이제 삼림은 주로 열대 지방에 존재한다. 하지만 그마저도 점점 빠른 속도로 파괴되고 있다. 숲이 파괴되면서 사라지는 것은 나무만이 아니다. 오래된 숲이 사라진 뒤에는 몇 년 지나지 않아서 비옥한 토양까지 함께 사라지고 만다. 결국 지속농업(sustainable agriculture. 환경에 부담을 주지 않고 오랫동안 지속 가능한 농업-옮긴이)이 채 자리 잡기도 전에 농토가 황폐해져서 사람들은 그 땅을 버리고 아직 개발되지 않은 숲으로 다시 손을 뻗친다. 그 결과 또 다른 지역에서 벌채와 방화, 토양 황폐화가 반복된다. 삼림 벌채는 가족 단위의 수요 충족을 위해 소규모로 이뤄지기도 하지만 그보다 훨씬 큰 규모로 진행되기도 한다. 실제로 인도네시아 같은 나라에서는 수백만 헥타르에 달하는 원시림이 산업용 기름야자 나무를 재배하려는 다국적 기업들에 의해 벌채되고 불탄 적이 있다. 이 사태의 원인인 야자유는 마가린, 각종 과자, 스마티즈(Smarties) 캔디, 아이스크림, 페트로륨 젤리(Petroleum Jelly. 흔히 바셀린이라는 상품명으로 잘 알려졌다.-옮긴이), 립스틱, 비누 등 수많은 공산품을 만드는 데 쓰인다. 이때 숲을 없애는 작업은 현지인들에 의해 진행되지만 그곳에서 자란 소들을 죽여 만든 패스트푸드용 고기를 먹는 것은 대부분 잘사는 나라 사람들이다. 이것과 마찬가지로 연료 작물에서 뽑아낸 에탄올 역시 생산되는 곳이 다르고 소비되는 곳이 다르다. 이제는 개발도상국에 사는 사람들까지 단백질이 풍부한 먹을거리를 요구하면서 원시림 파괴 문제는 더욱 심각해지고 있다.(물론 그런 요구 자체가 부당하다는 뜻은 아니다.) 이런 추세가 지속될 경우 전 세계의 원시림과 밀림 지대는 2040년경에 모두 사라지리라 예상된다.

한편 북반구의 넓은 아한대림과 툰드라 숲지대도 침엽수 수요 증가로 지속적으로 깎여나가고 있다. 침엽수는 우유와 과일주스를 담는 종이갑을 만드는 데 대량으로 사용된다. 이 종이갑이 매일 같이 수백만 개씩 소모되는 탓에 지금도 삼림은 계속 파괴되고 있다. 이 수많은 종이갑은 일단 한 번 사용된 뒤에는 재활용되지 못한다. 왜냐하면 종이 안팎으로 금속과 여타 물질들이 섞인 얇은 막이 씌워졌기 때문이다. 결국 쓰레기 더미에 섞인 수많은 종이갑은 분해되어 메탄이 되고 코팅제는 다른 폐기물과 뒤섞인 채 사라지고 만다. 그 밖에도 벌채된 북반구 삼림의 나무들은 우리가 매일 보는 신문, 잡지, 책, 수많은 서류첩, 관광 안내용 소책자, 매일 같이 우편함에 꽂히는 광고 전단을 만드는 데 쓰인다. 침엽수를 잘게 분쇄하여 만든 목재 칩(wood chip)은 경질섬유판 제작부터 정원의 잡초 방제를 위한 뿌리 덮개까지 다양한 곳에 활용된다. 현재 오스트레일리아의 태즈메이니아 주(Tasmania)에서는 전 세계적으로도 얼마 남지 않은 온대 원시림이 정치적인 이유 때문에 얼토당토않게 사라지고 있다. 정치가들이 선거에서 표를 얻기 위해서 정리해고 위기에 놓인 벌목공들이 몇 년 더 일할 수 있도록 벌채를 허용한 것이다. 물론 이유가 어떻든 간에 가장 중요한 것은 그 숲이 사라져간다는 사실이겠지만 말이다.

중세 이후로 잉글랜드에서는 집을 짓는 데 주로 벽돌이 사용되었다. 그리고 이런 경향은 1666년에 런던 대화재(Great Fire)로 수많은 목조 주택과 건물이 불타버린 후에 특히 더 강해졌다. 하지만 건축에 목재를 사용하지 않더라도 나무 소비량은 여전히 많았다. 벽돌을 굽는 데 많은 땔감이 필요했기 때문이다.(물론 이후에는 석탄이 이 역할을 대신했다.) 벽돌과 기와는 메소포타미아 시대와 파키스탄의 하라파(Harappa) 문명 시대에도 제작되었지만, 벽돌이 대규모로 사용된 것은 공중목욕탕처럼 거대한 공용 건물과 5층짜리 아파트가 지어진 로마 시대부터였다. 이제는 오래된 수도원 근처에서나 그 시절 지중해와 중동 지역에 존재했던 숲들을 볼 수 있다. 르네상스 시대 이후로 벽돌은 지중해 지역의 주요 건축 자재로 쓰였다. 실제로 우르비노(Urbino)라는 이탈리아의 작은 도시에서는 3~4층 높이의 주택, 도로와 거리의 계단, 대성당과 그 밖의 크고 작은 교회들, 거대한 기념묘, 성관, 르네상스식 궁전과 극장 건물, 정원 담장, 도시를 둘러싼 거대한 방어벽 등이 모두 벽돌로 만들어졌다. 그러한 건축물들을 짓는 데는 정말 엄청난 양의 벽돌이 사용되었을 테고, 그 수많은 벽돌을 굽는 데는 그에 못지않게 많은 나무가 쓰였을 것이다. 하지만 우르비노는 장구한 건축 역사를 지닌 이탈리아의 여러 도시 중에서도 그 규모가 작은 편이고 지도상으로도 아주 작은 점으로만 표시되는 곳이다. 이 작은 도시에 벽돌이 그렇게 많은데 하물며 다른 곳은 어떠하겠는가?

나무는 가마에서 벽돌, 도자기, 기와 등을 대규모로 굽는 용도 외에 가정용 연료로도 쓰였다. 과거에 기근은 꼭 식량 부족 때문만이 아니라 음식을 조리하는 데 필요한 땔감이 부족해서 일어나기도 했다. 선사시대 이후로는 습지대를 통과하는 도로 또한 나무로 만들어졌다. 일전에 나는 러시아 북부에서 과거 상트페테르부르크(St. Petersburg)와 아르한겔스크(Archangelsk)를 이었던 수백 킬로미터짜리 목제 도로의 흔적을 본 적이 있다. 그 도로는 기다랗고 육중한 나무 빔(beam)을 다섯에서 여섯 겹으로 쌓아서 만들어졌는데, 맨 아래의 빔이 썩어 없어지면 다시 맨 위에 새로운 나무를 얹는 식으로 유지되었다고 한다.

고대 문명 시대에 지중해 인근의 사람들은 나무를 이용해 배를 만들었다. 중세에도 이 점은 마찬가지였다. 바이킹은 물론이고 이후 한자 동맹을 결성한 스칸디나비아와 독일 북부의 상인들은 목조 선박 수백 척으로 구성된 선단을 통해 교역했다. 르네상스 시대에는 교역이 세계적으로 확장되었고 이 흐름은 해외 식민지의 건설로 이어졌다. 바다 건너편으로의 정복 활동은 포르투갈과 스페인, 그리고 네덜란드와 잉글랜드 순으로 이어졌으며, 수백 척으로 이뤄진 함대에는 상선과 전투함이 섞여 있었다. 로마 시대 이후 스페인에 남은 나무란 나무는 죄다 무적함대를 만드는 데 쓰였다. 하지만 그렇게 만들어진 함대는 결국 폭풍우에 만나 흩어지고 영국 해군의 공격을 받아 깊은 바닷속으로 가라앉았다. 그 많은 나무가 덧없이 물속으로 사라지고 만 것이다. 항해를 위한 선박들은 주로 활엽수, 그중에서도 특히 참나무로 많이 제작되었는데, 선박의 수가 계속 늘어나고 조선 기술의 빠른 발전으로 버려지는 배가 많아지면서 얼마 지나지 않아 각국의 참나무는 거의 씨가 마를 지경에 이르렀다. 목조 선체가 빠르게 썩는다는 사실도 이 문제를 심화시키는 데 한몫했다. 목재의 부식은 열대 수역에서 특히 더 심했다. 실제로 옛날에 네덜란드와 인도네시아를 오가던 선박 중 절반 정도는 부식 때문에 해체와 재건조 작업이 뒤따라야 했다. 그렇게 새로운 배가 고물로 변하는 속도는 매우 빨랐다.

네덜란드 사람들은 필요한 나무를 스칸디나비아와 발트 3국에서 구했고 잉글랜드도 유럽 내 다른 지역에서 배를 만들 나무를 구해 썼다. 앞에서도 한 번 이야기했듯이 잉글랜드는 16세기 이후 아메리카 대륙에서 목재를 일부분 수입하기도 했다. 하지만 그로부터 오래 지나지 않아서 잉글랜드 사람들은 다른 지역으로 눈을 돌려야만 했다. 참나무 공급을 위해 올리버 크롬웰은 아일랜드를 식민지로 삼았고, 이후 19세기 동안 대영제국의 관심은 다시 북아메리카로 옮겨갔다. 19세기 중반에 시카고 부근의 숲들은 지금과 같은 삭막한 모습만을 남기고 모두 사라졌다. 19세기 전반에 찰스 다윈은 비글호(HMS Beagle)를 타고 세계 곳곳을 돌아다녔는데, 구리판을 덧댄 목재로 제작된 그 배에서는 목수들이 일정 기간마다 선체의 부식된 부품들을 교체했다. 이런 사례들을 생각해보면 몇 천 년간 목재에 의존해온 인간의 온갖 경제 활동 중에서 선박 건조가 유럽과 여타 대륙의 삼림 파괴에 얼마나 큰 영향을 미쳤는지 알 수 있다.

지금까지 지구 상에 존재했던 임목 대부분은 이산화탄소로 변해 대기 속으로 흩어졌다. 어떤 것은 불에 타서, 또 어떤 것은 미생물에 의해 썩어 없어졌다. 일단 그렇게 공기 중으로 흩어진 성분들은 많은 에너지를 투입하지 않는 한 원래대로 되돌리기가 어렵다. 이산화탄소를 회수하는 방법 중 그나마 비용이 적게 드는 것은 사라진 옛 숲 지대에 다시 나무를 심는 것이다. 그런데 사람들은 대개 숲을 새로이 조성하면 종의 구성 · 계층성 · 역동성 면에서 이전에 존재하던 것과 유사한 진짜 숲의 모습이 재현되리라 생각한다. 하지만 숲에서 자연스럽고 오랫동안 지속 가능한 역학 관계가 형성되려면 나무, 덤불, 풀, 곤충, 새, 포유동물을 비롯하여 수많은 이끼, 균류, 박테리아 등 식물종과 동물종의 시간적 · 공간적 구성까지 예전 모습 그대로 복원되어야 한다. 수백 또는 수천 가지 종의 나무와 덤불로 빼곡하게 들어찬 숲을 생각해보라. 그런 숲을 다시 되살릴 목적으로 묘목을 키운다고 해도 어디서 종자를 구할까? 또 묘목장은 어디에 만들어야 할까? 묘목만 키운다고 해도 숲 자체만큼 넓은 공간이 필요할 것이다. 일반적으로 숲에서 잘 자라는 수종은 맨땅에서 키우기가 어렵다. 그런 조건에서는 습도나 온도, 또는 그늘 같은 조건이 발아에 적합하지 않기 때문이다. 또 어떻게 해서 숲 비스름하게 나무가 자란다고 해도 숲에 사는 짐승들과 수없이 많은 곤충을 어디서 구할 텐가? 더군다나 숲에 사는 생물종의 조성(Composition, 組成)은 굉장히 느리게 변화한다. 대개 숲의 나무들이 다음 세대로 대체되는 데는 100년에서 200년, 혹은 그보다 더 오랜 세월이 걸리기도 한다. 온대 지방에서는 생물, 물, 토양, 기후 조건 등을 포함한 숲의 자연적인 변화, 즉 숲의 천이(forest succession)가 최소 600년에 걸쳐 일어난다.

원래 있던 숲이 제거될 경우 보통은 부식토가 분해되고 무기물이 포함된 표토가 메말라버리거나 물이나 바람에 의해 침식된다. 그러면 토양의 수분 함유량과 물 흐름이 바뀌게 된다. 그렇게 삼림이 파괴된 지역의 수문적 특성이 완전히 변해버리면 기존 숲의 자연적 조성이나 역학적 특성의 복원이 거의 불가능하다. 아마 다들 한 번쯤은 텔레비전 화면을 통해서 육중한 중장비가 물웅덩이와 깊게 파인 도랑, 불타는 나뭇가지와 부러진 나무줄기를 남긴 채 부식토로 가득한 삼림 토양을 뒤집어엎는 광경을 보았을 것이다. 그야말로 파괴와 황폐함만이 남은 세상, 결국 부식토를 분해하고 나무와 덤불과 크고 작은 풀의 발아, 생활, 생식을 돕는 수많은 박테리아와 균류는 모두 뜨거운 햇볕 아래 말라붙고 타죽고 만다. 씨앗을 널리 퍼뜨리는 새와 포유동물들은 죽임을 당하거나 살 곳을 잃은 후 자취를 감춰버린다. 이들이 없는 숲은 오랫동안 지속되지 못한다. 일단 환경이 바뀐 상태에서는 재조림한다고 해도 온전한 숲이 되지 않을뿐더러 오래가지도 못한다.

사실 숲 지대를 조사해보면 토양 영양분이 빈약한 경우가 종종 있다. 그때는 삼림 식물들이 이미 그 지역의 영양분을 모두 써버렸거나 체내에 저장한 상태로 볼 수 있다. 숲에서는 영양물질의 순환이 매우 빠듯하게 이어진다. 새로 자라는 나무는 바로 전에 그 자리에서 자라던 나무들의 영양분을 활용한다. 물질적인 조성면에서 새로운 나무가 죽은 나무를 그대로 대체하는 것이다. 또 나무가 살아 있는 동안에는 땅에 떨어진 열매와 잎, 부러진 가지 등이 새, 포유동물, 곤충, 균류, 박테리아에 의해 소규모로 끝없이 재순환된다. 이렇듯 숲은 동물과 균류, 박테리아처럼 세대 교체 속도가 다른 다양한 생물과 함께 나무, 덤불, 풀 사이에서 이뤄지는 영양분의 끝없는 순환을 통하여 조화롭고 지속적인 환경을 조성한다.

지금까지는 삼림 벌채로 인한 국지적인 영향, 그리고 우리 눈에 가장 잘 보이는 영향을 설명한 것에 불과하다. 큰 숲을 벌채하면 대륙 단위의 구름 형성에도 영향이 미치고 기온과 강우 유형까지 바뀐다. 이런 변화는 한 번 일어나면 원래대로 되돌리기가 불가능하다. 숲의 부식토와 무기질 토양은 스펀지와 비슷하게 작용한다. 숲의 흙은 빗물이나 눈 녹은 물을 흡수하고 이후 조금씩 수분을 방출하면서 1년 내내 초목에 물을 공급한다. 또 이를 통해 더 많은 부식토를 형성하고 토양이 침식되는 것을 막는다. 숲이 없다면 산비탈을 따라 흘러내리는 물줄기가 거친 급류를 형성하기 쉽지만, 각종 초목 덕분에 이 물은 졸졸 흐르는 시냇물이 되어 크고 작은 웅덩이를 이루면서 수많은 곤충과 물고기, 포유동물들에게 생명을 불어넣는다. 숲은 산에서 아래로 흐르는 물의 속도를 줄이고 하천으로 유입되는 빗물의 양을 일정하게 유지시킨다. 하지만 숲을 벌채할 경우 홍수와 건조 현상이 번갈아 나타나기 쉽다. 숲은 새로운 토양을 형성하고 안정화하지만 벌채는 필연적으로 침식을 유발한다.

삼림 벌채 때문에 돌이킬 수 없는 문제는 그것뿐만이 아니다. 이번에는 계곡 지역에 자리 잡은 원시림을 한번 생각해보자. 계곡은 대개 토양이 비옥하고 강이나 산에서 내려오는 개천과 개울 덕분에 물이 풍부하다. 계곡 지대의 강은 인근 거주민에게 식수와 물고기, 교통수단을 제공한다. 또한 지대가 평탄한 계곡에서는 농작물의 성장 환경을 일정하게 유지하고 관개용수를 끌어오기도 좋다. 그래서 어부와 농부들은 주로 계곡 지역에 정착했고 그러한 정착지는 훗날 마을과 도시로 성장했다. 하지만 그렇게 사람이 모여 살다 보면 생활에 필요한 나무를 구하고 농작물을 더 많이 키울 필요성이 생겨나는데다가 거주 공간을 확충할 필요도 생긴다. 그래서 그들은 가장 먼저 거주지인 계곡 지역의 숲을 베어냈다.

이후 인구가 더 늘어나자 농경지와 도시를 확장할 공간이 부족해졌다. 결국 사람들은 식량 생산을 위해 산비탈을 개간하기 시작했다. 산림이 벌채되어 나무가 없어지자 숲의 지표면에서는 토양 침식이 일어났다. 빗물은 이전보다 더 빠르고 강하게 흘러내렸고 처음에는 부식토를, 그다음에는 무기질 토양과 각종 암석을 산 아래의 계곡으로 쓸어내렸다. 그렇게 하여 수천 년에 걸쳐 형성된 산림 특유의 토양이 사라지고 말았다. 산비탈에 개간한 밭들이 점점 황폐해지자 사람들은 인접한 숲을 다시 깎아냈다. 벌채된 지역이 더 넓어지면서 침식 현상은 더욱 심해졌다. 그러면서 부식토와 무기질 토양, 진흙과 모래, 온갖 크고 작은 자갈과 돌덩이와 바위, 그리고 벌채 후 남은 나무들이 산 아래로 쓸려 내려갔다. 위에서 굴러 내려온 벌채 작업의 잔해는 야트막한 경사지의 밭들을 뒤덮고 강을 메웠다. 필자는 실제로 하룻밤 사이에 폭우로 인해 비옥한 알프스의 목초지가 진흙과 돌덩이에 묻혀 사라지는 모습을 본 적이 있다. 이러한 산림 파괴 현상은 현재 필리핀과 뉴칼레도니아의 열대산림을 비롯하여 전 세계 곳곳에서 반복적으로 일어나고 있다.

방금 이야기했듯이 벌채로 인한 토양 침식은 산비탈의 흙을 없앨 뿐 아니라 계곡 지대의 비옥한 토양까지 못 쓰게 만든다. 그리고 강이 토사와 유기 폐기물로 막혀버리면 물의 흐름이 바뀌어 농경지와 주거지, 더 크게는 마을 전체와 도시까지 파괴될 수 있다. 먼 옛날 중국의 황하 강에는 대량의 황토를 운반한다고 하여 그러한 이름이 붙었고, 강이 도달하는 바다에도 같은 이유로 황해라는 붙었다. 역사가 유구한 황하 강은 그 긴 세월만큼이나 많은 변화를 겪었다. 이곳저곳에서 쓸려 내려온 돌덩이와 토사가 가라앉아 강바닥이 높아지고 수면 높이도 덩달아 높아졌다. 그 결과 강가의 제방 높이가 계속 높아지면서 붕괴 위험과 함께 저지대 주민이 수해를 입을 위험도 커졌다. 일부 구간에서는 강물의 높이가 지면보다 10미터 이상 높은 곳도 있다. 깊고 가파른 협곡이 교차하는 상류 쪽은 식생이 자라지 못할 정도로 심하게 침식된 상태로, 더는 사람이 살기 어려운 풍경으로 바뀌었다.

삼림 파괴로 생기는 문제는 또 있다. 지하수의 흐름이 역전하는 현상이 바로 그것인데, 이 문제는 열대와 아열대 지방에서 특히 잘 나타난다. 이 현상은 물이 토양 아래로 스며드는 대신 위를 향해 상승하는 것으로, 깊은 토양층에 녹아 있는 염분과 무기물질을 지표면으로 끌고 올라오는 특징을 보인다. 숲이 벌채된 후 햇빛이 지표면에 직접 닿으면 표토의 온도가 높아지고 건조하게 되면서 토양이 더 많은 물을 끌어당긴다. 그렇게 지하수가 증발하면 수분과 함께 올라온 염분과 각종 무기물은 그대로 남아 땅을 딱딱하게 굳히거나 염분이 포함된 토양 피각(soil crust)을 형성한다. 이 문제는 농업용수로 강이나 호수, 대수층에서 염류가 포함된 물을 끌어다 쓸 경우 더 심각해질 수 있다. 농작물을 포함한 대다수 식물과 동물은 염류가 집적된 토양에서 살지 못한다. 그래서 이런 문제가 생기면 농부들은 어쩔 수 없이 그 땅을 버리고 떠나게 된다.

이집트에서는 염분과 무기물질이 해마다 나일 강의 범람으로 씻겨 나갔다. 하지만 메소포타미아에서는 이집트와 달리 땅에 염분이 계속 축적되면서 유구한 문명이 멸망을 맞이하고 말았다. 수목이 우거졌던 중동 지역의 토양은 고대 문명 시대 이래로 염분과 무기물질이 계속 지표로 상승하면서 점차 딱딱하게 굳어버렸고, 결국 과도한 염분 집적으로 내염성 식물조차 살지 못하는 땅이 되었다. 그리하여 한때 비옥했던 넓은 대지는 소금기뿐인 쓸모없는 사막으로 변해버렸다. 이러한 현상은 이후 중앙아메리카에서도 나타나 아스텍 문명의 멸망에 영향을 미친 것으로 보인다.

그 밖에도 세계 각지에서는 물에 용해되어 표층으로 운반된 산화철 때문에 토양이 단단하게 굳어 빗물이 땅에 스며들지 못하는 문제가 나타났다. 대표적인 예로 유럽 북서부 지역에서는 약 60센티미터 깊이의 토양층에서 철 성분이 섞인 6~7센티미터 두께의 불투수층이 종종 발견된다. 그런 곳은 강우량이 증가했을 때 배수가 되지 않아 습기로 가득한 불모지가 되기 쉽다. 그래서 현지인들은 높은 지대에 뗏장집을 짓고 감자와 귀리를 재배하면서 지내다가 여름에 물이 마르면 저지대에서 자라는 헤더(heather)를 양떼에게 먹였다. 사실 꽤 황량한 환경이지만 땅을 뒤집어 보면 모래흙 사이사이로 얇은 무기질 층이 나타난다. 그렇다면 과거에는 그 지역에 건조림이 존재했을 가능성이 크다. 다행히도 요즘은 깊이갈이를 통해 황무지 아래 철이 축적된 층을 제거하고 그 자리에 농경지를 만들기도 한다.

이렇듯 삼림 벌채는 인류 문명만큼이나 그 역사가 오래되었고, 그 긴 세월 동안 이 문제 때문에 무수히 많은 땅이 다시는 원래의 모습을 되찾지 못하고 황폐하게 변했다. 삼림 파괴는 식량 작물의 생산 면적을 서서히 줄이는 동시에 생물다양성까지 위협한다. 하지만 우리는 이러한 손실을 전혀 모른 채 살아간다. 어떤 이론이나 재조림 계획을 통해 숲을 원래대로 되돌리기란 불가능하지만, 우리는 그저 나무를 새로 심고 다른 곳에서 동물을 데려오면 다들 바뀐 환경에 알아서 잘 적응하고 살리라고 막연하게 생각한다. 그러나 한 번 사라진 숲은 되돌아오지 않는다. 옛 숲에 살던 생물들도, 그곳만의 독특한 수리 환경과 기후도 다시 돌아오지 않는다.

지금까지 이야기한 삼림 벌채의 역사와 그 결과 역시 밑바탕에는 인구 증가라는 원인이 존재한다. 인구 증가는 전 대륙에서 광범위한 삼림 파괴를 불러일으켰다. 유럽에서는 지중해성 삼림을 시작으로 온대림과 북부의 아한대림, 타이가(taiga)가 차례차례 사라졌다. 이와 마찬가지로 아프리카, 오스트레일리아, 북아메리카에서도 원주민들의 손에 숲이 하나씩 사라졌다. 그러다가 마침내 우리 인간은 열대 밀림까지 손을 뻗쳤다. 여전히 농경지의 수요와 도시화에 필요한 목재의 수요가 계속 늘어나는 실정이고, 나무를 자르는 도구들은 과거보다 훨씬 더 효율적이고 강력해졌다. 아마 지금 같은 추세로 간다면 2040년경에는 지구 상의 천연림이 모두 사라질 것이다. 이제는 인류가 더욱 크고 무거운 기계 장비와 더 빠른 운송 수단을 만드는 시대, 그 결과 전 세계적으로 목재 부족 현상이 나타나는 이른바'목재 기근 시대'가 점점 더 빠르게 다가오고 있다. 일단 한 번 숲이 파괴된 곳에서는 다시 삼림이 조성되기 어렵다. 우리 뒤를 이을 미래 세대는 나무와 숲이 없는 헐벗은 지구에서 살아가야 한다. 그들은 현 세대의 탐욕과 무분별한 개발로 인한 피해를 입을 수밖에 없는 것이다.

13. 생물다양성의 상실

나는 유럽 알프스나 로키 산맥, 안데스 산맥, 히말라야 산맥에 관한 사진이나 텔레비전 방송을 볼 때마다 수많은 식물의 모습에, 특히 산비탈 위로 색색의 담요를 널따랗게 펼친 것 같은 꽃밭의 모습에 감탄을 금치 못한다. 풀밭에 핀 수천 송이의 꽃은 모두 독특한 개성을 뽐낸다. 꽃잎이 다 붉거나 노랗더라도 자세히 들여다보면 꽃잎마다 붉은색의 강도가 다 다르고 노란색의 색조가 다 다르다. 어떤 꽃은 거만하게 커다란 꽃잎을 활짝 펼치지만 또 어떤 꽃은 나뭇잎 사이에서 고개를 숙인 채 수줍은 듯 작은 연둣빛 꽃잎을 드러낸다. 만약 직접 그런 산에 갈 기회가 있다면 꼭 이 싱그러운 생명 사이사이를 거닐어보기 바란다. 또 꽃송이의 향기도 맡아보길 바란다. 분명히 꽃마다, 풀밭마다 다른 향을 즐길 수 있으리라. 꽃들 주변에서는 꿀벌과 말벌, 파리와 반짝이는 딱정벌레 등 수많은 곤충이 잔치를 벌인다. 그렇게 작은 곤충들이 날아다니며 윙윙거리는 소리와 함께 수풀 속에서는 귀뚜라미가 귀뚤귀뚤하며 목청을 높인다.

귀뚜라미는 풀숲 사이를 비틀비틀 오가면서 식물의 풀잎과 줄기를 갉아 먹고, 벌떼는 벌집과 풀밭 사이를 바쁘게 날아다니며 온갖 꽃으로부터 꿀을 채취한다. 그 벌들이 야생벌이라면 필시 가까운 나무 높은 곳에서 벌집을 찾아볼 수 있을 것이다. 물론 종에 따라서는 풀밭 한 귀퉁이에 쌓인 바위 틈새에 집을 짓고 살 수도 있다. 또 운이 좋다면 작은 조약돌에 둘러싸인 말벌의 지하 요새 입구나 왱왱거리는 호박벌, 수풀 더미를 기어오르는 딱정벌레의 모습을 발견할지도 모른다. 사람이 오가며 부스럭거리는 소리에 놀란 거미들은 허둥지둥 도망을 가고, 나비는 돌돌 말린 혀를 길게 펴 꽃들 사이에서 조용히 꿀을 마신다.

그렇게 천천히 걷거나 한자리에 앉아서 조용히 기다리다 보면 잠시 후 동물들도 모습을 드러낸다. 저쪽에는 어린 마멋(marmot) 무리가 서로 쫓아다니며 이리저리 뒹굴거나 산양들이 머리를 들이받고 사슴이 조심스럽게 풀밭을 돌아다니는 모습이 보인다. 작은 산새들이 지저귀며 하늘을 날고 저 멀리에는 독수리 한두 마리가 산비탈을 따라서 빙글빙글 돌며 하늘 높이 날아오른다. 잠시 시간이 지나자 독수리는 우리 눈에 거의 보이지도 않을 만큼 까마득히 높은 곳에서 먹잇감을 내려다보고 있다.

하지만 자리에 앉아서 곰곰이 생각해보면 생명으로 가득한 이 놀라운 시간도 얼마 후면 끝이 난다는 사실을 깨닫게 된다. 곧 겨울이 찾아와 곤충들이 자취를 감출 테고 도마뱀이나 뱀 무리는 풀숲 사이에 숨어 추운 계절을 날 테니까. 식물은 가을비를 맞으며 죽거나 겨울의 차디찬 바람 속에서 시들어갈 것이다. 하지만 다시 봄이 찾아와 태양이 겨우내 차갑게 식었던 산을 따듯하게 녹이면 다시 생명이 움트기 시작한다. 그러면 꽃도, 곤충도, 마멋과 도마뱀도, 머리를 부딪는 산양도, 하늘을 빙글빙글 도는 독수리도 다시 그곳으로 돌아온다!

산비탈 풀밭의 수많은 생명을 감상하며 그 아름다움과 향기에 푹 젖은 다음에는 작은 개울이나 도랑 옆에, 혹은 새끼들에게 줄 먹이를 물고 이리저리 오가는 수천 마리 새들과 함께 바닷가 절벽 위에 앉아 보자. 아니면 가파른 암석 표면의 좁디좁은 틈, 도저히 식물이 살 수 없을 것 같은 장소에서 자라는 이끼와 나무들을 구경해도 좋다. 빠르게 흘러가는 개울물 속에는 아주 작은 원시 곤충들이 기어가는 모습이 보이고 이따금 새들이 그런 곤충을 쪼아 먹는 광경도 보인다. 도랑 위로는 먹이를 사냥하려고 허공을 맴도는 잠자리 떼가 보이고, 물속에는 큰가시고기들이 보금자리를 손질하는 모습이 보인다. 아마도 막 알을 낳은 암컷 때문에 수컷은 집을 지키느라 바쁠 것이다. 혹시 여유가 있다면 스노클을 끼고 바닷속에 들어가 산호 군락을 구경해보라. 그곳에는 해초를 야금야금 뜯어 먹는 온갖 물고기들, 보금자리에 틀어박혀 먹잇감이 다가오길 기다리는 녀석들, 한데 뭉쳐 다니는 작은 고기떼, 아무도 모르게 발밑을 쏜살 같이 오가는 은빛 물고기가 우리를 기다리고 있다.

극지방, 대초원, 밀림…… 어디를 들여다보든 각기 다른 형태와 색깔을 갖추고 각기 다른 행동을 하는 생명체가 넘쳐난다. 사냥을 하고, 도망을 다니고, 새끼를 기르고, 바닥에 드러누워 몇 시간씩 잠을 자고, 먹이를 먹는 동물들……. 무엇하나 빠짐없이 제 나름의 매력을 발산하는 생물들, 그 다양성은 우리의 상상을 뛰어넘는다. 생물 낱낱의 생김새와 행동 양식은 모두 한 생물이 살아온 역사를 반영하며 그 생물은 자신이 속한 종의 독특한 진화 역사를 반영한다.

과연 그토록 다양한 색깔, 소리, 행동은 어디서 왔을까? 식물이 아름다움을 과시하며 온갖 곤충을 불러 모으고, 곤충이 날이면 날마다 꽃의 꿀을 구하러 다니거나 풀을 뜯어 먹는 행동은 언제 시작됐을까? 이 끝없는 생명의 다양성은 어디서부터 나타났을까? 이 놀라운 세계는 어떻고? 비록 이런 의문에 대해 과학자들이 제 나름의 생각과 이론과 의견을 내놓고는 있지만 정확한 답을 아는 사람은 아무도 없다. 그나마 확실하다고 생각되는 것은 이 수많은 색깔과 소리와 행동이 딱히 지금처럼 되어야 할 이유가 없었다는 점이다. 아무리 생각해봐도 생명이 생겨난 이유, 진화와 관련하여 어떤 명확한 흐름이나 고정된 방식은 없었던 것 같다. 원인도, 목적도, 끝도 없다. 진화는 각 생물의 일상생활과 마찬가지로 우연하게, 무계획적으로 이뤄진다. 온갖 기괴한 결과물을 포함하여 지금까지 일어난 거대하고도 흥미로운 변화는 모두 진화의 산물인 것이다. 세상에 존재하는 어떤 동물도 내일 당장 어떤 일이 일어날지 모른 채, 막연한 짐작조차 하지 못한 채 하루하루, 매시간, 매분을 살아간다. 그저 좋은 일이 있기만을 바라면서 맹목적으로 변할 따름이다. 진화는 그렇게 일어난다.

우리 가족은 어느 날, 그러니까 내가 이번 장을 막 쓰기 시작한 날 우리 집을 향해 시커먼 구름이 빠르게 다가오는 광경을 보았다. 곧이어 그 구름은 커다란 우박을 흩뿌리며 순식간에 창문을 깨고 정원을 엉망으로 만들어놓았다. 폭풍우는 단 몇 분 만에 숱한 꽃과 나무를 꺾어버리고 우리만의 에덴동산을 초토화한 채 떠나갔다. 그 자리에서 몇 킬로미터 떨어진 곳을 보니 비구름 한 점 없이 산들바람만 살랑살랑 불고 있었다.

내가 사는 지역에서는 우박을 동반한 거친 폭풍이 일어나는 일이 거의 없다. 특히 여름에는 더 그렇고, 우리 집과 정원 위를 곧장 지나는 경우는 더욱더 드물다. 우리 정원이 그때 왕창 우박을 두들겨 맞은 것은 그저 운이 나빠서라고 밖에 설명할 수 없다. 하지만 다시 생각해보면 그처럼 우연한 일은 그야말로 자연의 섭리 때문에 나타난 결과다. 원래 '희귀한' 일은 언제 어디서나 일어난다. 다만 그 강도가 늘 다를 뿐이다. 어떤 곤충이 늘 먹던 식물을 어느 날은 먹지 않고 넘어가는 일도 생기고, 또 어떤 때는 그런 곤충이 빗물에 빠져 죽는 일도 일어나는 법이다. 배고픈 진드기는 동물의 피를 빨아먹기 위해서 몇 시간, 며칠, 몇 주나 풀숲에 앉아 염소나 개가 지나가기를 기다려야 할 수도 있다. 보통 작고 하늘하늘한 민들레 씨앗은 바람을 타고 다른 곳으로 실려가 새로운 생을 시작한다. 하지만 아침 이슬에 젖어버린 씨앗들은 바람을 탈 수 없다. 아마 그런 씨앗들은 새로운 민들레가 되지 못하고 어미그루의 잎사귀 아래서 썩어 없어질 것이다. 운이 나빴기 때문에…….

이렇게 개개의 동물과 식물에게 일어나는 일은 그들이 속한 종 전체에도 일어날 수 있다. 가령 이 운이란 것이 한참 동안 따르지 않을 때는 멸종 사태가 나타나기도 한다. 흔히 벌어지는 상황은 아니지만, 혹여 비 한 방울 내리지 않는 여름, 혹독하고 메마른 겨울이 이어질 경우에는 종 전체에 생존 위기가 닥칠 수 있고, 때로는 그들이 그런 환경에서도 적응하여 살아남거나 장기적으로는 다른 종으로 변할 수도 있다. 진화는 그렇게 늘 다른 방식으로, 다른 방향으로, 다른 속도로 일어난다. 생물은 다른 종들이 어떻게 살아남고 생활하는지는 모른 채 제각각 진화의 길을 걸어간다. 진화는 장소나 환경적으로 유리하거나 불리한 시기에 급속도로 일어나기도 한다. 그 결과 산비탈의 풀밭이나 바닷가의 절벽에서처럼 생명체의 다양성과 풍부함에 차이가 생긴다. 그렇게 우연은 생명을 낳고 존재하게 하며, 변화를 이끌고 진화를 통해 끝없이 다양한 생물을 만들어낸다.

지구 자체의 진화도 우연하게 이뤄졌다. 40억 년 전 처음으로 일어난 화학반응에 이은 수십억 가지 반응, 에너지 흐름의 미묘한 변화, 각종 분해와 부패 작용, 그로 인한 복잡성의 증가 등 우연성에서 비롯된 일련의 과정이 긴 세월 동안 쭉 이어졌다. 참으로 놀랍지 않은가? 맨 처음에는 눈에 보이지도 않을 만큼 작은 박테리아가 서서히 세상에 모습을 드러냈고, 그다음에는 조금 더 복잡한 단세포 생물과 조류가 나타났으며, 이후 지렁이, 달팽이, 게와 가재, 곤충, 물고기, 공룡, 새, 쥐와 같은 다세포 생물이 나타났다. 그러다 마침내 유인원과 인간이 등장하면서 사회와 건축, 선박 건조, 교역처럼 복잡다단한 요소가 생겨났고, 그 뒤로 예술, 과학, 음악, 컴퓨터, 우주 탐사, 세계화 같은 새로운 분야와 개념이 나타났다. 이렇게 지구가 이뤄낸 아름다움과 장엄함은 이루 말할 수 없이 놀랍고 불가사의하다. 한데 이 모든 것이 우연하게 일어났다. 누구도, 어느 무엇도 앞날을, 당장 닥칠 내일을 알지 못한 채로 말이다.

생물다양성이란, 생명의 다양함이란 바로 이런 것이다. 이러한 결과는 숱한 분화(diversification) 과정 덕분에 나타날 수 있었다. 그런데 우리 인간이 이 아름다운 생명과 자연을 위험으로 몰아넣고 있다. 우리는 토양을 침식시키고 생명을 죽이면서 획일적이고 변화가 없는 세상을 만들고 있다. 놀랍고도 놀라운 생태계의 다양성을, 무려 40억 년에 걸친 역사를 없애고 있다. 그리하여 수백, 수천, 수만에 이르는 작고 놀라운 생명체들이 해마다 달마다 아무도 모르게 사라져간다. 그들과 함께 사라져버린 독특한 생김새와 색깔과 행동 양식은 다시 돌아오지 않고 다른 어디서도 찾아볼 수 없다. 아름다운 생명체가 갈 곳을 잃고 지쳐서, 육중한 기계에 으스러져, 유독한 물질에 오염되어 사라져간다. 왜냐하면 우리 인간이 그들을 보고 싶어 하지 않고 그들에 대해 알고 싶어 하거나 궁금하게 여기지 않으니까. 사람들은 풀밭에 앉아서 주위를 둘러보고 자연을 들여다볼 생각을 하지 않는다. 이렇게 아름다운 세상에 살면서도 그저 먹고 잡고 기르기만 원할 뿐이다. 이 멋진 세계를 그저 제멋대로 방치할 따름이다.

인구 증가와 함께 점점 더 많은 생물종이 사라지자 환경보호주의자들은 이 현상을 막거나 그 진행 속도를 늦추기 위해 고민에 고민을 거듭하고 있다. 그들은 생물종의 감소 정도를 확인하고 이 문제를 막을 방법을 찾고자 여러 해에 걸쳐 생물종의 수를 지속적으로 계산하고 있다. 여기서 산출된 숫자는 해당 지역의 종 풍요도(species richness)를 나타낸다.

하지만 이렇게 종의 수만 따지면 온통 쐐기풀로 이뤄진 풀밭에서든 그보다 더 희귀한 생물이 사는 개펄에서든 종 풍요도 면에서는 똑같이 낮은 수치가 나올 수 있다. 따라서 숫자보다 중요한 것은 생물학적인 차이나 구조 및 생활 방식의 차이다. 이런 점에서 단순히 종의 수만 세는 데 그치지 말고 생물학적인 특이성이나 정체성에 따른 차이를 분석할 필요가 있다. 즉 생물학적 다양성은 생활형(life-form)의 측면, 그러니까 식물의 환경 적응 형태나 동물의 생활양식, 이동과 행동 유형 등의 다양성과 그 범주를 측정하여 나타내야 한다. 다만 생물의 특성은 어느 하나 똑같은 것이 없이 모두 독특하므로 측정을 위해 여러 생물종을 한데 묶어서 수량화할 경우, 생명 활동과 생존의 필수 요소에 대한 정보가 일부 누락될 수밖에 없다. 아무튼, 이렇게 생물다양성을 숫자로 나타내면 한 지역에 관한 생물학적 정보를 얻을 수 있다. 그리고 해당 지역 내의 생물다양성과 각 생물종의 생활형은 그곳이 생물학적으로 얼마나 특별하고 가치가 있는지를 알려준다.

그렇다면 앞에서 이야기한 생물의 특성을 토양의 질소 함량과 관련지어 생각해보자. 우선 질소가 풍부한 환경에서 사는 식물, 질소가 적은 환경에서 사는 식물로 종류를 나눈다. 그다음에는 질소 선호도에 따라 구분한 종의 수를 세고 그 결과를 빈도순으로 나열한다. 이렇게 빈도 도표로 표현된 범위는 질소 선호도, 혹은 질소에 대한 내성 측면에서 식물의 차이와 다양성을 나타낸다. 이렇게 일정한 기준을 세워 측정한 생물다양성 수치는 단순히 한 지역 내의 생물종 수만 합산한 결과보다 더 많은 정보를 제시한다. 이제 우리는 이 정보를 이용해 또 다른 생물적 · 형태적 · 생리적 · 행동적 · 진화적 특성을 조사할 수 있다. 만약 조사한 지역의 생물다양성이 감소하고 있다면 미리 만들어둔 도표에서 어느 부분에 변화가 일어났는지 상세하게 확인이 가능하다. 또 도표의 왼쪽, 그러니까 질소에 내성이 없는 식물종의 수가 줄어들었다면, 이 정보를 바탕으로 관련 종을 보호하거나 환경을 복원하기 위한 구체적인 대책을 세울 수 있다.

사실 현재 지구에 존재하는 수많은 생물종은 저질소(nitrogen-poor) 환경에서 태어나고 수백만 년에 걸쳐 진화해왔으며, 일부 특수한 종만이 고질소(nitrogen-rich) 환경에 적응하여 살아왔다. 재미있는 것은 지난 200만 년 사이에 빙하기가 끝날 때마다 질소에 내성이 강하거나 질소를 선호하는 식물종이 어떤 생물보다도 먼저 얼음이 사라진 땅 위에 나타났다는 사실이다. 하지만 나머지 간빙기와 이후 이어진 수천 년간의 빙하기(지역에 따라서는 간헐적으로 발생)에 이 식물들은 다시 저질소 환경을 선호하는 종으로 대체되었다. 농업 활동이 수많은 자연 지역을 잠식한 오늘날은 오래전 질소가 결핍된 상태로 형성된 습지나 삼림 지대에 질소 비료가 유입되어 저질소 환경에서 사는 원시 식물과 동물들이 사라지고 있다. 특히 자연환경에 대량의 질소가 유입되어 야생종이 크게 줄어버린 유럽 북서부에서는 이 문제가 특히 더 심각하다. 더군다나 앞으로는 전 세계적으로도 질소가 유입되는 땅이 더욱 늘어날 테고, 이에 따라 2050년 즈음에는 질소에 내성이 약한 원시 · 자연 식생이 거의 다 사라지고 말 것이다. 이렇듯 우리 인간은 질소를 대량으로 사용하여 농업을 확장함으로써 지구의 생물학적 다양성을 이루는 커다란 축을 무너뜨리고 태곳적부터 이어져 온 진화의 산물을 없애고 있다.

이런 식으로 특정 기준을 세워서 생물다양성을 정의하면 단순히 전체 종의 숫자만 측정할 때보다 생물학적 손실을 파악하기가 쉽다. 구체적으로 어느 부분에 손실이 생겼는지 확인할 수 있기 때문이다. 일례로 어떤 국제기구에서는 여러 해에 걸쳐 일부 새나 곤충, 식물들이 사는 습지대에 특별히 관심을 기울여왔다. 오스트레일리아나 여타 대륙의 몇몇 습지대가 사라질 경우, 왜가리나 그 먹잇감인 각종 어류, 계절이나 해에 따른 습도의 변화에 완벽히 적응한 식물 등 습한 환경 조건이나 수생 환경에 맞춰 살아온 다양한 생물종을 한꺼번에 잃을 수 있기 때문이다. 이러한 특정 생활형이 사라진다는 말은 곧 기나긴 세월 이어진 진화의 유산 중 일부분이 한순간에 통째로 사라진다는 뜻이다. 습지대는 북극에서 남아메리카 극단까지 적도를 횡단하는 새들에게도 반드시 필요한 곳이다. 이렇게 먼 거리를 이동하는 새들은 여정 중에 습지대를 중간 기착지로 이용한다. 비견한 예로 수백만 마리씩 떼를 지어 남쪽으로 이주하는 왕나비(Monarch Butterfly)는 캐나다와 플로리다 사이에 형성된 몇몇 숲을 휴식처로 삼는다. 나비 떼가 내려 앉은 나뭇가지가 그 무게를 못 이기고 부러진다는 이야기가 있을 만큼 그곳에 들르는 왕나비의 수는 많다. 그 숲이 사라진다면 수많은 나비 떼는 그 멀고 먼 거리를 더는 이동하지 못할 것이다.

인간의 손으로 실행된 습지대 배수 작업은 이미 많은 생물종에게 커다란 영향을 미쳤다. 북아메리카에서 올가미에 걸려 모피 신세가 된 비버의 수는 17세기만 해도 무려 1천만에서 1천500만 마리에 달했다. 당시 비버 무리가 댐을 짓고 살던 습지대는 배수 작업을 통해 목초지가 되었다. 결과적으로 습지대의 파괴와 함께 비버뿐만 아니라 온갖 수서 곤충과 물고기 및 개구리 떼, 왜가리, 거위와 오리 떼가 멸종되고 말았다. 사향쥐와 수달들은 땅굴 속에서 얼어 죽었고, 봄마다 목도리뇌조가 짝짓기를 위해 두들겨대는 나무들도 사라졌으며, 온갖 잡다한 식물과 담수 조류들도 사라졌다. 서로 공생하며 살아가는 생물들, 특히 비버가 만든 특수한 환경에 의존하여 살아가는 생물들이 모두 사라졌다. 그렇게 동물과 식물들이 죽어가는 동안 비버 모피로 만든 코트와 모자는 대부분 썩어 없어졌고 현재는 그중 일부만이 몇몇 지역 박물관에 남아 전시되고 있다.

인간은 목재를 얻거나 기름야자 나무를 심기 위해 매년 130만 헥타르에 달하는 열대림을 없애고, 새우 양식장을 만들기 위해 맹그로브 습지를 파괴한다. 사람들이 빅토리아 호(Lake Victoria)에 풀어놓은 나일 농어 때문에 그곳에서만 서식하는 독특한 재래어종들이 멸종되었고, 태평양 깊은 바다에 사는 엄청난 수의 정어리와 멸치떼, 대서양의 청어떼는 양식용 연어의 먹이로 쓰이면서 멸종 위기에 이르렀다. 이뿐만 아니라 해마다 18만 톤이 넘는 양의 크릴(krill)이 남획되어 그중 절반 이상이 연어의 먹이로 사용된다. 이런 이유로 해양생물들의 식량이 줄어들고 있는데, 이 문제는 남극에 사는 펭귄 수가 급감하는 원인으로도 작용한다. 연어는 이렇게 막대한 희생을 발판 삼아 무럭무럭 자라난다. 하지만 이 물고기를 사람만 먹는 것은 아니다. 그중 일부는 가공을 거쳐 고양이 먹이로 팔려나간다.

인류가 등장한 후 수메르인(Sumer)을 시작으로 아시리아와 이집트, 그리스, 로마 사람들, 더 세월이 흘러서는 유럽인이 중동과 북아프리카와 유럽의 사자와 코끼리, 타조, 하마, 늑대, 곰, 담비를 죽이고 멸종시켰다. 시베리아와 중국, 북아메리카의 거주민 역시 그에 뒤지지 않고 호랑이, 들소, 사슴, 비버, 너구리, 퓨마를 말살했으며, 태평양 연안에 살던 수십만 마리의 해달과 수백만 마리의 바다표범, 그리고 해마다 북극해와 남극해를 오가며 오스트레일리아 인근에서 새끼를 낳던 수십만 마리의 고래 떼 역시 인간의 손에 사라져버렸다. 이제는 오스트레일리아에서만 발견되는 독특한 유대류(有袋類) 동물들도 많이 사라졌고, 뉴질랜드의 모아(moa)는 아예 멸종되어버렸다. 이런 이야기는 적도 아프리카와 남아메리카, 인도에서도 똑같이 찾아볼 수 있다. 그야말로 대학살이 아닌가? 지금 남은 것, 이제야 우리가 보존하려고 애쓰는 생물들은 한때 이 지구 상에 넘쳐나던 생명의 잔재에 불과하다. 땅을 뒤엎고 숲을 제거할 때마다 우리는 그곳에만 사는 수많은 종을 잃고, 그곳에서만 형성되는 특별한 환경을 잃고, 수백만 년에 걸쳐 진화를 통해 이뤄진 생물들의 독특한 특성을 잃는다. 그럴 때마다 다양한 생물들로 이뤄진 이 세계의 한 축이 한꺼번에 사라진다. 그렇게 인간은 두 번 다시 되살릴 수 없는 생명의 나무를 베어내고 있다.

인류는 지구에 발을 디딘 이후 꾸준히 숲을 베어냈다. 그 결과 고령림(高齡林)에서 유령림(幼齡林)으로 전환되는 속도가 빨라지면서 고목들과 원시림이 사라졌다. 오늘날 유럽에서 흔히 볼 수 있는 숲의 임목들은 대체로 나이가 어린 편이다. 일례로 노르웨이에서는 오래된 농장 입구 근처에서 커다란 나무들이 잘린 흔적과 썩어버린 그루터기를 쉽게 발견할 수 있다. 이렇게 오래된 숲들이 점차 어린 숲으로 바뀐다는 것은 긴 세월 동안 진화를 거듭한 곤충 무리가 사라진다는 뜻이다. 이제 그곳에 남은 것은 금세 베여나가는 어린 숲과 경작지의 환경 조건에 적응한 종들뿐이다. 그런 곤충들은 증식력과 분산력이 강하고 질소 성분이 풍부한 먹잇감을 주로 먹고산다. 반면에 번식주기가 길고 분산력이 떨어지는 종들은 환경 변화에 적응하지 못하고 차례차례 도태되었다. 하나씩 하나씩, 우리는 꽃으로 가득한 알록달록한 풀밭을 온통 초록색으로 뒤바꿔버렸다. 농경지와 목장에 사는 생물들을 제외하면 이제 남은 것은 잡초와 해충뿐이다.

우리가 저지른 짓은 이뿐만이 아니다. 인류는 농경지를 균일화, 획일화, 안정화함으로써 논과 밭에 존재하는 역동적이고 다양한 환경 조건을 천편일률적으로 바꿔버렸다. 특히 19세기 이후로 농업이 기계화되고 경지가 확장되면서 이 문제는 더 심각해졌다. 더 넓고 균일한 조건을 갖춘 경지는 오히려 잡초와 병해충이 생장하고 살아남는 데 유리한 환경을 제공했다.(이런 생물들 역시 농경지의 생육 환경과 영양물질을 선호한다.) 이런 잡초나 병해충은 천적이 없는 다른 지역으로 이동하여 번식하거나 천적이 농약 때문에 사라짐으로써 크게 증가하는 경향을 보인다. 현재 수많은 농경지와 목장에는 다른 대륙에서 건너온 식물이 넘쳐난다. 모두 종자 거래가 세계적인 규모로 이뤄진 탓이다. 수많은 선박과 비행기, 트럭, 자동차가 온 세계를 가로지르며 종자를 나르는 사이, 병해충의 알이나 유충, 관상식물의 씨앗까지 함께 다른 곳으로 이동한다. 때로는 씨앗, 알, 기생충 따위가 바람을 타고 널따란 농경지 사방팔방으로 퍼지기도 하고 하늘 높이 솟아 근처 지역으로 이동하기도 한다. 물론 이런 외부 생명체가 곧장 새로운 환경에 적응하여 싹을 틔우고 병을 퍼뜨리는 것은 아니지만, 몇 년 정도 흐른 뒤에는 그 수가 폭발적으로 증가할 우려가 있다. 결국 우리는 수천 가지 생물종을 멸절시키는 동시에 남아 있는 종들을 엉뚱한 곳에 대량으로 퍼뜨리는 셈이다. 인간은 이런 식으로 생물다양성과 다양한 생명 현상을 감소시킨다.

하지만 문제는 여기서 그치지 않는다. 유형은 조금 다르지만 급속도로 성장하는 마을과 도시의 안팎, 항구와 공업 단지, 도로 부근에서도 획일적이면서도 역동적이며 자연과 다른 환경 때문에 수많은 생물이 죽어가고 생물다양성이 사라지고 있다. 이렇게 사람이 많이 생활하는 지역은 불투수성 벽돌, 콘크리트, 아스팔트 등으로 이뤄져 무기물질과 금속의 농도가 매우 높고 온갖 화학물질과 기름으로 인해 오염되었으며, 습도 변화가 심한데다가 언제나 뜨거운 햇볕이 쏟아지는 극단적인 환경 조건을 보인다. 이런 곳에서는 극히 제한된 수의 생물종만이 생존할 수 있다. 실제로 도시 환경 속에서는 충매식물(虫媒植物, 곤충이 운반한 꽃가루에 의해 수분(受粉)이 이루어지는 식물. -옮긴이)과 그 작업을 수행하는 곤충이 눈에 띄게 줄어든다.

어떤 곳에는 외래종 꽃들이 도로변에 심겨 있어도 정작 꽃가루를 나르는 곤충이나 작은 동물들이 쌩쌩 달리는 자동차 바람에 어딘가로 날려가거나 길을 건너던 중에 차에 치여 죽는 바람에 수분에 실패하는 일이 비일비재하다. 게다가 도로망 자체가 식물의 덩굴성 줄기나 사슴, 두꺼비, 딱정벌레와 거미 같은 동물과 곤충들의 이동을 가로막는 역할을 한다. 그래서 인접 지역의 동식물들은 조각조각 흩어진 채로 생활하다가 개체 수가 감소되어 결국은 사멸되고 만다. 이렇듯 도시에서는 이동과 공간이라는 요소 간의 역학 관계가 생물들에게 상당히 불리하게 형성된다.

근래 들어 새롭게 등장한 광역 살충제류는 먹이 사슬 최상단의 포식자만 죽이지 않고 꿀벌의 방향 감각에도 영향을 미친다. 이 감각이 상실된 꿀벌은 꿀이 있는 꽃은 물론이고 자신의 벌집조차 제대로 찾아가지 못한다. 꿀벌은 농작물의 수분을 일부분 담당하고 있는데, 만약 이런 꽃가루 매개충이 사라질 경우 인도에서는 농작물 생산량이 20~30퍼센트가량 하락할 수 있다는 예측이 나왔다. 네덜란드 일부 지역에서는 이러한 광역 살충제의 농도가 법적 허용치보다 몇천 배나 높게 나타났다. 1960년대와 1970년대에 레이첼 카슨(Rachel Carson, 미국의 해양생물학자로 서인 《침묵의 봄》을 통해 대중에게 환경 문제의 심각성과 중요성을 알렸다.—옮긴이)은 농업용 화학약품의 생산 및 사용과 관련된 법률의 제정에 큰 영향을 미쳤다. 하지만 그녀가 일으킨 혁명은 한순간 반짝 빛을 발했을 뿐, 생물다양성은 그때부터 오늘날까지 급속도로 감소일로를 달렸다. 인류가 그녀의 경고에도 아랑곳하지 않고 수천 가지 신종 화학약품을 개발하여 자연환경에 마구 살포했기 때문에…….

그렇게 수많은 동물과 식물들의 살 곳을 없애고 생활환경을 뒤바꿔버린 우리 인간은 이제 작물 수확량과 이윤을 극대화할 목적으로 유용한 생물종의 유전적 다양성마저 감소시키고 있다. 이 문제는 환경 조건에 맞춰 작물의 유전적 특성을 조정함으로써 발생했다. 현재 이 작업에 특화된 몇몇 공장에서는 아예 농약 자체가 필요 없도록 특정 병충해에 저항성을 지닌 식물 종자가 생산되고 있다. 이런 종자는 수확량이 일정할뿐더러 시장의 요구에도 부응한다. 축산업 분야에서는 비용 절감을 위해 수소, 수퇘지, 숫양 등 씨수컷 한 마리만을 이용하여 수많은 암소와 암퇘지, 암양을 수정시키는 작업이 이뤄지는데, 이렇게 수정에 이용된 수컷들은 대개 몇 해 지나지 않아 죽고 만다. 또 요즘은 농부들이 가축에게 발현되길 바라는 형질을 골라서 특정한 수컷의 정자를 주문하기도 한다. 하지만 이렇게 유전적 획일화가 이뤄지고 세계 각지에서 온 생물들이 국경선을 넘나들면서 농장 내에 전 세계적인 유행병이 번질 위험도 커졌다. 게다가 이런 질병 중 일부는 사람에게 치명적인 해를 끼치기도 한다.

이런 식으로 농작물과 가축들은 타고난 유전적 다양성을 크게 잃고 말았다. 그 옛날 엄청난 노력을 통해 생겨났고 앞으로 언젠가 인류에게 절실히 필요할지도 모를 다양한 특성을……. 일단 유전적 다양성이 손실되면 이후에는 손실분을 되찾을 길이 없다. 이 문제에 심각성이 가중되는 것은 종자 회사들이 지속적인 수익 증대만을 꾀한다는 사실이다. 그들의 관심은 특정 형질이 안정적으로 발현되는 종자를 만드는 것이 아니라 유전적 조합이 불안정한 잡종 종자를 만드는 데 있다. 이런 작물들은 씨앗을 틔우기는 해도 거기서 부모 세대의 유용한 특질이 나타나지 않으므로, 결국 농부들은 다음 해에 새로운 잡종 종자를 사서 심어야 한다. 이렇게 해마다 종자를 사서 쓰면 당연히 농가의 부담은 커진다. 특히 가난한 개발도상국의 농부들은 그 비용을 대는 것만 해도 벅찰 지경이다. 이런 문제 때문에 자국의 고유종을 심으려고 해도 종자회사에서 해당 작물에 대한 특허를 획득했을 때는 그것조차 마음대로 하지 못한다. 새로운 유전자 잡종 작물의 생산은 각종 식물병과 종자회사 간의 대결 구도로 이어졌는데, 지금까지는 종자회사들이 이 경쟁에서 승리한 것으로 보인다. 하지만 역사가 유구한 고유종이 대부분 사라졌다는 사실은 상당히 우려할 만하다. 더 장기적인 관점에서 보면 앞으로 재조합에 필요한 유전자 자체가 고갈되어 식량 생산이 위기에 처할 가능성이 크다.

이런 경향은 가금류 사육과 어업에서도 똑같이 나타났다. 세계 각지의 생활수준이 크게 향상된 오늘날은 특히 더하다. 이미 전 세계적으로 분포했거나 특정 지역에만 사는 수백 종이 멸종했다. 그나마 각 대륙에 남은 민물고기도 이제 거의 다 사라질 지경에 이르렀고 해양 어류 중에서도 수많은 종이 멸절될 위기에 놓였다. 게다가 양식 어류를 키우는 가두리 양식장에도 질병이 발생하고 있다. 이런 병은 야생 연어나 기타 해양 어류에 전염되어 인근 생물들의 생존을 위협할 우려가 있다. 또 양식 어류의 유전자가 야생종에게 확산되는 문제가 발생할 수도 있다. 실제로 오래전에 수많은 개구리가 사람의 임신 테스트에 이용되면서 치명적인 진균병에 걸렸고, 이 병이 전 세계의 여러 개구리 종으로 퍼져 나간 사례도 있다. 앞에서 이야기했던 잡초나 병해충의 대량 발생과 마찬가지로 이제는 한 지역에서 드문드문 나타나던 풍토병이 전 세계적으로 쉽게 확산되는 시대가 되었다. 이제는 한 대륙에서, 또는 한 반구에서 발생한 병이 순식간에 다른 곳으로 퍼져 나가 몇 주 만에 전 세계를 휩쓸 수도 있다.

이렇듯 이 지구의 생물다양성은 빠르게 줄어드는 중이며, 일각에서는 그 수준이 거의 바닥에 이르렀다. 모두 토양의 침식, 염류 집적과 오염, 천연 영양물질의 고갈과 그로 인한 화학 비료의 지속적인 공급으로 대지가 황폐해지면서 나타난 결과다. 이 문제는 인류가 삼림 벌채와 도시화를 비롯하여 더 효율적인 농업과 이윤의 극대화를 추구하면서 나타난 결과이기도 하다. 또 궁극적으로는 지금도 계속해서 빠르게 늘어가는 인구수와 자원의 소비 때문에 나타난 결과다.

우리 인간은 이 사회를 산업화한 이후 수십억 인구를 먹여 살리기 위해 생명을 산업화하고, 수많은 생물종을 산업화하고, 아름다운 풍경을 산업화하고, 바다를 산업화했다. 바다를 비워버리고, 산과 들판을 비워버리고, 강을 비워버린 인류는 자연을 생명이 발붙이기 어려운 더럽고 메말라버린 시궁창으로 뒤바꿔 놓았다. 결국 그러다가 나중에는 다들 이렇게 묻겠지. “대체 어쩌다 이렇게 됐담?”

14. 불모지

나는 어렸을 때 네덜란드 북부의 프리슬란트라는 시골에서 자주 여름을 보냈다. 그곳에는 비 오는 날마다 소의 입이 다섯 개로 늘어난다는 속담이 있다. 사람들 말로는 비가 오면 소가 걸을 때마다 풀이 진흙 속으로 푹푹 꺼져서 없어지기 때문이라나? 그렇게 흙 속에 파묻힌 풀은 소먹이로 쓰지 못한다. 소들은 제 먹잇감을 밟고 다니다가 그 위에 누워 되새김질을 하거나 잠을 자기도 하고, 때로는 똥을 싸기도 한다. 그래서 소를 키울 때는 한 곳에서만 풀을 먹이지 말고 새로운 목초지로 자주 이동해야 한다. 아니면 외양간에 넣어 놓고 풀을 베어서 직접 가져다주든가.

소들이 목초지를 활용하는 방식은 매우 낭비적이라 할 수 있다. 하지만 우리 인간 역시 마찬가지가 아닐까? 좋은 농경지를 버리고 그 위에 도시와 산업 시설, 항구, 물류 배급소, 정제 공장, 도로를 세우는 현실을 생각해보라. 역사를 돌이켜보면 농부나 어부들이 모여 살던 작은 정착지가 더 많은 땅을 보태면서 확장을 거듭하여 큰 도시로 발전한 사례를 쉽게 찾아볼 수 있다. 이탈리아를 한 번 생각해보자. 지금 크고 작은 공장들은 죄다 비옥한 계곡 지대에 자리 잡고 있다. 또 유럽 북서부 지역은 어떤가? 한때 얼음으로 뒤덮였던 비옥한 대지 위에는 현대식 건물이 즐비하다. 오늘날 수백만 인구의 고향이 된 뉴욕, 로스앤젤레스, 시카고 같은 거대 도시들이 어떤 역사를 거쳤는지 생각해보라. 전 세계 곳곳의 비옥한 연안 지대는 급속한 도시화와 산업화를 겪고 무수히 많은 도로로 뒤덮여 버렸다. 그곳은 모두 과거에는 인류에게 식수를 공급하던 곳이었다. 어떤 대륙에서든 바닷가 주변, 강변, 삼각주는 훌륭한 농경지, 최고의 어장을 제공했다. 과거에 네덜란드는 거대하고 비옥한 삼각주로 유명했다. 인근의 강과 호수에는 물고기가 가득했고 북해의 어류 번식지도 가까워서 청어와 대구가 수십만 마리씩 잡히기도 했다. 하지만 이제 네덜란드는 세계에서 가장 인구 밀도가 높은 나라 중 하나가 되었다. 강과 호수는 오염되어 잿빛으로 변해버렸고 바다에서는 저인망을 이용한 남획이 이어지고 있다.

소떼가 목초지에서 하는 행동이나 인간에 의한 대규모 도시화 현상만 이런 문제를 불러일으키는 것은 아니다. 어떤 생물이든 한곳에 머무르는 시간이 길어지면 거주지의 자원이 감소하고 환경이 황폐하게 변하기 마련이다. 그래서 대다수 생물종은 늘 이곳저곳으로 이동을 한다. 물론 새와 나무의 이동 속도를 비교하면 새가 훨씬 빠르지만, 나무 역시 한 자리에 그대로 머무르지 않고 이동을 한다. 다만 나무는 몇 세대, 몇 세기에 걸쳐 아주 느리게 이동할 따름이다. 수렵 · 채집 생활을 하던 우리 조상들도 이동 생활을 했다. 오늘날 유목민들 역시 가축을 몰고 이곳저곳으로 이동을 한다. 그들이 생활하는 지역은 대개 기후가 건조하여 식생의 재생 속도가 느리고 장작으로 쓸 나무가 금세 고갈되기 때문이다. 하지만 식생의 재생이 빠른 열대림에서도 이동은 일어난다. 새로 만든 농경지의 양분이 빠르게 고갈되는 탓에 농부들은 다시 숲을 베고 불태워 농작물을 심을 땅을 마련한다. 이러한 이동식 화전 농업은 유사 이래 끊임없이 나타났고 지금도 세계 각지에서 어렵지 않게 발견된다.

그러다가 언젠가부터 인간은 농경지 근처에 마을과 작은 도시를 세우고 영구적인 정착 생활을 시작했다. 정착과 농경은 토양 고갈의 위험을 낳았지만, 그들은 땅에 사람과 동물의 배설물을 공급하면 작물 수확량이 늘어난다는 사실을 발견했다. 하지만 때로는 이런 거름에 포함된 병균 때문에 정착민의 생존이 위협받기도 했다. 옛 이집트 사람들은 해마다 나일 강이 범람하여 농토에 비옥한 흙을 공급한 덕분에 토양 영양분 고갈 문제에서 쉽게 벗어났다.(질병이나 병해충의 위협은 다른 곳과 마찬가지였다.) 그래서 농부들은 양분이 고갈될 걱정 없이 매년 같은 땅을 경작할 수 있었다. 그러나 하류로 비옥한 흙이 쓸려 내려가면서 자연히 나일 강 상류에서는 표토가 유실되고 양분이 고갈되는 현상이 나타났다. 이와 대조적으로 메소포타미아의 유프라테스 강과 티그리스 강에서는 범람 현상이 주기적으로 나타나지 않았다. 그래서 사람들은 대규모 관개 시설을 만들어 농경지에 물과 양분을 공급했다. 이후에는 다들 알다시피, 토양의 영양분이 차츰 고갈되면서 메소포타미아의 땅은 풍요로움을 잃었다.

식생이 밀집하면 태양이 지표면에 직접 비치지 않아 토양의 수분 증발량이 줄어든다. 반대로 식생이 전혀 없을 때는 토양이 완전히 말라버리고 지하수가 땅 깊숙한 곳에 있는 무기물까지 같이 끌고 지표면까지 올라온다. 이 현상은 현재 미국의 남서부 지역, 작물 재배와 가축 사육으로 황폐해진 오스트레일리아의 여러 지역을 비롯하여 세계 곳곳에서 나타나고 있다. 제10장에서 이야기했듯이 아열대 지방과 열대 지방에서는 산화철의 침전으로 적갈색의 라테라이트(laterite)가 형성되는 경우가 많다. 이 라테라이트의 형성과 토양의 염분 축적 문제는 인간 활동에 의한 대표적인 토양 황폐화 문제라고 할 수 있다.

인간의 활동으로 발생하는 환경 황폐화 문제에는 바람과 물에 의한 침식 현상도 포함된다. 식생이 제거된 지역에서는 부식토와 무기질 토양이 바람에 의해 날려 사라지고 토양 표층이 건조해지기 쉽다. 북반구의 이른바 서던 림(southern rim) 부근에서는 이 현상이 빙하기부터 자연적으로 이어졌다. 모래와 황토로 이뤄진 광범위한 지대가 유라시아와 북아메리카를 가로지르며 서에서 동으로 쭉 늘어선 이유는 바로 여기에 있다. 이 지역에 대량으로 축적된 황토는 작물 재배에 좋다. 식물이 깊이 뿌리를 박기에 유리하고 보수력이 뛰어나며 영양분이 다량 함유되어 있기 때문이다.

사하라 사막에서 날린 흙먼지는 지금도 계속 커다란 구름을 형성하며 유럽과 대서양 위를 떠다닌다. 이 흙먼지 중 일부는 대서양을 건너 서쪽의 남아메리카로, 또 동쪽에 있는 중국까지 날려간다. 그렇게 흙이 날려간 뒤에는 벌거벗은 암석과 바람을 따라 빠르게 이동하는 수백 미터 높이의 모래 언덕만 남는다. 그런데 놀랍게도 이런 사하라 사막이 로마 시대에는 열대 식물과 아열대 식물로 가득 찬 곳이었다고 한다. 그 시절에 광대한 밀림을 배회하던 야생 동물들은 이집트와 메소포타미아의 왕과 귀족들의 사냥감이 되었다. 또 로마에서는 이 동물들이 원형 경기장에서 검투사들과 대결을 펼쳤다. 이집트의 상형문자, 아시리아의 날개 달린 사자 장식물, 고대 그리스 미케네의 사자문(Lion Gate)은 모두 사라져버린 옛 동물상을 보여준다. 과거에 사하라 중심부에는 커다란 호수가 여러 개 있었다. 그곳에는 수많은 하마가 살았고 인근 지역 사람들은 호수에서 물고기를 잡으며 생활했다.

현재 사하라 곳곳에 남겨진 벽화들을 보면 그 지역이 점차 건조하게 바뀌고 동물상이 변했다는 사실이 잘 드러난다. 결과적으로 사하라는 오랜 세월에 걸친 침식 끝에 지금처럼 메마른 사막이 되어버렸다. 학자들 말로는 인간의 활동이 이 거대한 사막의 형성에 일부분 영향을 미쳤다고도 한다.(하지만 이 학설은 논란의 소지가 있다.)

바람에 의한 침식은 고전적인 시비 작업에 의해서도 발생한다. 농부들은 곡식을 수확한 후 그루터기를 태워서 남은 영양분을 다시 이용하려고 한다. 그러나 이때 생성된 재는 바람이 살짝만 불어도 근처 숲이나 바다로 날려버리기 십상이다. 1930년대 중반에 미국에서는 강풍 때문에 건조 지대의 표토가 대량으로 유실되는 사태가 발생했다. 당시에 그 지역 농부들은 작물을 심으려고 대초원을 모조리 갈아엎었다. 그리하여 바람으로부터 부식토 층을 보호하던 식생이 사라지고 말았는데, 이후 몇 해 동안 가뭄이 이어지면서 수세기에 걸쳐 형성된 부식토가 모래 폭풍에 날려 대륙 곳곳으로, 또 수백 킬로미터 떨어진 대서양으로 흩어졌다. 그렇게 수분과 영양분을 머금은 흙이 사라지면서 결국 그곳에는 건조하고 척박한 모래 언덕만 남고 말았다.

물에 의한 침식은 농사나 건축을 위해서 산비탈의 숲을 제거했을 때 주로 발생한다. 그 결과 엄청난 양의 부식토와 흙이 산 아래로 쓸려 내려간다. 그러나 때로는 경사가 아주 완만한 지형에서도 침식은 발생한다. 폭우 때문에 빗물이 지표면에 흘러넘치는 경우가 바로 여기에 속한다. 오스트레일리아 중부의 평탄한 지대에서는 강이 말라서 바닥을 드러내는 상황이 종종 일어난다. 그러다가 폭우가 쏟아지면 몇 년이나 말라붙어 있던 강은 금세 흙탕물로 가득한 급류가 되어 세차게 흐른다. 그러다 물이 가라앉으면 강바닥에 자란 3~4미터짜리 나무 위에는 작은 나무와 부러진 나뭇가지, 풀 따위가 걸린 채 휑한 모습을 드러내고 곳곳에 깊이 파인 도랑은 얼마 안 있어 말라버린다. 이렇게 비가 올 때만 물이 차오르는 도랑은 지중해 동부와 북아프리카에서도 발견되는데, 이것을 아라비아어로는 와디(wadi)라고 한다. 물에 의한 침식은 국지적으로 일어나기도 하고 일전에 중국 북동부 일대의 황토가 모두 휩쓸려 버렸던 사례와 같이 훨씬 큰 규모로 발생하기도 한다. 세계 각지의 큰 강들을 보면 상류에서 쓸려 내려온 모래와 진흙으로 말미암아 강 입구에 거대한 삼각주가 형성된 경우가 많다. 대표적으로 그 옛날 이집트의 풍요를 보장했던 나일 강 삼각주를 들 수 있는데, 이런 지역의 흙은 곡식을 재배하기에 매우 좋다. 하지만 현재 나일 강 삼각주는 계속해서 그 면적이 줄어들고 있다. 수력 발전을 위해 아스완 댐이 건설된 이후 유속이 변하고 삼각주를 유지하는 데 필요한 토사가 댐 뒤편의 저수지에 계속 쌓이기 때문이다.

이미 앞에서도 설명했듯이 옛 농부들은 거름을 이용해 토양의 양분 고갈 문제를 극복했다. 제아무리 비옥한 땅이라도 해마다 농작물이 토양의 질소와 인, 칼륨 같은 영양소를 흡수하고 사람들이 계속 수확을 하다 보면 결국 지력이 쇠하기 마련이다. 지금 우리가 일부 지역에서만 한정적으로 생산되는 자원을 이용하여 비료를 만드는 이유는 바로 여기에 있다. 하지만 이렇게 비료를 만들어 농경지에 공급해도 토양에 아주 적은 양으로만 존재하는 미량 영양소(micronutrient)는 보충이 되지 않는다. 옛 농부들은 거름을 주는 것 외에도 휴경을 통해 토양의 양분 고갈 문제를 해결했다. 그들은 몇 년간 농사를 짓지 않고 잡초가 자라도록 땅을 내버려 두었고, 그 사이에 대기 중의 질소가 토양 박테리아에 의해 식물이 이용할 수 있는 형태로 땅속에 고정되었다. 그렇게 휴경지에 축적된 질소는 잡초가 죽거나 농부들이 땅을 갈아엎을 때 그 자리에 그대로 남아 이후 생장할 식물의 영양소로 쓰였다.

사람들이 휴경의 효과와 그 기작을 이해하기 시작하면서 18세기부터는 계획적으로 윤작을 실시하였다. 이때 나타난 가장 큰 발전 중 하나는 농부들이 토양에 질소를 고정하는 데 잡초가 아닌 일반 작물을 이용했다는 것이다. 이 방법은 유용한 작물을 수확하는 동시에 병해충의 생장을 막는 효과까지 냈다. 이때와 다르게 요즘은 윤작을 할 필요가 없다. 천연가스와 석유를 이용해 만든 인공비료와 살충제를 살포하면 그만이기 때문이다. 하지만 때때로 인공화학약품은 부식토를 분해하는 땅속의 균류와 곤충을 비롯하여 뿌리 주변의 공기 순환을 돕는 선충과 지렁이까지 가리지 않고 모두 죽여 버린다. 농사를 지을 때는 경작할 땅의 성질과 환경 조건을 잘 이해하고 작물을 키워야 한다. 그렇지 않고 무작정 최신 기술과 약품에만 의존하면 토양의 질이 심각하게 나빠질 수 있다. 특히 수익 극대화만을 노린 농기업과 식품 회사들이 '농부' 행세를 할 경우 이런 일이 비일비재하게 일어나는데, 그들은 땅을 원래 상태로 되돌릴 생각을 하기는커녕 수익이 떨어지는 순간 뒤도 돌아보지 않고 곧장 그곳을 떠난다. 또 그들은 '개발'이라는 명목으로 숲이나 습지대 같은 천연 지대를 제거하여 환경을 파괴하고 생물다양성을 크게 감소시킨다. 하지만 이런 문제들이 실제 대두되고 있음에도 불구하고, 사람들은 비료와 관개사업 덕분에 식량 문제에 대한 불안감을 지워버린다. 우리는 그저 꾸준히 늘어나는 수확량만을 보고 자원의 투입 없이는 농경지가 불모지로 변한다는 사실을 잊어버리고 만다.

하지만 비료와 관개용수의 이용을 중단해보면 작물 수확량은 당장 급감할 테고 그러면 다들 비옥하다고 믿었던 농경지가 이미 오래전에 불모지로 변했다는 사실을 깨달을 것이다. 앞으로 몇 세대 지나지 않아서 화학비료와 살충제의 원료인 화석연료와 인광석이 고갈되고 대수층이 말라버렸을 때, 그때는 결코 지금처럼 농사를 지을 수 없다. 영양소가 고갈된 농경지는 불모지가 될 테고, 때맞춰 적절한 대안을 마련하지 못한다면 결국 이 세계 전체가 거대한 불모지로 변할 것이다. 현존하는 인구수와 개개인의 막대한 수요가 자연계에 엄청난 부담을 주고 있다는 사실을 잊지 않길 바란다.

토양 다짐 현상(soil compaction)은 농경지를 황폐하게 하는 또 다른 요인이다. 이 문제는 육중한 농기구를 이용하여 밭갈이, 작물 수확, 퇴비 및 비료 살포, 김매기 작업을 할 때 종종 발생한다. 흙이 과도하게 다져지면 토양 내에 물과 공기가 오갈 수 있는 공극이 줄어들어 작물 생장에 필요한 수분 공급이 어려워진다. 또한 식물성 물질과 부식토를 분해하는 선충과 지렁이, 곤충의 유충 등 작은 토양 생물들이 마른 땅을 뚫고 이동하지 못할 수도 있고, 산소 부족 문제나 땅속에 고인 빗물 때문에 죽을 수도 있다. 작물은 적절히 공기가 통하는 토양에서 잘 자란다. 작물이 땅속의 영양소를 흡수할 때는 에너지가 소모되는데, 이를 위해서는 뿌리 역시 호흡 작용으로 산소를 흡수해야 한다.

추운 겨울에는 가을에 밭갈이 작업을 해둔 농경지 곳곳이 얼어붙는데 이때 서리 결정이 점점 커지면서 덩어리진 흙을 잘게 부스러뜨린다. 혹독한 서리는 월동 중인 병해충을 제거하여 다음 해 작물에게 가해질 위험을 감소시킨다. 하지만 겨울 기후가 온난해지면 토양 병해충이 잘 죽지 않으므로 결국 화학약품으로 처리해야 한다. 그렇게 살포된 살충제는 지하수를 오염시키고 토양 생물에게 비특이적(nonspecific)으로 작용하여 농사에 이로운 곤충과 지렁이 등에게 해를 입힌다. 게다가 살충제의 화학 성분은 흙 속에서 아주 천천히 일부분만 분해되어 독성 물질로 남는다. 또 제초제를 비롯하여 사람과 가축용 의약품도 토양에 축적되는 특성을 보인다. 이런 화학물질들이 고농도로 축적된 환경에서 살 수 있는 동식물은

극히 일부에 불과하다. 농작물에 해를 끼치는 잡초나 유해 동물 역시 화학적으로 처리해야 한다. 대부분 기계적·물리적으로 처리하기가 까다롭기 때문이다. 잡초 중에는 종자 모양이 일반 농작물의 종자와 똑같이 생겨서 파종 후 싹이 돋기 전까지는 따로 골라내기가 불가능한 것도 있다. 이런 식으로 작물과 함께 자란 잡초를 방제하는 데는 미국에서만도 매년 수천억 달러가 든다고 한다.

가축 사육에 쓰이는 다양한 의약 성분은 소변으로 배출되어 목초지와 농경지에 고농도로 축적되기도 한다. 이런 성분들은 토양뿐 아니라 근처의 도랑과 개울, 큰 강에 사는 수많은 생물의 목숨을 위협하고 물길을 따라서 바다로 흘러들어 가 해양 어류까지 죽음으로 몰아간다. 또한 야생동물의 신체 기능 이상과 기형을 유발하기도 한다. 이와 마찬가지로 사람이 먹는 의약품이나 호르몬 성분도 하수처리과정에 유입되어 식수가 저장된 저수지 물을 오염시킬 수 있다. 그러면 물을 마시면서 먹을 필요도 없는 온갖 약물을 같이 들이키는 셈인데, 이 문제는 대중 보건에 나쁜 영향을 미칠 수 있다.

각종 연구소와 공장, 종묘사, 원예 산업 분야에서 배출되는 온갖 화학폐기물은 땅을 오염시키고 지하수, 작은 개울, 큰 강 등 하나로 연결된 거대한 수계 전체를 오염시킨다. 이런 폐기물 때문에 현재 네덜란드의 여러 개천과 호수, 강, 그리고 북해 일부 지역은 뿌옇게 흐려져 마음 놓고 수영도 할 수 없는 상태가 되었다. 세제와 살균제, 페인트, 분해 과정 중에 유출된 플라스틱 따위를 고농도로 함유한 물은 어떤 식으로든 생명체가 이용하기에 부적절하다. 그런데 이런 물이 농경지나 목초지의 관개용수로 이용되고 있다.

산업 폐수 유출로 오염된 지하수는 식수나 농업용 관개용수로 이용하기에 적합하지 않다. 일부 산유국에서는 송유관에서 석유가 누출되어 인근 지역의 토양과 바다가 대규모로 오염되기도 한다. 이렇게 발생한 피해는 수년 동안 복구되지 않고 그 지역에 사는 모든 생물에게 악영향을 미친다. 이와 마찬가지로 캐나다 앨버타 주에서 대규모로 채굴되는 타르 모래도 광대한 지역을 불모지로 뒤바꿔버린다. 또 채굴 작업이 진행되는 동안에는 막대한 양의 물이 소비되고 작업이 모두 끝난 뒤에도 그 지역의 수계는 별다른 조처 없이 파괴되고 오염된 채로 남게 된다. 이 문제는 채석장이든, 네바다 주의 금광 같은 금속 채굴장이든, 갈탄이 나는 탄광이든, 노천 채굴이 이뤄지는 곳이라면 어디서든 똑같이 나타난다. 일례로 독일에서는 노천 갈탄 광산 부근의 지하 수위가 몇 미터나 내려가는 현상이 나타났다. 그 밖에 쓰레기 매립지로 스며든 빗물 때문에 인근 지역의 지하수가 오염되는 경우도 있다. 그 예로 중국에서 전자제품 폐기장 근처에 사는 아이들 혈액을 검사한 결과, 카드뮴을 비롯한 각종 금속 농도가 매우 높게 검출된 사실을 들 수 있다. 그렇게 주변 환경으로부터 체내로 유입된 금속은 아이들의 건강과 학업 수행 능력에 악영향을 미쳤다.

광석에서 금속을 추출하는 데 쓰이는 화학물질 역시 환경을 오염시킨다. 금속 성분과 추출 용액이 뒤섞인 폐수가 강으로 곧장 배출될 경우 수많은 수중 생물이 목숨을 잃는다. 침전지를 마련하여 폐수를 따로 모을 때는 매우 유독한 시안(cyanogen)과 금속 시안화물이 한 곳에 고농도로 축적된다. 그런데 예전에 헝가리에서 일어난 사고처럼 침전지를 둘러싼 방어벽에 균열이 생기면 그 속에 가득 찬 유독성 폐수가 하천으로 유출되고 또 지하로도 침투하여 지하수와 함께 아무도 모르는 사이에 예측 불가능한 방향으로, 아주 먼 곳까지 퍼져 나간다. 최근에 헝가리에서는 비슷한 사태가 또 일어났다. 알루미늄 추출 과정에서 생성된 폐기물을 보관하던 저수조에 균열이 생기면서 산도 13짜리 수산화나트륨으로 희석된 독성 슬러지가 인근 마을과 과수원, 농경지, 미개발 자연지대를 뒤덮은 것이다. 터키에서도 은광 인근에서 일부 주민이 암으로 사망하고 광석에서 은을 추출하는 데 이용되는 2,500만 세제곱미터 규모의 시안화칼륨 저장소가 빗물 때문에 넘쳐 주변 환경이 오염되는 사태가 일어났다. 한편 공장 굴뚝을 통해 방출되는 금속물질과 화학물질은 빗물에 섞인 채 광범위한 지역으로 퍼져 나가 야생 동물의 생명을 위험에 빠뜨리기도 한다. 비견한 예로 화장터 근처는 시체와 함께 소각되고 증발되는 의치와 각종 금속물질 때문에 중금속 오염이 심각하다. 이 문제 때문에 그 일대에 서식하는 식물과 동물들이 목숨을 잃는 상황도 종종 벌어진다. 토양과 지하수 오염은 DDT(dichlorodiphenyltrichloroethane)와 PCB(polychlorinated biphenyl), 다이옥신[TCDD(2, 3, 7, 8-tetrachlorodibenzodioxin)가 대표적임]처럼 화학적 안정성이 매우 높은 화합물이나 여러 가지 의약품 때문에 발생하기도 한다. 이러한 화학물질은 생식 능력을 저하시키고 배아의 변형, 유산, 영구적인 신체 불구 문제를 일으키거나 피부와 눈, 창자, 신장, 간 같은 중요 기관에 직접적인 손상을 안겨준다.

전쟁에 의해서, 특히 그중에서도 전략적 의도 하에 대규모로 이뤄지는 파괴 행위로 인해 주거지와 자연환경이 황폐해지기도 한다. 여기에는 하천과 들판에 화학약품을 살포하고, 열대림을 고사시키고, 땅과 바다에 고의로 기름을 뿌려 화재를 일으키고, 마을과 도시에 폭격을 가하고, 토양과 식생을 불태우고, 지뢰와 각종 폭발물을 매설하는 행위 등이 포함된다. 화학전과 핵전쟁이 일어난다면 광범위한 지역을 흐르는 지하수가 비분해성 화학물질이나 열화우라늄에 의해 오염된다.

금속 오염이 생물의 몸에 문제를 일으키는 근본적인 원인은 한때 자연계에 풍부하게 존재했던 각종 금속 원소가 지구에 생명이 움튼 이래로 수십억 년에 걸쳐 점차 고갈되거나 화학적으로 침전을 형성한 데 있다. 이후 침전물이 암석으로 변하면서 생명체가 금속을 사용하는 것이 매우 까다로워졌고, 결국 생물들은 수백만 년에 걸쳐 주변 환경으로부터 금속을 추출하는 강력한 이온 펌프를 발달시키며 낮아진 금속 농도에 적응했다. 이런 식으로 지금도 많은 생물이 체내의 화학반응에 각종 금속(예를 들면 철)을 이용한다. 그런데 주변 환경의 철 농도가 높을 경우, 이온 펌프의 강력한 작용으로 몸속에 지나치게 많은 철이 축적되어 생물이 목숨을 잃기도 한다. 한편 수생 환경에 많은 양의 금속이 녹아들면 물고기들의 감각기관이자 의사소통 기관인 옆선의 기능에 이상이 생길 수 있다. 그러면 결국 생식 능력에도 악영향이 미칠 우려가 있다. 철과 반대로 칼슘 같은 금속은 시간이 갈수록 점점 더 풍부해졌다. 생물들은 체내의 칼슘 농도를 낮게 유지하고자 세포 밖으로 이온을 배출하는 메커니즘을 발달시켰고, 세포 밖으로 석출된 칼슘은 뼈와 단단한 껍질을 형성했다. 그러나 요즘은 이산화탄소의 농도 증가로 바다가 산성화되면서 해양생물들의 뼈와 껍질이 점점 약해지고 있다. 산성화 문제는 토양에서도 문제를 일으킨다. 생물에게 유독한 알루미늄과 기타 금속의 용출이 늘기 때문이다. 이렇듯 자연환경에서 금속의 이용성에 큰 변화가 생기면 많은 생물이 목숨을 잃게 된다.

오늘날 가정의 고체 쓰레기, 산업 폐기물, 낡은 자동차와 타이어 등 비분해성 폐기물의 배출이 증가하면서 황폐하게 변하는 땅이 점점 늘고 있다. 쓰레기 폐기장에 버려진 타이어는 모기의 온상이 되기 쉽다. 타이어의 안쪽에 빗물이 고이면 모기가 번식하기 좋은 환경이 형성되기 때문이다. 그리하여 모기가 들끓게 되면 그 지역에는 사람이 살기가 어려워진다. 또 공동묘지에 마련된 수많은 꽃병도 버려진 타이어처럼 모기의 번식처가 되기 쉽다. 영국에서는 매시간 런던의 로열 앨버트 홀(Royal Albert Hall. 관객을 5,000명 정도 수용할 수 있다.)을 가득 채우고도 남을 만큼 많은 쓰레기가 버려진다. 영국 전역에서 조금씩 버린 쓰레기가 모여서 이처럼 많은 양을 이루면, 차례차례 매립지가 메워지고 거대한 쓰레기 산이 생겨나 주변 지역의 지하수가 오염되고 코를 찌르는 악취와 유독한 연기가 발생한다. 한때는 생활 쓰레기를 주로 태워서 처리했지만 그 과정에서 인체에 해로운 다이옥신이 방출된다는 이야기가 나온 뒤로는 소각 처리가 대폭 줄었다. 요즘은 많은 쓰레기가 배에 실려 가난한 나라들로 수송되고, 그곳에 사는 빈민들은 건강을 해쳐가며 쓰레기 더미 속에서 쓸모 있는 물건을 찾는다.

우리 인류는 육상 환경뿐 아니라 한없이 넓은 바다까지 황폐하게 만들고 있다. 앞에서도 이야기했듯이 엄청나게 많은 플라스틱, 나일론 밧줄, 기타 석유화학 폐기물이 바람에 날리거나 강물을 따라서 바다로 흘러간다. 비율로 따져보면 바다에 퍼진 플라스틱 쓰레기 중 80퍼센트 정도는 육지에서 흘러들어 간 것이다. 최근에는 신천옹(albatross) 새끼들이 플라스틱 조각이나 담배 라이터 따위를 먹는 일이 빈번하게 발생한다. 물론 소화가 되질 않으니 모두 영양실조로 죽고 만다. 안타깝게도 현재는 이런 비분해성 쓰레기 때문에 얼마나 많은 해양 동물이 해를 입는지 명확하게 알려지지 않았다. 한때 바다 위에 장엄한 광경을 연출했던 각종 해양환류(gyre)는 이제 쓰레기로 가득 찬 소용돌이로 바뀌어버렸다. 크기가 미국 땅덩이의 두 배에 달하는 북태평양 환류는 현재 캘리포니아 주에서 가장 큰 쓰레기 매립지 규모와 맞먹을 만큼 많은 플라스틱 쓰레기와 함께 회전을 거듭하고 있다. 요즘은 이 환류가 태평양의 거대 쓰레기장(Great Pacific Garbage Patch)이라는 이름으로 불린다. 이러한 바다 위의 쓰레기장은 태평양뿐만 아니라 대서양과 사르가소 해 등 다른 바다에서도 발견된다. 하지만 물 위의 쓰레기 더미는 단지 빙산의 일각에 불과하다. 해저에는 도저히 가늠하기 어려울 만큼 많은 쓰레기가 가라앉아 있기 때문이다. 바다에 떠 있는 플라스틱 더미와 바닥에 가라앉은 플라스틱 더미는 모두 시간이 지나면서 작은 조각과 입자로 분해된다. 그 결과 미세 플라스틱 입자가 퍼지면서 물 색깔이 뿌옇게 변한다. 이런 바닷물을 일명 플라스틱 수프라고 한다. 이렇게 퍼져 나간 미세 입자가 대양에 존재하는 전체 플라스틱의 95퍼센트가량을 차지하는데, 농도를 살펴보면 1세제곱미터당 입자 수가 최대 십만 개에 달한다. 이 많은 플라스틱이 모두 바다 밑으로 가라앉기까지는 약 천 년 정도가 걸린다. 잘게 분해된 미세 플라스틱은 어류와 해양 동물들의 먹이인 단세포 생물을 질식시킬 수 있다. 또 이 입자는 바다로 유입된 DDT와 다이옥신, PCB, 농약 같은 독성 물질을 흡수하여 그 농도를 100배가량 높인다. 미세 플라스틱 입자의 크기는 해양 미생물의 크기와 거의 같아서 기계적으로 걸러내려 할 때 미생물에 영향을 주지 않고 처리하기가 불가능하다. 결국 우리가 회수할 수 있는 것은 바다 위를 떠다니는 커다란 플라스틱 쓰레기뿐이다.

플라스틱 화합물이 물에 용해되거나 생체 조직에 직접 녹아들 경우에도 해양 생물에게 악영향이 미친다. 대표적인 예로 플라스틱 포장지와 식기, 비커 제조에 사용되는 비스페놀 A(Bisphenol A/ BPA)와 PVC와 살충제 등을 만들 때 이용되는 유독성 프탈레이트(phthalate, 플라스틱 가소제)를 들 수 있다. BPA와 프탈레이트는 동물의 생식 체계에 악영향을 미칠 뿐 아니라 산모 체내에 축적되어 태아에게 전달될 위험이 있다. 현재 프탈레이트는 남성 호르몬과 정자 생산량을 감소시킨다고 알려져 있다. 이 화합물이 바닷물에 녹아들 경우 물고기를 먹는 해양 생물은 물론 인간을 비롯한 육상 동물들까지 모두 영향을 받게 된다. 플라스틱 제조에는 앞에서 말한 두 가지 외에도 수만 가지 인공 화합물이 사용된다. 이렇게 플라스틱 때문에 발생하는 여러 가지 문제는 화석연료에서 추출한 물질 대신 면 소재와 종이,

또는 녹말과 사탕수수를 이용해 만든 생분해성 플라스틱을 포장재로 사용할 경우 어느 정도 줄이거나 해결할 수 있다. 하지만 이러한 분해성 원자재를 대량으로 생산하려면 그만큼 많은 농경지가 필요해지고, 그러면 결국 식량 생산에서 손실이 생긴다. 이렇게 식량 생산이 감소하는 한편으로 원료 생산을 위해 비료와 물이 소모되고 가공 과정에서도 각종 자원이 소비된다. 각 단계에서 필요한 에너지를 생물연료로 충당한다면 더욱 이상적이라 할 수 있지만, 생물연료를 생산하는 데도 농경지와 담수, 각종 무기물 자원이 필요하다.

수중 환경을 악화시키는 요인은 그 외에도 더 있다. 바로 열이다. 열오염은 공장이나 발전소에서 운하와 강, 연안 지역에 방출한 냉각수 때문에 발생하는데, 뜨거운 물속에는 용존산소량이 매우 적어서 생물이 살지 못한다. 그래서 호기성 박테리아에 의한 생물학적 자정작용 역시 일어나지 않는다. 그 대신 온수 속에 포함된 유기 폐기물이 혐기적으로 분해되면서 악취가 발생한다. 오늘날은 세계 각지에서 열오염 때문에 검게 썩어버린 지표수를 어렵지 않게 발견할 수 있다. 이런 물은 식수나 농업용수로 사용하기에 매우 위험하다. 이런 이유로 맑은 물이 고갈된 지역에 사는 사람들은 지하 깊은 곳에서 지하수를 끌어올려 쓴다.(방글라데시 · 서벵골 · 캄보디아 · 대만의 삼각주 지역에서는 일부 지하수에서 유독성 원소인 비소가 다량으로 검출되기도 한다. 비소는 각종 생체 분자에 포함된 인을 대체하여 생리 작용에 문제를 일으킨다.)

언젠가 대기오염에 의한 기후 변화 때문에 경작지를 불가피하게 다른 곳으로 옮겨야 할 상황이 벌어진다면, 아마 그때는 지금 인류가 이용하는 땅 중에서 많은 부분을 못 쓰게 될 것이다. 앞으로 북반구 여러 지역과 오스트레일리아 대다수 지역에서 이런 문제가 실제로 나타날 우려가 있다. 현재 동서로 쭉 뻗은 미국과 유라시아의 비옥한 황토 지대는 그 분포 위치가 작물 재배에 유리한 기후대와 거의 일치한다. 세계인의 곡창 지대인 미국과 유라시아 지역의 기후대가 다른 곳으로 이동할 경우, 수많은 인구가 식량 문제로 큰 타격을 입게 된다. 한때 빙하로 뒤덮였던 북쪽의 캐나다, 스칸디나비아와 시베리아 지역, 그러니까 단단한 암반 위에 토양층이 얇게 깔린 그 척박한 지역의 기후가 온건하게 바뀐다면 그것은 그야말로 재난이 아닐 수 없다. 그렇게 기후가 온난해지면 남아메리카의 서쪽 지역, 미국의 남서부, 아프리카 북동부, 오스트레일리아 같은 곳은 건조지대로 바뀔 우려가 있다. 이미 해당 지역에서는 염분 축적과 사막화의 기미가 나타나고 있으며,

오스트레일리아 해안을 따라 좁게 늘어선 주거 지역에서는 흉작과 도시의 물 부족 문제가 앞으로 더 빈번하게 발생하리라 예상된다.

서유라시아에서는 온갖 거대 도시와 산업 지역, 농경지를 포함한 인간의 거주 지역이 거대한 삼각형을 이룬다. 이 삼각형은 스칸디나비아에서 시작하여 서쪽으로는 대서양 연안을 따라 포르투갈과 스페인까지, 동쪽으로는 러시아의 이르쿠츠크(Irkutsk)까지 뻗어 있다. 이 거대한 삼각형 안에는 마치 러시아의 마트료시카(matryoshka, 목제 인형 속에서 작은 인형이 계속 나오게 만든 러시아의 전통 공예품.—옮긴이)처럼 곡물 재배 지역을 잇는 작은 삼각형이 존재한다. 작은 삼각형은 대서양과 인접한 서유럽, 그러니까 대략 스칸디나비아 남부와 이베리아 반도의 북부에서 시작하여 모스크바 약간 너머까지 모서리를 뻗는다. 그 북쪽과 북동쪽에는 시베리아의 광대한 아한대림과 냉대림 및 습지대가 맞닿아 있고, 남쪽에는 열대 초원과 사막 지대가 존재한다. 모두 너무 춥거나 너무 더워서 사람이 살기에 어려운 곳이다. 기후 변화가 일어났을 때 어마어마한 인구가 사는 풍요로운 삼각지대에 과연 어떤 일이 일어날지 한 번 상상해보라.

다른 지역에서도 사람이 사는 곳은 모두 기후조건과 토양조건이 어느 정도 한정되어 있다. 결국 우리도 우리가 식량으로 삼는 식물이나 동물과 다를 바가 없다. 생태적 · 경제적인 제약이 존재하는 탓에 아무 데서나 살지 못하는 것이다. 현재는 전 세계 인구의 60퍼센트 이상이 해안으로부터 60킬로미터 이내의 지역에 거주하고, 도시화와 산업화에 매료된 수억 인구가 내륙 지방에서 해안 지방으로 끊임없이 이주하고 있다. 이 문제를 악화시키는 요소는 바로 타이밍이다. 앞으로 에너지, 광물 자원, 해안 지대의 비옥한 경작지가 고갈될 시기와 계속된 인구 증가와 수요 증가로 식량과 주거 공간이 더욱 많이 필요해지는 시기가 맞물릴 가능성이 크다.

이제는 인간의 활동으로 말미암아 폐기물과 불모지가 생겨난다는 사실을 깨닫고 이 세계 전체가 황폐하게 변하고 있음을 직시해야 할 때다. 더 늦기 전에 움직여야 한다.

환경 파괴와 그 영향

우리 인간은 지구에 발을 디딘 이후로 점점 더 인공적인 환경에 의존하게 되었다. 하지만 그러면서 더욱더 많은 폐기물이 인간이 만든 환경을 오염시키고 있다. 앞으로 인류의 생활환경이 어떻게 바뀌는가는 인구 및 수요의 증가 문제와 함께 거기서 파생된 문제들이 얼마나 오래 이어지느냐에 달렸다. 환경을 오염시키고 생물다양성을 파괴하고 자원을 낭비하고 남용하는 시간이 길어질수록 그 영향은 더욱 심각해질 것이다. 점점 가시화되는 화석연료, 물, 희귀 금속, 인의 고갈 문제에서도 알 수 있듯이 이 세상에 무제한으로 재생되는 자원은 없다. 농작물도 마찬가지다. 해마다 작물의 성장과 수확이 반복되지만, 이 과정 역시 궁극적으로는 부존량이 한정된 재생 불가능한 자원에 의존하여 이루어진다. 우리 인간은 무엇을 하든지 한쪽에서 자원이 소모되고 다른 한쪽에서 폐기물이 생성되는 선형적인 방식을 따른다. 이 방식이 특히 걱정을 자아내는 이유는 지구에 남은 부존자원이 얼마 되지 않고 또 그 소모 속도가 점점 빨라지면서 지금까지 이야기한 여러 가지 문제가 단번에 절정으로 치달을 가능성이 크기 때문이다.

그 시점이 정확히 언제일지는 알 수 없지만, 그때가 오면 크나큰 환경적 변동과 극단적인 문제, 여태 아무도 본 적 없는 새로운 현상이 나타날지 모른다. 인간은 먼 옛날부터 환경을 더 획일적이고 균일하게 바꾸려고 애써왔고, 그 결과 기후변동, 질병의 발생, 자원 부족 현상 같은 환경 문제로부터 피해를 줄여주는 천연완충장치들이 계속 사라지고 있다. 1970년부터 1990년까지 전 세계적으로 유실된 표토의 양은 4,800억 톤, 이 양은 인도의 전체 농경지 규모와 맞먹는다. 그리고 같은 시기에 사막으로 변해버린 땅은 자그마치 1억 2천만 헥타르, 그러니까 그 넓이가 중국 내의 농경지를 모두 합친 것과 맞먹는다. 그리고 세계 인구수가 멈추지 않고 증가일로를 달리는 지금도 귀중한 농경지는 계속해서 사라져간다.

II

붕괴로 향하는 인간 사회?

이번에는 두 가지 종류의 성장을 이야기한다. 하나는 인구와 수요의 성장, 또 다른 하나는 사회 기반 구조의 성장이다. 이 두 가지는 서로 강력하게 얽혀 있다. 사회 기반 구조의 성장은 인구 성장이 낳은 결과이고 또 반대로 인구 성장은 사회 기반 구조의 성장이 있기에 가능한 것이다. 이제 사실상 인구 성장이나 사회구조의 성장 두 가지 중 어느 하나를 멈추기란 불가능하다. 차라리 둘 다 동시에 멈춘다면 모를까.

현재 수많은 인구가 사는 저개발 국가들은 성장 과정에서 조직화를 제대로 이루지 못한 상태다. 이는 인구가 지나치게 많아서 식량 공급, 자원 분배, 폐기물 생산과 축적 문제가 해소되기 어려운 탓이다. 이와 반대로 서구 세계는 각종 자원에 대한 접근성이 높으면서도 오히려 과도하게 조직화가 이뤄진 상태다. 이러한 차이 때문에 전 세계적인 불균형이 점점 더 심각해질 우려가 있다.

D
인구 변화와 사회 변화

몇몇 사회 변화는 인구 성장과 함께 일어난다. 예컨대 도시화나 인구 이주 같은 현상이 여기에 속한다. 또 인구가 증가하면 질병의 종류가 늘기도 하고, 풍토병이 다른 지역으로 확산되기도 한다. 개중에는 점진적으로 인구수와 수요의 안정을 불러오는 변화도 있지만, 그런 경우는 자주 찾아보기가 어렵다. 산술적인 성장은 오히려 사회 기반 구조의 안정성 저하와 붕괴로 갑작스러운 인구 감소나 사회 붕괴를 불러올 가능성이 크다.

15. 인구과잉이란?

아마 다들 19세기에 영국의 찰스 다윈이 생물학적 진화 요인을 설명하고자 채택한 자연도태설(theory of natural selection)을 알 것이다. 당시에도 세대를 거치며 생물의 특성이 변화한다는 사실, 그러니까 생물학적인 진화가 일어난다는 것은 알려졌었지만 다윈이 이론을 제시하기 전까지 만족스러운 설명은 없었다. 다윈은 동식물 사육자들이 소수 개체만을 이용해 특정한 성질을 지닌 비둘기, 개, 소, 양, 튤립 등을 만들어내는 것과 마찬가지로 생존 경쟁에서 환경에 적응하여 살아남은 개체가 번식함으로써 자연도태가 이뤄진다고 주장했다. 이 과정에서 경쟁에 뒤처진 개체들은 자손을 남기지 못한 채 사라지고 만다. 가령 사육자가 토끼를 번식시킬 때 원하는 털 색깔을 얻기 위해 품종 개량을 한다고 생각해보자. 털 색깔이 아주 하얀 토끼를 만들려고 한다면, 사육자는 우선 갈색 토끼를 모두 배제할 것이다. 그다음에 토끼 무리 내부에서 색깔이 가장 하얀 토끼만 골라 교배시키다 보면 몇 세대가 지나서는 모두 하얀 토끼만 남고 갈색 털을 지닌 토끼는 완전히 사라진다. 즉 주어진 환경 조건에서 유리한 특성을 지닌 개체가 그보다 불리한 특성을 지닌 개체보다 번식에서 유리한 위치를 차지하는 것이다.

다윈의 시대, 또 그보다 약간 앞선 시대에도 영국에 인구가 지나치게 많다고 생각하는 사람이 많았다. 그 시절에는 영양실조를 겪는 빈민이 상당히 많았다. 그처럼 열악한 환경조건이 조성되면 대개 약자는 사라지고 강자만이 살아남기 쉽다. 흥미롭게도 이러한 관찰 결과가 정책에 반영되었다. 당시 사람들은 사회적 약자층(여기에는 육체적으로나 경제적으로나 힘이 없는 빈민들이 주로 해당된다.)의 사망률이 높아지면 영국 인구 전체의 삶의 질이 높아져 국가적 이익이 더 커지리라 생각했기 때문이다. 일찍이 1776년에 경제학자 애덤 스미스는 기근이 들었을 때 정부에 식량 가격을 조절하지 말 것을 제언한 바 있다. 1798년에 《인구론(Essay on the Principle of Population)》을 저술한 경제학자 토머스 로버트 맬서스 역시 그 생각에 동의했다. 그는 인위적인 간섭을 없애면(빈민과 극빈자 계층을 원조하지 않으면) 사회가 알아서 식량 사정에 맞게 적응할 것이라고 주장했다. 즉 모든 문제에 정부가 손을 놓고 내버려두는 자유방임주의(laissez faire)를 지지한 것이다. 다윈은 인구론을 읽은 수많은 독자 중 하나였다. 그는 훗날 자연 동식물 개체군 내에서 일어나는 진화를 설명하는 데 이 사상을 적용했다. 자연에서는 생존에 불리한 환경조건이 생물의 도태를 이끌고 생물의 특성은 현재의 생활환경에 더 잘 맞게 끊임없이 변화한다. 그의 주장에 따르면 불리한 환경 조건으로 인해 경쟁이 생겨날 경우 강자가 남고 약자는 도태된다고 한다. 다윈과 동시대를 산 생물학자 앨프리드 러셀 월리스(Alfred Russel Wallace) 역시 맬서스가 쓴 《인구론》에 영향을 받고 생물학적인 진화에 대하여 다윈과 거의 같은 결론을 내렸다. 하지만 그가 결론에 도달한 사유 과정은 조금 달랐다. 그는 생존경쟁을 더 넓은 관점에서 바라봤다. 다윈은 같은 종에 속한 개체 간의 경쟁을 강조했지만, 월리스는 생물들이 환경적인 압박에 적응하기 위해 변화한다고 생각했다. 만약 진화를 이끈 원동력이 식량을 획득하기 위한 경쟁뿐이었다면 생물종, 또 어쩌면 생명체 자체가 몽땅 사라졌을지도 모른다. 같은 종 내부의 경쟁(생태적 관심사가 가장 유사한 개체 간의 경쟁)이 서로 다른 종들 간의 경쟁, 그리고 관심사가 다른 개체 간의 경쟁보다 더 치열하기 때문이다. 이런 특성 때문에 자연적인 도태는 '동종' 내에서 먼저 일어난다.

역사를 되돌아보면 인구과잉 문제에 대한 걱정은 언제 어디서나 있었다. 이는 바빌로니아 시대까지 거슬러 올라가는데, 어쩌면 그보다 훨씬 옛날부터 인구 문제가 대두되었을지도 모르는 일이다. 지금까지 발굴된 고대 문헌들을 보면 대부분 인구과잉 문제를 언급하고 있다. 예를 들어 기원전 1800년경에 제작된 몇몇 점토판에는 인구과잉 문제 때문에 어떤 재난이 발생했는지 기록되어 있다.(물론 그 시절의 인구 규모는 지금보다 훨씬 작았다.) 맬서스의 시대가 오래 지나지 않아서 프랑스의 수학자 피에르 프랑수아 베르훌스트는 인구 증가 과정을 설명하는 로지스틱 방정식을 고안했다. 이 공식대로 인구수가 최대치에 도달하지 못하게 막는 원인, 즉 사망률이 갑자기 증가하는 원인 중에는 기근이 포함된다. 이처럼 일시적으로 늘어나는 사망률은 이 방정식을 애덤 스미스와 맬서스, 다윈, 월리스가 지지했던 자연적인 도태, 즉 약자의 도태라는 개념과 하나로 이어준다. 일반적으로 현대 생태학과 진화 생태학 분야에서는 여전히 이 개념을 이론적 토대로 삼는다.

과거 영국에서는 식량 부족 문제가 생기면 빈곤 계층의 사망률이 높아지는 현상이 자주 나타났다. 물론 이런 문제가 나타났을 때 늘 빈민만 굶주리는 것은 아니다. 때로는 한 나라 전체가 굶주림에 시달릴 경우도 있다. 하지만 프랑스에서는 식량 부족 문제가 결혼 시기를 늦춰 사망률보다 출산율에 더 큰 영향을 미쳤다. 광대한 툰드라와 불모지로 가득한 러시아 역시 영국식 모형을 그대로 따르지는 않았다. 이런 점에서 인구 변화를 일으킨 요인을 식량 부족 사태 하나뿐이라고 생각하는 것은 문제를 지나치게 단순화한 사고로 볼 수 있다. 실제로는 전염병, 기후 변이, 토양 비옥도 감소, 에너지 부족, 산업화, 지리적 변이, 역사적 변화, 이주처럼 다양한 자연적 · 사회적 현상이 서로 영향을 주고받기 때문이다. 사실 19세기까지 인구 변화에는 식량 부족보다 전염병이 더 큰 영향을 미쳤다.

물론 인간 사회에서는 옛 영국의 정책과 다르게 식량 생산을 늘려 경제적 약자들을 구제하려는 모습도 나타난다. 또 사람들 스스로 식량 부족 문제를 극복하려고 움직이기도 한다. 그 예로 18세기 말, 애덤 스미스와 맬서스가 자유방임주의 사상을 전파하던 시기에 프랑스의 화학자 라부아지에는 식량 부족 문제를 해결하기 위해 직접 농장을 마련하여 토지 개량 방법을 연구했다. 물론 프랑스만이 아니라 브리튼 섬에서도 농업 발전을 위한 움직임이 있었다. 18세기 중반에 지질학자 제임스 허턴(James Hutton)은 이스트 앵글리아(East Anglia)에서 스코틀랜드로 기존 농기구들보다 작업 효율이 훨씬 높은 철제 쟁기를 들여왔다. 이러한 움직임은 뒤이어 다른 서구 국가와 기타 개발도상국에서도 나타났다.

기상이나 기후처럼 복잡한 시스템이 어떻게 변화할지 예측하기란 불가능하다. 이런 점에서는 인구 문제 역시 다르지 않다. 일주일 이후의 날씨를 예측한 기상예보는 신뢰성이 뚝 떨어진다. 이것과 비슷하게 기후 변화나 미래의 인구수, 생활환경에 대한 예측은 지금으로부터 몇십 년 동안 일어날 일들만을 다룬다. 대개는 2030년까지, 아무리 길어야 2050년까지, 한 세대의 미래가 어찌 될지조차 온전하게 예측하기 어렵다. 그런데 인구통계학 분야에서는 다양한 연령대의 인구 현황을 토대로 앞으로 몇 세대에 걸쳐 인구에 어떤 변화가 나타날지를 연구한다. '뭐,

어려울 것도 없네.' 이런 생각을 하는 사람도 있을 텐데, 사실 이런 예측 결과는 단지 각 연령대의 인구 변화 추세를 보고 미래의 인구수를 표시하는 것일 뿐이다. 게다가 집계 중에 일어난 작은 실수로 실제 결과와 추산 결과에 큰 차이가 생기기도 한다. 앞으로 가족당 자녀 수는 계속 똑같이 유지될까, 아니면 더 줄어들까? 예상 기간 내에 인간의 수명은 지금보다 더 늘어날까, 아니면 현 상태에서 안정화될까? 이러한 예측은 식량 조건, 기후, 환경오염처럼 복잡다단한 변화 요소를 무시하는 경향을 보인다. 일반적으로 인구통계학 분야에서는 인구 변화를 일으킨 원인보다 결과로 나타난 숫자 자체를 강조하는 편이다. 연구 결과에는 늘 '다른 조건이 현재와 같을 경우'라는 단서가 붙지만, 애초에 인구 변화에 영향을 미치는 기타 요소들이 항상 그대로일 리가 만무하다. 더 큰 문제는 각종 조건을 극도로 단순화하여 결과를 산출하더라도 계산 도중에 수치가 아주 조금만 달라도 완전히 다른 결론이 나올 수 있다는 사실이다. 가령 전 세계 가족당 평균 자녀 수를 계산할 때 숫자가 0.5 정도만 달라져도 다음 세대의 인구수는 10억 이상 차이 나게 된다. 실제로 2100년의 세계 인구수를 계산했을 때 최저치는 101억으로 산출되지만 여성 한 명당 낳는 자녀 수가 평균 0.5명 이상 늘어나면 그 숫자는 158억으로 불어난다. 더군다나 도시의 빈민가 인구는 정확하게 측정하기가 어렵다. 그런데 만약 그 숫자가 20억 이상이라면 과연 앞으로의 예측을 신뢰할 수 있을까? 2009년의 전 세계 어린이 사망률이 예측 결과보다 더 크게 떨어진 이유는 바로 이러한 불확실성에 있다.

다른 조건이 모두 같다고 가정한 후 계산을 해도 겨우 숫자 몇 개 때문에 이렇게 큰 차이가 나는데, 실제로 변화무쌍한 조건하에서는 얼마나 큰 차이가 나겠는가? 결국 어떠한 예측도 정확하다고 믿기는 어렵다. 실제로 약 10년 전쯤에 정치인들은 곧 기아에 허덕이는 인구수가 8억 명에서 그 절반인 4억 명 수준으로 줄어들 것이라고 이야기했지만, 어째서인지 기아 인구는 10억 명 이상으로 더 늘어나고 말았다.

역사가 흐르는 동안 인구는 다양한 지역에서 각기 다른 성장률을 보였다. 이런 차이를 우리가 올바로 예측할 수 있을까? 지역에 따라서는 인구가 거의 소멸 수준에 이르는 상황도 벌어졌다. 실제로 로마 시대 이후로 유럽에서는 인구수가 엄청나게 줄어들었다. 반면에 지금은 세계 인구가 점진적으로 늘어나는 중이고 19세기에는 유럽과 북아메리카에서 그 수가 급격히 늘어났다. 당시의 인구 증가 현상은 보건위생의 발달과 식량 생산의 증대로 사망률이 낮아지면서 나타났다.

예측이 까다로운 이유는 앞에서도 이야기했듯이 인구수를 결정하는 원인을 고려하지 않고 미래를 예측하기 때문이다. 우리는 과거에서 현재로 이어진 추세만을 보고 미래를 예측한다. 그러나 미래의 인구수는 식량 생산, 경제 발전, 기후, 환경오염, 토양 황폐화, 도시화와 정치 문제 등이 한데 얽혀 만들어내는 복잡한 메커니즘에 의해 결정될 것이다. 그렇다면 그러한 조합이 인구 변화에는 어떤 영향을 미칠까? 혹시라도 이 요소들이 지금까지와 다르게 움직이거나 갑자기 작동을 멈추지는 않을까? 하지만 답을 알 도리가 없다. 지금 우리는 페달과 핸들을 쓰지 않고 또 연료가 얼마나 남았는지도 모른 채 백미러만 보면서 자동차를 모는 중이니까.

지금은 인구 성장을 의도적으로 제한하려는 움직임도 없고 또 그런 일이 일어난다고 하더라도 큰 지속력은 없을 것 같다. 중국처럼 1인 1자녀 정책을 도입한다고 해도 가족 수가 갑자기 줄어들기는 어렵고 그 방법을 전 세계적으로 여러 세대에 걸쳐 수행하기란 거의 불가능에 가깝다. 게다가 그런 식으로 인구를 줄이면 연령 분포가 일시적으로 불균형을 이룬다는 문제도 있다. 중국 정부도 바로 이러한 이유 때문에 1가족 1자녀 정책의 완화를 검토하고 있다. 중국과는 대조적으로 러시아나 프랑스에서는 인구 감소 현상 때문에 출산을 오히려 장려하고 있다. 하지만 이런 정책도 큰 효과를 보기는 어렵다. 경제적인 이유도 있지만, 이미 사람들 대다수가 핵가족 체제에 익숙해진 상태인데다가 보상을 제시하여 인위적으로 인구를 늘린다는 데 반감을 느낄 가능성이 크기 때문이다.

과거에는 인구 성장에 질병이 미치는 영향이 일부 지역 내로 국한되었다. 14세기에서 15세기까지 유럽 곳곳에서는 전염병이 들끓었고 일단 병이 창궐한 곳에서는 인구가 3분의 2 수준으로 줄어 심각한 사회적 피해가 발생했다. 하지만 당시 사태는 전 세계적으로 봤을 때 아주 작은 문제에 불과했다. 게다가 각종 전염병이 유럽 사회에 미쳤던 영향도 한두 세기가 지나자 말끔히 사라졌다. 과거에 아이슬란드에서는 홍역 때문에 많은 사망자가 발생했다. 그러나 그로 인한 사망률 증감 곡선을 살펴보면 오래 지나지 않아서 인구가 원래 수준으로 회복되었음을 알 수 있다. 또한 그 옛날 북아메리카와 남아메리카에서는 스페인, 포르투갈, 영국과 프랑스에서 유입된 천연두 때문에 원주민의 약 90퍼센트가 사망하는 사태가 일어났다. 하지만 이후 이주민들이 옮겨와 인구 성장이 빠르게 진행되면서 오히려 인구는 이전보다 더 늘어났다. 지금은 68억 명이나 되는 전 세계 인구 중 90퍼센트가 사라진다고 해도 그 수가 5억을 넘는다. 물론 절대적인 숫자 자체가 엄청나게 크기 때문에 그런 식으로 인구 감소가 일어나는 것은 결코 바람직하지 않다. 하지만 혹시라도 그만큼 급격하게 인구를 감소시키는 재난이 발생한다면 생존자들 사이에서 이전보다 더욱 빠른 보상 성장(compensatory growth)이 일어나지 않도록 인위적인 제한책을 마련해야 한다.

전쟁 역시 전염병과 크게 다르지 않다. 현재 세계 인구수를 생각해보면 전쟁이 인구 감소에 미치는 영향은 거의 무시해도 될 수준이다. 17세기에 중유럽을 초토화시킨 30년 전쟁으로 지역 인구 60퍼센트가량이 목숨을 잃었지만 전 대륙의 규모 면에서, 혹은 더 장기적인 관점에서 봤을 때는 인구수에 별다른 변화가 없었다고 생각할 수 있다. 몇몇 추정 자료에 의하면 제2차 세계대전 중에 사망한 인구가 전 세계적으로 약 8천만 명에 달한다고 한다. 물론 그들이 겪은 고통과 희생을 깎아내릴 생각은 없지만, 숫자만 따져본다면 그 비율은 당시 전 세계 20억 인구 중에서 단 4퍼센트에 불과하다. 세계적인 관점에서 보면 특별히 눈에 띄지도 않을 만큼 작고 또 그만큼 쉽게 다시 채울 수 있는 수치다. 또 제1차 세계대전 중 프랑스에서 벌어진 끔찍한 참호전 때문에 죽은 사람 수는 전쟁 직후 스페인 독감으로 죽은 사람 수보다 적었다. 한편 현대로 오면서 전쟁은 참전국들에게 재정과 경제 면에서 큰 부담거리가 되었다. 물론 이런 이유가 아니라도 전쟁을 벌이거나 기타 인위적인 수단으로 인구를 줄인다는 생각은 도덕적으로 절대 용납되지 않는다. 누구든 인구 문제를 해결할 방안으로 전쟁을 고려하는 일은 없어야 한다.

기근 역시 인구 변화에는 큰 영향을 주지 않는다. 이 글을 쓰는 시점에서 기아로 고통 받는 인구는 10억 명 정도, 세계 곳곳에서 일곱 명당 한 명꼴로 배를 곯고 있는 셈이다. 이 문제를 겪는 이들은 대부분 아프리카의 사하라 사막 이남 지역(남아프리카 공화국과 보츠와나는 제외), 인도와 그 인접 국가들, 인도네시아와 필리핀, 중앙아메리카와 남아메리카의 일부 국가들 같은 후진국에 거주한다. 이런 빈곤 국가에서는 기근만이 아니라 종교와 인종 문제까지 빈번하게 일어나 문제가 더욱 복잡하다. 일단 수치만 따져봤을 때는 현재 기근에 시달리는 10억 인구가 모두 아사하더라도 세계 인구 변화에 미치는 영향은 그리 크지 않을 것이다. 물론 기근 현상을 이용한 인구의 대량 감축은 전쟁과 마찬가지로 도덕적인 면에서 결코 용납

될 수 없다.

이론적으로는 우리 스스로 인구수를 줄이는 것이 가능하다. 그것도 짧은 시간에 대대적으로 인구 감축을 실현할 수 있다. 한 가지 예로 피임과 대대적인 불임수술을 통해 전 세계적으로 인구 재생산을 중단하는 방법이 있다. 하지만 이 방법은 지나치게 극단적이고 비윤리적이며 비인간적인데다가 기본권인 신체의 자유까지 침해하므로 실행에 옮기기에 무리가 있다. 결국 그보다 완만한 전략을 택하는 수밖에 없는데, 그러면 인구수를 조절하는 데 더 오랜 시간이 걸리고 인구를 감축하는 동안 자원이 고갈되거나 환경오염, 기후 온난화, 환경재해 등이 심화하여 많은 사람이 고통을 겪을 우려가 있다. 결국 그렇게 되면 인류는 언제 깨질지 모를 아슬아슬한 균형 속에서 불안한 마음으로 하루하루를 살아가야 한다. 어쨌거나 이제는 우리가 직접 개입하여 인구수를 조절해야 한다. 사망률에만 의존해 인구가 자연히 줄어들길 바라기만 해서는 아무것도 해결되지 않는다. 이제 인류에게는 더는 물러설 곳이 없다. 인구가 계속 빠른 속도로 늘어가는 현실 속에서 맬서스가 제시한 인구 감소 요인은 이제 아무런 도움도 안 되고, 더 많은 식량을 공급하는 라부아지에의 전략은 문제를 더욱 악화시킬 뿐이다.

과거에 사망률 감소와 출산율 증가가 동시에 일어나면서 전 세계 인구수가 폭발적으로 늘어났다. 하지만 그뿐만이 아니다. 대규모 이주 현상은 더욱 광범위한 지역에서 인구 증가가 더 빠르게 일어나도록 촉진하는 역할을 했다. 북아메리카에 정착하는 서유럽 사람들이 빠르게 늘어났고 그들은 다시 남아프리카, 오스트레일리아, 뉴질랜드 같은 지역으로 눈을 돌렸다. 러시아 지역의 옛 원주민들은 광대한 시베리아로 이동했고, 한족은 중국 남부와 서부로 발을 뻗쳤다. 과거에는 침략자 무리가 식민지를 세우면서 원주민들을 몰살하는 경우가 많았지만, 오늘날은 수백만에 달하는 지역민과 이주자들이 함께 뒤섞여 살아간다. 영토 확장은 본국에서 나타난 인구 폭발 현상을 일시적으로 해소하는 기능을 했지만, 이주민이 정착한 새로운 땅에서도 얼마 지나지 않아 같은 형태의 인구 증가 문제가 발생했다.

그렇게 넘쳐나는 인구 때문에 세계 다른 지역으로 이주가 일어나는 한편, 자국 내의 미개발지로 이동하여 숲을 베어내고 습지대를 개간하는 이들도 있었다. 그러면서 도시화와 산업화가 시작되었다. 이후 수많은 사람이 농기계에 '밀려' 농촌을 떠나고 산업화에 '이끌려' 도시로 유입되었다. 이러한 도시로의 인구 집중 현상은 지금도 아시아, 아프리카, 남아메리카의 여러 후진국과 개발도상국에서 계속 나타나고 있다. 아무튼 산업화와 도시화 과정에서 사망률이 감소하고 동시에 출산율이 높게 유지되면서 선진국에서는 수많은 대도시와 초거대도시들이 등장했다. 그런데 도시화 단계에서 대규모 산업화가 수반되지 않으면 실업자가 대량으로 발생하여 도시를 중심으로 빈민가가 확장될 수 있다. 현재 대도시 인근의 빈민가 거주민 수는 약 20억 명, 그러니까 세계 인구의 30%퍼센트쯤 된다.

요즘은 환경 문제가 점점 심각해지는 이유를 경제 성장 혹은 경제의 세계화 탓으로 돌리는 사람이 많다. 정말 성장을 멈출 수만 있다면 얼마나 좋을까? 하지만 세계 경제의 성장도 결국 인구가 증가하기 때문에 나타나는 결과다. 물론 앞에서 이야기한 빈민가의 수십억 인구는 경제와 무관하지만, 어찌 되었건 사람에게는 기본적으로 먹을 것, 마실 것, 추위와 더위를 막아주고 잠을 잘 곳, 입을 것, 탈 것 등이 필요하다. 그리고 개개인이 이러한 생활을 유지하려면 매우 복잡하고 거대한 조직체가 꼭 필요하다. 사람과 마찬가지로 자원을 요구하고 폐기물을 생산하는 조직체는 소매상, 입법기관과 법 집행기관, 보험업, 사무 공간, 교통수단, 공장, 전기 통신 시설, 은행, 주식, 광업, 발전소, 폐기물 처리장 등 매우 다양한 요소로 이루어진다. 우리가 계속 살아가기 위해서는 이런 대규모 시스템이 꼭 필요하다. 지금처럼 인구 규모가 커진 상황에서 개인 단위의 자급자족 생활이란 불가능하다. 외부에서 유입되는 온갖 자원과 시설이 없다면 우리 사회를 뒷받침하는 기반구조를 비롯하여 전원 지역과 크고 작은 마을, 도시, 광역 도시권, 초거대도시에서의 삶은 아예 상상조차 수 없다. 도시를 세우고 각종 기반 시설을 마련하는 데는 다 나름대로 이유가 있는 것이다. 인구가 늘어날수록 도시와 각종 사회 기반구조의 규모는 점점 더 커지고 수많은 업무와 공정을 처리하기 위해 대규모 기계화와 자동화의 필요성이 더욱더 커진다. 직업 현장에 인력이 부족해진 것은 이미 오래전 일이다. 현존하는 수많은 인구를 부양하기에는 일할 사람이 턱도 없이 부족하다. 그래서 우리는 식량 생산 속도를 높여야만 하고 화석연료로 돌아가는 온갖 기계를 이용해야만 한다. 역사를 통틀어봤을 때 기술과 조직의 혁신, 농업 기계화, 산업화는 우리 인간이 식량을 자급자족하는 데 늘 큰 도움이 되었다. 요컨대 이러한 변화상은 인구 성장을 뒤따라 나타난 것이다. 인구 성장이야말로 경제 성장, 소비 증대, 자원 사용량과 폐기물의 증가 속도를 높이는 진짜 요인이다.

우리가 몸담은 조직체가 세계화라는 조류를 탄 것은 결국 인구가 엄청나게 늘었기 때문이다. 그리고 그 결과로 국가 규모의 기반구조들이 세계적인 차원의 상부 구조로 성장하게 되었다. 세계화 역시 어떤 체계를 이룬다는 점에서 국가기반 구조나 우리 몸의 구조와 별반 다르지 않다. 각종 기반구조는 체계 유지를 위해 자원과 에너지를 요구한다. 우리 몸속으로 생활에 필요한 에너지가 이리저리 흘러 다니듯 각국의 사회 기반 구조 내부로도 에너지가 흐른다. 이러한 구조 내로 에너지가 대량으로 유입되면 세계화 사회를 운영하면서 생기는 마찰이 감소하는데, 이 에너지를 공급하고 흐름을 계속 유지하기 위해서는 물질 자원이 필요하다. 문제는 지금까지 늘 지적했듯이 이 지구 상에 우리 인간의 힘으로나 각종 재난에 의존해서는 거의 제어가 불가능할 만큼 인구가 많다는 사실이다.

그렇다면 지금처럼 제어가 불가능할 정도로 인구가 과잉 상태에 이른 것은 우리 인간 때문인가? 대체 인구과잉이란 무엇인가? 현 인구가 지나치게 많다고 판단하는 근거는 우선 우리에게 주어진 공간과 식량, 이용할 수 있는 광물 자원과 에너지 자원을 초과하여 인구가 증가했다는 데 있다. 폐기물이 자연적인 물질 분해와 재순환이 불가능할 정도로 많이 발생할 경우 환경오염이 일어나고, 자연이 더는 회복하지 못할 정도로 오염이 심각해지면 환경은 계속 악화한다. 자원 부족 현상과 환경 문제는 인구가 과잉 상태인지 아닌지를 판단하는 일차적인 기준이다. 한편 인구과잉은 인간의 힘으로 인구수를 도저히 제어하기 어려운 상태를 뜻하기도 한다. 또 우리의 의지나 능력과 상관없이 인구구조와 사회구조의 역학 관계에 따라 미래가 결정되는 상황 역시 인구과잉 상태로 볼 수 있다. 이 구조와 관계된 요소들은 환경 문제, 특히 온실기체의 자기 가속적인 효과와 더불어 사회적 · 경제적 · 환경적 안정성에 영향을 미친다. 그리고 이 사회, 경제, 환경의 변동이나 불안정은 사회 붕괴를 초래한다.

과거에도 그랬지만 요즘 세상에도 역동적인 인구변천 모형(transition model)이 인구 문제를 자동으로 해결해주리라 믿고 희망을 품는 사람이 많다. 이 인구 이론은 언젠가 사망률과 출산율이 조화를 이루어 인구수가 안정되리라고 말한다. 즉 사망률을 늘리는 맬서스의 방식이나 인위적인 산아 제한에 의해서가 아니라 인구학적 · 사회적 요소에 의해 자동으로 출산율이 조절된다는 설명이다.

19세기 동안 유럽 사회에서 출산율이 당시 사망률과 균형을 맞춰 감소하는 현상이 나타나자 사람들은 이 경향을 일반화하여 인구변천 모형이라는 이름으로 부르기 시작했다. 그리고 유럽에서 나타난 인구 안정화 단계가 세계 다른 지역에서도 비슷하게 나타나리라 예상했다.

하지만 생활 조건이나 환경조건이 뻔히 다른데도 모든 인구가 일정한 속도로 같은 변천 과정을 겪는다고 생각하는 것은 아무래도 무리가 있다.

당시 유럽에서 그러한 인구 변화상이 나타난 것은 다 경제력이 있었기 때문이다. 바로 식민지의 산업 자원, 자본, 식량이 유입된 덕분에 말이다. 하지만 오늘날 저개발 국가들에게는 그러한 이점이 없다. 큰 산업도 없고 교역을 통해 외부 자원을 얻기도 어려운데다가 시장마저 제대로 조성되지 않은 상태라서 늘 가난할 수밖에 없다. 게다가 선진국의 자본가들이 후진국 노동자들을 적은 임금으로 부리는 탓에 그들은 서구 국가들처럼 다른 나라로부터 식량과 자원을 사들이지도 못한다. 게다가 스스로 산업을 일으키지도 못하고, 재정이 마련되지 않다 보니 보건의료체계나 사회보장체제도 갖추지 못한다. 그 와중에 농업과 공업 분야의 경쟁과 외부로부터의 착취를 견디면서 점점 늘어나는 실업 인구를 먹여 살리는 데도 신경을 써야 한다. 출산으로 인구가 더 늘어나더라도 과거 유럽 사람들처럼 이주를 하기란 불가능하다. 이제는 다른 개발도상국과 후진국들이 문을 꽁꽁 걸어 잠갔기 때문이다. 또 그들에게는 17세기 네덜란드나 19세기 영국처럼 수만 명의 목숨을 희생시키며 식민지 전쟁(당시 인구 문제를 해결하는 또 다른 방법이기도 했다.)을 벌일 힘도 없다. 예전에 유럽에서 한창 출산율이 떨어지던 시기에는 바로 이런 군사적인 이유 때문에 출산 장려책이 나오기도 했다. 지금도 미국을 비롯한 각국의 출산 촉진론자들은 인구 노령화 현상이 나타난 러시아, 중국, 혹은 유럽 국가들보다 경제·군사 부문에서 상대적인 우위를 점하기 위해 인구를 젊게 유지하고 계속 성장시켜야 한다고 주장한다.

얼마 전까지만 해도 저개발 국가에 속했던 중국, 인도, 한국 같은 나라들이 식량과 에너지 문제 때문에 아프리카와 남아메리카 등지에서 농경지를 빌리거나 사들이는 한편 점점 증가하는 광물 수요를 맞추기 위해 각종 광산을 매입한다는 사실은 저개발 국가들의 상황을 더욱 악화시킨다. 이 글을 쓰는 중에도 대략 1,500만 헥타르에서 2,000만 헥타르 정도, 그러니까 프랑스 땅덩이만 한 아프리카 어딘가의 농경지가 다른 나라의 소유가 되었다. 이런 와중에도 아프리카 내의 식량 사정은 점점 나빠지고 있다. 인구가 계속 증가하고 기후 온난화로 땅이 메마르면서 문제가 더욱 심각해지는 것이다. 게다가 현재 아프리카 각국의 인구 4분의 1가량이 15세 미만의 어린이들로 이루어져 있다는 사실은 안 그래도 심각한 인구 문제에 더욱 그늘을 드리운다. 앞으로 세계 인구 증가율이 안정될 것으로 보이는 시기, 그러니까 2050년경에도 그들은 여전히 자식을 낳을 수 있는 연령대이기 때문이다. 지금까지 이야기한 여러 가지 문제 때문에 이런 후진국들이 인구 안정화 단계에 들어서는 데는 적어도 100년 정도가 걸리리라 예상된다. 이들 국가는 여전히 빈번한 기근, 내전, 질병, 사회 혼란 등으로 크게 요동치는 사망률과 더불어 산업화 이전의 농업 사회를 유지하고 있다. 아무래도 빈곤한 저개발 국가들은 높은 출산율과 높은 사망률을 보이며 맬서스식 패턴을 따르는 것 같다. 세계 인구 증가분의 약 75퍼센트가 이런 나라들에 의해 이루어진다는 사실을 생각해보면 과연 세계 인구의 안정화가 실제로 어떻게 이루어질지 의문이 들기도 한다. 더군다나 대다수 후진국에서는 수십 년 동안 외세의 억압과 침탈 때문에 출산 촉진 정책이 계속 유지되었다. 이제는 의료 기술의 발달과 함께 이러한 추세가 지속될 가능성이 커졌다. 결국 지금 주어진 조건을 봐서는 인구변천 모형을 전 세계적으로 적용하기에는 아무래도 타당성이 떨어진다.

그런데 유럽과 선진국들의 식민지라고 해서 유럽식 인구변천 모형이 모두 그대로 적용될까? 19세기에 영국이 점령했던 아일랜드, 이도, 이집트 같은 나라에는 이 모형이 적용되지 않았다. 당시 영국은 인도와 이집트의 산업을 뒤엎어버리고 이들 식민지 국가에서 생산된 목화를 가공하여 되팔아 수익을 올렸고, 결국 유럽의 식민지 국가들은 그토록 벗어나려고 애썼던 농업 사회, 산업화 이전의 사회로 다시 퇴보하고 말았다. 결국 인구의 순재생산율(net reproductive rate, 여성 한 사람이 성인이 될 때까지 생존하여 다음 세대의 여아를 몇 명이나 낳는지를 나타내는 수치.–옮긴이)이 계속 높은 상태로 유지되면서 인구변천은 일어나지 않았다. 영국과 유럽 대륙, 북아메리카는 이런 식으로 산업혁명 이래 산업, 기술, 교역을 통해 복지에 필요한 자본을 끌어모았고 그 돈 덕분에 식량 · 의료 · 위생 · 교육 환경이 향상되었다. 이러한 변화는 19세기에 선진국들의 출산율을 크게 높이는 요인이 되었다.

20세기 후반 들어서 인구변천 모형은 효용을 잃어버렸다. 1960년대와 1970년대 동안 인구 성장 속도가 느려지기는커녕 더 빨라지면서 전 세계의 연간 순재생산율이 크게 치솟아 2.02퍼센트라는 역대 최고 수치를 기록했다. 이후 어느 정도 속도가 줄어들기는 했지만 여전히 전례 없이 높은 성장 수준이 유지되었다. 이로 인해 부의 증대가 출산율 하락을 불러온다는 인구변천 이론에 의문이 제기되었다. 실제로 2007년의 자료를 보면 여성 한 명당 자녀 수가 부유한 유럽 북서부 지역에서 가장 많았고 상대적으로 빈곤한 지중해와 유럽 동부 지역에서 가장 적었기 때문이다. 게다가 최근 세계적인 추세를 보면 많은 나라에서 인구 재생산율이 대체 출산율보다 크게 떨어지는 실정이다. 이런 결과는 곧 사망률과 출산율이 인구변천 모형에서 제시한 것과 전혀 다른 양상으로 나타나고 있음을 시사한다.

19세기 이래로 생활수준이 향상되면서 두 가지 요소가 인구 성장을 더욱 촉진하고 있다. 우선 수명의 연장이 인구 성장에 큰 영향을 미쳤다. 과거 유럽에서 평균 기대 수명은 30세 정도였는데, 지금은 이것이 75세 이상(과거보다 2.5배 정도 증가)으로 늘어났다. 달리 말하면 옛날보다 먹여 살려야 할 입이 2.5배 늘어났다는 얘기이기도 하다. 2050년경에는 중국에서만 해도 60세 이상 인구수가 약 5억 명 정도 되리라 예상된다. 출산율의 증가가 없더라도 수명이 그만큼 늘어남으로써 의식주를 해결해야 하는 인구수가 늘어나는 셈이다.

수명 증가에 뒤이어 출생률 감소 속도가 지연되는 현상 역시 인구 성장을 촉진한다. 이것은 실질적으로 인구 균형을 조절하는 메커니즘이 없다는 사실을 뜻한다. 과연 수십 년 후 여러 가지 조건이 바뀐 상태에서 출생률은 사망률에 맞춰 어떻게 변화할까? 어쩌면 우리가 알 수 없는 메커니즘에 의해 중국의 인구 재생산율이 인도 수준으로 바뀔지도 모른다. 그런데도 우리는 여전히 인구변천 모형에 의존하여 세계의 인구 변화 양상을 예측한다. 하지만 원래 어떤 변화나 그에 따른 반응은 모두 인간의 결정에 의한 것이다. 그리고 그 결정은 사회 · 경제상의 각종 규칙과 발전상에 따라서 달라지기 마련이다. 현재 각국은 여러 가지 이유로 출산율 감소를 두려워한다. 모종의 균형점에 도달하는 동안 대책을 마련해야 한다는 사실이 매우 부담스럽기 때문이다. 그럼에도 수십 년간 출산율 감소 속도가 지연되고 사망률이 낮아지면서 인구는 급속도로 늘어났다. 현재 전 세계 인구수가 늘어나는 속도는 산업혁명 시절 이전보다 훨씬 빠르다. 아마도 2050년경에는 세계 인구의 연간 평균 성장률이 0.34퍼센트 수준으로 어느 정도 안정되리라 보이지만, 이 수치는 1600년경의 0.11퍼센트와 비교하면 3배 이상 크다. 그보다 전에는 인구 성장률이 항상 0.11퍼센트보다 낮은 수준이었다. 사실 인구가 완전히 안정화되려면 0퍼센트의 성장률을 보여야 한다. 지금은 이 비율이 줄어들더라도 인구수가 워낙 많아서 절대적인 수치가 엄청나게 증가한다. 현재는 세계 인구 성장률이 약 1퍼센트 수준으로 매년 7천만 명씩 인구가 늘고 있는데, 이 비율이 점차 줄어들더라도 2050년까지는 해마다 대략 4천만 명씩 인구가 늘어나리라 예상된다.

이렇듯 인구 증가는 복잡한 요소들과 관계를 맺고 있다. 결국 현재의 인구변천 모형은 각 요소를 심하게 과장하고 생략해버린 셈인데, 출산율과 사망률의 연관성을 드러내는 구체적인 메커니즘을 아무도 모르는 상태이므로 사실상 인구 변화를 나타낸 모형은 없는 것과 마찬가지다. 원래 이론 모형은 어떤 체계를 움직이는 메커니즘을 드러내야 하기 때문이다. 게다가 현재는 어떤 비인구학적 요소들이 출산율과 사망률을 변화시키는지도 잘 알려지지 않았다. 다만 이 두 가지에 영향을 미치는 각종 요소를 통합하여 설명할 필요성은 이미 제기된 바 있다. 일례로 여성의 교육 수준이 출산율을 감소시키는 요소로 자주 언급되는 데 비해, 이것이 사망률을 결정하는 요소로는 제시되지 않는다는 사실을 생각해보라. 국부의 중요성과 산업화 수준, 그리고 산업화 시기 역시 인구 변화 양상과는 뚜렷한 연관성을 보이지 않는다. 프랑스에서는 '인구 변천'이 1785년경에 시작되었으나 프랑스보다 부유하고 산업화가 더 진전된 영국이 산업혁명이 한창 진행되던 시기, 그러니까 19세기 후반에야 인구 변천기로 접어들었다는 사실에서 이 점을 잘 알 수 있다. 현재 전 세계적으로 대체 출산율이 줄어드는 것은 명백하지만, 인구 변화에 관여하는 여러 가지 미지의 요소들을 하나로 통합한 이론 모형 없이 이 비율을 예측하거나 조절하기란 불가능하다.

하지만 그렇다고 해서 90억이나 100억 명 수준에서 인구 안정화가 이뤄지길 손 놓고 지켜보는 것도 안 될 말이다. 어찌 됐든 우리는 장기적으로 지속 가능한 수준으로 인구를 줄여야 한다. 인구가 90억, 100억 수준으로 늘어났을 때 결국 그 부담은 모두 지구 스스로 져야 한다. 지구의 자원량이 한정되었고 우리가 사는 동안 폐기물이 끊임없이 생성된다는 점을 기억하라. 사망률과 출산율이 자동으로 잘 조절되어 어떻게든 안정화가 이뤄진다는 예측도 결국은 우리의 희망 사항일 뿐이다. 이제는 우리가 직접 손을 써야 할 때다. 보이지 않는 손에 기대서는 아무것도 되지 않는다. 그렇게 마냥 기다리기에는 위험이 너무나 크다.

실제로 지구에 인구과잉 문제가 엄청 심각해져서 인구를 인위적으로 줄여야 할 시기가 왔다고 하면, 그때는 숫자를 얼마나 줄여야 할까? 또 어느 정도 수준으로 줄여야 할까? 인류가 존속할 기간과 남은 인구를 지탱하기 위한 최소한도의 국가기반구조, 그리고 세계화된 상부 구조를 고려했을 때, 적정 인구수는 어느 정도일까? 자원을 아무리 아껴 쓰고 다시 쓴다고 해도 재순환은 한계가 있다. 언젠가는 자원이 바닥날 테고 폐기물은 쌓일 것이다. 이런 상황에서 지금 우리에게는 어떤 기준이 마련되어 있는가?

우리는 에너지 없이 한순간도 움직이지 못한다. 에너지가 바닥나 몸속의 혈류가 멈추면 뇌가 곧장 손상을 입고 생체 기능이 완전히 상실될 수 있다. 꼭 그 정도 피해가 아니더라도 에너지가 부족하면 몸에는 어떤 식으로든 나쁜 영향이 미친다. 국가와 지구촌 사회 역시 다르지 않다. 에너지 공급이 중단되면 컴퓨터가 모두 멈추고 전화 연결이 끊기면서 전 세계 전자상거래망의 기능이 정지하고 만다. 공장이 멈추고, 폐기물이 쌓이고, 식품 보존과 취사를 위한 냉장 및 가열 시스템이 무용지물로 변한다. 교통이 마비되면서 식량과 자원 공급이 끊기는 곳이 늘고, 양수기를 돌려 식수와 관개용수를 구하거나 하수처리 시설을 가동하지도 못한다. 위생과 건강 문제가 나빠지고, 출퇴근을 하지도 못한다. 밤이 되면 안이고 밖이고 모두 깜깜해져 범죄가 늘어나겠지만 경보 시스템은 작동하지 않는다. 우리의 사생활, 사회생활, 경제생활은 모두 끊임없이 에너지를 요구한다. 하지만 다들 알다시피 화석연료는 점점 바닥을 드러내고 있으며 현재로서는 딱히 믿을만한 대안도 없다. 현존하는 대체 에너지들은 다 합쳐봤자 전체 에너지 수요의 20퍼센트 정도밖에 충족시키지 못한다. 어찌 보면 에너지는 이 사회와 우리의 아킬레스건인 셈이다. 다른 자원은 남은 양을 아껴 쓰고 대체 자원을 찾거나 만들어내도 되고 또 조금 부족한 상태로도 어떻게 해결이 되지만, 에너지는 그렇지가 않다. 어떠한 조직체든 활동을 하려면 에너지가 공급되어야만 한다. 만약 적절한 대체 에너지를 찾거나 인공 에너지원을 찾지 못할 경우, 우리는 화석연료가 막 도입되었던 시기의 수준으로 인구수를 줄여야만 한다. 대략 1900년경, 혹은 그보다 더 옛날인 1800년 전후의 인구 수준으로 되돌아가야 하는 것이다. 당시 세계 인구수가 10억 명을 막 넘겼으니 지금의 약 7분의 1 수준으로, 만약 대응책을 곧장 마련하지 못해 인구가 더 증가한다면 약 10분의 1 수준으로 인구를 줄여야만 한다. 이 수치는 앞으로 인류가 지구에서 얼마나 존속할지를 고려하지 않고 단순히 1900년 전후의 인구수만 생각해서 제시한 것이다. 게다가 지금 대체 에너지를 찾는다고 하면 그것은 지구 온난화에 영향을 미치지 않는 탄소 중립적인 에너지원이어야만 한다.

그러나 에너지 문제만 해결한다고 해서 모든 걱정이 해소되지는 않는다. 다른 자원들도 에너지와 마찬가지로 점점 고갈되는 중이고 폐기물과 환경오염 때문에 생활환경이 악화되고 있기 때문이다. 천연자원 부존량과 영양물질의 순환 속도 사이에 균형을 맞추려면 아마도 아주 긴 시간을 되돌아가야 할 것이다. 이대로 팔짱을 낀 채 상황만 지켜보다가 우리 세대가 끝나기 전에 인구가 100억 수준으로 늘어난다면, 생존 기회는 열 명 중 단 한 명에게만 돌아가게 된다. 이제 선택은 누구에게 달렸는가? 과연 우리 힘으로 인구를 그만큼 줄일 방법이 있을까? 지금은 우리의 미래를 우연에 맡겨서는 안 되는 때다. 기존의 인구변천 모형대로 일이 흘러가길 마냥 바라서는 안 된다. 기다린다고 해서 그대로 될 턱이 없다. 지금까지 한 번도 그 모형처럼 된 적이 없으니까. 이제는 우리 스스로 인구를 줄이려고 노력해야 한다.

다들 인구과잉으로 인한 문제를 직접적으로 체감하고 있는지 어떤지는 모르겠지만, 현대인이라면 이 지구에 사람이 심하게 많다는 사실만큼은 확실히 인식해야 한다. 어쩌면 이 문제는 만 년 전, 혹은 그보다 더 오래전에 인류가 모종의 이유로 식량을 비축하고, 함께 모여 살고, 전문적으로 분업할 필요성이 생겼을 때 시작되었을지 모른다. 인구 문제는 해가 갈수록 심각해지고 있다. 성장으로부터 파생되는 문제점을 줄이거나 피하려고 다시 성장을 택함으로써 그 속도는 계속해서 더 빨라지고 있다. 지금 인류는 스스로 만든 수렁을 향해서 앞뒤 가리지 않고 돌진하고 있다. 파멸을 막으려면 새로운 에너지원을 개발하고 각종 물질 자원을 대규모로 철저하게 재순환시킬 방법을 찾고자 많은 노력을 기울여야 한다. 지금까지 성장 과정에서 많은 문제가 파생되었지만 우리에게는 아직도 몇 가지 선택지가 남아 있다. 일단 무엇보다 먼저 손을 대야 하는 것은 모든 문제의 근원인 인구수다. 인구 문제를 해결하지 않는 한 어떤 방법을 쓰더라도 그 효과는 일시적이고 불완전할 따름이다.

인구를 줄이는 방법은 무엇이든 간에 비도덕적이고 비인간적일 수밖에 없다. 하지만 우리가 차마 선택하기 어려운 다른 해결책들은 그보다 훨씬 더 비도덕적이고 비인간적인 결과를 낳을 것이다. 인류는 지금까지 줄곧 과도한 성장과 발전을 추구해왔다. 이제는 다시 뒤로 돌아갈 때다. 더는 나아갈 곳도 없고 그대로 넋 놓고 상황을 지켜볼 여지도 없다. 우리가 직접 행동하지 않으면 미래는 없다.

16. 완벽한 낙원은 없다

나는 어렸을 때 지평선을 만질 수 있는지 없는지가 참 궁금했다. 지평선은 항상 아주 먼 곳에 있어서 잡아보려고 손을 뻗을 때마다 그림자처럼 멀리 달아났다. 지평선에 도달하려고 기차도 타봤지만 아무 소용이 없었다. 지평선을 만져보기란 발을 뻗어 그림자를 밟는 것과 마찬가지로 아무래도 불가능한 일 같았다. 이후 지평선은 사방팔방으로 더 넓어진 것 같았다. 높은 탑, 언덕, 산을 오를수록 더 높고 더 먼 지평선이 보였기 때문이다. 그것을 만져보기란 더욱더 불가능한 일처럼 느껴졌다. 그러다가 시간이 더 지나서 그 반대의 경우도 가능하다는 사실을 알게 되었다. 땅에 가까워질수록 지평선도 가까워진다는 사실을 깨달은 것이다. 머리를 땅바닥에 바짝 붙이고 보니 지평선을 만질 수도 있고 그 너머로 손을 뻗을 수도 있었다. 정말 놀라우면서도 어린 나로서는 도저히 이해가 가지 않았다. 사실 지평선의 거리는 관찰자의 위치가 지표면과 얼마나 떨어져 있느냐에 따라서 크게 달라진다. 모든 사람은 키가 크든 작든 자신의 키에 따라서, 혹은 높은 탑 위에 있느냐 아니면 바닥에 누웠느냐에 따라서 각기 다른 지평선을 지닌다.

이러한 상대성은 세상을 보는 관점에도 똑같이 적용된다. 어떤 사람들은 늘 작은 지역을 기준으로 세상일을 생각한다. 바꿔 말하자면 세상을 보는 시야가 좁다고나 할까? 일전에 어떤 생물학자가 한 지역의 동식물 연구를 주로 하는 박물학자의 관점에 대해 이야기한 적이 있다. 그런 연구를 하다 보면 시야가 좁아진다고 말이다. 그러니까 시공간적으로 어떤 사건이나 변화를 보는 눈이 매우 좁은 범위 내로 한정된다는 뜻이었다. 이런 관점이 사실을 왜곡하거나 모호한 해석을 낳지는 않지만 확실히 경직된 면이 있다. 세상을 아주 명확하고 날카로운 시선으로 볼 수는 있으나, 시선이 닿는 범위가 극히 좁다. 내 생각에는 이런 특성이 생태학자들에게도 똑같이 적용되는 것 같다. 생태학 연구를 하다 보면 아주 좁은 지역을 그리 길지 않은 시간 동안 관찰하여 결론을 도출하는 경우가 드물지 않다. 한 연구 조사에 의하면 대부분의 생태학적 조사가 3년 남짓한 시간 동안 단 몇 제곱미터에 불과한 공간을 대상으로 수행된다고 한다. 이것은 지리학자나 생물 지리학자들의 시야와 대조를 이룬다. 대개 지리학자들은 나라나 섬 전체, 군도, 대륙 일부 지역, 혹은 세계 전체를 기준으로 삼아 어떤 현상을 바라본다. 또 천문학자들은 어떠한가? 그들은 대략 150억 광년 떨어진 곳으로 시선을 던진다. 여기서 150억 광년이란 계속 팽창 중인 우리 우주의 나이를 나타내며, 그 시간 거리는 곧 우주의 지평선을 뜻한다. 천문학자들은 이렇게 머나먼 곳을 바라볼 뿐만 아니라 여러 가지 우주를 다룬 이론을 구성하기도 한다.

대개는 관찰 범위를 좁혔을 때 어떤 변화가 일어나는지 알아보기가 쉬워진다. 일반적으로 환경은 규모나 기간에 따라서 다양한 변화상을 드러내기 마련, 하지만 연구자들은 대부분 시간적 · 공간적으로 한 가지 범위에만 초점을 맞춘다. 이때는 다른 범위에서 관찰되는 현상과 변화가 현재 다루는 프로세스에 어떤 영향을 미치는지 잘 드러나지 않는다. 사실, 과학자들이 한 가지 범위에만 집중하는 이유는 바로 여기에 있다. 다른 간섭이 적어지므로 자신이 선택한 규모와 기간 내에서 각종 인자가 어떤 식으로 변화하고 어떤 효과를 보이는지를 파악하기가 더 쉽기 때문이다. 이처럼 규모를 달리하는 연구 방법은 수많은 학술 연구의 기초를 이룬다. 원자핵을 연구하는 과학자들이 화학, 생물학, 사회 수준에서 일어나는 다른 프로세스들을 고려하지 않고 자신의 분야만 연구할 수 있는 것도 다 이런 이유에서이다. 이것과 마찬가지로 경제학에서는 거시경제학과 미시경제학을 구분하고, 역사 기록학에서는 페르낭 브로델(Fernand Braudel)의 장기 지속(la longue durée)적 관점에서 수 세기에 걸친 역사를 공부하거나 단기적이고 부분적인 역사 변화를 살펴보기도 한다. 하지만 연구 범위가 달라졌을 때 다른 인자의 영향이 감지되지 않는다고 해서 그것이 아무런 작용도 하지 않는 것은 아니다. 실제로는 존재하지만 우리 눈에 보이지 않을 뿐이다. 그런데 생태학에서는 어떤 범주를 선택하느냐에 전체적인 이론 체계가 좌지우지된다. 이번 장의 주제인 환경 수용력(carrying capacity) 개념은 바로 이러한 특성에서 기인한다. 그래서 시공간적으로 더 큰 규모를 고려할 경우, 기존 체계가 모두 흔들리므로 환경 수용력 역시 의미를 잃는다.

더욱이 지금까지 인류는 한 지역 내에서 각종 인자가 인구 성장을 제한할 때마다 이주나 기술 발전을 통해 한계점에 도달하는 시점을 뒤로 미뤄왔다. 즉 일시적으로 한계 수준을 높인 셈이다. 그들, 아니 우리는 지금까지 미래 세대에게 어떤 영향이 미칠지 전혀 고민하지 않고 줄곧 하고 싶은 대로 살아왔다. 하지만 우리의 무책임한 행동으로 자원 부족 문제를 겪는 것은 우리 후손들임을 명심하라. 이렇듯 인간의 활동으로 말미암아 환경 수용력이라는 개념은 본래 의미를 잃고 무용지물이 되고 말았다.

앞으로 지구에 얼마나 많은 사람이 살 수 있는지 이야기하는 사람은 많지만 그 숫자를 결정하거나 제한하는 요인이 무엇인지 정확히 아는 사람은 없다. 또 인류가 지구에 얼마나 존속하길 바라는지 이야기하는 사람도 없다. 그저 현 상황이 무한하게 이어지거나 '미래'가 어떤 문제든 해결해주리라고 막연하게 생각할 뿐이다. 사람들은 자기 나라의 사정에 맞춰 모든 것을 판단하고 자신에게 부족함이 없다는 생각이 들면 문제에 대한 관심을 접는다.

앞에서도 이야기했듯이 1800년을 전후로 하여 역사적 시간, 즉 인류의 과거와 미래에 대한 개념이 생겨나던 시기에 영국과 유럽 대륙의 일부 사상가들은 자국의 인구과잉 문제가 심각한 상황이라고 여겼다. 맬서스는 브리튼 섬의 인구수가 지수적으로 급격히 증가하지만 식량 공급은 산술급수적으로 증가하리라고 말했다. 가령 인구 재생산율이 2로 유지된다고 가정했을 때, 한 부부는 네 명의 자녀를 낳고, 네 아이는 커서 다시 여덟 자녀를 낳고, 그 여덟 명은 다시 열여섯 명을 낳는다. 하지만 식량 공급량은 마치 숫자가 1, 2, 3, 4, 5처럼 하나씩 순서대로 늘어나듯 일정하게 늘어난다. 그는 급격히 증가하는 영국 인구의 수요 때문에 식량이 금세 바닥나리라고 예견했다. 결국 기근을 피할 수 없으니 나머지 인구는 사망할 것이라고 말이다.

물론 식량 공급이 지수적으로 증가하는 인구수와 다르게 꼭 산술급수적으로 증가해야 하는 이유는 없다. 식량이 인구의 증가 속도보다 더 빠르게 기하급수적으로 늘어날 수도 있고, 모종의 이유로(어쩌면 작물을 먹고 사는 진딧물이 기하급수적으로 증가한 탓에) 식량 생산량이 기하급수적으로 감소할 수도 있다. 아니면 브리튼 섬의 규모에 맞게 생산량이 일정하게 유지될 수도 있다. 어쩌면 인구 성장도 전혀 다른 형태로 나타날지 모르는 일이다. 그렇다면 그 과정을 설명하기 위해 새로운 성장 방정식이 필요할 것이다. 결국 프로세스 자체를 잘 이해하지 못하면 어떤 시나리오의 가능성이 가장 큰지 판단하기 어렵다.

19세기 초에 베르훌스트는 이 과정을 나타내는 방정식을 고안했다. 그의 로지스틱 방정식은 지금도 생태학 분야에서 널리 이용된다. 이 식에 의하면 생물 개체군은 일정한 규모까지 성장을 계속하다가 자원의 한계로 인해 더 늘어나지 않는다. 이때 일정 지역 내에서 개체군의 수가 증가할 수 있는 최대 한계치를 '환경 수용력'이라고 한다. 이것은 결국 한 지역 내에서 생산될 수 있는 식량의 양에 한계가 있기 때문이다. 실제로 처음에 인구는 맬서스가 이야기한 것처럼 지수적으로 증가한다. 그러다가 자원, 그중에서도 특히 식량 공급이 점차 한계에 달하면 성장 지수가 줄어들기 시작한다. 결국 지수의 감소는 인구 성장이 최대 한계치에 도달했음을 뜻한다. 다른 생물들과 마찬가지로 인구 역시 이 한계치에 이르면 기아 현상이 발생하고 그로 인해 사망자가 늘어난다. 이 시점에서는 출생률과 사망률이 서로 어느 정도 균형을 맞추게 된다.

로지스틱 방정식의 등장은 큰 의미를 담고 있다. 내용이 옳건 그르건 간에 적어도 인구 문제에 관한 통찰을 담고 있다는 점에서 크나큰 진보라 할 수 있다. 그런데 인구의 성장 한계를 결정하는 요인은 정확히 무엇일까? 식량 외에 담수, 금속과 석유, 산업화 수준과 교역, 기후 같은 제한 요소가 영향을 미치는 것일까? 과도한 폐기물 생산에 의한 환경오염의 발생 또는 환경 악화 역시 우리의 미래를 결정지을 수 있는 중요한 요소이지만 이런 것들은 종종 무시되는 경향이 있다. 과연 어떻게 해야 인구 성장의 한계치를 알 수 있을까? 이것은 늘 같은 수준으로 유지되는 것일까? 우리 힘으로 그 한계를 조금 더 늘릴 수는 없을까? 그렇다면 과연 어떻게 해야 할까?

19세기 초 이래로 인구 통계 자료가 지수적인 성장 곡선이나 로지스틱 방정식 중 어느 쪽에도 맞지 않는 상황이 자주 나타났다. 여기에 한층 더 안타까움을 자아내는 것은 그보다 근래에 개발된 공식들이 더욱더 맞지 않는다는 사실이다. 아직 인류는 어떤 성장 방정식이 인구 변화 양상을 정확히 나타내는지를 알아내지 못한 셈인데, 이 말을 바꿔 생각하면 앞으로 인구가 얼마나 늘어나고 어느 수준에서 성장이 멈출지를 전혀 알 수 없다는 뜻이 된다. 하지만 여전히 인류의 미래를 낙관하는 사람은 많다. 그들은 결국 인구수가 안정을 찾을 것이며 그때가 언제

인지도 계산할 수 있다고 믿는다. 하지만 과연 그럴까? 지금까지 인구수에 대한 예상은 줄곧 빗나가기만 했다. 실제 숫자는 예측한 바와 크게 달랐기 때문이다. 1997년에 미국은 세계 인구가 2040년쯤 75억 명에 이르리라고 예측했다. 그러나 2004년에 미국은 그 숫자를 28퍼센트나 높여 95억 명으로 수정했다. 기존 예상보다 무려 4분의 1 이상이 늘어난 숫자다.

흥미롭게도 1540년부터 1700년까지 잉글랜드는 농업 생산량이 인구보다 빠르게 증가한 덕분에 식량을 다른 나라로 수출할 수 있었다. 그러나 1750년부터 1880년까지는 인구만 증가하는 현상이 나타났다. 당시 농업 생산량은 산술급수적으로 성장하기는커녕 오히려 더 뒤처지는 모습을 보였다. 농업혁명이 일어난 그 시기에 영국은 이미 대표적인 식량 수입국이 된 상태였다. 언뜻 봐서는 식량 생산량이 인구 성장을 뒤따라서 같이 늘어나야 할 것 같지만, 실제로는 두 가지의 성장률이 다르게 나타난다. 대체 왜? 세계 인구수가 9억 명 수준이었던 1800년에 인구 문제는 심각한 사회 문제로 대두되었지만 그때보다 인구가 약 8배나 많은 현재 우리는 이 상황을 그다지 심각하게 여기지 않는다. 아무튼, 이런 차이를 보면 인구과잉이나 인구 안정화를 가늠하는 고정된 기준은 없음을 알 수 있다. 그리고 옛 사료들에서도 흔히 나타나듯이 지금보다 훨씬 인구수가 적었던 옛날에도 사람들은 인구과잉 문제에 대해 늘 걱정을 했다.

먼 옛날 인류는 크나큰 인구 변동을 겪고 그 수가 2만 명 이하로 줄어든 적이 있다. 그렇다면 과연 지구의 환경 수용력은 얼마이고 우리는 그것을 얼마만큼 바꿀 수 있을까? 또 이러한 가능성을 제약하는 요소가 있을까? 분명한 것은 환경 수용력이 어느 정도 수준인지 정해져 있지 않다는 사실이다. 또 이제는 과거의 기준이 통용되지도 않는다. 환경 수용력은 미지의 기술적 · 경제적 · 사회적 조건 및 사태들과 관련을 맺고 있다. 일례로 19세기에는 식량 생산을 늘리기 위해 농업을 기계화하고 산업화하는 현상이 나타났다. 결국 산업화로 인해 교역과 운송 분야가 발달하고 도시화가 진행되었으며, 이러한 발전은 해당 지역의 인구 성장 한계치를 크게 늘렸다. 이렇듯 서양 세계의 기술과 사회 · 경제는 지금까지 인구 성장 속도와 꾸준히 보조를 맞추며 발달해왔다.

유사 이래 어떤 일들이 벌어졌는지 다시 한 번 생각해보자. 인류가 지구에 발을 들인 그 옛날 우리 인간은 동 · 남아프리카 일부 지역에서 아프리카 전역으로 퍼져 나갔고, 그다음에는 유라시아로, 또 오스트레일리아와 아메리카 대륙으로 이동을 거듭했다. 인간은 휴식을 취하고 물건을 보관하기 위해 천막과 집을 지었으며, 보온을 위해 의복을 만들었다. 또한 인간은 식량 환경에 적응하고 먹을거리를 바꿔가면서 녹말과 고기를 주식으로 삼았다. 식량을 확보하기 위해 각종 곡물과 가축을 변형시키고, 숲을 베거나 습지대를 개간하고, 강과 바다의 생물자원을 마구 거둬들였다. 역사가 진행되는 동안 인간은 끊임없이 조직체를 구성하고 기계화 · 산업화 · 도시화한 세계를 만들었다. 이제 인간은 늘어난 수명 덕분에 육체와 정신이 제 기능을 다할 때까지 오랫동안 삶을 영위할 수 있다. 이제 일부 국가에서는 국민이 정년이 지나 노후를 편히 보내도록 제도를 마련하기도 하고 장애인들의 생활을 지원하기도 한다. 우리는 온갖 기계와 화학물질의 힘을 빌려 마침내 지긋지긋한 정신노동과 육체노동에서 벗어났다. 땅속 깊은 곳에서 솟아오르는 값싸고 무한한 에너지 자원이 우리를 해방시킨 것이다. 지금까지 우리 인간은 원하는 대로 모든 것을 이룰 수 있었고, 필요한 것은 무엇이든 구할 수 있었다. 우리에게 한계란 없다. 아무 걱정 없이 마음껏 자식을 낳고 기르자. 그래, 뭣 때문에 미래를 걱정하고 인구 문제를 걱정하는가? 지금보다 더, 계속해서 인구가 늘어도 아무 문제도 없을 것이다. 왜 아니겠는가? 자원이 바닥나고 폐기물이 늘어나는 것이 무슨 대수라고?

자원 재순환은 자원 사용량과 폐기물 생산량 증가로 인한 문제들을 방지할 수 있다. 하지만 다시 한 번 생각해보라. 경제가 성장하고 자원 사용량과 폐기물 생산량이 늘어나는 이유는 인구와 수요가 증가하고 그 결과 조직화한 상부 구조가 형성되는 데 있다. 재순환은 정적인 제로성장 모형을 기반으로 삼기에 어떤 형태로든 성장이 일어나면 재순환만으로는 문제를 해결할 수 없다. 원래 재순환의 목적은 자원 사용량과 폐기물 생산량의 증가를 피하는 데 있지만, 사실상 두 가지 모두 감소시키는 경향이 나타난다.

게다가 자원이 소실되는 속도를 생각하면 재순환의 효과에는 한계가 있을 수밖에 없다. 과연 얼마나 많은 자원 물질이 조금씩 흩어지고 사라지면서 환경을 오염시킬까? 그러고도 재순환을 할 자원이 남아 있을까? 유사 이래 인간은 지속적으로 폐기물을 곳곳에 흩뜨렸고 그래서 엄청나게 많은 무기물 자원과 귀중한 화합물들이 뿔뿔이 흩어지고 말았다. 재순환을 하려고 해도 어느 정도 양이 모여야 가능한데, 그렇게 분산된 자원들은 농도가 너무 낮아서 회수하기조차 어렵다. 결

국 인간이 사용한 물질들은 대부분 다시 쓰이지 못한 채 소실되고 만다. 에너지만 충분하다면 대기 중에 떠다니는 이산화탄소는 어느 정도 회수할 수 있지만, 이미 바다에 녹아든 이산화탄소를 회수하는 데는 훨씬 더 큰 비용이 든다. 요컨대 화학 물질이 토양이나 지하수로 스며들어 소실되거나 주변으로 분산되어 그 농도가 낮아질수록 재순환에 필요한 양을 끌어모으고 순수한 형태로 바꾸는 데는 더욱더 많은 에너지가 든다. 차라리 재순환을 포기하는 편이 나을 정도다.

재순환에는 에너지가 많이 소모된다. 에너지 측면에서 보면 인간이 만들어내는 폐기물 대부분은 더 이상 손대기 어려운 최종 산출물과 같다. 폐기물을 다시 순환 과정에 끌어들이려면 대량의 에너지가 필요하다. 식물의 광합성을 한 번 생각해보자. 사람을 비롯하여 각종 동물, 균류, 식물이 배출한 이산화탄소와 물은 극히 안정적인 생물학적 폐기물이다. 식물은 태양 에너지를 이용해 이것을 다시 자원 순환 과정으로 끌어들인다. 이 에너지는 대부분 물을 분해하는 데 쓰이며 이 반응에서 방출된 수소는 나중에 다시 이산화탄소와 결합한다. 이 점을 고려해보면 식물 체내의 탄수화물 자체가 에너지를 함유했다고 하기보다 그 속에 가상의 에너지가 존재한다고 생각하는 것이 옳다. 왜냐하면 진짜 에너지는 수소와 산소가 반응하여 물을 형성하는 과정에서 생기기 때문이다. 우리는 밥상에 올라온 소량의 식물성 음식물을 먹고 소화하여 하루 동안 쓸 에너지를 얻는다. 그리고 그렇게 체내로 들어온 대량의 태양 에너지는 우리 몸속에서 폐기물인 물을 분해한다.

재순환을 위해 단순히 물질을 회수하는 작업만으로도 많은 에너지가 소모된다. 이전 장에서도 설명했듯이 철은 다른 금속과 섞여 합금으로 쓰이는 경우가 많다. 일단 다 쓰고 버려진 합금들을 폐기물 더미에서 골라내고 회수하는 데 에너지가 들고, 이후 합금으로부터 각종 금속을 분리해내는 데는 더 많은 에너지가 소모된다. 순수한 금속을 만들려고 할수록 필요한 에너지는 더욱 늘어난다. 하지만 금속을 정제하는 데도 한계가 있어서 결국에는 다른 금속들이 조금씩 섞인 채 남게 된다. 마지막 남은 그 소량의 금속들을 추출해내는 데 엄청나게 많은 에너지가 들기 때문이다. 결국 이렇게 남은 불순물 때문에 철의 재사용 가치는 떨어지게 된다.

이번에는 소변과 대변에 섞여 빠져나가는 온갖 무기물을 생각해보자. 도시에서는 매일 수백 톤에 달하는 배설물이 강으로 버려진다. 물속에 녹아든 배설물은 강줄기를 따라서 커다란 호수나 바다로 향한다. 이 물질들은 넓디넓은 바다로 퍼져 나가 더욱 낮은 농도로 용해되고 분해되어 깊은 바다 밑으로 가라앉는다. 그렇게 엄청나게 많은 무기물이 바다에 존재하지만 이제 무슨 수로 그 넓은 곳에 퍼진 자원을 회수하고 분리해내겠는가? 결국 시간이 지날수록 자원이 이리저리 흩어지면서 재순환은 점점 한계에 부딪히고 만다. 인간의 소비 양상은 땅을 황폐화하고 자원을 고갈시킨다. 우리에게는 불가피하게도 계속해서 새로운 자원의 투입이 필요하다. 그리고 그로 인해 생성된 폐기물은 끊임없이 환경을 오염시킬 것이다. 이렇게 새로운 자원의 투입과 폐기물의 산출이 끝없이 이어지면 환경 수용력은 계속해서 떨어진다. 이는 지구에 존재하는 자원의 양은 한정되어 있는데 사용량이 늘어나니 필연적으로 생길 수밖에 없는 결과인 것이다.

자원 재순환은 우리가 인구 감축 방안을 실행해야 할 순간을 조금 늦추는 역할을 할 뿐이다. 재순환이 원활히 이루어진다고 해도 인구 문제에는 어떤 식으로든 손을 써야 한다. 그러니까 재순환은 그저 시간을 버는 수단일 따름이다. 현존하는 인구수와 앞으로의 인구수, 그리고 자원 수요를 생각했을 때 재순환 자체가 궁극적인 해결책이 될 수는 없다. 사람들은 재순환 체계가 마치 영구 기관처럼 영원토록 손실 없이 작동하리라 생각하지만, 이 세상에 그런 것이 없다는 사실은 이미 오래전에 밝혀졌다.

+생산 방식과 생산 체계, 생산용 기계, 운송 방법 등을 더 효율적으로 바꾸는 것이 자원 문제를 해결하는 데 도움이 될까? 인류의 역사는 전문화나 기술적인 발전을 통해서 더 높은 효율을 추구하는 방향으로 흘렀다. 가정과 공장에서, 또 행정과 상업 부문에서 모든 것이 과거보다 원활히 작동하고 물질과 에너지가 적게 쓰이면서 결과적으로 비용 부담이 줄어들었다. 하지만 이것은 아주 좁은 범위에서만 통용되는 사항일 뿐, 범주를 더 넓혀보면 그 양상이 크게 달라질 수 있다. 비효율적인 기계를 더 효율적인 제품으로 대체하는 것은 잘못된 일이 아니지만, 결국 낡은 기계의 부품들은 재사용되지 못한 채 곧장 쓰레기장으로 향할 가능성이 크다. 하지만 진짜 문제는 따로 있다. 아무리 효율적인 기계를 만들어도 인구수 자체는 줄어들지 않는다는 사실이다. 공장에서는 새 기계를 들인 후 직원의 수를 줄일 수 있겠지만, 직장에서 해고된다고 해서 사람이 갑자기 땅속으로 꺼지거나 어디론가 사라지는 일은 일어나지 않는다. 그들 각자에게도 가족은 물론, 집과 의복, 자동차가 있으며, 그들이 삶을 이어나가는 동안 끊임없이 자원이 소모되고 폐기물이 생산된다. 또 다른 일자리를 찾았을 때는 개인적으로 새로운 장비를 준비해야 할 필요성도 생긴다. 그리고 회사에서 업무 효율을 높이기 위해 새로운 부서를 만들고 사람을 충원할 때는 거기에 맞게 비품과 기계를 마련해야 한다. 결국 조직화가 필요해지고 협동 체계가 마련되면서 더 큰 성장이 일어난다. 전 세계적인 관점에서 봤을 때 우리는 자원을 더 많이 사용하고 폐기물을 더 많이 생산하여 전체적인 체계를 더욱 비효율적으로 뒤바꾸고 있다. 원시 시대에 인류는 수렵 · 채집 활동을 하며 필요한 것을 자급자족했지만 시간이 흐르면서 그 양상은 달라졌다. 오늘날 서양 세계에서는 전체 인구의 겨우 2~3퍼센트밖에 안 되는 농부들이 식량 생산을 책임지고, 나머지 97~98퍼센트를 차지하는 노동 인구가 엄청나게 많은 기계와 조직체, 각종 사회 기반 구조의 뒷받침을 받으며 상부구조를 이루고 있다. 종합적으로 살펴보면 우리가 그토록 효율적이라고 자부하는 이른바 글로벌 시스템은 석기 시대의 수렵 · 채집 시스템보다 오히려 비효율적이라고 할 수 있다.

계속해서 늘어나는 인구를 먹여 살리기 위해 성장 한계치를 높여야 하고 그 수준을 계속 유지하려면 많은 에너지와 자원이 필요하다. 일단 성장이 진행되면 이후 더 큰 성장이 뒤따르게 되는데, 이것은 국지적인 효율성이 충족되었을 때 전체적인 비효율성이 증가하면서 효율성을 제고하는 또 다른 대책이 필요해지기 때문이다. 어떤 폐기물 재순환 방법이 제아무리 효율적이라고 해도 그것을 실현하려면 지금 당장 우리에게 필요한 것보다 더 많은 조직체와 에너지가 마련되어야 한다. 인구 증가와 더불어 수요가 더욱 빠르게 늘어나는 이 복잡한 사회가 더욱더 비효율적으로 변하는 것이다.

역사가 진행되는 동안 인류는 늘 인구 과잉 문제를 걱정하고 자원 부족 문제를 걱정했다. 하지만 우리는 조직화와 기술 발전을 통해 한계 수준을 계속해서 높일 수 있었다. 이제 그 정점에 도달한 우리는 크고 작은 조직체를 유지하고 다양한 기술을 발전시키기 위해 어느 때보다 많은 에너지와 자원을 이용하고 있다. 이제 우리는 이 많은 에너지와 조직체와 기술 없이 아무것도 할 수가 없다. 또 온갖 무기물 자원과 금속 없이는 그 틀을 유지하지 못한다. 인구 성장이 시작된 이래 수천 년 동안 우리 인간은 자연계에 존재하는 각종 천연자원을 다른 생물들과 공유하길 거부하며 남용했고, 인구수는 그저 질병으로만 조절되었다. 그런 와중에 인간은 벽돌집과 사원을 짓고 도자기와 가마를 만들어 자연적으로 분해되지 않는 폐기물을 생산했다. 하지만 어떤 사회에서도 부존자원의 양을 고려하거나 사회의 존속 기간을 예상하여 인구수를 조절하는 모습은 나타나지 않았다. 장기적으로 봤을 때 이렇게 무계획한 체제는 안정성을 잃고 붕괴되고 만다. 만약 현 사회가 붕괴하거나 물질 자원과 에너지가 고갈되어 현대 기술이 무용지물이 되었을 때, 우리는 과연 무엇을 할 수 있을까? 우리가 매일 같이 이용하는 컴퓨터, 전화기, 하수처리 시설, 농기계, 교통수단은 어떻게 될까? 현존하는 인구는 어느 정도로 줄어들 수 있을까? 과연 그것이 가능하기는 할까? 현대 사회를 이룬 조직체, 그리고 우리가 매일 같이 이용하는 수많은 기술은 이제 말 그대로 우리 삶의 일부가 되었다. 이러한 경제적 · 사회적 · 문화적 환경은 이제 우리에게 자연환경보다 더 큰 의미를 지닌다. 그런데 이것이 산산이 무너질 수 있다고? 대체 어떻게 붕괴된다는 말인가?

체계의 붕괴 현상은 몇 가지 상호 의존적인 프로세스가 제 기능을 잃거나 한두 가지 요소가 일단 작동은 하되 그 사이에서 조화가 이루어지지 않을 때 나타난다. 이럴 때는 각 요소가 상호 간에 미치는 영향이 증폭되거나 감소하고 전체적인 흐름이 크게 바뀌기도 한다. 그래서 아주 작은 변화가 엄청난 결과를 불러일으키는 경우도 있다. 그 예로 당구공을 생각해보자. 처음에 친 공이 의도한 바와 약간 다르게 나아갈 경우, 거기에 부딪힌 공은 경기자가 생각한 것과 다른 방향이나 세기로 움직이게 되고 그다음에 부딪히는 공의 움직임은 한층 크게 달라진다. 곧 공들은 서로 다른 방향으로 움직이며 부딪히고 또 부딪힌다. 그렇게 경기자가 처음에 생각한 것과 전혀 다른 경로로 공들이 왔다 갔다 하면 애초에 칠 생각이 없었던 공이 부딪히기도 하고 때로는 원하지 않는 형태로 공들이 배열되기도 한다. 처음에 생긴 아주 작은 변화가 누적되고 증폭되어 예측 불가능한 결과를 낳은 것이다. 그러면 경기는 의도한 바와 다른 방향으로 흘러가게 된다. 이렇게 작은 변화로 말미암아 아주 큰 차이가 생기기 때문에 어떤 경기도 똑같은 모양새로 진행되는 일이 없다. 그리고 바로 이 점 때문에 사람들은 당구에 재미를 느낀다. 인간 사회에서도 당구와 비슷한 모습이 나타난다. 물론 공의 힘이 점점 떨어지면서 움직임이 멈춰버리는 당구와 달리 인간 사회에서는 에너지 처리량이 계속 증가하여 변화가 더는 손대기 어려울 정도로 빨라질 수 있다는 차이가 있기는 하지만 말이다. 이런 이유로 사회에서는 작은 문제 때문에 체계 전체가 무너질 수도 있다. 사회 붕괴는 언제 어디서 어떤 이유로도 일어날 수 있다. 어떤 작은 문제 때문에 더 크고 치명적인 문제들이 여기저기서 꼬리를 물고 발생할 수 있기 때문이다. 한 가지 재미있는 것은 베르훌스트의 로지스틱 방정식을 따르는 체계 역시 붕괴될 수 있다는 사실이다. 즉 성장 안정화 방정식이 적용되는 자연 체계나 사회 체계도 때로는 무너지고 만다는 말이다. 경우에 따라서는 자원 사용량을 줄여도 환경 수용력이 아무런 힘도 발휘하지 못한 채 체계 붕괴가 일어날 수 있다.

어떤 프로세스에 변동이 증가함에 따라서 문제가 생길 경우, 두 가지 반응이 나타날 수 있다. 바로 변동을 줄이는 반응과 그 진폭을 키우는 반응이다. 첫째 반응을 살펴볼 때, 일단 어떤 표준값이 있어야 실제 변동 정도를 측정하고 그것이 줄어들었는지 확인할 수 있다. 기준과의 편차를 상쇄시키는 메커니즘이 존재할 경우 변동은 줄어든다. 그리고 이 상쇄 작용은 편차가 클수록 강해진다. 이러한 프로세스 메커니즘을 통제 기제(control mechanism)라고 한다. 생물학적 조절 체계와 유사하게 산업 체계와 사회 체계도 두 가지 요소와 관계를 맺는다. 바로 표준값을 결정하는 요소와 변동폭을 표준값에 가깝게 유지시키는 요소다. 반면에 둘째 반응은 표준값과의 편차를 더욱 증가시킨다. 즉 편차가 클수록 진폭은 커진다. 첫째 반응은 음성 피드백(negative feedback)이라고 부르며, 둘째 반응은 양성 피드백(positive feedback)이라고 한다. 편차를 줄이는 음성 피드백은 변동 유형을 일정하게 유지시켜 프로세스를 안정시키지만, 양성 피드백은 프로세스의 안정성을 떨어뜨려 통제 불능 상태를 만들고 체계 붕괴 현상이나 오작동을 유발한다. 예를 들어 금융 체계 내부적으로 발생한 작은 문제가 해당 체계 전체를 불안정하게 만들고 이것이 식량 공급이나 근로 환경 등 여러 부문에 악영향을 미쳐 한 사회 전체가 위기에 빠질 수 있다. 사실 케인스식(Keynesian) 재정 정책은 정부가 사회 붕괴를 일으키는 양성 피드백 고리를 제어하기 위해 반대 방향으로 변동폭이 커지는 또 다른 양성 피드백 고리를 도입한 것으로 볼 수 있다. 자본주의 경제체제, 자유방임적 경제체제를 중시하는 정부는 이러한 중화적 양성 피드백 고리를 이용하는 반면, 좌익 성향의 정부는 음성 피드백을 이용하여 사회 변동을 제어하는 방법을 선호한다. 물론 어떤 경우든 체계 붕괴의 위험을 앞둔 상태라면 일단 확실한 계획에 따라서 대책을 마련해야 할 것이다.

피드백은 일종의 상호 작용을 뜻한다. 하지만 이것은 서로 다른 프로세스 사이에서 일어나는 반응이 아니라 하나의 프로세스 내부에서 이뤄지는 반응이다. 인구 증가나 자본의 성장은 이 반응을 촉진하여 양성 피드백 고리를 형성한다. 그 결과로 인구가 대폭 늘어나거나 (금융 시장처럼) 시장 변동이 엄청나게 커질 수 있다. 음성 피드백 고리는 성장이나 변동을 줄여 안정적인 상태를 유지시킨다. 양성이든 음성이든 간에 초기값과의 편차가 클수록 피드백 고리의 고양 효과는 더 커진다. 그런데 우리는 이런 결과를 지수 성장(exponential growth)이라고 부르기도 한다. 결국 피드백 프로세스는 지수적 프로세스인 셈이다. 또한 피드백 프로세스 외에도 한 체계나 조직 내에서 상호 작용을 일으키는 모든 프로세스는 지수적인 성장 특성을 보인다. 하지만 음성 피드백이 주를 이룬 체계 내에서 한두 가지의 양성 피드백이 함께 존재할 경우 점차 양성 피드백의 영향력이 커지고 자기 가속적인 특성이 나타나면서 그 체계가 오작동을 일으키거나 붕괴하게 된다.

체계의 붕괴는 다양한 상호 의존적 요소에 의해 나타나며, 요소 간의 특성과 지속 기간이 달라서 서로 조화를 이루기 어려울 때 주로 발생한다. 이 때문에 체계 운영이 어려워질 경우, 해당 체계를 여러 하위 체계로 분할하고 일부 음성 피드백 프로세스를 이용해 각 하위 체계를 운영하는 방법이 문제를 완화하는 데 도움이 되기도 한다. 한 가지 예로, 생물은 세포와 기관 내부, 그리고 이들 사이에서 자율적으로 균형을 되찾는 모듈식 체계를 준비하여 몸에 어떤 문제가 생겼을 때 생체 기능이 망가지지 않도록 막는다. 또 다른 예로, 2007년에 시작된 세계 금융 위기 상황에서 실행된 대응책 한 가지는 상호 의존적으로 성장해온 거대한 금융 체계 곳곳에 방어벽을 쌓는 것이었다. 또 다른 대응책은 당시 금융계의 주요 기업과 은행들을 일시적으로 시스템 내에서 제거하는 것이었다. 그럼에도 현재 지구촌 사회의 상부 구조는 날이 갈수록 점점 더 그 연결성이 강화되어 전체적인 붕괴 위험이 커지고 있다. 사실 어떤 조직체에서든 체계의 붕괴 가능성이 나타날 수 있으나 환경 수용력 개념은 이러한 위험성을 고려하지 않는다. 하지만 인류의 미래를 위협하는 체계 붕괴의 가능성은 앞으로 더욱 커질 것이다.

환경 수용력을 논할 때 우리는 자연이 조화롭고 자립적이며 물리적인 환경이 항상 한결같다고 가정한다. 그래서 기후와 관련된 일시적인 변동, 조직이나 기술상의 변화, 토양의 화학적 조성과 습도처럼 공간과 관련된 변화 등은 이 개념에서 배제된다. 현실적으로는 수확이나 수익을 극대화하기 위해서 우리가 직접 균일한 환경을 만들어야 한다. 그리고 조화로운 환경을 창출하기 위해서는 전쟁과 질병을 막아야 한다. 이런 방법을 이용함으로써 우리 인간은 자연환경과 점점 더 분리되어 균질하고 기술적이며 조직화가 잘 이루어진 세계에서 살아간다. 우리는 물질을 재순환시키고 풍부한 태양 에너지를 사용 가능한 에너지로 직접 변환함으로써 인류 사회가 자립적으로 변하고 더 큰 인구 성장이 가능해지기를 기대한다. 또 그렇게 하면 언젠가는 환경 수용력의 제약에서 벗어날 수 있으리라고 믿는다. 그래서 우리는 변화무쌍한 지구 환경 내에 우리만의 인공 세계를 건설했다. 하지만 인간 세계는 단기적이고 국지적으로 일어나는 아주 작은 변화로도 무너질 수 있다. 다양한 사회적 프로세스가 앞에서 이야기했던 당구공의 움직임처럼 사소한 어긋남 때문에 의도한 바와 다르게 엉뚱한 방향으로 흘러갈 수 있기 때문이다. 현재 우리가 천연자원을 남용하고 빠른 속도로 고갈시키면서 환경을 오염시키고 악화시킨다는 것은 명백한 사실이다. 그리고 이 문제가 지나치게 많은 인구수, 개개인의 과도한 자원 수요, 우리의 무계획하고 무책임한 행동 때문임은 더 물어볼 필요도 없다. 사실 어떤 면에서는 우리가 환경 수용력이라는 용어를 남발하며 이 개념의 중요성을 지나치게 과장했다고 볼 수도 있다. 한편으로는 개념이 흔하게 사용되는 만큼 막연하게 받아들여지기 쉬워서 사람들이 자신의 환경적 책임을 회피하는 문제가 생긴다. 현재 각지에서 자원이 고갈되고 폐기물 때문에 환경이 오염되면서 인류의 지속가능성이 위협을 받고 있지만 단순한 개념 설명만으로는 이러한 사실을 알 수 없다. 현존하는 문제에 대한 대책을 마련하려면 자연의 한계성과 불규칙성, 그리고 그 영향력을 이해하는 과정이 필요하지만 무한한 재순환의 가능성을 내세운 성장 모형은 진실을 감추고 우리를 기만한다.

동물과 식물들이 자연의 조화에 따라서 개체 수를 일정 수준의 환경 수용력 이하로 조절한다는 생각은 고대 이집트 시대부터 있었다. 사람들은 기나긴 세월 동안 신들이나 그 대리자인 왕 또는 사제들이 자연과 인간 세계를 효과적으로 제어한다고 믿었다. 대략 1800년부터는 다양한 요소가 상호 작용을 일으키며 생물 개체군과 인간 사회를 통제한다는 사고방식이 나타났다. 이것을 설명하는 데 프랑스의 '자유방임주의'와 애덤 스미스의 '보이지 않는 손' 그리고 생태학 분야의 '환경 수용력' '군집' '생태계' 같은 개념을 비롯하여 근래 들어서는 '가이아 가설(Gaia hypothesis)' '시장' '미래' '기술' 같은 개념이 활용되고 있다. 또한 이러한 사고방식으로부터 자연의 프로세스에 관여하는 모든 요소, 즉 생물종이나 인간, 영양물질의 부존량과 폐기물 생성량 등이 제 나름대로 조화를 이루어 생명체가 장기적으로 존속할 수 있는 범위 내에서 서로 기능을 유지시킨다는 이론적 모형이 탄생했다. "먹을 수 있는 풀의 양이 정해져 있으면 영양의 수가 과도하게 늘어나는 일은 없고, 영양의 수가 일정하면 사자가 지나치게 많아지는 일은 없다." "언젠가 출생률과 사망률은 '최종적'으로 '서로 균형'을 맞출 것이다." 하지만 이는 수많은 인구가 사는 복잡다단한 세계화 사회와 변화무쌍한 환경으로 인해 어떤 결과가 나타날지 상상조차 하지 못했던 옛날 사람들의 희망적이고 낭만적인 세계상에 불과하다.

이 세상에 우리를 늘 지켜보며 손짓 하나로 인류를 재난으로부터 보호해주는 가이아 같은 존재는 없다. 이제 자유방임적인 태도에 몸을 맡기고 불가사의한 환경 수용력만 믿으며 우리의 삶, 사랑과 행복, 돈과 식량이 유지되기를 바라서는 안 된다. 이제 '미래'에 모든 것을 맡긴 채 팔짱만 끼고 있을 수 없다. 인구수가 과도하게 늘어나고, 무책임한 자원 이용으로 엄청나게 많은 폐기물이 생성되고, 조직과 체계의 복잡성이 극에 달한 이 시점에서 우리는 반드시 대책을 강구해야 한다. 바로 우리의 힘으로 말이다.

17. 도시화

나는 프랑스 북부 트루아(Troyes) 시의 한 호텔에 묵을 때 이 책을 쓰기로 생각하고 일부 내용을 완성했다. 이 도시는 중세시대 샹파뉴(Champagne) 지방의 상업 중심지 중 하나였다. 이후 도시의 중요성이 커질수록 인구 역시 점점 늘어났다. 상업 중심지라는 명칭에 걸맞게 지역적으로 중요한 시장을 보유했던 트루아 시는 점차 행정과 문화의 중심지가 되었다. 그래서인지 내가 묵었던 호텔에서 멀리 떨어지지 않은 곳에는 프랑스 왕이 소유했던 궁전이 있다. 이 궁전은 하얀 돌로 지어졌으나, 일부 부자들을 비롯하여 대부분의 트루아 시민은 커다란 4~5층짜리 목조 건물에서 살았다. 당시 세워진 크고 작은 건물들은 여전히 그 모습 그대로 보존되고 있다.

그렇게 많은 목재가 이용되었다는 사실은 시장과 도로망의 성장을 반영하고, 이 성장은 다시 과잉 생산과 인구 및 수요의 성장을 반영한다. 또한 이것은 수많은 건축용 목재를 비롯하여 마을과 도시 사람들에게 필요한 식량과 의복 등을 제공하는 배후지의 빠른 성장을 반영한다. 그렇게 인구수가 증가하여 도시 주변의 전원 지역이 과밀화되면서 도시가 확장되는 현상이 나타났다. 트루아 같은 도시를 둘러싸고 전원 지역이 도시화하는 현상은 유럽 전역은 물론 중동, 북아프리카, 중국 같은 세계 다른 지역에서도 나타났다. 북아프리카에서 스칸디나비아 지방까지, 또 아일랜드부터 머나먼 폴란드, 발트 3국, 러시아의 평원 지대를 아우르는 넓디넓은 유럽 땅에서, 그리고 북아메리카 여러 지역에서 수많은 숲이 사라진 것은 다 이러한 변화 때문이었다. 이렇듯 서유럽에서 시작된 도시화 바람은 세계 다른 곳으로 널리 퍼져 나갔다. 이제 프랑스의 드넓은 들판에는 밀이 가득하다. 그 외에 드문드문 조성된 조림지에는 키 작은 어린 참나무들만 보일 뿐이다.

도시화, 즉 일정하게 분산된 인구가 한 곳에 고밀도로 집중하는 현상이 나타나면서 크고 작은 도시의 연결망이 탄생했고 도시 규모의 차이를 따라서 지방 행정과 경제에도 계층성이 생겨났다. 이러한 계층적 연결망은 인구 성장과 함께 확장되고 증폭되었다. 도시화는 공간 포화 문제가 생기는 과정에서 늘어난 인구와 과잉생산량을 흡수하는 데 가장 빠른 방법인 동시에 주거 공간의 활용도를 극대화하기에 가장 효율적인 방법이었다. 물론 천연 삼림지대를 희생시켜야 한다는 문제는 있었지만 말이다. 18세기 후반과 19 · 20세기에는 초창기 향토 산업지대를 둘러싼 촌락으로부터 도시가 성장했으며, 이들 도시는 이후 산업화한 광역 도시권을 형성했다.

이렇게 형성된 여러 도시와 산업은 자연환경에 특별한 요구를 하기 시작했고, 그 결과 인근 지역에는 자원 획득과 폐기물 처리 측면에서 큰 영향이 미쳤다. 결국 인구가 늘어나고 도시와 그 권역 및 인근의 폐기물 처리장 등이 확장되면서 프랑스의 공간, 그리고 유럽과 세계 각지의 공간은 마을, 도시, 광역 도시권에 꽉꽉 들어찬 사람들과 함께 주거지, 농업 활동, 공업화, 정보와 금융 거래, 광물 자원 및 에너지 공급 등 다양한 요소로 구성된 복잡한 연결망으로 인해 포화 상태에 이르렀다. 결과적으로 이 연결망은 전 세계를 포괄하고 국경과 통치권을 초월하게 되었다. 이러한 연결망에는 주거 공간과 농업 및 공업 용지를 비롯하여 각지를 잇는 도로와 운하 등이 포함되었고, 각 공간에는 주택, 공장, 상점, 창고 등이 포함되었다. 이 모든 구성 요소는 한 국가나 지방의 물질적인 기반 구조를 이루었고, 교육 및 금융 제도와 함께 사법 체계 같은 각종 사회적 요소가 무형의 기반 구조를 이루었다. 이러한 유형 · 무형의 사회 기반 구조는 수 세기를 지나며 공간적인 성장과 연결을 이끌었으며 그 결과 전 세계적 규모로 발전하게 되었다. 이제는 국가를 초월하여 세계화된 사회적 · 경제적 상부 구조가 전 세계 인구를 지탱하는 것이다. 이 구조는 수십억 인구의 공존을 돕는 생존 도구인 셈이다.

이렇게 도심지가 성장하면서 식량, 물, 목재, 광물, 연료, 공업 생산물 등의 생산지와 폐기물 처리 공간, 즉 도시 배후지 역시 함께 성장하게 되었다. 물론 성장 속도가 다 똑같지는 않았지만 말이다. 물을 예로 들자면, 처음에는 도시 내부에 존재하는 물만으로도 식수나 각종 용수 문제를 해결할 수 있었다. 하지만 시간이 훨씬 지나서는 도시 주변 지역에서 물을 반드시 끌어와야만 하는 상황이 되었다. 요즘은 도시마다 전문성을 갖춘 여러 가지 사회 기능을 통합하는 시스템을 필수적으로 갖춰야 한다. 우리가 초거대도시나 미국처럼 복잡한 연방 국가, 혹은 전 지구적 공동체 내에 살기 위해서 식량이 얼마나 많은 거리를 이동해야 하는지 한번 생각해보라. 미국의 경우, 먹을거리가 생산자로부터 소비자까지 도달하는 평균 이동거리가 약 3,200킬로미터에 이른다. 이미 다른 장에서도 이야기했듯이 식수가 이동하는 거리 역시 점점 늘어나는 실정이다. 또 필요한 것이 어디 빵과 물뿐인가? 사람이 살기 위해서는 다른 형태의 에너지, 화학물질, 각종 기구와 장치, 기계, 또 이런 도구를 만드는 원자재가 필요하다. 이런 자원들은 모두 광범위한 공급지를 가지며 도시 지역 내에서 제각각 일정한 권역을 차지한다. 이러한 범위는 도시 규모가 커지거나 도시화 수준이 높아짐에 따라 함께 성장한다. 도시에 밀집한 인구의 생활 조건은 바로 다양한 요소의 공간적인 분포에 의해 결정된다. 이 공간 문제는 새롭게 등장한 도시 체계의 한 부분이자 인구 성장의 역사적 배경을 논할 때 빠져서는 안 되는 내용이다. 도시 인구, 인구의 역학 관계, 인구 밀집성, 주변 환경에 대한 인구의 영향력 등이 모두 긴밀하게 연결되어 있기 때문이다. 이런 요소들은 모두 오늘날의 도시화 세계의 한 축을 이룬다.

트루아 시의 확장 양상을 예로 들어 초창기의 도시화 현상을 이야기했지만, 사실 도시화 형태에는 여러 가지가 존재하며 그 양상은 시간의 경과에 따라서 달라진다. 한 가지 예로, 영국에서는 산업혁명 시기에 각종 산업이 도시로 집중되었으나 지금은 도시에서 산업공동화(deindustrialization) 현상과 함께 공업 시설이 인근의 전원 지역으로 옮겨가는 양상이 나타나고 있다. 산업혁명 당시 도시와 광업 및 공업 지대가 발달하면서 다른 산업들이 쇠퇴하기 시작했고, 그 결과 대륙 규모와 대륙 간 규모로 숱한 공간 변화가 끊임없이 이어졌다. 각지에서 일어나는 활동들은 도시 내부적으로, 또 인구를 비롯하여 식량 생산, 교역, 폐기물 처리를 위한 배후지가 성장함에 따라서 더 먼 지역까지 포괄하여 조직화할 필요성이 있었다. 산업화가 진행되면서 인구 성장과 함께 사람들은 전문화하기 시작했고 그 과정에서 그들은 서로의 생산물에 의존하게 되었다. 그리하여 업무 시간을 통일하고 상품의 품질과 가격을 규격화할 필요성이 생겼다. 노동과 생산물의 조직화와 표준화는 보편적인 규칙과 법규를 따르는 중앙 행정 체계와 사법 체계를 요구했다. 결과적으로 행정과 규정이 개개인의 힘을 넘어서서 사람들의 행동을 제어하고 자체적인 역학 관계를 이루기 시작했다.

작업장은 노동자들의 거주지와 멀리 떨어진 지역에 주로 집중되었다. 그래서 사람과 상품을 운송하기 위해 교통 체계가 필요해졌다. 초거대도시의 발달과 무역 세계화의 영향을 크게 받은 도시사회의 통제 체계는 현재 수많은 컴퓨터로 이뤄진 연결망으로 구성되어 있다. 처음에는 사람과 사람 사이에서, 그다음에는 기술자, 운송업자, 행정가, 은행, 기업, 산업계, 조합 등 사회 집단과 계층 사이에서 일어나는 상호 작용을 사람이 직접 제어했지만 지금은 그 체계와 연결망이 지나치게 복잡화 · 거대화하는 바람에 그렇게 하기가 불가능하다. 현재 도시화는 전문화, 노동 분업, 기계화, 자동화라는 요소와 함께 계속 성장 중인 사회를 구조화하는 데 이바지한다. 이들은 서로 불가분의 관계를 맺고 있다.

도시화 현상이 범세계적으로 진전됨에 따라서(현재 전 세계 인구의 60퍼센트가 도시에 거주 중이며 이 수치는 머잖아 75퍼센트 수준으로 높아지리라 예상된다.) 도시 전체의 자원 수요는 점차 증가한다. 왜냐하면 산업화와 각종 사회적 조건의 향상으로 도시 거주민의 소득이 늘기 때문이다. 각종 산업이 도시 내부나 인근 지역에 자리 잡는 것도 수요 증가에 영향을 미친다. 산업계는 대부분 대량의 물과 광물, 목재 등을 요구한다. 인구 1인당 하루에 필요한 담수의 양이 실질적으로는 2~5리터에 불과하지만(기후의 건조 상태에 따라서 사용량이 달라짐), 위와 같은 이유 때문에 사용량은 실제 필요량보다 몇 배 이상으로 늘어난다. 제품 생산에 소요되는 물이 느는 것은 아니지만 사람 자체를 기준으로 본다면 이것은 또 다른 가상수라고 할 수 있다. 이런 점에서 도시화가 이뤄진 선진 세계에서는 인구 1인당 일일 물 사용량이 대략 100에서 300리터에 달하며 심한 경우는 1,000리터 정도가 소모되기도 한다. 결과적으로 도시에 식량과 담수를 공급하는 지역이 도시의 성장 속도에 맞춰서, 혹은 그보다 더 빠른 속도로 늘어난다. 그러나 현재 도시민이 이용할 수 있는 담수의 양은 점점 줄어드는 상황이다. 그 원인으로는 수많은 도시와 도로망이 집수지와 농경지로 쓸 수 있는 면적 중 상당 부분을 이미 점유했다는 사실을 들 수 있다.

현재 남아메리카 대륙과 중국, 인도의 대도시에서는 수백만, 수천만에 이르는 많은 인구가 다층 건물과 넓은 빈민가에 오밀조밀하게 모여 살아가고 있다. 이 수많은 인구의 생활과 노동 활동에 필요한 생산물을 공급하기 위해서는 배후지나

도시 권역이 엄청나게 넓어져야 한다. 이런 대도시 인근 지역에서는 계속 증가하는 자원 수요 때문에 농경지, 광산, 숲이 사라지고 있으며 같은 이유로 먼바다에서 잡히는 어류 자원까지 씨가 마를 지경에 이르렀다. 이렇듯 인간의 생존을 위해서는 막대한 생산물이 필요하다. 그리고 그 생산물을 다 사용한 뒤에는 온갖 영양물질과 재순환 불가능한 물질, 각종 공산품을 비롯하여 낡고 버려진 주택과 연구실, 기계류, 사무실, 공장, 도로, 항구의 잔해와 같은 폐기물을 처리하기 위해 넓은 공간이 필요하다. 우리 인간은 살아 있는 동안 줄곧 폐기물을 생산하며 환경을 파괴 · 고갈 · 오염시킨다. 그런데 안타깝게도 이제는 폐기물 처리 공간을 도시 공간, 그리고 도시 생활에 필요한 자원을 공급하는 공간과 분리하기 어려울 지경이 되었다.

지난 천 년간 전원 지역에서 도시로 인구가 유입되면서 도시화는 끊이지 않고 일어났다. 이 현상은 오늘날 역시 계속 나타나고 있으며 그 속도는 점점 더 빨라지는 실정이다. 실제로 중국, 인도, 러시아, 브라질, 아프리카에서는 지금도 대규모 국내 이주가 일어나고 있다. 이주자들이 살던 곳을 떠나는 이유는 대부분 가난이나 일자리 부족 문제 때문이다. 하지만 그렇게 어쩔 수 없이 고향을 떠난 사람들은 일자리를 얻지도 못하고 도시 인근 지역에서 불법 거주자가 되는 경우가 비일비재하다. 그들은 일단 아무 곳에나 거처를 잡고 더위와 추위, 비 따위를 피하기 위해 철판, 널빤지, 진흙 따위를 모아서 임시 주거지를 만든다. 그 결과 150년 전 잉글랜드에 존재했던 빈민가처럼 거대한 판자촌이 생겨난다. 거리에는 진흙과 분뇨, 돌덩어리가 가득하고 위생 시설이나 정상적인 물과 전기 공급은 기대하기 어렵다. 아이들은 아무 교육도 받을 수 없으며 주변에는 변변한 의료 시설도 없다. 때로는 불법 거주자 수만 명이 쫓겨나고 판잣집들이 철거된 후 그 자리에 새로운 도시 시설이 세워지는 경우가 있다. 현재는 전 세계 인구 중 약 10억 명이 경제 활동에 참여하지 못한 채 판자촌에서 살아가고 있다.

도시화에서는 급격한 산업화 현상과 운송 체계의 성장, 그리고 광범위한 관리 체계의 성장이 중요한 요소로 작용한다. 현재 산업화 사회에서 큰 부분을 차지하는 것은 바로 서비스 산업으로, 환경미화원부터 상점 주인, 택시 운전사, 의료계 종사자까지 그 직종이 매우 다양하다. 1차 생산자인 농부와 도시민의 비율은 도시화가 진행된 정도만큼이나 크게 차이가 난다. 현재 서구 세계에서는 전체 인구의 무려 98퍼센트가 사회 상부 구조를 구성하고 있으며, 미국에서는 총인구 중 약 11퍼센트가 제조업에 종사한다. 그러니까 대충 계산했을 때 농업과 공업 생산물을 직접 팔아서 돈을 버는 인구는 2퍼센트+11퍼센트=13퍼센트뿐이다. 나머지 87퍼센트는 도시에 집중된 수많은 트럭, 기계류, 컴퓨터의 뒷받침을 받으며 조직체와 서비스 부문의 상부 구조를 형성하고 있다.

사회의 도시화는 도시의 성장이나 생활공간의 포화 현상과는 또 다른 변화를 보인다. 옛 중세 도시 내에서 이루어진 생산자와 시장의 연결 관계는 이제 세계적인 초거대도시들 사이에 이루어진 거대한 투자망과 자본망으로 성장했다. 이제는 전산망을 통해서 하루에도 몇 번씩 수십억 달러가 오가는 시대다. 그뿐만이 아니다. 1980년대와 1990년대 이래로 거대 기업들이 다른 기업으로 흡수되고 합병되는 사건이 자주 일어났고, 기업체들은 다른 전문 업체로부터 필요한 부품을 구입하여 자사의 최종 생산물을 만드는 데 이용하기 시작했다. 이렇게 전문 업체들이 특정한 부품이나 재료 등을 집중적으로 생산할 경우 품질은 높아지고 가격이 낮아진다는 장점이 있다. 이제는 한 기업이 모든 것을 고안하고, 개발하고, 조립 및 생산하는 것이 불가능한 시대가 되었다. 왜냐하면 모든 공정을 한 군데서 처리할 경우 전문 지식이 너무 많이 요구되는데다가 최종 생산물의 가격이 지나치게 비싸지기 때문이다. 또한 요즘은 개인 주주들이 주가 상승과 하락에 따라서 이 기업에서 저 기업으로 자금을 이리저리 옮기는 것으로 투자 패턴을 바꾸었다. 이러한 변화로 말미암아 기업들은 세계 곳곳에 지사를 세워 기능을 분산시키고 각지의 인력을 교환하기도 하며, 해외 투자 기관의 소유가 되기도 한다. 이제는 근로자들이 회사의 소재지와 관계없이 자신의 전문 분야에 따라서 그때그때 계약을 맺고 일하는 경우가 많다. 이렇듯 뚜렷한 실체를 갖춘 각국의 기업과 은행들이 점점 추상적이고 초국가적인 조직망으로 변화하고 있다.

현재 인류 사회는 매우 역동적이고 고도로 도시화한 초거대 상부 구조로 조직된 상태다. 지금처럼 수많은 인구를 먹여 살리기 위해서는 이 구조가 반드시 필요하다. 지금 이 전 지구적 상부 구조는 자립적인 체계를 갖추고 우리 모두를 지탱하고 있지만, 이 체계는 화석연료가 계속 공급되어야만 그 형체를 유지할 수 있다. 만약 에너지와 광물 자원이 충분히 공급되지 않는다면 현존하는 사회는 얼마

지나지 않아서 무너지고 말 것이다. 이와 마찬가지로 이 체계의 뒷받침을 받는 농업 역시 화석연료를 이용해 만든 농약과 물이 일정 수준으로 투입되어야만 유지될 수 있다. 결국 지금 존재하는 인구수와 이 사회, 수많은 도시와 조직체는 전 세계 인구를 지탱하는 데 소요되는 화석 에너지의 양을 나타낸다. 이제는 이 에너지가 없다면 아무것도 존재할 수 없다.

18. 이주

초창기의 농업 문명사회가 태동되었을 때, 사람들은 영구 정착지를 이루고 살았다. 각지의 문명사회는 대체로 농업 공동체를 이뤘으나, 농부들과 지배 계급 사이에는 어느 정도 사회 분화가 일어났던 것 같다. 당시 문명인의 마을과 도시는 농장 건물들로 이뤄져 아침마다 농부들이 근처의 밭과 목초지로 이동하고 저녁에는 작물과 함께 가축을 이끌고 돌아오는 일상이 이어졌다. 당시 주민들이 생산한 비분해성 폐기물은 정착지 내에 아무렇게나 버려져 점점 높이 쌓였고, 그렇게 몇 년, 몇 세대에 걸쳐 만들어진 폐기물 더미 위에는 새로운 건물이 섰다. 이런 식으로 초창기 소도시들의 고도는 주변의 전원 지대보다 점점 더 높아졌고, 처음 텔 위에 정착지가 생겼을 때보다 높이가 몇 미터씩 차이 나는 경우도 종종 있었다.

그런데 지금으로부터 약 8,200년 전, 시리아 북부의 사비 아비야드(Sabi Abyad)라는 텔에서 주민 다수가 일부 인구만 남기고 거주지를 떠나는 사태가 발생했다. 이 사태가 일어난 시기에는 연평균 기온이 섭씨 2도가량 떨어진 상태였다. 또한 당시 그 지역은 땅이 건조해져서 농사를 지속적으로 지을 수 없는 상황이었다. 이보다 근래에 일어난 몇몇 사태들을 통해 알려졌듯이, 근동(Near East) 지역에서는 기후가 나빠졌을 때 농업 분야가 다른 지역보다 더 큰 타격을 입는다. 일례로 강우량이 평균 이하로 떨어졌던 1920년대와 1950년대에 이 지역에서는 소의 폐사율이 약 80퍼센트에 달했다.

환경조건의 악화로 사비 아비야드에서 대단위 이주가 일어나기 약 5,000년 전에 시리아의 아부 후레이라(Abu Hureyra)라는 텔에서도 비슷한 사태가 일어났다.

당시 그 지역에 살던 채집민들은 과일, 도토리, 피스타치오, 가젤 등을 식량으로 삼아 소규모 정착지를 이뤘다. 거주지로부터 멀지 않은 곳에서는 유실수가 자라났고 주민들은 차츰 과일과 견과류를 수확하고 보존하는 기술을 발달시켰다. 많은 유실수 덕분에 식량이 풍족해지자 인구수가 점점 늘어났고, 그러면서 근처의 구릉지에 정착하는 거주민도 생겼다. 그러나 정착지를 세우고 견과류와 과일에 완전히 의존하게 되면서 그들은 수렵 · 채집 활동을 하던 선조들처럼 자유로이 이동하는 것이 불가능하게 되었다. 그래서 지금으로부터 약 1만 3천 년 전, 기후가 이전보다 건조해지자 주민들은 곤경에 처하고 말았다. 기후 건조화로 인해 식량 공급원이었던 나무들의 생존이 어려워졌기 때문이다. 처음에 아부 후레이라의 주민들은 야생 곡물과 수선화를 식량으로 삼았으나 그 역시 얼마 지나지 않아 고갈되고 말았다. 다른 식물성 먹을거리로 배를 채우며 겨우겨우 살아가던 그들은 약 1만 년 전부터 편두(lentil)와 호밀, 외알밀(einkorn)을 재배하기 시작했다. 당시에는 인구수가 상당히 늘어난 상태였기에 다른 곳으로 이주하기가 불가능했다. 그래서 정착지에 눌러앉아 식량 생산에 집중하는 수밖에 없었다. 이렇듯 자유로운 이주가 어려워지면서 근동 지역의 초승달 지대(Fertile Crescent)에서는 농업이 생존을 위한 대책으로 대두되었고 그 결과 신석기 농업혁명(Neolithic Agricultural Revolution)이 일어났다. 새로운 식량 생산 기술이 등장하면서 정착지는 확장을 거듭했다. 하지만 새로운 먹을거리가 대부분 곡물이었던 탓에 영양 면에서는 건강에 좋지 않은 영향이 미쳤다. 사람들 체구와 키가 작아지고 뼈가 이전보다 얇아졌으며 철분 부족으로 빈혈증이 자주 발생했다. 근동 사람들이 글루텐(gluten. 밀, 보리 같은 곡류에 함유된 불용성 단백질. –옮긴이)에 적응할 필요성이 생긴 것 역시 이 시기였다. 이후 천 년 동안 사람들은 글루텐 알레르기를 일으키지 않는 작물을 집중적으로 선별하기 시작했고 그러는 사이에 농부들이 유럽으로 퍼져 나갔다. 그렇게 정착지가 확장되면서 노동량이 많이 늘어났다. 결국 이러한 변화를 일으키고 인류 문명의 발전에 지대한 영향을 미친 인자는 인간의 창의력과 발명이 아니라 기후의 불규칙성과 인구 증가라고 볼 수 있겠다.

하지만 대규모 이주는 생활환경의 변화 때문에 일어나기도 했다. 그래서 한 지역 사회나 부족 전체가 고향과 농경지, 마을을 버리고 수천 킬로미터를 이동하는 사태가 일어난 적도 있었다. 때로는 다른 지역의 풍요로운 환경과 식량에 이끌려 이주하는 현상이 나타나기도 했다. 그 옛날 메소포타미아의 산지 거주민들이 강

하류로 내려온 것은 바로 이런 이유에서였다. 또 성서 시대에 이집트를 벗어난 유대 민족처럼 한 곳에서 다른 곳으로 쫓겨나는 예도 있었다. 또한 오늘날의 터키 지방에 살던 히타이트족(Hittite)은 기후 악화 현상 때문에 시리아로 거주 지역을 옮겨야 했다. 그리스에서는 도리스족(Dorian)과 이오니아족(Ionian) 같은 외부 종족들이 계속 밀려들면서 기존의 신화와 건축 방식에 다른 종족의 것이 섞이게 되었다. 이후 그리스는 지중해 북쪽 연안을 따라서 확장을 거듭하여 마그나 그라이키아(Magna Graecia), 즉 위대한 그리스로 불리는 식민 도시군을 세웠다. 한편 그 반대편의 지중해 남쪽 연안은 페니키아의 이주민이 점령했다. 그리스와 페니키아, 그리고 이후 등장한 로마에서는 고향을 떠나 다른 지역에 정착하는 이들이 많았다. 한편 아시아 사람들은 동쪽으로 이동하여 태평양에 자리 잡은 여러 군도에 살 곳을 마련했다. 세월이 흐른 뒤 유럽과 중동, 북아프리카로 세력을 엄청나게 확장한 로마는 유럽을 떠돌던 고트족(Goth)의 공격을 받았다. 이후 유라시아와 중국의 대초원에서 유래한 유목 민족들이 유럽 깊숙이 침투하면서 혼혈 민족과 혼합 문화가 생겨났다. 서기 700년부터 1100년경까지는 이슬람교도들이 광범위한 정복 활동을 펼치며 북아프리카 북부 연안 지대를 따라서 세력을 크게 확장했다. 기원후 1000년을 전후에는 바이킹이 북서유럽과 동유럽, 이탈리아 남부 지방으로 세력을 넓혔고, 그 뒤에는 많은 유럽인이 십자군이 만든 길을 따라서 레반트 지방으로 향했다. 한편 중세에는 중앙 유럽에서 동쪽을 향해 인구 확장이 일어나 발트 3국부터 폴란드 너머까지 이주가 이어졌다. 중세 유럽에서는 기업 활동을 위해 외국에서 건너와 한 곳에 정착하는 중개상들이 나타났고, 그 결과 독일, 네덜란드, 이탈리아, 스페인에 교역소가 생겨났다.

16세기부터는 서유럽 국가들이 세계 다른 지역에도 교역소를 세우기 시작했다. 처음에 주목적은 식량 생산지나 생활권을 늘리는 것이 아니라 상업적 이익을 키우는 데 있었다. 서유럽 사람들은 향신료, 설탕, 비단 같은 사치품을 사들이고 다른 나라에 자신들이 만든 상품을 팔았다. 때때로 교역소는 새로운 나라에서 새로운 삶을 시작하길 바라는 정착민의 부락이 아니라 소규모 요새 같은 모습을 보여주었다. 그리하여 가장 먼저 스페인과 포르투갈, 그리고 네덜란드 사람들이 남북아메리카 대륙, 아프리카 여러 지역, 남아시아 연안과 인도, 오늘날의 인도네시아에 정착했다. 그 뒤를 이은 영국과 프랑스는 훨씬 더 먼 곳까지 세력을 넓히고 대륙 일부 지역을 합병하여 경제적 배후지를 확장했다. 19세기와 20세기 들어서는 교역 목적이 아니라 인구 과잉 문제 때문에 많은 유럽 인이 새로운 삶을 찾아 식민지로 이주하기 시작했다. 처음에는 매년 수천 명 수준이었던 이주 인구가 얼마 지나지 않아 수백만 명 수준으로 늘어났다. 그중 대부분은 북아메리카로 향했고, 이후에는 남아메리카, 남아프리카, 오스트레일리아와 뉴질랜드 등 남반구에 자리 잡은 대륙으로도 많이 떠났다. 개략적으로 말하자면 북유럽과 북서유럽 사람들은 북아메리카의 북부 지역과 아프리카, 극동 및 오스트레일리아로 떠났고, 지중해 국가에 살던 사람들은 북아메리카의 남부 지역과 중앙아메리카 및 남아메리카로 떠났다고 할 수 있다. 러시아와 중국 역시 시베리아와 아시아의 광활한 지역으로 세력을 넓혔다. 그리하여 러시아인은 동쪽으로, 중국인은 서쪽으로 향했다. 20세기 이후 미국과 중국은 자국에 필요한 자원과 시장을 확보하고자 옛 유럽 식민지에 경제적으로 침투하기 시작했다.(미국은 군사적으로도 타 지역에 발을 뻗쳤다.) 현재는 사람들이 이주하여 정착할 만한 땅이 거의 남아 있지 않다.

과거에 식민지 개척자들은 침략을 통해 새로운 땅을 식민지로 만들고 원주민을 노예처럼 부리며 강간, 고문, 살인을 일삼고 심지어는 부족 자체를 몰살시키기도 했다. 일례로 티에라델푸에고(Tierra del Fuego) 섬의 원주민은 아예 저항조차 하지 못한 채 몰살당했고, 뉴질랜드와 오스트레일리아에서는 저항이 있었으나 결국 원주민 90퍼센트가 목숨을 잃었으며 분쟁에서 살아남은 아이들은 식민지 이주민의 손에 길러졌다. 또 북아메리카에서는 얼마 남지 않은 아메리카 인디언들이 원주민 보호 구역에 갇혀 지내게 되는 등 각지에서 참혹한 일이 벌어졌다. 이런 문제는 메소포타미아의 수메르족 이야기나 로마 남자들이 사비니의 여인들(Sabine women)을 납치했다는 옛이야기에서도 알 수 있듯이 인류 역사가 흐르는 동안 숱하게 발생했다.

아득한 옛날부터 인류는 자의가 아닌 타의로 한 지역에서 다른 지역으로 이동하기도 했다. 비교적 근래에 만들어진 'slave'라는 영어 단어는 '슬라브(Slav)'에서 유래했는데, 이는 옛날에(특히 8~9세기에 아랍인에 의해) 슬라브족이 노예로 많이 팔려나갔기 때문이다. 대서양을 건너 노예 거래가 이루어지던 시절에는 유럽의 사업가들이 수천 명에 달하는 아프리카인을 아메리카 대륙으로 이동시켰다. 비견한 예로 영국에서는 죄수들을 북아메리카의 범죄자 유배지로 보내다가 1850년부터는 오스트레일리아로 보내기 시작했고, 프랑스는 19세기 말부터 프랑스령 기아나(French Guiana)에 죄수들을 유배시켰다. 또 19세기와 20세기 전반에는 시베리아에서 유배 생활을 한 죄수가 수백만 명에 달했다. 한편 나치(Nazi)는 1940년대에 피점령국의 국민을 (네덜란드 사람들을 우크라이나로 이동시킨 사례처럼) 다른 지역으로 이동시키려고 했으나 전쟁이 종료되는 바람에 계획을 실현하지 못했고, 인도네시아에서는 1949년부터 정부 주도로 수십만 명에 달하는 농부들이 자바 섬처럼 인구가 밀집된 지역에서 수마트라와 뉴기니 등의 다른 섬으로 강제 이주 당했다. 그 밖에도 이주는 자발적으로 일어나거나 종교적인 압박(대표적인 예로 이슬람교도와 유대인이 스페인에서 추방된 사태와 이후 유럽 각지에서 유대인이 격리된 사태를 들 수 있다.) 혹은 전쟁과 정치적 · 경제적인 이유 때문에 발생하기도 했다.

그러나 지난 10년 남짓한 세월 동안 각국은 국경을 단단히 걸어 잠갔다. 미국은 멕시코의 경제 난민들이 불법으로 국경을 넘어오지 못하게 적극적으로 막고 있다. 불법 이주민이 500만 명 정도로 추산되는 남아프리카공화국 역시 국경 경비를 강화하고 있다. 유럽연합 역시 중동과 아프리카의 난민들이 유럽 내로 유입되는 것을 막고자 규정과 법규를 정비했고, 일찍이 오스트레일리아도 동남아시아에서 온 선상 난민의 상륙을 막기 위해 법규를 마련했다.

이제 사람들은 인구과잉 문제와 자원 고갈 문제의 심각성을 점점 더 강하게 느끼고 있다. 아프리카에서만 해도 수백만 인구가 기근에 시달리며 이곳저곳으로 움직이고 있다. 앞으로 세계 각지의 저지대 연안과 섬들이 해수면 상승으로 침수되거나 기후 변화로 내륙 지방이 건조하게 변하면 이주 인구는 더욱 늘어날 것이다. 한편 러시아, 중국, 인도 같은 거대 국가와 아프리카에서는 지금도 수많은 인구가 농어촌에서 도시의 빈민가로 이주하고 있다.

하지만 위와 같이 일방적인 대규모 인구 이동 외에도 소규모로 여기저기 이동하는 경우도 있다. 아주 먼 옛날부터 상인들은 멀고 먼 거리를 이동하며 물건을 팔았다. 현재 역사가 가장 오래된 도시로 손꼽히는 터키의 차탈휘유크(Çatalhöyük)는 그 옛날 부싯돌 거래망의 중심에 있었다. 또 상인들은 키프로스에서 구한 구리를 배에 싣고 다니며 고대 중동과 지중해 지역에서 판매했다. 수 세기 동안 대상(隊商)들은 사막 길을 통과하여 대륙 곳곳으로 소금을 날랐고, 마르코 폴로(Marco Polo) 같은 상인들은 육지와 바다의 실크로드를 통해 이곳저곳을 오가며 지중해와 근동, 아시아, 극동 지역을 이었다. 지금 내가 집에서 쓰는 나무 상자는 몇백 년 전에 만들어진 것으로, 그 옛날 네덜란드와 독일 사이에 세워진 교역소에서 유대인 직물 상인들이 팔던 상품이다.

이곳저곳으로 분주하게 움직인 것은 상인들만이 아니다. 이주 노동자들 역시 곳곳을 오갔다. 유럽에서는 집시들이 대표적인 이주 노동자이다. 이주 노동자들은 건초 만들기, 곡식과 감자 수확처럼 농사일을 주로 했다. 기계류가 등장하기 전에는 토양 배수 작업, 운하 건설, 철도와 도로 건설 작업에도 많은 인력이 필요했다. 돈을 받고 싸우는 용병들 역시 이동이 잦았다. 그들은 마을이나 도시에서 일하지 않고 계속 곳곳을 떠돌아다녔다. 하지만 일이 끝난 뒤에는 한동안 그 지역 사람들과 어울려 지내곤 했다. 어떻게 보면 이런 사람들은 유목 민족과 크게 다르지 않았다. 물론 이동의 목적은 기후가 좋은 지역을 찾는 것이 아니라 일거리를 찾는 데 있었지만 말이다. 현재는 유럽에서 방랑 생활을 하는 부류가 집시밖에 없다.

요즘 오스트레일리아에서는 석탄 채광을 위해 동부로, 또 금속 채광과 연안의 석유 채굴을 위해 서부로 대규모 인구 이동이 일어나고 있다. 그렇게 많은 사람이 유입되면서 새로운 주택과 도로가 생기는 한편 기존의 지역 사회는 제 모습을 잃어가고 있다. 이제는 전 세계 곳곳으로 일자리를 구하기 위해 움직이는 인구수가 수백만 명에 달한다. 이들은 몇 달 혹은 몇 년간 한곳에 머물렀다가 떠나기도 하고 일자리가 안정되면 아예 정착하기도 한다. 자녀들은 함께 이동하며 현지 학교에 다니거나 부모와 떨어져서 지낸다. 이런 이유로 이제 우리 사회는 점점 여러 가지 언어를 함께 사용하는 다문화 사회로 변하고 있다. 관광산업 역시 한 지역에 일시적으로 많은 인구를 유입시키는 요인이다. 전 세계적으로는 수백만에 달하는 인구가 관광을 목적으로 곳곳을 이동한다. 이런 식으로 사회적 · 환경적 · 정치적 · 경제적 배경이 다른 사람들이 다른 사회로 침투하게 되는데, 이것 때문에 현지 사회가 불안정을 겪기도 한다. 현존하는 후진국과 개발도상국 중 많은 나라가 이 지구에서 식량 생산과 물 공급이 가장 취약한 지역에 자리 잡고 있다. 앞으로 기후 온난화가 미치는 영향은 이런 지역에서 특히 심각하게 나타날 것이다. 그만큼 사회 불안, 폭력, 질병 등이 만연할 위험도 큰데, 이런 문제가 현실화하면 굶주림과 질병에 시달리는 극빈자 계층이 부유한 다른 나라로 이동할 가능성이 크다. 결국 사회적인 차별과 저항이 늘면서 후진국의 빈민층과 선진국의 부유층 사이에 심각한 불화가 발생할 우려가 있다. 이 문제로 인한 대규모 폭력 사태가 발발하느냐 마느냐는 상대적으로 부유한 지역의 주민이 빈민들에게 얼마나 재정적 지원을 하느냐에 달렸다. 따라서 선진국들은 절망에 빠진 난민들을 수용하고 도울 필요가 있다. 게다가 나중에 각국의 인구 재생산율이 대체 출산율 이하로 떨어질 경우 인구 감소분을 보충하기 위해 후진국과 개발도상국의 잉여 인구를 흡수할 필요성이 생긴다는 점도 고려해야 한다. 이미 독일에서는 이 문제가 정치적인 논쟁거리로 대두되었다.

토양 황폐화나 자원 고갈 문제 때문에 인구 이동이 일어나는 경우도 많았다. 1930년대에는 미국 중서부의 건조 지대(Dust Bowl)에서 표토가 강풍에 휘날려 사라지는 바람에 수많은 농민이 다른 곳으로 이주하는 사태가 있었다. 또 골드러시로 인해 대규모의 인구가 미국 캘리포니아 주와 오스트레일리아의 빅토리아 주로 이동했지만, 금이 고갈된 후에는 그 많은 인구가 곧장 썰물처럼 빠져나갔다. 수천 년 전 고대 메소포타미아에서 인류 문명이 막 발돋움했을 때도 이것과 비슷한 상황이 벌어졌다. 토양 영양분이 고갈되거나 표토에 염분이 축적되면서 농사가 어려워지자 인구 감소 현상이 나타난 것이다. 또 몇십 년 전에는 내륙호인 아랄 해와 연결된 강물이 끊기면서 인근 지역의 농업용수가 부족해지고 호수가 말라버리자 그곳에서 어업과 목화 재배를 하던 사람들이 다른 곳으로 떠나는 사태가 발생했다. 이런 문제는 목화 재배가 대대적으로 이루어지는 중국 서부에서도 나타났다. 현재 미국 중부 지역에 물을 공급하는 오갈라라 대수층(Ogallala Aquifer)의 화석수는 몇십 년 이내에 고갈되리라 예상되는데, 그때는 그곳에서도 대규모 인구 이동이 일어날 것이다.

요즘은 공업과 농업, 그리고 군사 시설에서 배출되는 폐기물로 인해 화학 오염이 심각해지는 바람에 여러 지역에서 인구 감소 현상이 나타나고 있다. 환경오염을 유발하는 각종 공장이나 원자력 발전소 인근의 마을과 도시는 이미 버려진 지 오래다. 한편 서구 세계에서는 매일 같이 엄청나게 많은 가정 쓰레기와 산업 폐기물이 생산되지만 그로 인한 악영향은 크게 느껴지지 않는다. 왜냐하면 폐기물을 필리핀 같은 가난한 나라로 수출하기 때문이다. 현재 필리핀에서는 세계 여느 지역과 마찬가지로 대규모 삼림 파괴 현상이 나타나고 있는데, 이로 인해 토양이 황폐해지고 이류 현상이 발생하여 사람들이 개간 지역을 버리고 떠나는 일이 비일비재하게 일어나고 있다.

기후 변화로 인한 이주와 인구 감소 현상은 역사 기후학(historical climatology) 연구를 통해 잘 알려져 있다. 기류의 경로 변화는 지역적인 기후 패턴과 식량 수확에 크게 영향을 미칠 수 있다. 실제로 기원전 1200년경에 일어난 기류 변화는 펠

로폰네소스 반도(Peloponnesian Peninsula)를 가뭄 위기에 빠뜨렸다. 어쩌면 당시 번창하던 미케네 문화가 갑자기 최후를 맞이한 이유는 심각한 가뭄 때문일지도 모른다. 하지만 미케네에서 멀리 떨어지지 않은 아테네는 주변의 산악 지형이 바람 방향을 바꾼 덕분에 계속해서 좋은 기후를 누리며 번영할 수 있었다. 미케네의 인구가 줄어들던 시기에 아나톨리아 고원(Anatolian Plateau) 동부 지역을 근거지로 삼았던 히타이트는 심각한 기근 때문에 이집트에 식량 원조를 요청했다. 꽃가루 분석으로 당시 정황을 유추한 바로는 가뭄 때문에 기근이 심해져 인구 이동이 불가피했던 것 같다. 앞에서도 이야기했듯이 생존 위기에 봉착한 히타이트족은 시리아 북부로 거주지를 옮겼다. 당시 시리아는 다른 때보다 강우량이 40퍼센트 정도 많았고 기온은 섭씨 0.4~1.2도 정도로 약간 높았던 것으로 보인다.

한때는 사하라 지역 한가운데에도 사람이 살았다. 과거에는 그곳에 하마와 물고기가 가득한 열대 호수가 여러 개 있었지만 수 세기에 걸쳐 건조화가 진행되면서 거주민들은 다른 지역으로 이동하게 되었다. 호수가 마르면서 사하라에는 초원 지대에 사는 생물들이 유입되었으나 시간의 경과와 함께 사막 생물들이 그 자리를 대체했다. 결국 사하라는 계속된 건조화로 오늘날 우리가 아는 황량한 사막으로 변하고 말았다. 사하라의 옛 거주민들은 뿔뿔이 흩어져 타 지역의 인구와 동화되었고 그들의 고유문화 역시 다른 문화와 섞이고 말았다. 하지만 지금도 옛 호숫가를 뒤져보면 그곳에 마지막까지 살았었던 사람들이 먹고 남겼던 생선뼈가 곳곳에서 발견된다. 그들이 암석 위에 남긴 벽화에는 시간의 흐름에 따라서 하마와 타조, 소 떼가 차례로 등장한다.

그보다 훨씬 더 옛날에는 오늘날 사람이 살기 어려울 정도로 더운 동아프리카 대지구대(Rift Valley)에 초창기 인류가 살고 있었다. 하지만 기후 악화로 인해 그들은 다른 지역으로 이주하는 수밖에 없었다. 또 현재 매우 뜨겁고 건조한 오스트레일리아 대륙 중부에서 발견되는 유해를 살펴보면 먼 옛날에는 그곳에 원주민이 살았음을 알 수 있다. 반대로 브라질에서는 기후가 습해지는 바람에 원주민 무리가 거주 지역인 정글을 버리고 떠나야 했다. 또 수차례 반복된 빙하기와 간빙기 때문에 북반구에서는 수많은 동물과 식물, 그리고 각지의 부족이 부침을 거듭했다. 이러한 환경 변화 때문에 당시 털 코뿔소, 매머드, 들소, 검치호 같은 거대 동물을 비롯하여 수많은 동식물종이 멸종했고 그중에서 살아남은 종들은 이주를 선택하여 다른 환경에 적응했다. 만약 이 광범위하고 역동적인 변화상을 인식하지 못한다면 지구 상의 생명 활동과 인류의 역사를 완전히 이해하기란 요원한 일일 것이다.

도시화는 비교적 근래 들어 일정 지역 내에서 일어난 이주 때문에 나타난 현상이다. 그 결과 영구 정착지의 규모가 점점 커지며 거대한 복합체가 탄생했다. 브리튼 섬과 유럽 대륙에서 농업혁명과 산업혁명이 일어난 것은 농민들이 공장 일자리를 찾아 신도시로 이동하면서 전원 지역의 인구가 감소했기 때문이다. 도시로 터전을 옮긴 농민들은 사회적 · 문화적 배경이나 출신지와 상관없이 다른 사람들과 서로 뒤섞여 지내야만 했다. 그중에는 잉글랜드의 공업 도시나 더블린, 파리 안팎의 빈민가에서 최후를 맞이하는 이들도 많았다. 이런 문제는 북아메리카 대륙에서도 똑같이 나타났다. 단 도시 인구가 이탈리아나 아일랜드 이주민을 비롯하여 여러 나라 사람들로 이뤄졌다는 점은 달랐다. 중국 정부는 동해안 지역(베이징과 상하이 같은 초거대도시가 자리 잡은 지역)에 수백 킬로미터에 달하는 광역 도시권이 형성된 이후부터 중부와 서부 지방을 개발하고 있다. 역사가 유구한 충칭(重慶) 시는 현재 인구 3,200만 수준의 거대도시로 성장하고 있으며, 외에도 엄청난 인구를 보유한 90여 개 도시가 개발에 박차를 가하고 있다. 지금도 중국에서는 농어촌 지역과 몽골의 대초원 지대에 살던 수많은 인구가 새로운 삶을 시작하고자 도시로 계속 모여들고 있다. 이런 이유로 30년 전만 해도 중국 전체 인구의 18퍼센트에 불과했던 도시 인구 비율이 2010년에는 50퍼센트에 도달했다. 2020년경에는 도시민 수가 중국 총인구의 70퍼센트 수준에 이를 것으로 예상된다. 인도에서도 몇십 년 전에 일어난 녹색혁명으로 수많은 농민이 일자리를 찾아 도시로 떠나면서 중국과 같은 변화상이 나타났다. 하지만 그중 많은 수가 일자리를 구하지 못하거나 도시 생활에 적응하지 못하고 도시 빈민가의 불법 거주자로 전락하고 말았다. 그 밖에 열대 · 아열대 지역 국가에서도 이주민의 증가와 함께 도시 안팎으로 판자촌이 늘어가는 실정이다. 한편 이미 대규모 성장을 이룬 도시에서는 도심지에서 외곽으로 이주가 이어지면서 확장 속도가 빨라지고 있다.

지금까지 인류는 수 세기 동안 유랑 생활을 하며 살아왔다. 하지만 19세기 말에 민족주의가 대두되어 국경선이 뚜렷하게 그어지면서 기후나 계절 변화를 따라 자유롭게 이주하는 것이 불가능해졌다. 그러나 앞서 여러 가지 사례를 통해 확인했듯이 이주는 이례적인 사태가 아니라 인류 역사가 진행되는 동안 곳곳에서 나타

난 일상적인 현상이었다. 기후 온난화가 계속 이어질 미래 상황에 대비하고자 한다면 이 사실을 잊지 말아야 한다. 기후가 점점 더 건조해지고, 대수층의 화석수가 고갈되고, 작물이 자라지 않고, 기근이 광범위한 지역으로 확산되면 누구든 거주지를 버리고 떠날 수밖에 없다. 이런 이유로 난민이 발생하면 다른 지역에서는 타민족의 문화적 배경이나 차이에 개의치 말고 인도적으로 그들을 받아들여야 할 것이다. 자국 내부로 유입되지 못하게 막아 수많은 사람이 국경 지대에서 굶어죽도록 내버려두는 것은 너무도 비인간적인 처사다. 그러는 한편으로 이주민은 이주지에서 자신들의 집단이 과도하게 성장하지 않도록 주의해야 한다. 이렇듯 이주민의 사회 내 통합 과정에서는 두 가지 측면을 모두 고려해야 한다.

문화 적응과 문화 통합은 늘 어려운 일이지만 불가능하지는 않다. 고대 그리스 신화를 보면 그 옛날 그리스로 이주한 다양한 부족의 종교가 신족의 계급 체계에 잘 반영되어 있다. 또한 최근에 브리튼 섬이나 유럽 대륙의 주민을 대상으로 이뤄진 유전자 분석에 의하면 한 지역 내의 유전적 이질성이 크게 나타났다고 한다. 먼 과거에는 민족 간의 문화적 배경이 크게 달랐지만 한 지역 내에 지속적으로 이주민이 유입되고 원주민과 이주민의 통합이 일어나면서 이제는 그러한 차이를 발견하기 어려워졌다. 앞으로 우리는 제 고향에서 생존이 불가능한 난민 집단을 신속히 받아들이고 사회적으로 용인하고자 노력해야 한다. 그들에게는 달리 선택이 없고, 우리 역시 그러하다.

이주는 학술적인 주제 이상의 논의 가치를 지닌다. 지금까지 인간이 생존하는 데 언제 어디서나 빠지지 않았던 요소이기 때문이다. 이주는 인구 집중을 상징하는 도시화 현상과 공간적인 측면에서 대응 관계에 있는 현상이지만, 둘 다 인구 증가 문제에서 유래했다는 점은 다르지 않다. 다시 한 번 말하지만, 핵심은 이미 너무나도 많은 인구수가 계속해서 늘어난다는 데 있다. 기후 변화, 토양의 염분 축적 현상, 자원 고갈, 폐기물 생산, 환경오염, 그리고 이주까지, 모든 문제는 인구 증가에서 파생된 부차적 요소에 불과하다. 지금처럼 계속 변화하는 환경에서는 인류의 장기적인 존속을 위해 편협한 생각을 버려야 한다. 이주는 우리가 불가피하게 맞닥뜨릴 온갖 문제를 더 복잡하고 심각하게 만든다. 하지만 이제 우리는 이것이 인류의 생존에서 절대로 빠질 수 없는 요소임을, 옛날에도 그러했고 앞으로도 그러하다는 사실을 받아들여야 한다.

19 질병의 확산

아이슬란드는 유럽 대륙에서 멀리 떨어진 덕분에 최근까지 홍역처럼 유럽 곳곳에서 흔히 발생하는 전염병으로부터 자유로웠다. 하지만 이따금 선원이나 어부들이 바다를 건넜다가 다시 고향으로 돌아왔을 때 홍역에 걸린 채 돌아올 때가 있었다. 그러면 병은 한 동네에서 인근의 다른 동네로 퍼져 나갔다. 그렇게 아이슬란드 인구 중 많은 수가 홍역에 걸리게 되었고 그중 대부분이 노소를 막론하고 목숨을 잃었다. 이렇게 섬 내에 빠르게 전파된 홍역은 그 병에 걸린 사람들에게 면역력이 생기고 더는 병에 걸릴 만한 사람이 없어지자 서서히 자취를 감췄다. 그러나 이후 홍역의 발병 없이 여러 해, 여러 세대가 지나면서 아이슬란드 사람들은 다시 그 병에 취약한 체질이 되었다. 그래서 뱃사람들이 홍역에 걸린 채 섬으로 돌아오면 섬사람 대다수가 다시 그 병을 앓을 우려가 있었다.

이 사례에서 미루어 알 수 있듯이 한 지역 내에 특정 전염병에 취약한 사람 수가 많을수록 그 병이 해당 인구에 안겨주는 타격은 더 커진다. 과거에는 아이슬란드 내에서 서로 왕래 없이 완전히 고립되어 사는 이들이 많았고, 그래서 다들 전염병에 걸린 사람과 접촉할 일이 별로 없었다. 뱃사람이 유럽 대륙에서 전염병에 걸려서 섬으로 돌아올 확률도 낮았다. 게다가 그런 병이 다른 섬사람들에게 전파되려면 그 뱃사람이 아이슬란드에 도착할 때까지 해당 병원체가 체내에서 잠복기 상태에 있어야 한다. 이런 이유로 아이슬란드에서는 홍역으로 인한 사망자 수가 돌발적이고 불규칙하게 큰 폭으로 변동하는 모습을 보였다. 그러나 아이슬란드의 인구 규모가 커지면서 이 양상은 완전히 바뀌었다. 요즘은 인구수가 늘고 대중교통과 승용차의 보급으로 이동성이 높아진 덕분에 섬이라도 고립된 채 사는 사람이 거의 없다. 이런 이유로 전염병에 감수성(感受性, susceptibility)이 있는 사람 수도 예전보다 늘어났고 질병이 한 사람에서 다른 사람으로 전달될 가능성도 더 커졌다. 20세기 들어서는 이러한 질병의 전파성이 사실상 면역 인구의 증가세보다 우세해졌다. 그래서 요즘은 전염병이 퍼졌을 때 옛날처럼 병이 자연적으로 자취를 감추지 않고 여러 세대에 걸쳐 지속적으로 나타난다. 물론 발병 수준은 예전만큼 심각하지는 않지만 말이다. 인구가 아무리 적어도 병원체는 늘 새로운 희생자를 찾아다니기에 이제는 전염 현상이 이전보다 뚜렷하게 드러나지는 않으면서도 더 지속적으로 나타난다. 따라서 과거보다 인구가 많아진 아이슬란드에서는 홍역에 감수성이 있는 사람 수가 충분히 늘어나기 전까지 이 병의 발생 수준이 계속 낮게 유지될 것이다.

산업화 이전의 유럽 대륙이나 숲과 습지대로 인해 고립된 지역의 마을과 도시에서도 아이슬란드와 마찬가지로 질병이 갑작스럽고 불규칙하게 발발하는 일이 잦았다. 이렇게 일시에 폭발적으로 발생하는 병을 유행병(epidemic disease)이라고 한다. 이런 병은 한 집단 내에서 한동안 나타나지 않다가 갑자기 발발하여 급속히 번져나가고 처음 발생할 때와 마찬가지로 순식간에 사라지는 특성을 보인다. 이와 반대로 한 지역에서 늘 낮은 발병 수준을 보이며 지속적으로 주민에게 감염을 일으키는 질병을 풍토병(endemic disease)이라고 한다. 풍토병은 19세기 영국과 유럽 대륙의 도시 및 오늘날의 초거대도시처럼 인구가 많은 곳에서 꾸준히 나타나는 특성을 보인다. 이런 병은 특히 도시의 빈민촌에서 흔히 발생한다. 인구가 고도로 밀집되고 교통이 발달한 대도시에서는 지역 사회 곳곳으로 이런 질병이 확산되기 쉽다. 풍토병은 도시 인구 내에서 대규모로 발생하지는 않지만 아예 사라지지도 않는다. 이런 병은 시간이 갈수록 성질이 더 유순해지는 경향을 보이는데, 이는 병원체가 숙주 개체군 근처에 영구적으로 머물기 위해서 택한 전략이다. 숙주에게 치명적인 해를 안겨주면 오히려 생존에 불리하기 때문이다.

그래서 상파울루, 뉴욕, 로스앤젤레스 같은 대도시에서는 아무리 시간이 오래 지나도 홍역이 완전히 사라지지 않는다. 홍역 바이러스는 도시 이곳저곳을 떠돌다가 결국 전염이 시작된 곳으로 다시 돌아간다. 풍토병을 일으키는 병원체는 이런 식으로 한 인구 집단 내에서 감염 주기를 이어간다. 처음에는 이런 질병 역시 유행병의 형태를 띠었다. 그러나 교역 및 산업화와 함께 도시화가 진전되면서 사망률의 변동 폭이 점점 줄었다. 그렇게 질병에 의한 사망자 수가 전반적으로 감소하면서 인구수는 더욱 빠르게 늘어날 수 있었다. 그리고 예방접종을 통해 면역력이 향상되면서 이러한 경향은 더욱 강화되었다.

질병이 전파되려면 일단 감염자와 비감염자 간의 접촉이 있어야 한다. 인구 이동성의 향상은 이러한 접촉 빈도를 증가시켰다고 볼 수 있다. 이동성의 향상은 운송 수단과 교역의 발달, 그리고 운하, 도로, 항공로의 발달과 궤를 같이한다. 바로 이런 요소 때문에 완전히 동일한 질병이라 하더라도 지역에 따라서 전파 경로나 주요 발생 장소가 달라질 수 있다. 예를 들어, 동아프리카에서는 후천성 면역결핍증(acquired immune deficiency syndrome /AIDS)이 트럭 이동이 많은 도로를 따라서 발생하지만, 태국에서는 이 병이 시골에서 주로 나타난다. 그 이유는 방콕에 상경한 젊은 여인들이 매춘부로 일하다가 에이즈에 걸린 채 다시 고향으로 돌아가는 경우가 종종 있기 때문이다. 서구 세계에서는 이 질병이 처음에 동성애자와 그들의 성행위 상대자 집단에서 주로 발견되다가 차츰 항공로와 트럭 이동로를 따라 퍼져 나가는 양상을 보였다.

인구가 늘어나면 그만큼 질병에 취약한 사람들 간의 접촉이 늘어나므로 풍토병의 발생이 불가피하다. 관점에 따라서는 이런 부류의 질병이 인간에 의해 생겨난 비정상적인 결과물이라고도 할 수 있겠다. 수많은 인구와 오늘날의 유동적인 생활 방식이 이 문제를 낳았으니 말이다. 아동기 질환이 늘어난 것도 이와 같은 이유에서다. 사람들이 고립된 소규모 공동체를 이루고 살던 시절에는 이따금 질병이 발생하면 어른이나 아이 할 것 없이 모두 그 병에 걸렸다. 그 지역에 같은 유행병이 돌았던 적이 너무도 옛날이라 면역력을 갖춘 사람이 아무도 없었기 때문이다. 그러나 인구가 증가하고 지역 사회 안팎으로 사람들 간의 접촉이 늘면서 상황이 바뀌었다. 유행병의 발생 빈도는 이전보다 높아졌으나, 면역력이 생긴 어른들은 더는 그 병을 앓지 않았다. 그 시점부터 인구는 면역력을 갖춘 어른과 그렇지 못한 아이들로 구성되기 시작했다. 그래서 이제는 어떤 전염병이 발생했을 때 아이들만 병에 걸리는 상황이 많이 나타난다. 즉 인구가 크게 증가하면서 홍역이나 천연두 같은 전염병이 아동기 질환으로 바뀌는 것이다. 이런 이유로 과거 유럽의 몇몇 도시에서 천연두가 아동기 질환으로 막 변하던 시기에 전원 지역에서는 여전히 이 병이 어른, 아이 할 것 없이 많은 사람을 괴롭혔다. 풍토병과 마찬가지로 아동기 질환의 감염 가능성 역시 다른 사람과 얼마나 많이 접촉하느냐에 따라 달라지므로 해당 질병의 확산 속도와 심각성은 곧 현재 그 지역 내에 인구가 얼마나 많고 성장 속도가 얼마나 빠른지를 반영한다고 볼 수 있다.

질병의 전염 속도는 사람들에게 인위적으로 병을 전파함으로써 더욱 빨라지기도 한다. 18세기 초부터 영국 사람들은 일부러 천연두에 걸려 병을 예방하려고 했다. 이 방법은 어느 정도 효과를 보였으나, 문제가 아예 없지는 않았다. 면역이 되기는커녕 오히려 이것 때문에 천연두에 걸려 죽는 사람들이 나타났던 것이다. 이는 당시 이루어진 접종에 독성 바이러스가 이용되었기 때문이었다. 그러다가 약 한 세기 후에 우두(牛痘, cowpox)를 이용한 접종법이 등장했다. 이 방법은 천연두에 면역 효과를 보였을 뿐만 아니라 인체에도 덜 치명적이었다. 이 방법은 종두법(種痘法, vaccination)이라고 하는데, vaccination이라는 영어 단어는 이탈리아어로 암소를 뜻하는 바카(vacca)에서 유래했다. 이후 천연두는 아동기 질환으로 변화했고(예방접종을 한 성인은 모두 면역이 되었기 때문) 결국은 아동 인구 내에서도 완전히 뿌리가 뽑혔다. 그런데 흥미롭게도 18세기 중반부터 유럽 각지에서 인구가 증가하는 속도가 점점 빨라졌다. 그리고 1800년대 중반, 농업혁명과 산업혁명이 일어나기 직전에 이르러 갑자기 급격한 가속도가 붙었다. 과연 당시에 인구 증가 속도를 급증시킨 원인은 무엇일까? 이 점에 대해서는 전문가들이 온갖 설명을 제시하며 논쟁을 벌이고 있으나, 나는 개인적으로 유행병에 얽힌 역학 관계가 중요한 부분을 차지한다고 생각한다.

지금으로부터 약 1만 년 전, 그러니까 신석기 농업혁명이 시작되던 시기에도 인구 성장 속도는 점점 빨라지는 경향을 보였다. 당시의 인구 성장률은 농업혁명으로 말미암아 약 0.0003퍼센트에서 0.021~0.051퍼센트 수준으로 높아졌다. 정말 엄청난 증가가 아닐 수 없다. 이후 서기 1년부터 1650년까지 연간 성장률은 약 0.042퍼센트 정도로 유지되었다. 따라서 당시 세계 인구는 수천 년 전보다 딱히 더 늘었다고 보기 어렵다. 그러나 추산을 해본 바로는 그 후에 인구 성장률이 다시 오른 것으로 보인다. 서기 1년부터 1750년까지, 앞서 살펴본 것보다 딱 한 세기 더 기간을 늘려서 대강 계산해보니 성장률이 0.039퍼센트에서 0.092퍼센트로 높아졌다는 결과가 나온다. 그러나 1750년부터 1850년 사이에는 그 수치가 0.52에서 0.70 정도로 대폭 상승했고, 1850년에서 1900년까지는 0.6퍼센트 수준이 유지됐다. 그러다가 1900년에서 1950년 사이에는 인구 성장률이 0.8퍼센트에 달했고, 1960년부터 1975년까지는 1.9퍼센트, 그리고 1975년부터 1990년까지는 1.8퍼센트의 성장률을 보였다. 게다가 1970년대만 떼어놓고 보면 인구 성장률은 무려 2.2퍼센트나 된다.

대체 무엇 때문에 이처럼 인구 성장 속도가 빨라지고 17세기 이후로 계속 성장률이 높아졌을까? 생활환경이나 의료보건체계, 아니면 위생이 향상되어서? 아니면 인류가 인구통계학적인 한계를 일부분 넘어섰기 때문에? 만약 그렇다면 이 한계는 질병 문제, 그러니까 치명적인 유행병이 풍토성 유아기 질환으로 바뀐 것과 어떤 관계를 맺고 있지 않을까? 계산상으로는 아이슬란드의 인구가 25만 명을 넘으면 유행병인 홍역이 풍토병으로 변한다고 한다. 또 이때는 이 병이 유아기 질환으로도 변할 가능성이 생긴다. 아마도 이런 변화는 18세기 유럽에서도 나타났을 것이다. 앞에서도 이야기했듯이 유럽 일부 지역에서는 도시가 확장되면서 천연두가 아동기 질환으로 바뀌었다. 또한 인류가 인구 성장을 가로막는 몇 가지 한계점을 넘어선 이후 질병의 특징이 변하고 사망률이 급격히 감소하는 동시에 인구 성장률이 급증하기 시작했다. 사실, 의료보건체계와 영양 공급, 위생 시설 등의 향상은 인구 성장에 가속도가 붙은 이후에 나타났다.

면역 인구가 대폭 늘어나 질병의 확산을 막는 완충재 역할을 하면서 사회 전체의 사망자 수가 줄어들었고, 자연히 자녀의 재생산이 가능한 연령대나 그보다 어린 연령대의 인구가 죽는 비율도 줄어들었다. 과거에 홍역이나 천연두 같은 전염병이 유행병 형태로 발생하던 시절에는 한 지역 인구 중 무려 90퍼센트가 목숨을 잃기도 했다. 하지만 해마다 새로 홍역에 걸릴 인구가 4,000~5,000명 수준으로만 유지되면 이 병은 치명적인 유행병이 아닌 풍토병으로 남는다. 게다가 요즘은 이런 병에 걸린다고 해서 꼭 죽는 것도 아니다. 과거에 성인 사망률이 감소한 후부터 각종 전염병이 아이들에게 자주 발생하자 사람들은 유아 예방 접종을 시작했다. 그 결과 전염병에 의한 유아 사망률 역시 줄어들었다. 이처럼 어린이와 성인 사망률이 대폭 감소한 현상은 인구통계학적으로 크나큰 변화를 불러일으켰다. 아마도 18세기 이래 계속 이어진 인구 폭발 현상에는 이 점이 큰 영향을 미쳤을 것이다.

인구 폭발이 일어나면서 식량 생산을 늘리고 농업을 기계화할 필요성이 커졌다. 물론 이 두 가지 변화는 사회의 성장으로 도시화와 산업화가 이뤄진 다음에 나타났다. 이러한 사회적 · 경제적 변화는 수많은 잉여 인구를 흡수하는 데 이바지했다. 이후 대대적인 이주가 시작되면서 도시는 더 많은 인구를 흡수하기 시작했다. 그리고 도로, 운하, 철도 등 각종 교통망의 발달과 함께 원자재와 제품을 사고파는 각지의 시장이 전국적으로 확장되었다. 그리고 외국에서 자본이 유입되면서 유럽과 북아메리카 지역에서는 영양, 주거, 의료, 위생 등 각종 사회적 조건이 크게 향상되었다. 이러한 발전상은 19세기와 20세기 초, 그리고 특히 제2차 세계대전 이후에 두드러지게 나타났다. 이로 인해 인구 성장 속도가 빨라지면서 생활수준이 크게 향상되었고, 그 결과 인구 성장이 더욱더 촉진되었다. 이제 우리는 현대 사회의 풍요로움과 높은 인구 재생산율을 너무도 당연하게 여긴다. 또 개중에는 기술 발전이 인구 성장을 이끈 원동력이라고 생각하는 사람도 많다. 하지만, 애초에 수요가 없으면 공급도 없는 법이다.

19세기와 20세기에는 영양 섭취, 위생, 하수처리 시설, 의료보건 및 제약, 교육, 사회 환경과 근로 환경의 향상과 기계화, 그리고 새로운 에너지원과 물질 자원의 발견으로 사람들의 건강 상태가 크게 향상되었다. 이러한 발전상은 국민 소득이 늘고 산업화가 고도로 진전됨에 따라 나타난 결과지만, 궁극적으로는 인구 증가가 있었기에 가능한 일이었다. 한편 유럽과 세계 각지의 사회 기반 구조가 확충되고 향상되면서 이동성이 더욱 높아졌고 그 뒤를 따라 새로운 질병의 감염률이 높아졌다. 하지만 이런 질병들은 대부분 인간 사회에 치명적인 타격을 주지 않는 양성 전염병이었다. 이렇게 다양한 요소가 합쳐져 사망률이 더욱 낮아지고 수명이 증가하면서 인구 성장이 더욱 크게 일어났다. 이후 출산율이 낮아지고 인구 성장 속도가 둔화하기는 했지만, 역사를 통틀어봤을 때 현재의 수치는 여전히 극도로 높다고 할 수 있다. 성장이 성장을 촉진하는 오늘날, 이 흐름을 되돌리기란 불가능하다. 한때는 인구통계학에서 엄청난 중요성을 띠었던 전염병이 이제는 거의 무시해도 될 정도로 아무런 영향력을 발휘하지 못하고 있다. 이제 질병은 단지 개인적인 수준에서만 두려운 요소일 뿐이다.

인구 증가와 이동성의 향상, 도시 권역의 확장은 새로운 전염병을 불러왔다. 새로운 전염병 중 몇 가지는 농장에서 키우는 가축의 수가 많이 증가하고 그만큼 농부들과 가축 간의 접촉이 늘면서 나타났다. 과거에도 감염 대상과의 접촉이 늘면서 '외부'에서 인간 사회로 질병이 유입되는 예가 있었다. 이런 전염병은 대개 심각하지 않은 가축 질병이었지만 인간에게 옮아가면서 치명적인 유행병으로 변했다. 사실 우리는 개, 돼지, 소, 말 등의 동물과 전염병 대부분을 공유한다. 오랜 세월에 걸쳐 접촉이 많았던 동물일수록 인간과 질병을 공유할 가능성이 크다. 반대로 쥐, 가금류, 수서 동물처럼 감정적으로나 물리적으로 거리가 있는 동물과는 질병을 공유하는 경우가 매우 드물다.

하지만 콜레라는 동물에서 비롯된 질병 중에서도 예외적이라고 할 수 있다. 왜냐하면 마지막에 이야기한 수서 동물로부터 전염된 병이기 때문이다. 콜레라 박테리아는 인도 인근 바다에서 잡히는 작은 새우나 가재에서 처음 발견되었다. 그 지역에서는 어부들이 그 병에 걸려 죽는 일이 종종 일어났다. 아마도 감염된 어부들은 죽기 전에 가족이나 마을 사람들까지 콜레라에 감염시켰을 것이다. 그러나 그 외에는 새로운 전염 대상이 없었기 때문에 콜레라는 감염된 희생자들과 함께 서서히 그 지역에서 사라졌을 것이다.(당시에는 연안 마을 간의 접촉이 거의 없었고 콜레라가 전파되기에는 마을과 마을 사이의 거리가 너무나 멀었다. 특히 콜레라에 걸리면 대부분 24시간 이내에 죽기 때문에 감염자가 그 먼 거리를 이동하여 다른 곳에 병을 전파할 가능성은 극히 낮다.) 그러다가 지역 공동체의 크기가 점차 커지고 각 거주지 간의 거리가 줄어들면서 이전보다 사람 간의 접촉이 늘어났고, 그 결과 콜레라 같은 전염병이 한 곳에서 다른 곳으로 이동하는 빈도가 늘어났다. 이후 시간의 경과와 함께 콜레라는 점점 유행병에서 풍토병으로 변화했다. 이제 콜레라는 서식 조건이 잘 갖춰진 런던이나 뉴욕 같은 대도시의 하수도에 터를 잡고 살면서 도시의 풍토병이 되었다. 그리하여 각지에서 식수로 활용되는 지하수에 콜레라균이 유입되는 사고가 종종 발생했고, 런던에서는 오염된 템스 강 상류의 물이 상수도관에 유입되면서 도시 곳곳에 콜레라가 퍼지는 사태도 벌어졌다. 이렇듯 도시 환경에서는 꼭 사람과 사람의 직접적인 접촉이 아니더라도 전염병이 전파될 수 있다.

원래 우두는 아시아 일부 지역에서 대규모로 사육되는 소 떼에만 발생하는 병이었다. 그곳에서 소 한 마리로부터 다른 소로 퍼져 나간 우두는 이따금 사육자에게도 전염되었다. 아마 처음에는 이 병도 유행병 형태로 사람들에게 치명적인 피해를 안겨줬을 것이다. 그러나 한 공동체 내에서, 또 여러 공동체 사이에서 사람들의 접촉이 잦아진 탓에 우두는 풍토병으로 변화했고, 유럽에서는 아이들이나 걸리는 병이 되었다.

20세기 들어 치명적인 질병인 에이즈를 일으키는 인간 면역 결핍 바이러스(human immunodeficiency virus /HIV) 역시 비슷한 과정을 거쳐 확산되었다. 이 바이러스는 서아프리카에서 사람들이 가둬 기르던 침팬지로부터 전염된 것으로 추측된다. 우리에 갇힌 침팬지와 사람 간의 접촉이 자주 일어나던 중에 바이러스가 일부 사람들에게 전염된 것이다. 그리하여 HIV에 감염된 사람이 다른 사람을 감염시키고 또 2차 감염자가 또 다른 희생자를 만들면서 에이즈는 치명적인 신종 질병으로 널리 알려졌다. 그러나 잠복기가 길었던 탓에(겉으로 증상이 나타나기까지 길게는 10~15년 정도가 걸린다.) 의사들이 문제의 심각성을 깨달았을 때는 이미 이 병이 풍토병이 될 만큼 많은 사람이 감염되어 바이러스를 근절하기 어려운 상태였다. 이 바이러스의 경우 전염이 일어나는 초기가 가장 위험한 시기라고 할 수 있다. 왜냐하면 처음에는 다른 사람들에게 병을 옮길 감염자가 많지도 않고 또 접촉 빈도가 낮거나 접촉 방법이 적절하지 않을 경우 아예 병이 발생하지 않기 때문이다. 각종 조건이 전염이 일어날 만큼 '적절'하게 갖춰지느냐 마느냐는 그야말로 운수소관이라 할 수 있다. 이 점을 알 수 있는 예로, 1930년대에 한 네덜란드 병원에서 에이즈가 발생했으나 줄곧 환자를 격리 조치하여 병이 퍼지지 않고 사라졌다는 이야기가 있다.

우리는 지난 몇십 년 동안 돼지, 소, 양, 염소, 각종 가금류의 질병에서도 비슷한 양상을 확인할 수 있었다. 가축이 밀집 사육되는 환경에서는 각 개체 간의 접촉 빈도는 물론 사육자와 가축들 간의 접촉 빈도가 매우 높으므로 새로운 질병이 발생하면 병원체가 금세 곳곳으로 퍼져서 축사 전체가 치명적인 해를 입을 수 있다. 가축 집단 내에서 질병이 확산되지 않도록 막으려면 감염성이 있거나 잠재적으로 발병 우려가 있는 보균 개체를 정상적인 개체들과 격리해야 한다. 하지만 지금까지 가축 전염병이 발생한 곳에서는 질병 확산을 막기 위해 감염된 개체나 정상적인 개체 가릴 것 없이 모두 살처분(殺處分)하는 경우가 대부분이었다. 안타깝게도 이 예방법으로 인해 역사가 유구한 여러 가축 품종이 완전히 사라져 축산업 분야의 생물다양성이 심각하게 훼손되었다.

동물로부터 기인한 질병이 변화를 거듭하는 우발적인 유행병에서 특성이 일정한 풍토병으로 바뀌기까지는 더 복잡한 변화가 수반된다. 요즘은 가축이 아니라 각종 야생 동물종 사이에서 전염되는 질병이 사람에게 옮는 경우가 심심치 않게 나타난다. 대표적인 예가 바로 독감(influenza)이다. 일반적으로 독감 바이러스는 기러기, 갈매기, 백조처럼 대규모로 이동하는 철새 무리 안에서 발생하는데, 이것이 새똥을 통해 각종 가축(돼지, 소, 말 등)에게 전염된 후 다시 인간에게 전염된다.

옛날에는 농가에서 키우는 소가 한두 마리 정도였기에 그런 가축이 어떤 질병에 걸릴 가능성이나 그 병이 농부가 사는 지역 사회로 퍼질 가능성은 무시해도 될 만한 수준이었다. 그러나 오늘날은 수백, 수천 마리나 되는 가축이 한 곳에서 집약적으로 사육되는 경우가 많다. 농장에서 수많은 동물 사이에 어떤 질병의 전염이 일어나면 그만큼 농부가 병원균과 접촉하기 쉬워지고 이후 주변의 다른 사람들에게도 같은 병이 전염될 가능성이 생긴다. 게다가 오늘날은 이동성이 크게 향상된 탓에 독감이 한 농장에서 마을로, 마을에서 도시로 상당히 빠르게 확산되는 편이다. 독감은 재채기나 직접적인 신체 접촉(특히 취학아동 집단 내에서 자주 발생)을 통해 사람들 사이로 퍼져 나가면서 금세 유행병이 되기도 한다. 버스, 기차, 항공기 같은 교통수단이나 전쟁터의 참호처럼 좁은 공간에 많은 사람이 밀집할 경우 병이 옮을 가능성이 더 커지므로 독감은 단 몇 시간 혹은 며칠 만에 광범위한 지역으로 전파될 수 있다. 이런 이유로 이 병은 제1차 세계대전이 끝난 후 발생한 스페인 독감처럼 범세계적인 유행병(pandemic disease)으로 급속히 확산될 우려도 크다.

홍역이나 천연두와 마찬가지로 독감도 한 번 앓고 나면 평생 면역이 생긴다. 하지만 그 효과는 특정 계통(strain)에만 해당할 뿐이다. 일단 특정 계통의 독감이 사람들에게 퍼지고 나면 그다음에는 또 다른 계통의 독감이 나타난다. 시간의 경과와 함께 마치 파도가 치듯이 조금씩 다른 독감이 돌고 도는 것이다. 그래서 특정 균주에 면역력을 지닌 사람들이 많이 죽고 감수성이 있는 신생아들이 인구 내로 유입되면 몇십 년 전에 유행했던 독감이 다시 급속하게 확산될 수 있다. 독감은 이렇게 계통별로 일정한 간격을 두고 다시 나타난다. 따라서 특정 계통의 재발 간격을 알면 언제 다시 독감이 발생할지 예측하고 그에 대한 예방 백신을 마련할 수 있다. 하지만 독감 균주의 유전적 특성은 변화무쌍하므로 언제든지 이전 것과 형질이 미묘하게 다른 새로운 계통이 등장하여 동물과 인간의 개체군 내로 유입될 수도 있다.

모든 계통을 통틀어서 보면 독감은 남녀노소 할 것 없이 흔히 걸리는 풍토병에 해당된다. 하지만 계통별로 따져봤을 때 독감은 일정 기간이 지나면 다시 발생하는 유행병이자 아동기 질환으로 결코 변하지 않는 전염병이다. 물론 이 질병이 아이들 간에 물리적 접촉이 많이 일어나는 어린이집과 학교에서 주로 시작되지만, 그렇다고 해서 아이들만 걸리지는 않는다. 아이들은 자기도 모르는 사이에 바이러스를 집으로 옮겨와 가족을 전염시키고, 이후 아이의 부모와 형제는 직장 동료나 슈퍼마켓, 대중교통을 함께 이용하는 다른 사람들에게 같은 병을 전파하게 된다.

모든 종은 생물학적으로 고유한 특성을 지닌다. 이 말은 식물과 동물만이 아니라 우리 몸에 병을 일으키는 박테리아와 바이러스에도 똑같이 적용된다. 그래서 세상에는 질병의 수만큼이나 많은 전염 메커니즘이 존재하며, 주로 야생종에 의해 퍼지는 병도 있다. 그 예로 광견병을 들 수 있다. 이 병은 동물에게 치명적인 해를 끼치지만 이따금 사람에게도 전염된다. 주로 여우나 개의 몸속에서 성장하는 광견병 바이러스는 숙주의 신경계에 영향을 미치므로 이 바이러스를 체내에 보유한 동물은 죽기 전까지 예측 불가능한 행동을 한다. 광견병에 걸린 동물이 방목지에서 풀을 뜯던 소, 다른 개나 여우 내지는 사람 등 다른 동물을 물 경우, 피해 동물 역시 곧 같은 증상을 보이게 된다. 과거에 이 병은 주로 여우 개체군 내에서만 전염되어 발생 지역이 전원 지대로 국한되었다. 하지만 중앙 유럽과 영국(영국은 도시에 출몰하는 여우 때문에 늘 골치를 겪고 있다.)에서 여우의 개체군 밀도와 인구 밀도가 모두 높아지는 바람에 이제는 마을과 도시에 사는 사람들과 가축에게도 광견병의 위협이 미치고 있다. 다행히도 브리튼 섬에서는 지금까지 광견병이 유입되거나 발견된 적이 없다.

그리스 · 로마 시대, 중세 후기, 르네상스 시대에, 그러니까 정확히는 1720년까지 유럽에서 맹위를 떨쳤던 흑사병은 동물에서 기인한 또 다른 치명적 질병이다. 이 병은 20세기 후반에도 극동 일부 지역에서 발생한 적이 있다. 흑사병을 일으키는 토양 박테리아는 종종 설치류 집단 내에 유입되어 쥐 떼의 집단 사망을 유발하기도 한다. 이 병은 쥐에 기생하는 벼룩에 의해 사람에게 전파된다. 중세에는 흑사병으로 유럽 전체 인구의 3분의 1이 사망한 것으로 추산된다. 그러나 지역에 따라서 사망률이 60~70퍼센트에 달한 곳도 있고 심한 경우에는 90퍼센트가량의 인구가 사망한 곳도 있었다. 그러다가 17세기 중반에 병의 발생률이 갑자기 감소했는데, 이는 주택 건축 방식이 변화한 덕분으로 보인다. 그때부터 집을 짓는 데 초가지붕, 나뭇가지와 진흙을 섞어 만든 초벽, 목재 대신 석재가 주로 사용되기 시작했다. 건축 자재의 변화로 흑사병을 옮기는 곰쥐(black rat)가 서식하기 유리한 환경이 사라지면서 곰쥐 대신 주택가 인근의 지하에 주로 사는 시궁쥐(brown rat)가 늘어나기 시작했다.

사람이 가래톳 흑사병(bubonic plague)에 걸릴 경우, 그 결과는 참혹하다. 혈류를 따라서 림프계에 유입된 박테리아는 인체의 방어 세포를 죽이고 림프샘을 고름으로 가득 채워 환자에게 크나큰 고통을 안겨준다. 이 박테리아가 간이나 비장, 뇌에 도달할 경우[패혈성 흑사병(septicemic plague)]출혈로 말미암아 해당 장기가 파괴되고 환자의 인체 제어 능력이 상실된다. 또한 박테리아가 폐로 유입될 경우에는 객혈 증상이 나타난다. 흑사병이 사람에게 옮는 이유는 기본적으로 인간과 쥐의 유전자가 유사하기 때문이지만, 인구가 밀집한 도시에서는 기침에 의해 병이 옮기 쉬운 탓에 치명적인 폐렴성 흑사병(pneumonic plague)이 발생할 가능성이 다른 곳보다 더 크다.

지금까지 설명한 질병은 모두 전염성이 있는 것들이다. 이러한 질병의 전염 방법 중에서 대표적인 것으로 재채기나 기침을 들 수 있다. 이 방법으로 바이러스나 박테리아가 공기 중에 대량으로 배출되고, 이 공기를 주변 사람들이 흡입함으로써 감염이 일어난다. 하지만 질병의 전파가 늘 그렇게 쉽지만은 않다. 말라리아를 한 번 생각해보자. 옛날 사람들은 말라리아가 습지대 부근의 나쁜 공기로부터 생겨난다고 생각했다. 그래서 그 병에는 이탈리아어로 '나쁜 공기', 즉 말라리아(malaria)라는 이름이 붙었다. 하지만 사실 말라리아는 기침이나 재채기로 직접 전파되지 않고 아주 미세한 단세포 기생충이 매개충인 모기에 의해 인체로 유입되었을 때 발생한다. 모기가 먹잇감의 피를 빠는 사이에 말라리아 원충이 혈류 내로 유입되면서 감염이 되는 것이다. 이 문제는 배수 작업을 하거나 습지대에 살충제를 살포하여 모기의 생활권을 파괴함으로써 해결할 수 있다.(물론 과거에 배수 작업이 이루어진 이유는 식량 생산과 도시 확장을 위해 습지대를 개간할 필요성이 커졌기 때문이지만, 어쨌든 그 덕분에 말라리아가 줄어들기는 했다.) 습지대만큼 영향력이 크지는 않지만, 한 지역에 인구가 얼마나 모여 사는가도 말라리아의 발병률에 어느 정도 영향을 미친다. 한 지역에 밀집한 인구가 많으면 모기가 먹잇감을 찾아 이동하는 거리가 줄어들기 때문이다. 그래서 인구 밀집도가 높을수록 모기가 말라리아에 걸리지 않은 사람과 접촉하기 쉬워지고, 결국 이 병이 확산될 확률과 풍토병으로 발달할 확률이 커진다. 모기는 먹잇감을 찾는 특별한 감각 기관을 보유하여 일정 거리 내에서는 먹잇감을 곧장 감지하고 이동할 수 있으나, 제 나름의 생활권과 번식지가 정해져 있기 때문에 그런 장소에서 멀리 떨어져 살 경우에는 말라리아에 걸릴 위험이 크지 않다. 하지만 기후 온난화로 인해 말라리아를 옮기는 특정 모기들의 생활권이 인구가 밀집된 지역으로 확장되면 감염 위험성이 높아질 수 있다. 바로 오늘날의 유럽처럼 말이다.

말라리아는 이 세상에 존재하는 수많은 기생충병 중 하나에 불과하다. 기생충에는 단세포에서 다세포까지 다양한 종류가 존재하고 제각각 매개 생물이 있거나 독특한 전염 기작을 통해 전파되며 각기 선호하는 생활환경이 있다. 이렇듯 모든 기생충에게 고유한 특성이 있고 바이러스성 질병과 세균성 질병마다 각각 다른 특성이 존재하는 탓에 병을 치료하거나 완전히 제거하기가 어렵다. 의료 분야가 그토록 복잡하고 정교하게 발달한 이유, 그리고 많은 비용을 요구하는 이유는 다 여기에 있다. 이런 성질 때문에 자금이 바닥나거나 전쟁 등으로 의료진이 제 임무를 올바로 수행하지 못하게 되면 지금까지 세워진 체계가 무너질 우려가 있다. 이때 흥미로운 것은 의료진의 역량이 향상될수록 사람들이 병에 걸릴 위험이 줄어드는 동시에 업계로 유입되는 자금이 줄어든다는 사실이다.

이 기이한 현상은 1960년대와 1970년대에 서양의 선진 산업세계에서 석유화학 물질로 만든 의약품의 등장과 함께 유행성 전염병의 발생률이 감소하면서 나타나기 시작했다. 그리고 그때부터 암이나 심장병 같은 만성질환이 등장하여 유행병의 빈자리를 대신 채웠다. 하지만 전 세계 인구 중 대다수가 거주하는 여타 개발도상국이나 후진국들은 아직 이 단계에 진입하지 못했다. 전염병은 기후 변화 같은 환경적 변동이나 변화에 영향을 받기 쉬운 탓에 앞으로 여러 저개발 국가, 그 중에서도 특히 빈민촌처럼 사회적 · 경제적인 압박이 심한 지역에서 심각한 문제가 발생할 우려가 있다.

과거에는 사람들 간의 접촉이 적었던 탓에 질병의 확산이 자연적으로 제어되었지만, 이제는 그러한 효과를 기대하기 어렵다. 그래서 인간은 의학적인 통제 체계를 발달시켰다. 하지만 이것이 늘 톱니바퀴처럼 착착 맞물려 돌아가지만은 않는다. 실제로는 단 한 사람이나 전 세계적으로 몇 안 되는 전문가들의 지식에 의존하여 일이 처리되는 경우가 드물지 않다. 그렇기에 이 전문가들이 하나둘씩 은퇴하거나 사망하면 그들만큼 경험이 풍부한 후임자가 없어 큰 곤란을 겪을 수 있다. 실제로 몇 년 전에 인도에서 그런 상황이 벌어졌다. 당시 오래전에 완전히 사라졌다고 여겨진 식물 진균병이 다시 발생했는데, 그 문제에 대한 대책을 아는 사람은 이미 학계에서 은퇴한 고령의 원로학자 하나뿐이었다. 물론 현존하는 의료보건체계는 아프리카의 에볼라(Ebola) 바이러스처럼 치명적인 병원체가 다른 곳으로 퍼지지 못하게 제 기능을 잘 발휘하고 있다. 하지만 현지에서 사회 불안으로 말미암아 이 체계가 무너질 경우 에볼라 출혈열을 비롯한 각종 질병이 급속히 퍼져 나가 단기간에 수천 명이 목숨을 잃을 수도 있다.

오늘날 우리는 각종 항생제와 의약품을 이용해 질병으로부터 몸을 보호한다. 그러나 바이러스, 박테리아, 기타 단세포 생물 같은 질병매개체는 이러한 화학물질에 스스로 면역력을 갖출 줄 안다. 이때는 사람이 약을 먹어도 질병에 걸릴 위험이 생긴다. 물론 또 다른 화학약품을 개발하여 병을 퇴치할 수도 있지만 이 방법에는 한계가 있고 비용이 과도하게 들 수도 있다. 최근 들어 빈번하게 환자에게 투여되고 무분별하게 남용된 몇몇 항생제는 아예 효용을 잃어버려 각국에서는 이를 대체하기 위한 신약을 개발하고 있다. 하지만 지금처럼 가다가는 각종 바이러스와 박테리아의 항생제 저항력이 계속 강해져 이른바 슈퍼버그(superbug)를 해결할 만한 대체재가 바닥나는 상황이 나타날 수 있다. 그때는 무시무시한 질병에 그야말로 속수무책으로 당하는 수밖에 없다.

한편 전파 대상이 주로 특정 동성애자 집단에 국한된 에이즈의 경우, 대대적인 확산을 막으려면 과거에 이들과 성관계를 맺은 사람들이 누구인지 확실히 파악해 둘 필요가 있다. 왜냐하면 이 병은 겉으로 뚜렷한 증상이 나타나기까지 10년에서 15년가량의 세월이 걸리기 때문이다. 만약 감염 우려가 있는 사람들을 계속 관찰하지 않으면, 아무도 모르는 사이에 더는 손쓰기 어려울 만큼 HIV가 광범위하게 확산될 우려가 있다. 그래서 네덜란드에서는 에이즈 감염자들의 성행위 상대에 대한 종합적인 데이터베이스를 구축하고 이것을 지속적으로 갱신하고 있다. 이러한 예방적 통제 체계를 구축할 수 있는지는 질병의 특성, 접촉 방식, 이 병과 접촉한 이들의 수를 철저히 파악하는 데 달렸다. 그러나 전 세계적으로는 이러한 조건이 형성되지 않은 곳이 많다. 그런 지역에서는 치명적인 질병의 감염 비율이 (이따금 비공식적으로) 전체 인구의 30~40퍼센트에 달하여 사망률이 크게 증가하고 그로 인해 연령구조와 사회구조가 완전히 엉망이 되기도 한다. 몇몇 개발도상국에서는 부유한 지배계급이 이런 병에 더 빈번하게 감염되어 한 국가 조직 전체가 안정성을 잃어버리는 문제가 나타나기도 한다. 이런 상황이 벌어지면 외국 기업과 공장뿐 아니라 관광객까지 그 나라를 멀리하게 되어 경제적 · 사회적으로 발전이 더 더뎌지고 만다. 특정 질병에 대한 예방 체계를 갖추고 유지하려면 지속적인 예방 노력과 충분한 자금의 유입, 의료 전문가의 양성, 정교한 기술의 발전이 뒤따라야 한다. 만약 어느 한 요소라도 소홀히 하거나 예방 체계에 장애가 생긴다면 온갖 질병이 쉽게 재발하여 금세 곳곳으로 확산될 것이다.

세계 인구가 계속 증가하고 사람 간의 접촉, 가축과 야생동물 간의 접촉, 그리고 사람과 동물 간의 접촉이 늘면서 새로운 미지의 질병이 점점 더 많이 발생하고 있다. 때때로 이러한 신종 질병은 그 옛날 수많은 인구를 죽음으로 몰고 간 병들(홍역, 이질, 결핵, 천연두, 흑사병, 말라리아, 콜레라 등)처럼 치명적인 위력을 발휘하기도 한다. 일례로 과거 아메리카 대륙 곳곳에 거주하던 여러 원주민 집단은 유럽에서 유입된 신종 전염병에 의해 90퍼센트 이상 사망하였다. 세계 각지를 둘러보면 아프리카의 에볼라 바이러스나 라사(Lassa) 바이러스처럼 아직 다른 곳으로 확산되지 않은 치명적인 신종 질병들이 즐비하다.

우리는 세계 인구의 급속한 성장, 이동성의 향상, 경제적 압박과 불결한 환경에서 생활하는 빈민촌 인구의 증가 등으로 인해 전국적 · 전 세계적 규모로 발생하는 각종 유행병과 풍토병에 점점 더 취약해지고 있다. 다양한 질병의 위협을 막아내기 위해서는 의료 분야에 자본과 전문 인력, 물질 자원을 더욱 많이 투입해야 한다. 그러나 현재 의료 분야에서는 과도한 투자비용 때문에 예산 삭감과 민영화 움직임이 일고 있어 우리에게 미칠 위험이 점점 커지고 있다.

20. 사회의 역동적 구조

1794년 5월 8일은 프랑스의 화학자 앙투안 라부아지에가 단두대의 이슬로 사라진 슬픈 날이다. 현대 화학의 아버지로 불리는 그는 인류 역사에서 최초로 물질의 질량을 정확히 측정하여 수량화한 인물이자 화학의 기본 단위인 원소의 개념을 확립한 사람이다. 또한 그는 플로지스톤설, 즉 측정과 물질화가 불가능한 플로지스톤(phlogiston)이라는 성분이 가연성 물질에 포함되었다고 하는 당대의 유력한 가설을 뒤엎은 인물이기도 하다. 이런 이유로 많은 과학자와 전기 작가, 역사가들이 그의 죽음을 기억하고 있다. 이들이 라부아지에를 바라보는 시각은 참 다양하다. 어딘가에는 그를 아주 가깝고 개인적인 거리에서 바라보는 관점이 있고 또 어딘가에는 아주 광범위한 사회적 · 과학적 맥락에서 보는 관점이 존재한다. 그러나 일반적으로 그는 격변하던 당시 사회와 다른 사람들로부터 전혀 영향을 받지 않은 듯이, 마치 높은 탑 꼭대기에서 수행하는 주상 고행자(stylite)처럼 범접하기 어려운 고고한 인물로 묘사된다.

하지만 나는 옛날부터 라부아지에의 부인이 그의 연구 과정에서 어떤 역할을 했는지 늘 궁금했다. 당시 그녀는 그가 실험하는 동안 항상 곁에 머무르며 실험 과정과 결과를 기록했다. 아마 라부아지에는 프랑스의 뉴턴으로 불리는 수학자 라플라스에게도 모종의 영향을 받았을 것이다. 두 사람은 가까운 친구 사이였고, 전해지는 이야기에 의하면 라부아지에가 역사적으로 중요한 실험을 하던 시기에 라플라스가 자주 그의 집을 방문했다고 한다. 라플라스는 순수 수학에만 관심을 두지 않고 각종 측정 정보의 수량화를 강조하던 응용 수학자이기도 했다. 라부아지에의 집에서 라플라스는 자신의 수학적 관심사를 비롯하여 천문학, 물리학, 사회 현상 등에 직접 적용해본 각종 수량화 기법에 대해 이야기했을 테고, 어쩌면 화학 분야에서의 수량화에 대해서도 그와 함께 논의했을지 모른다. 분명히 그 시절에 이러한 상황이 벌어졌을 테지만, 언제나 인물에 대한 역사는 어느 정도 편향적이고 불완전하게, 그리고 왜곡되게 그려진다.

이와 마찬가지로 우리는 사회의 역사적 발달 과정을 다양한 각도와 거리에서 바라보고, 각자의 관점에 따라서 서로 다른 측면을 강조할 수도 있다. 그럴 때마다 역사에 대한 해석은 달라진다. 그래서 일각에서는 이런 이야기가 나오기도 했다. 역사는 과거에 대한 끝없는 해석이라고 말이다. 역사는 각 시대를 살던 어떤 인물의 관점에서 볼 수도 있고 그 사람이 사회에 미친 영향을 중심으로 볼 수도 있다. 전기(biography)는 바로 이런 방법을 따른다. 또 우리는 전반적인 사회 발전상을 훑어보거나 역사적 · 군사적 · 외교적 · 경제적 · 사회적 관점에서 변화를 살펴볼 수 있다. 아니면 국가별 · 지역별 건축 양식과 미술, 음악의 역사에 초점을 맞추거나 당대의 사상, 사고방식, 과학의 역할을 강조할 수도 있다. 그리고 한 나라의 인구 성장, 인접 국가와의 경제적 · 인구학적 · 군사적 균형이나 농업과 공업의 발전, 재판 제도와 화폐 제도 및 금융 제도의 발전, 특정 원자재의 이용도나 폐기물 생산량의 변화를 중점적으로 살펴볼 수도 있다. 역사를 보는 관점에는 한계가 없다.

이런 방법들은 모두 주제로 선발한 주요 인물이나 특정한 사회적 측면에만 초점을 맞추고 그 외의 다른 사회적 측면까지 종합적으로 다루지는 않는다. 지금까지 많은 이가 각종 사회적 · 경제적 요소나 그로 인한 자원 고갈 문제를 강조한 탓에 우리는 줄곧 이들 인자에 의해서만 인구 성장이 일어나고 제어된다고 믿어왔다. 대표적인 예로 식량이나 광물 자원의 부족 현상이 인구 성장을 제한한다는 주장을 들 수 있다. 모든 문제를 일으키는 원인은 식량이나 광물의 부족 현상이며 결국 이것이 인구통계학적인 '해결책'을 제시한다는 설명인데, 지금까지 맬서스 학파에서는 이러한 관점에서 인구 문제를 다뤄왔다. 또 한편으로는 인간의 독창성으로 말미암아 새로운 사회가 발전을 이룩하면서 생활수준이 향상되어 인구 성장이 일어난다는 주장도 있다. 하지만 여러 인물과 사회의 여러 가지 측면을 따로따로 분석하기보다는 다양한 요소와 프로세스를 종합적으로 살펴보는 것이 우리가 사는 사회를 더 깊이 이해하고 더 바람직한 방향으로 이끄는 데 도움이 될 것이다. 이 추론을 조금 더 구체적으로 설명하기 위해서 (일부분 가설이 섞여 있기는 하나) 두 가지 예를 들어볼까 한다. 하나는 쟁기의 도입이고 다른 하나는 현대적 통신 체계의 발달이다.

쟁기는 땅을 뒤집는 도구로 각종 초목과 잡초를 뿌리째 뒤집어 제거하는 데 이용된다. 그렇다면 쟁기는 어떤 이유로, 또 어떤 사회적 · 경제적 맥락에서 필요하게 되었을까? 쟁기질이 토양의 공기 순환을 향상시키거나 영양분 공급을 도와서? 아니면 그전에 토양의 영양물질이 바닥나서? 그렇게 양분이 고갈되기까지는 얼마나 시간이 걸렸을까? 또 그 토양 영양분은 얼마나 많은 사람에게 식량을 공급했을까? 그 덕분에 인구가 증가했을까? 왜 그만큼 증가했을까? 당시에 쟁기를 이용해 땅을 뒤집는 데는 어느 정도 에너지가 소모되었을까? 쟁기를 끌기 위해서는 역축(役畜, draft animal)이 필요했다. 그래서 처음에는 황소가, 더 많은 세월이 지나서는 말이 쟁기를 끌었다. 결국 끝에 가서는 육중한 트랙터가 이런 동물들을 대신하게 되었다. 과거에는 쟁기가 나무로 제작되었고 땅을 가는 작업에는 황소 내지는 말 여섯 마리와 역축을 부리는 사람이 세 명 필요했다. 그러다가 18세기 초에 철제 쟁기가 도입되면서 말 세 마리와 사람 하나만으로도 쟁기질이 가능해졌다. 쟁기를 이용한 경운(耕耘) 작업은 1년 중 아주 짧은 기간에만 이루어진다. 하지만 이를 위해서는 쟁기를 끄는 가축을 1년 내내 먹이고 재우고 돌봐야 한다. 가축을 키우려면 사료와 사육 공간, 건축 자재, 인력이 필요하므로 농부는 더 넓은 땅을 경작하거나 윤작을 하여 그 비용을 충당해야 한다. 그렇다면 거기서 생산된 잉여 생산물은 어떻게 처리했을까? 당시에 농산물을 살 사람이 늘어나서 그런 변화가 일어나고 투자가 더 늘어난 것일까? 과연 대규모 정착지와 시장이 딸린 도시가 있었고 마을과 도시를 잇는 도로가 있었을까? 또 쟁기를 쓰면서 농경지를 넓히기 전에는 그렇게 사람이 많이 모여 사는 거주지나 도로가 없었을까?

쟁기는 기원전 약 2000년경 메소포타미아와 중국에서 거의 비슷한 시기에 발명되어 로마 시대에 유럽으로 유입되었다. 그러나 쟁기의 사용법이 확산된 시기는 중세 초부터였다. 그렇다면 그 오랜 세월 동안 이 도구가 유럽 곳곳으로 퍼져 나가지 않은 이유는 무엇일까? 과연 쟁기의 사용이 인구 성장을 촉진한 것일까, 아니면 반대로 중세 초기에 인구가 성장하면서 사회구조가 새롭게 변화한 덕분에 쟁기의 이용도가 높아진 것일까? 당시에는 도시가 성장하고 있었을까? 도로는 얼마나 생겼고, 생산물의 거래가 이루어진 도시 시장의 규모는 얼마였으며, 생산지와의 거리는 얼마나 되었을까? 도로를 낸 이유는 시장과 시장, 시장과 농장을 잇기 위해서였을까? 농부들은 농산물을 팔아서 번 돈으로 무엇을 했을까? 그때 농산물을 보존할 수는 있었을까? 그랬다면 어떤 방법으로 얼마나 오래 보존할 수 있었고 그 비용은 얼마나 들었을까? 결론은 이렇다. 쟁기는 중세 전에도 이미 수 세기 동안 유럽에 존재했지만 일정한 사회적 배경과 일정 규모 이상의 공동체가 갖춰지고 도로와 운송 수단, 견인 수단, 시장, 통화 제도 등 사회 기반 구조가 일정 수준 이상 형성되지 않는 한 경제적으로 이용할 수 없는 도구였다.

19세기 중반부터 유선 전신과 전화의 형태로 장거리 전자통신이 시작되면서 수천 가지 발견과 발명의 결과 및 크고 작은 조직체가 일관된 체계를 이룰 필요성이 생겼다. 약 한 세기 후 이뤄진 여러 가지 새로운 발견과 발명은 정보라는 개념을 낳았고, 이로 인해 정보 과학이라는 새로운 분야가 탄생했다. 이 변화 덕분에 제2차 세계대전 시기에는 컴퓨터의 발명을 위한 노력이 본격적으로 시작되었다. 컴퓨터의 작동 원리는 17세기에 독일의 고트프리트 라이프니츠(Gottfried Leibniz)가, 그리고 1930년대에 영국의 수학자 앨런 튜링(Alan Turing)이 고안하였다. 처음에 라이프니츠가 만든 계산기는 기계식이었지만 이후 등장한 신식 컴퓨터는 전기의 힘으로 움직였다. 컴퓨터를 이용하려면 계산 결과를 나타낼 화면이 필요했는데, 이 문제는 1920년대와 1930년대에 발명된 각종 이온관 덕분에 해결될 수 있었다. 1980년대에 이르러 컴퓨터는 전산망과 연결되기 시작했다. 처음에는 기존의 전화선, 그다음에는 인공위성이 연결 수단으로 이용되었고, 오늘날은 대륙과 대양을 횡단하는 유리섬유 케이블이 그 역할을 수행하고 있다. 이러한 발전상은 인터넷, 그리고 세계적인 규모의 금융망과 위탁생산망을 탄생시켰다. 인터넷은 우편 제도의 기능 중 많은 부분을 대체했고, 이제 소비자들은 세계 각지를 연결하는 전산망을 통해 몇 번의 클릭만으로 지구 반대편에서 판매되는 상품을 손쉽게 구매할 수 있다.

만약 이용성이 폭넓고 전송이 간편한 에너지, 즉 전기가 없었다면 이러한 발전은 불가능했을 것이다. 하지만 아프리카의 여러 국가처럼 가난한 나라는 전기를 안정적으로 공급하는 데 어려움을 겪을 뿐 아니라 금세 수명이 다하는 컴퓨터와 소프트웨어를 때맞춰 교체하지도 못한다. 이런 이유로 잘 사는 선진국과 빈국 간의 정보 격차는 날이 갈수록 더 커지고 있다. 컴퓨터나 소프트웨어나 기대 수명은 길어야 4~5년 정도, 게다가 휴대용 컴퓨터 중에는 이 기간이 지나면 금세 고장 나는 것도 많다. 이렇게 유지비용이 많이 드는 탓에 가난한 나라들은 지난 몇십 년간 급격히 발전을 이룬 세계 금융전산망에 자주적으로 참여하지 못한다. 그래서 이런 나라들은 사회적으로나 경제적으로나 더욱더 뒤처지고 있다.

오늘날 전 세계적인 전자통신망이 등장한 주된 이유는 지난 150년 동안 장·단거리 통신의 필요성이 급속하게 늘어난 데 있다. 다시 한 번 이야기하지만 이런 필요성이 생겨나고 유지되려면 일정 수준 이상의 인구가 있어야 한다. 인구는 각종 발명, 에너지원, 조직체, 기술의 등장과 쇠퇴를 이끄는 원동력이나. 또 여러 방면에서 각국 간의 차이가 심화되고 결국 그로 인해 경제적 격차가 커진 것은 그 옛날에 이뤄진 수많은 발명과 발견 때문이다. 그리고 그때 그렇게 통신의 필요성이 생겨난 덕분에 오늘날 수십억 인구가 고도로 복잡한 사회를 이루고 살아가는 것이다.

일단 이러한 변화에서 나타나는 체계성을 확실히 이해하고 넘어가자. 인구가 늘어나면 전체의 생존을 위해 더 많은 에너지가 필요해지고, 사회는 인구를 지탱하기 위해 더 크고 정교하며 복잡하게 성장하면서 더 많은 에너지를 요구하게 된다. 에너지의 흐름이 멈추는 순간, 현존하는 사회 조직은 붕괴하고 구성원인 우리에게는 상당히 나쁜 영향이 미칠 것이다. 우리 인간, 그리고 우리가 모여 만든 사회는 에너지가 계속 유입되지 않으면 망가지고 마는 조직체이기 때문이다.

지구 상에 현존하는 인구와 사회는 석탄, 석유, 전기에 의존하고 있다. 우리는 이러한 에너지원 없이, 또 에너지를 소비하는 농약, 쟁기, 컴퓨터, 인터넷 없이 살아가지 못한다. 또 트럭, 배, 비행기, 각종 수송관, 고압선, 유리섬유 케이블 없이도 살아갈 수 없다. 이제 이런 것들은 의식주만큼이나 필수적인 요소다. 이들은 현존하는 수십억 인구를 지탱하기 위한 물질 도구이고, 앞으로 현 인구가 계속 성장하려면 더 많은 도구, 또 다른 새로운 도구가 필요해질 것이다. 이제 이러한 물질 도구들은 현대 사회에서 없어서는 안 될 요소가 되었고, 이 점에서는 교육, 의료보건, 금융 제도, 과학·기술·의학 지식, 국내외의 행정과 법률 등 비물질적인 사회적 도구 역시 다르지 않다. 이런 도구들은 인류의 긴 역사 대부분의 시간 동안 불필요한 존재였지만, 지금 이야기하는 주제에서는 과거가 중요하지 않다. 지금은 인류의 현재와 미래만을 생각해야 할 때다. 이러한 물질적 · 비물질적 도구들은 우리 자신과 글로벌 사회, 그리고 더 장기적으로는 인류의 존속을 위해서 매우 중요하다. 그리고 우리는 생존에 반드시 필요한 이 도구들을 기능에 따라서 만들고 고치고 개조한다. 결국 인구와 수요의 성장은 이런 방식으로 더 큰 성장을 가능하게 한다.

이처럼 놀랍도록 정교하고 복잡한 사회 상부 구조는 생존 도구로 작용하여 우리를 맬서스의 시나리오에서 벗어나게 했다. 문제는 새롭게 만들어진 온갖 탈출로가 지나치게 정교하고 복잡해져서 우리를 오랫동안 지탱하기 어렵다는 사실이다. 과도한 복잡성으로 인해 우리가 이제 전체 체계를 정밀하게 조종하고 유지하기가 어려워지면서 현 사회는 제 몸무게를 이겨내지 못하고 스스로 쓰러질 위기에 봉착했다. 이제 사회 체계를 운영하는 데는 엄청난 노력이 들고 너무도 많은 에너지와 광물 자원이 들며, 그로 인해 매우 심각한 환경오염이 발생한다. 이런 점에서 기후 변화는 지구가 우리에게 보내는 첫 번째 경보가 아닌가 싶다. 또한 컴퓨터 스크린이나 탄소 중립적인 에너지 생산에 쓰이는 특수 자석을 만드는 데 필요한 각종 희귀 금속의 부족 현상 역시 지구가 보내는 또 다른 경보라 할 수 있다. 이러한 경보는 앞으로도 차례차례 이어질 것이다. 사회 구조의 거대화와 복잡화로 인한 또 다른 문제는 한두 가지 프로세스에 기능 이상이 발생할 경우 전체 체계가 작동을 멈추거나 망가질 우려가 있다는 사실이다. 이 문제는 에너지, 식량, 물, 광물 자원의 부족 현상, 또 폐기물에 의한 오염, 식량 생산 지역의 감소 등과 전혀 무관하게 발생할 수 있다. 이것은 단지 현존하는 시스템, 현존하는 세계 조직 자체가 너무 커지고 복잡하게 변한 탓에 생기는 문제다. 이런 위험이 도사리는 상황에서 맬서스의 암울한 시나리오에서 벗어나는 방법은 기근, 질병, 전쟁으로 인한 사망률 증가가 아니라 인위적인 출산율 감소 전략뿐이다.

아주 오래전 인류가 처음으로 정착 생활을 시작한 곳에서는 점차 늘어나는 인구를 지탱하기 위해 더 많은 일손이 필요해졌다. 그러나 얼마 지나지 않아서 인력만으로는 모든 일을 해결할 수 없게 되었고 결국 다른 에너지원의 뒷받침이 필요해졌다. 그러면서 각종 물질 도구가 등장했고 그다음에는 무형의 조직 체계가 등장했다. 그로부터 수 세기가 지난 현재, 서구 사회에서는 맨손으로 할 수 있는 일이 거의 남아 있지 않다. 우리 손을 비롯하여 인류 초창기에 등장한 수많은 도구는 이미 오래전에 온갖 기계 장치로 대체되었고, 이 기계들은 사람 없이 자동으로 동작하거나 크고 작은 조직체의 지원을 받아 움직인다. 지금은 컴퓨터로 제어되는 자동 펌프와 자동 분무기가 식물에게 필요한 물과 영양분을 정확히 공급하고 로봇이 물류 창고에서 물품을 나르는 시대다. 실체가 보이지 않고 컴퓨터에 의해 돌아가는 세계, 이제 이 추상적인 세계가 우리가 사는 현실 세계의 많은 부분을 대신하고 있다. 이제 우리 힘만으로 모든 일을 처리하기란 불가능하다. 한 가지 발전이 일어나면 곧 또 다른 발전이 뒤따르고, 처음에는 같은 지역에서, 그다음에는 전국적으로, 또 그다음에는 대륙과 전 세계 단위로 발전이 일어난다. 이제는 품질이 균일한 일정량의 액화가스가 가스전으로부터 조용히 아무도 모르게 수천 킬로미터에 달하는 수송관을 따라서 대륙과 바다를 가로질러 공장, 사무실, 가정에 도착하면 컴퓨터가 전기 신호를 통해 자동으로 가스 이용료를 계산하면 사용자는 요금을 지불한다. 오늘날의 기술적 · 조직적 상부 구조는 이러한 발전상이 모두 한데 모여서 형성되었다. 그 결과 우리는 모두 식량 생산, 채광, 공업, 금융, 교역, 폐기물 처리 등 다양한 요소로 이어진 거대한 연결망 속에서 살아가고 있다. 지금 무슨 일이 일어나는지 아무도 볼 수 없고, 어디서 무엇이 흘러가며 서로가 어디에 의존하는지 아무도 알지 못하는 세상. 이 구조와 역동성을 조종하거나 제어할 수 있는 사람은 없다. 하지만 이 연결망은 계속 우리 주변에서, 우리가 알지 못하는 곳에서, 우리를 위해서 끝없이 움직이며 우리 삶에 크나큰 영향을 미친다. 현대인이 이것에 얼마나 의존하며 살아왔는지 깨닫는 순간은 전쟁이나 경제공황, 눈보라, 홍수 등으로 기존의 체계가 무너졌을 때뿐이다. 그런 문제가 나타나는 즉시 사람들은 굶주림, 추위, 재정적 손실 등을 겪게 되고, 의료와 치안 체계가 흔들리며, 먹을거리가 부족해지고, 거리와 지하철에는 혼돈과 약탈이 만연하며, 수많은 학교와 회사, 공장이 문을 닫게 된다. 수천만 명이 거주하는 거대도시들이 국내와 국외를 잇는 수많은 사회 기반 시설을 일순간에 잃는다고 한 번 상상해보라. 바깥세상과 고립된 채로 그 큰 도시가 어떻게 돌아가고 그 안에 사는 사람들이 어떻게 살아가겠는가? 우리는 상점에 들러 물건을 사고 주유소에서 기름을 구하며 집에서는 수도꼭지를 돌려 물을 얻으면서 인생이 완벽하게 자기 자신의 손에 의해 제어된다고 생각한다. 하지만 우리 눈에 보이고 우리 손에 만져지는 현실 세계는 누군가의 명령에 따라 어딘가에서 바쁘게 컴퓨터를 움직이는 또 다른 누군가에게, 또 어디서 오는지도 모르는 에너지와 정보, 그리고 온갖 추상적인 요소에 철저히 기대고 있다. 사람이 숨 쉬고 살아가는 현실 세계를 손에 잡히지 않는 추상 세계가 지배하는 것이다. 지금 우리 인간은 스스로 생명체처럼 움직이는 거대한 추상적 상부구조의 부품과 다를 바 없다.

자연환경과 문화환경을 구성하는 다양한 요소와 프로세스는 우리에게 영향을 미치고, 우리는 다시 이들 요소와 프로세스의 작용에 직간접적으로 영향을 미치며, 이 여러 가지 요소와 프로세스는 또 서로 영향을 주고받는다. 일례로, 문명이 막 발상한 태곳적에 인구가 증가하자 사람들은 기존의 정착지에서 벗어나 각지로 흩어졌다. 그와 함께 농경 역시 다른 곳으로 전파되었고 지역별로 기술 발전이 이뤄졌다. 그 옛날에도 숲과 덤불의 소각으로 이산화탄소가 발생하여 대기가 오염되었고 얼마 지나지 않아 논이 생겨나면서 메탄이 방출되었다. 처음에는 기후 변화 정도가 아주 미약했지만 역사가 진행되면서 온실기체의 배출량은 점점 더 늘어났고 제2차 세계대전 시기부터는 이 양이 굉장히 위험한 수준에 도달했다. 이 문제는 기계 공업과 화학 공업, 교통을 비롯한 각종 사회 기반 시설, 농업이 역사상 어느 때보다 많은 인구를 책임지게 된 2000년 이후 특히 더 심각한 상태에 이르렀다. 그리고 그 무렵부터 중국, 인도, 브라질의 생활수준이 눈에 띄게 향상되면서 온실기체의 배출량은 더욱더 늘어났다. 또 인구 증가에 따라 농업용수와 가정생활용수, 공업용수의 사용량이 크게 증가하였고, 그 결과 물 부족 현상이 나타나 식량 생산, 육류 생산, 식수를 비롯한 각종 용수를 구하는 데 어려움을 겪고 있다. 이미 이러한 물 부족 문제 때문에 전쟁까지는 아니었지만 일부 국가들 간에 국제 분쟁이 일어난 적이 있다. 한편 식량 부족 현상은 늘 대규모 이주, 반란이나 내전 등을 유발했고, 이 문제는 다시 질병의 발발로 이어졌다. 광물 자원 때문에 전쟁이 일어나기도 했는데, 특히 지난 반세기 동안은 석유, 천연가스, 석탄을 두고 각국 간의 무력 분쟁이 잦았다. 이 모든 사태와 변화상은 서로 긴밀하게 연관되어 있으며 궁극적으로는 모두 인구수와 관계가 있다. 이때 각 요소가 멈춰 있지 않고 계속 변화를 일으킨다는 사실은 현존하는 구조가 역동적임을 시사한다. 이 흐름의 강도는 끊임없이 변화하며, 다양한 요소와 프로세스가 서로 주고받는 영향은 늘 같지가 않다. 즉 상호 작용이 계속 다르게 이루어지는 것이다.

이런 흐름과 각종 프로세스가 정확히 어떤 식으로 영향을 주고받는지, 그러니까 상호 작용이 직접적인지 간접적인지, 선형적인지 비선형적인지, 또 그 강도가 센지 약한지는 대체로 알기가 어렵다. 일단 각 요소 간의 작용은 비선형적으로 일어나는 경우가 많다. 이 말은 곧 분석이 어려울 뿐 아니라 그로 인한 변화가 전체 구조의 안정성을 해칠 수 있다는 뜻이다. 이보다 더 큰 문제는 이런 특성 때문에 언제 어디서 어떤 일이 터질지 예측하는 것이 거의 불가능하다는 사실이다. 그리고 실제로 문제가 발생할 경우, 우리가 그 프로세스를 인위적으로 조종하거나 정지시키지도 못한다. 인간의 필요에 의해 만들어진 구조지만, 그 역동성은 원칙적으로 제어하기가 불가능하다. 다들 알다시피 한 나라의 금융 체계와 국제 금융 체계는 그 구조가 유사하고 둘 중 어느 한 쪽이 무너지면 다른 한쪽에도 심각한 영향이 미친다. 이런 체계는 인위적으로 제어하거나 문제가 생겼을 때 원상태로 되돌리기가 매우 어렵다. 그런데 설상가상인 것은 우리의 미래를 좌우하는 역동적인 전 세계적 상부 구조, 바로 이것을 구성하는 하위 체계가 금융 체계 외에도 무수히 많다는 사실이다.

구조나 체계, 조직은 일련의 구성 단위 사이에서 일어나는 상호적 프로세스에 의해 정의된다. 기본 구성 단위가 변화하지 않을 경우, 구조는 고장 난 시계의 톱니바퀴처럼 정적인 상태를 유지한다. 하지만 어떤 것이든 간에 프로세스가 발생하면 구조는 동적으로 변한다. 현존하는 인간 사회에서는 이런 다양한 요소가 뒤섞여 나타난다. 가령 현재는 어떤 농경지의 토질이 일정하게 유지되더라도 그 특성은 곧 염화 현상이라는 프로세스에 의해 바뀔 수 있다. 한편 질병은 프로세스에 해당한다. 질병 스스로 발달과 사멸, 혹은 현상 유지를 하기 때문이다. 다양한 프로세스로 이어진 연결망은 역동적인 구조를 이룬다. 지난 역사를 보면 잘 알 수 있듯이 이 연결망은 끊임없이 변화한다. 이 요소는 인류를 둘러싼 자연환경과 사회적 · 경제적 환경을 상징하며, 이따금 프로세스 간의 연결성에는 큰 변동이나 변화가 나타나기도 한다.

근래에는 사회 구조 내의 연결성이 긴밀해지면서 각종 구성 요소 간의 관련성이 커지고, 한 국가나 대륙 수준에서 전 세계적인 수준으로 연결망이 확장되는 모습이 나타났다. 물론 생존경제 시대였던 암흑시대(Dark Ages)에도 도로와 지역 시장이 있었고 강이나 바다를 이용하여 지역과 지역을 잇는 장거리 운송 수단이 있었다. 하지만 최근에는 교통과 운송의 사회적 중요성이 질적으로 완전히 달라졌다. 이전보다 생산지와 시장을 잇는 도로가 훨씬 더 좋아졌고 도로망이 더 빽빽하게 형성되었으며, 새로운 운하가 건설되고 강이 운하로 바뀌는 한편, 여러 강과 호수가 연결되면서 배를 타고 대륙을 횡단할 수 있게 되었다. 또 철도망이 건설된 것도 빼놓을 수 없는 변화다. 그 뒤로 대양을 횡단하는 장거리 선박 교통이 추가되었고 지난 60년 사이에는 항공 교통이 생겨났다.

우리가 사는 지구에는 위에서 설명한 것과 사뭇 성격이 다른 연결도 존재한다. 제11장에서도 이야기했듯이 대기 중의 이산화탄소 농도 증가는 해수의 이산화탄소 용존 농도를 상승시키고, 결국 이로 말미암아 바다의 산성도가 높아진다. 해수의 산도 상승은 어류의 뼈를 약하게 만들고 물고기들이 먹잇감으로 삼는 동물성 플랑크톤을 녹여 그들의 생존에 직간접적으로 나쁜 영향을 미친다. 또한 대기 중의 이산화탄소 농도 증가는 기온 상승을 이끌고 이는 다시 해수의 온도 상승으로 이어진다. 이 현상은 물고기의 먹이인 조류를 죽음으로 몰고 간다. 수온 상승은 수중 용존 산소량의 감소로도 이어지며, 이 문제 역시 또 다른 형태로 어류의 생존에 나쁜 영향을 미친다. 한편 생선은 수백만 섬사람들에게 질소를 공급하는 원천이다. 질소는 인체 조직의 형성과 기능에 크게 관여하며 특히 성장기에 충분한 공급이 필요한 원소이므로, 환경 변화로 인해 어획량이 줄어들면 영양 공급에 문제가 생겨 결국 섬사람들에게도 나쁜 영향이 미치게 된다.

지난 천 년 간 인간 사회는 소, 원숭이, 말 같은 가축이나 물, 바람, 나무, 석탄 등 다양한 외부 에너지원에 의해 움직였다. 사람들은 이들 중 한두 가지가 부족해지면 또 다른 에너지원을 구하고 대체하여 일을 계속해나갔다. 이렇듯 계속해서 더 풍부하고 새로운 에너지를 개발한 덕분에 인간 사회는 한순간도 박동을 멈추지 않았다. 언제나 어딘가에는 또 다른 형태의 에너지가 존재했다. 그러나 이 양상은 인간의 수가 오늘날과 같은 수준으로 늘어나면서 크게 달라졌다. 모든 대체 자원을 다 합쳐도 해결이 안 될 만큼 에너지가 부족한 상황에 이른 것이다. 현재 우리 사회는 거의 전적으로 화석연료에만 의존하여 식량 생산, 제조, 통신, 운송과 교통 등 수많은 활동을 이어가고 있다. 앞으로 500년 정도는 별문제가 없을지 모르겠지만, 언젠가 지구에서 화석연료가 고갈될 그때 인류는 심각한 생존 위기를 맞이할 것이다. 에너지는 우리의 생존을 위해 결코 없어서는 안 되는 중요한 요소다. 이것이 없으면 수많은 프로세스가 곧바로 동작을 멈추고 마니까. 결국 에너지 때문에 사회의 유연성에 제한이 생긴다. 하나의 생명체로서 우리 인간 하나하나는 일정량의 에너지, 더 정확히 말하면 에너지의 끊임없는 흐름을 나타낸다. 역동적인 구조를 갖춘 세계화 사회도 마찬가지다. 에너지가 사라지거나 유입량이 줄어들면, 또 아주 잠시라도 그 흐름이 방해를 받으면 우리 사회의 존속에는 치명적인 영향이 미칠 것이다.

지금까지 우리가 쌓아올린 사회적 · 경제적 구조의 운명은 구성 요소들이 얼마나 발전을 이루고 제각기 안정을 유지하느냐에 달렸다. 현재 미국 중부와 서부에서는 막대한 에너지를 들여 농업 활동이 이루어진다. 경운, 파종, 수확, 수확물의 운송, 대수층의 화석수 추출, 비료와 살충제의 제조와 사용에 이르기까지 엄청나게 많은 에너지가 소모된다. 미국 경제의 다른 부문, 이를테면 자동차 산업이나 화학 산업 역시 대량의 화석연료와 물에 의존하여 움직인다. 그리고 미국은 이 활동으로 얻은 농업 생산물과 공업 생산물을 다른 나라에 팔아 돈을 벌고 그 돈으로 다시 필요한 연료를 사들인다. 물론 그러는 동안 자국 내의 수많은 인구에게도 동일한 생산물을 공급해야 한다. 만약 미국에 공급되는 해외 에너지 자원에 무언가 문제가 생길 경우, 가령 다른 국가들과의 경쟁으로 에너지 가격이 지나치게 비싸진다거나 유전 내지는 가스전이 고갈된다면 미국의 역동적인 사회 구조 전체에 심각한 영향이 미칠 것이다. 일전에 미국에서는 연료 가격 상승으로 말미암아 수백 개에 달하는 공항이 일시적으로 혹은 영구적으로 폐쇄된 바 있다. 이 사태는 공항과 관련된 산업과 서비스업에 연쇄적인 영향을 미쳤다. 미국은 세계에서 에너지를 가장 많이 소비하는 국가이므로 에너지 공급에 차질이 빚어지면 어느 나라보다도 큰 타격을 입을 것이다. 이와 마찬가지로 물 공급이 끊기거나 염분 축적 혹은 토양 침식 문제가 크게 확산될 경우 농업 생산 면에서 심각한 손실이 나타나 미국 전 지역이 수입 식량에 의존하게 될 것이다. 만약 그런 변화가 일어난다면 그 파문은 필시 세계 다른 지역까지 미칠 것이다.

에너지의 공급과 가격 문제는 유럽과 극동, 남아메리카 같은 세계 다른 지역에서도 정말 중요하다. 기후가 건조한 오스트레일리아에서는 그다지 풍족하지 않은 수자원을 이용해 농업 분야와 대도시에 물 공급이 이루어진다. 하지만 앞으로는 대륙 내에서 광물 자원, 석탄, 석유를 생산하여 벌어들인 돈만으로 물을 충분히 공급하기가 어려울지도 모른다. 특히 엘니뇨 현상이 발생할 때는 더욱 그럴 가능성이 크다. 이미 오스트레일리아는 태평양의 일부 섬에서 물을 수입한 전력이 있다. 그러나 땅덩이가 워낙 넓고 인구가 많아서 이런 방법으로 근본적인 물 부족 문제를 해결하기는 어렵다. 바닷물에서 염분을 제거하는 방법이 있기는 하지만 여기에는 지나치게 많은 에너지가 소요된다는 문제가 있다. 그래서 오스트레일리아에서는 물 공급 문제에 대한 우려가 계속 커지고 있다.

지금까지 이야기한 모든 문제의 중심에는 인구 증가 현상이 자리 잡고 있다. 인구가 증가하는 만큼 그와 비슷한 속도로 혹은 더 빠른 속도로 공업 및 농업 생산이 늘어나고, 결국 자원 사용량이 늘어난다. 이렇게 자원 사용량이 증가하면 폐기물 생산량 역시 증가하고, 이는 다시 인구 증가에 영향을 미친다. 머지않아 모든 성장은 한계에 도달할 테고, 그러면 사회 구조 역시 작동을 멈출 것이다. 이 한계는 사망률을 직접적으로 높이는 맬서스식 해결책뿐 아니라 수확체감의 법칙과도 관련성을 보인다. 그래서 도시와 인근 빈민촌의 자원 수요는 확장을 거듭하는 도시 배후지의 자원 공급량보다 더 빠르게 늘어난다. 그리고 사람과 자원, 폐기물 등을 수송하는 도시의 교통 체계가 인구 증가 속도를 따라오지 못하는 탓에 지상에서는 도로와 철로가 꽉꽉 막히고 지하에서는 온갖 터널과 관로, 케이블 등이 복잡하게 얽히고설키게 된다. 실제로 인도의 몇몇 도시에서는 지하철을 아무리 건설해도 계속 증가하는 인구와 그들의 수요를 감당하지 못하는 상황이 벌어지고 있다. 한편 환경오염, 염분 축적, 사막화, 삼림 벌채, 질병 발생 같은 문제가 사회 체계를 운영하는 데 장애물로 작용하면서 이를 해소하는 데도 온갖 자원과 공간, 그리고 조직적인 노력이 든다. 이런 문제는 조직이 직면하는 동적 한계(dynamic limitation)로서, 자원 고갈이나 기술적 제약 같은 정적 한계(static limitation), 또 환경오염이나 기후 변화가 안겨주는 한계와는 차이가 있다. 결국은 증가하는 수요를 충족시키고자 아무리 노력을 기울여도 수많은 문젯거리 때문에 그 결과물이 수요를 따라가지 못하게 된다. 또 이때 지역적으로는 효율성이 높아지지만 전 세계적으로는 효율성이 떨어지는 결과가 나타난다.

현재 세계 인구로 이뤄진 조직체는 역동성을 띠면서 인구 규모나 수요의 증가로 말미암아 구성 요소 간의 연결성이 계속 강화되고 바뀌는 특성을 보인다. 인구가 늘어나고 사회가 더 복잡하고 정교해지면 현존하는 조직체를 유지하기 위해 기술 수준 역시 계속 높아져야 한다. 그러나 그 복잡성과 정교함 때문에 조직 구조는 오히려 비효율적으로 변하고 만다. 인간이 효율성 제고를 위해 선택한 수많은 수단과 방법은 성장 과정에서 스스로 경쟁력을 키워 끊임없이 성장한다. 그리고 방금 이야기한 세 가지 측면, 즉 인구수, 조직의 복잡성, 다양한 기술의 필요성이 성장을 거듭하면 더 많은 에너지와 광물 자원이 필요해지고 결국 모든 것이 소모되어 폐기물로 변한다. 한편 사회 구조에 속한 온갖 구성 요소 간의 연결성이 계속 강해지면서 전체 구조가 각 구성 요소나 프로세스의 약점이나 불안정에 의해 더 큰 타격을 입기가 쉬워졌다.

이제는 사회의 온갖 구성 요소와 프로세스를 따로따로 처리해서 문제가 해결되는 시대가 아니다. 지구 온난화 문제를 인구 증가, 현 사회의 도시화, 기술이나 운송 체계의 필요성과 따로 떼어서 생각할 수 없고, 작물 생육기에 일정량의 물을 공급해야 하는 문제, 바다의 산성화 및 어획량의 감소, 식량이나 광물 자원의 부족으로 인한 전쟁, 반란의 발발 가능성, 그리고 범세계적인 질병의 발생 가능성과 따로 떼어서 생각할 수 없다. 이 모든 문제는 상호 의존적인 관계를 맺고 있으며 궁극적으로는 현존하는 인구 때문에 발생한다.

두 세기 전과 지금을 비교해보면 모든 상호 연관 요소 간의 긴밀성이 커지고 이 변화가 아주 짧은 시간 동안 일어났음을 알 수 있다. 물론 그와 함께 이런 요소들로 구성된 연결망을 다루는 속도 역시 빨라져야 했다. 그야말로 이전에 없던 변화다. 이제 세계 인구는 주변 환경과 함께 하나의 운영 단위를 이룬다. 내부적인 작동 면에서, 또 외부적인 성장과 확장 면에서 모두 역동성을 띠는 하나의 구조, 하나의 동적 체계를 이루는 것이다. 이제는 우리를 둘러싼 환경과 인구를, 또 사회학과 경제학을 생태학이나 인구 성장과 따로 떼어 생각할 수 없다. 또 반대로 인구 성장 문제는 자연환경 및 문화환경과 별개로 생각할 수 없다. 지금까지 인구와 환경은 함께 성장해왔으며 이 둘은 하나니까 말이다.

다시는 되돌릴 수 없는 성장

인구 성장을 촉발하고 지속하게 하는 연료는 인구 그 자체다. 옛날부터 사람들은 인구 성장 속도가 빨라질수록 그 한계 역시 빨리 다가오리라는 사실을 늘 알고 있었다. 18세기 유럽에서 나타난 인구의 성장 가속화는 제2차 농업혁명을 이끌었고 이는 다시 산업혁명을 일으키는 계기가 되어 제2의 도시화 물결과 대규모 이주를 촉진했다. 이 두 가지 혁명이 일어나기 전과 그 사이에도 반란이라고 부를 만한 작은 변화는 종종 일어났다. 그러나 인구 증가, 농업 생산의 강화, 기계화, 도시화와 공업화, 사회 기반 구조의 강화와 지리적인 확장 등 그 구성 요소에는 차이가 없었다. 그러다가 최근 들어서는 이전과 전혀 다른 변화가 나타났다. 제2차 세계대전 이후 새로운 화학혁명이 일어나면서 인구 성장률이 더욱 높아졌고, 그로 말미암아 통신혁명이 일어났다. 한편 식민지 건설로 인한 대규모 이주와 공간 확장의 둔화로 인해 도시화가 강화되는 양상이 나타났다. 지금까지 일어난 모든 혁명, 그러니까 산술적인 성장에 대한 인간 사회의 무감각하고 무의식적인 반응은 인구 성장 속도를 늦추기는커녕 오히려 촉진시키는 결과를 낳았다.

맬서스 학파에서는 전쟁, 기근, 유행병으로 사망률이 높아지면 인구 성장 속도가 감소하거나 완전히 멈출 것이라고 주장한다. 그러나 그들의 '해결책'은 생각만 해도 겁이 나고 소름이 끼칠뿐더러 현존하는 인구수를 고려했을 때 더는 큰 효과를 내기도 어렵다.

인류는 이미 오래전에 돌아갈 수 없는 지점을 지나치고 말았다. 과거에 유럽에서 흑사병이 일어났을 때처럼 현존하는 인구의 3분의 2가 줄어든다고 상상해보라. 2000년경의 세계 인구를 기준으로 삼아 생각해보면 전쟁이나 심각한 기근, 범세계적인 유행병으로 40억 명가량이 죽는다는 소리인데, 이 세상 누구도 그와 같은 대학살이 일어나기를 원하지는 않을 것이다. 게다가 그렇게 인구가 줄어든다고 해도 실제로는 1970년대, 그러니까 세계가 처음으로 성장의 한계를 인식한 30~40년 전 수준으로 돌아가는 것뿐이다. 만약 세계 인구수가 그때 수준으로 돌아간다고 해도 지금 같은 성장 속도라면 총인구 수는 40년 뒤 다시 지금 수준에 도달할 것이다. 따라서 우리는 그러한 대재앙이 일어나지 않도록 근본적으로 다른 인구 정책, 그리고 장기적으로는 더욱더 인도적인 정책을 마련해야 한다. 또 그 뒤에는 비인간적이고 효과가 일시적인 사망률 증가 현상에 기대지 말고 인간적이면서도 지속성 있는 해결책을 마련하고자 노력해야 한다. 우리는 더 늦지 않게 출산율을 대폭 낮추고 자원 사용량과 소비를 제한하며 자원 재순환을 함께 실천함으로써 그렇게 할 수 있다. 안 될 이유가 어디에 있는가?

E
세계화 사회에서 일어나는 일들

세계화 사회의 미래

인구과잉, 자원 부족, 폐기물 생산 문제로 사회적인 긴장감이 높아지는 시대에는 사회 체계가 불안정해지거나 붕괴되기 쉬우므로 이의 안정을 위해 최대한 신경 써야 한다. 이런 문제는 체계가 커지고 복잡해질수록 발생할 가능성이 더 크다. 현재 우리는 바로 이런 상황에 처해 있다. 그리고 앞으로도 인구가 증가하고, 자원 보유량이 감소하고, 폐기물 생산량과 오염이 늘어나고, 생물다양성이 감소하고, 자연환경이 악화되는 동안 우리 경제는 인구와 조직 및 기술적 상부 구조의 성장으로 인한 수요의 증가에 발맞춰 계속 성장할 것이다. 세계는 점점 더 작고 더욱 추상적이며 통합적으로 변할 테고 그러는 와중에도 성장은 계속되어 마지막 남은 자원을 두고 여러 나라의 경쟁이 더욱더 치열해질 것이다. 결국 이러한 변화는 사회 불안이나 내전, 그리고 국가 간의 무력 충돌 가능성을 높이기 마련이다. 게다가 이런 문제는 전체 체계의 붕괴를 초래할 수도 있다.

21. 현실 세계에서 추상 세계로

우리 집 큰아들은 난독증(dyslexia)을 앓고 있다. 쉽게 풀어서 말하자면 내 아들은 엄청난 노력을 기울여야만 글을 읽을 수 있고 기본적인 셈을 하는 데 어려움을 겪는다는 이야기다. 그 녀석은 글자 하나하나, 부호 하나하나를 유심히 살펴본 뒤에야 겨우 단어 하나, 숫자 하나를 구성할 수 있다. 책을 '읽을 때'는 앞서 머릿속에 그려 넣은 단어들을 꼭꼭 기억해둬야 문장 하나를 이해할 수 있고, 여러 문장의 정보를 조합한 후에야 겨우 한 단락을 이해할 수 있다. 그렇게 간신히 한쪽을 읽고 나면 모든 것이 모호하고 희미하게 뒤바뀐다. 그 아이에게 글 읽기란 너무도 많은 시간과 에너지가 필요한 일이다. 그냥 잠시 하는 연습이라 해도 들인 노력에 비해서 성과가 너무 떨어진다.

쉽게 글을 읽고 계산을 할 수 없다는 말에는 글자와 부호로부터 낱낱의 단어나 숫자를 구성하지 못한다는 문제 그 이상의 의미가 있다. 진짜 문제는 따로 있다. 단어와 문장, 절, 단락, 장, 책 전체는 이 세계의 추상적인 이미지를 상징한다. 글을 읽을 때 우리는 직접 무언가를 만지거나 냄새를 맡을 수 있는 현실 세계에 서 있거나 그 속을 거니는 것이 아니다. 글로 만들어진 세계에서는 어떤 것도 만질 수 없고 냄새를 맡을 수도 없다. 그저 상상해야 한다. 그리고 글로 제시된 내용을 감정적으로 받아들이려면 이전에 실제로 겪었던 경험을 되살려야 한다. 그런 경험이 없다면 마치 컴퓨터 게임을 할 때처럼 머릿속에 기존의 세계와 완전히 단절된 새로운 세계가 생겨날 수도 있다. 그러면 기이하고 환상적인 세계, 먼 옛날이나 가까운 미래 세계, 머나먼 곳에 있는 세계, 상상 속에 존재하는 다른 행성의 생명체, 우리와 다른 생물이 주인인 세계, 생활 방식이 전혀 다른 생명체 따위가 그려진다. 그때는 우리 머릿속에 은하계 전체가 들어 있으며 상상을 통해 빛보다 빠른 속도로 여행을 하거나 과거와 미래를 오갈 수도 있다.

숫자를 읽는 것도 단어를 읽을 때와 다르지 않다. 숫자 5를 예를 들어볼까? 말 다섯 마리란 표현은 눈앞에 보이는 말 떼를 추상적으로 나타낸 개념이다. 이 숫자에는 말 여덟 마리로 이뤄진 다른 집단을 더할 수도 있다. 그런데 말 다섯 마리와 암소 세 마리를 합칠 경우 그 집단은 동물 여덟 마리가 된다. 5 더하기 3은 8이라는 표현 자체도 추상적일뿐더러 동물이라는 일반적인 개념 역시 추상적이다. 여기까지는 아주 단순한 추상화에 지나지 않지만 산수 수준을 벗어나 대수학(algebra)을 다루고 숫자가 문자로 대체되면 지금까지 이야기한 특성이 매우 추상적으로 변한다. 그러면 존재하지 않는 미지의 요소 간의 관계를 묘사하는 또 다른 유형의 수학으로 넘어갈 수도 있다. 그때부터는 관계 내의 요소 대신 관계 자체에 초점을 맞추게 된다. 이러한 관계는 종종 이상하게 생긴 기호로 표시된다. 이 단계를 거치고 나면 컴퓨터를 이용하거나 여러 컴퓨터로 구성된 전산망을 다룰 수 있다. 세상 곳곳으로 손을 뻗는 조직망. 돈, 주식, 투자물, 정보 등을 옮기는 금융 전산망. 그야말로 추상적인 세계가 아닐 수 없다. 머릿속에 현실 세계의 지형, 즉 건물, 도시 구조, 도로, 강, 대륙, 바다 등을 담은 추상적인 지형도가 아니라 가상 수의 흐름, 돈의 흐름, 정보의 흐름처럼 추상적인 요소를 담은 세계 지도가 그려지는 셈이다. 모두 우리의 머릿속에, 또 컴퓨터 기억장치 속에 존재한다. 이제는 컴퓨터가 고장 나면 그 안에 담긴 정보의 대다수, 혹은 전부가 사라지고 만다. 마치 우리가 죽는 순간 모든 기억과 지식이 사라지는 것처럼 말이다. 그러면 그때까지 형성된 모든 추상적 세계는 처음부터 존재하지 않았던 것처럼, 또 쌀, 의자, 비행기 같은 사물이 존재하는 현실 세계를 지배한 적이 없었던 것처럼 기억에서 사라지고 만다. 아무런 흔적조차 남기지 않고…….

우리 큰아들은 글을 읽거나 셈을 하지 못하기에 혼자서는 지금까지 이야기한 추상 세계를 머릿속에 잘 그리지 못한다. 한 가지 다행인 것은 아들 녀석의 공간지각 능력이 매우 뛰어나다는 사실이다. 그래서 그 아이가 느끼는 세상은 다른 이들이 느끼는 세상보다 공간적이다. 그것은 책을 읽고 계산을 하는 우리가 이해하기 어려운 또 다른 추상 세계라 할 수 있다.

+글을 읽지 못한다거나 아주 간단한 셈을 하지 못한다는 말은 사람들 대다수가 공유하는 추상적인 사고방식, 즉 인간 세계의 조직 형태와 기술을 이해하는 데 필요한 기본적인 사고방식에 적응하기 어렵다는 뜻이다. 언뜻 봐서는 그래도 별 문제가 없는 것 같다. 인류 역사 중 긴긴 시간 동안 사람들 대부분이 세상을 추상적으로 생각할 일이 그리 많지 않았으니 말이다. 그들은 한 지역에서 자급자족 생활을 하며 살았고, 그곳의 귀족이나 왕의 지배를 받았다. 문맹률이 굉장히 높았지만 그때는 글을 읽거나 덧셈과 뺄셈이 필요한 사람이 거의 없었다. 그 시절에는 지도도 없었다. 종이 위에 만들어진 세상은 그들의 것이 아니었다. 사실은 지금도 그런 기술 없이 할 수 있는 일이 꽤 많지 않은가?

그러다가 지난 두 세기 동안 엄청난 변화가 일어났다. 실제 말과 소 따위로만 이뤄진 현실 세계가 단어와 숫자, 기계와 제어 장치, 온갖 정보를 비롯하여 범세계적 체계와 조직으로 구성된 고도의 추상 사회로 바뀐 것이다. 이러한 체계 덕분에 우리는 5~10년 뒤에 나타날 미지의 제품으로부터 돈을 벌어들이고 가상수의 흐름으로 이뤄진 시장에서 돈을 번다. 이제 우리는 컴퓨터 소프트웨어를 이용해 정보를 더욱 효율적으로 처리하거나 정확하게 제어하며 상거래를 할 수 있다. 하지만 앞날에 대한 미지의 정보를 세세하게 아무리 많이 접하더라도 그 실체를 직접 볼 일은 없다. 또 우리는 효율성이 더 뛰어난 조직에 투자하고 효율성의 향상을 가변적인 수치로 나타낸다. 가령 모종의 투자 효율이 3.23에서 3.6으로 올랐다고 생각해보자. 그러면 사람들은 당혹스럽고 경이로운 표정으로 이렇게 외칠 것이다. "우와 3.6이라니!" "3.6? 믿을 수가 없군!"

주식, 정보, 여행 상품 등의 거래는 추상적인 체계를 재편성하는 행위로 수백만 인구의 현실 생활을 바꿀 수 있다. 당신이 보유한 은행 계좌에는 한 번도 직접 보거나 만져보지 못한 돈이 존재한다. 그 돈이 은행에 있다고 알려주는 증거는 컴퓨터 화면에 나타난 숫자뿐이다. 지금으로부터 약 한 세기 전, 그러니까 1900년경 물리학계의 거장이었던 루트비히 볼츠만(Ludwig Boltzman)은 스스로 목숨을 끊었다. 그가 자살을 택한 이유는 그의 계산을 통해 원자와 분자가 존재한다는 예측이 나왔음에도 많은 동료 과학자가 그의 이론을 인정하지 않은 데 있었다. 당시 그들은 볼츠만에게 눈에 보이고 만질 수 있는 현실 세계를 따르라고 강요했다. 오늘날의 시대는 인류 역사상 과거 어느 때와도 비교할 수 없을 만큼 다른 모습을 보인다. 지난 2~3세기 동안 수많은 변화가 놀라우리만치 빠른 속도로 일어났다. 이런 변화로 말미암아 손에 만져지고 눈으로 보이는 것들로만 이뤄졌던 세계가 추상적인 세계로 변모했다. 종이로만 만들어지던 책이 이제는 노트북 컴퓨터나 태블릿 컴퓨터, 특수 단말기 등으로 읽을 수 있는 전자책(e-book)으로 대체되었다. 이렇듯 종이에 기록되거나 때로는 우리의 기억, 컴퓨터의 기억 장치 속에 이리저리 흩어지고 암호화하여 저장된 수많은 정보, 이것으로 구성된 세계는 우리 머릿속에만 존재하는 세계이고 단 몇 초 만에 사라지거나 주인이 바뀔 수 있는 세계이기도 하다. 우리가 쓰는 컴퓨터, 계산기, 그리고 두뇌는 과거에 일어난 사건 정보를 지도나 그림 같은 물리적 형상으로 저장하지 않고 마치 DNA의 유전 암호처럼 각종 규칙과 명령에 따라 그 정보를 재구성할 따름이다. 수십억 명의 삶을 좌우하는 규칙과 명령의 세계, 하지만 이 세계는 영원불멸하지 않고 일순간에 붕괴되어 사라질 수 있다. 모두 사라지는 것이다. 그렇게 되면 세상에는 이 사회도, 교역도, 아무것도 없다. 지금 우리가 사는 세계는 실수나 파업 때문에 정전이 일어나면 컴퓨터와 냉장고가 작동을 멈추고, 그로 인해 수많은 사람이 순식간에 식량 부족과 물 부족 사태를 맞이하게 되는 그런 세계다. 이제는 사람도 숫자로만 표현되는 시대, 그래서 컴퓨터 메모리에서 사라지면 실제로도 존재하지 않는 사람이 되어버린다. 하지만 우리가 원하기만 하면, 즉 변화가 필요하다는 인식이 생기기만 하면 언제든 새로 만들고 다른 틀을 짜서 바꿀 수 있는 세계이기도 하다. 어차피 우리 머릿속에만 존재하는 세계인데 마음대로 더하고 바꾸지 못할 이유가 있는가? 이런 특성은 추상 세계의 장점이다.

유럽이나 미국 같은 선진 세계에 전기 공급이 2주 내지는 한 달 정도 끊긴다면 그곳에 사는 수억 인구에 어떤 일이 일어날까? 장기간의 정전으로 일어나는 문제는 단순히 이메일 확인, 텔레비전 시청, 영화 관람 등이 불가능한 수준에서 그치지 않는다. 더 심각한 문제는 수많은 공장과 산업계 전체가 생산 활동을 멈추고 복잡다단한 행정 체계와 금융 · 의료 · 주요 연구 활동 체계가 무너지는 것이다. 이 말은 고속도로에 멈춰선 트럭과 창고 속에서 먹을 것이 썩어가고 우리가 모르는 사이에 질병이 확산된다는 뜻이기도 하다. 2010년 여름 베이징에서 몇 주 동안 교통이 마비되었을 때 어떤 일이 일어났던가? 그때 트럭에 실렸던 화물들은 어떻게 되었는가? 또 그런 상황이 벌어지면 당시 파키스탄에서 대규모 홍수 때문에 콜레라가 발생했던 것처럼 전염병이 급속히 번질 수도 있다.

한편 사회 조직의 인위적인 변화로 인해 급격한 변화가 일어나기도 한다. 약 20년 전 자본주의 성향으로 돌아선 러시아 공산주의 체제를 예로 들 수 있으며, 이후 그와 다른 노선을 택한 중국에서도 비슷한 변화가 나타났다. 그렇게 정부나 위정자 단 한 사람의 생각이 바뀜으로써 크나큰 변화가 일어났고 수많은 사람의 생활이 바뀌었다. 그때 누군가가 내린 결정에 따라 시골에서 수천만 명이 사는 대도시로 이주한 농부 2억 명은 어떻게 되었는가? 그 옛날 대가족을 이뤄 오밀조밀 모여 살다가 대도시 변두리의 고층 아파트에 외따로 떨어져 사는 중국 사람들에게는 어떤 일이 일어나고 있는가? 고요하고 칠흑처럼 검은 사막 밤하늘을 떠나 사람이 넘쳐나는 도시와 빈민촌으로 향한 투아레그족(Tuareg)은 또 어떠한가? 옛 터전을 잃은 그들은 무엇을 하고 살며 어떤 생각을 할까? 앞으로 그들은 무엇을 먹고, 어떻게 생활비를 벌고, 어떻게 새로운 인간관계를 맺고, 어떤 새로운 자원을 사용하고, 일상생활에서 나온 폐기물은 어떻게 처리할까? 실재적이고 인간적인 생존경제 생활을 하던 그들은 도시화 · 산업화 · 추상화 · 비인격화한 사회에 발을 들였다. 그 옛날 자급자족과 재순환 활동에 기초하여 살아온 그들이 이제는 비분해성 오염 물질을 대량으로 생산하는 낭비적인 사회에서 살고 있다. 지금 우리는 무엇이든 바꿔버리면 그만인 인간미 없는 세계, 현실 세계를 황폐화하는 추상 세계에 살고 있다.

이제 우리는 빽빽한 관계망을 이루고 수많은 사람, 크고 작은 회사들, 여러 국가와 연방, 고도로 추상화되고 계층화된 조직망과 금융망 간의 상호 작용 속에서 살아간다. 이제 이러한 상호 작용은 컴퓨터와 수송 체계에 점점 더 많은 의존성을 보이고 있다. 추상성을 띠는 이들 관계망은 수많은 사람 사이에서 이루어진 합의에 따라서 정의되고 변동을 거듭하는 통화(currency)의 지원을 받아 관습, 규칙, 규정, 법 등으로 자리 잡는다. 이러한 합의 사항이나 법규는 지면에 기록되기는 하나 실체가 없을뿐더러 안정적이지도 못하다. 이런 규범들은 추상적이고 작은 장애에도 큰 취약성을 보일 뿐 아니라 불안정하기까지 하다. 그래서 변화는 언제든지 일어날 수 있다. 이제는 수년간 고생해서 모은 재산이 하룻밤 사이에 휴짓조각으로 바뀔 수 있는 시대다. 재산의 가장 명확한 형태는 지폐나 동전으로 된 화폐지만, 지금은 그 대부분이 우리 머릿속이나 컴퓨터 기억 장치 속에 존재한다. 과거에는 왕이나 교황이 죽더라도 보통 사람들의 실제 생활(식사, 이동, 임신과 출산 등)에는 별다른 변화가 없었다. 하지만 지금은 정전 하나만으로도 우리의 삶이 파멸

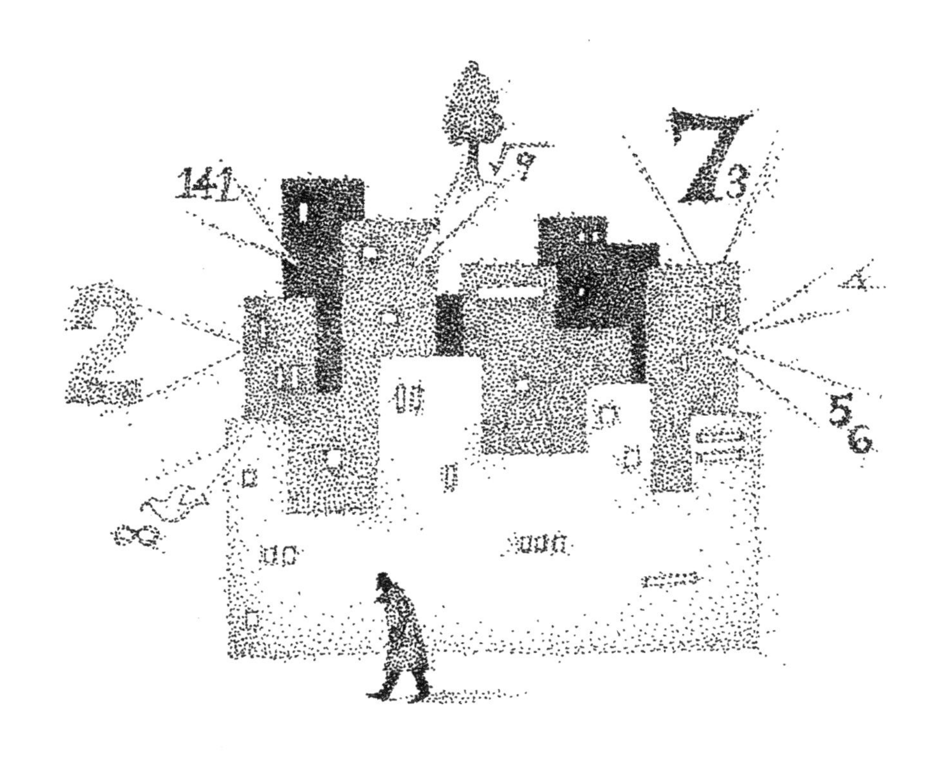

될 수 있다.

전쟁이나 혁명 중에는 식량이 충분히 공급되다가도 어느 순간 심각한 식량 부족 문제와 기근이 발생할 수 있다. 재산권과 돈, 주식, 주택, 토지의 가치 역시 엉망이 될 수 있다. 인류의 역사에서 저항 조직이나 군대, 반란군이 점령지의 사회 기반 시설(도로, 항구, 철도 따위)을 비롯하여 정부 조직과 군 사령부를 파괴하는 것은 일종의 관행과도 같았다. 그래서 전쟁이 끝난 직후에는 파괴된 기존 체계를 복구하는 일이 급선무였다. 과거에 세계대전이 두 차례 벌어졌을 때 스위스 같은 중립국들은 식량 · 의료 · 재정 · 기타 사회 조건 측면에서 천국과도 다름없었다. 하지만 국경에서 단 몇 분 거리에 있는 독일과 오스트리아에서는 빈민들이 혹독한 무법 지대에서 서로 싸우고 고문하고 죽이거나 아사하는 일이 비일비재하게 일어났다. 지도 위에 그어진 국경선 바로 건너편에서…….

사회의 존속을 좌지우지하는 것은 조직화한 자원 공급 체계이고 이 체계는 언제든 쉽게 무너질 수 있다. 그러나 자원 공급이 불가능한 상황이 되어도 사람들의 실질적인 수요는 변하지 않는다. 만약 내부 조직체의 기능이 일부분 혹은 완전히 정지할 경우 사회는 붕괴하고 만다. 조직은 어떤 종류든 간에 실체 없이 우리 머릿속[옛 속담에서 말하는 '귀와 귀 사이(between our ears)']이나 책, 컴퓨터 속에만 존재한다. 그래서 추상적이다. 하지만 우리의 귀와 귀 사이에서 만들어지는 세계는 정말 끝없이 복잡하고 복잡하다. 이 복잡성은 진짜다.

그런데 지금처럼 추상적 요소로 가득한 이 기이한 사회는 어떻게 시작된 것일까? 특히 지난 두 세기 동안 어떤 식으로 발전했을까? 우리 삶과 사고방식 중 어떤 면이 거기에 영향을 받고 급격히 변화했을까? 또 어떻게 그 짧은 시간에 인류의 실재적인 생활방식과 사고방식이 추상적으로 바뀌었을까? 그리고 한적한 시골에서의 인간적인 삶이 어떻게 철근 콘크리트 건물이 가득하고 수백만 인구로 넘쳐나는 거대하고 소란스러운 도시에서의 삶으로 바뀌었을까?

인류 문명이 싹을 틔운 이래로 경제 성장은 줄곧 인구 성장과 함께 발맞춰왔다. 정확히 따져보면 문명의 발달로 인해 인구 성장이 일어나고 그 후 경제 성장이 일어난 것이다. 그렇게 인구가 늘고, 건강 상태가 향상되고, 활동성과 이동성이 커지면서 수요가 늘어나면 더 큰 시장이 형성된다. 결과적으로 생산과 상거래의 신속성 및 효율성이 제고되는데, 그러면 다시 생산과 상거래의 규모 확장이 필요해진다. 이러한 변화 위에서 경제 성장은 소비자의 수와 사람들 개개인의 수요 증가를 동시에 촉진시킨다. 그러한 변화가 이어지면서 질적 향상이나 사람에 대한 관심 대신 수익 극대화를 위한 양적 성장이 성공의 기준이자 사회를 움직이는 원동력이 되었다. 그리하여 사람들 개개인의 요구에 맞춘 생산, 작은 시장을 위한 생산은 사라지고 대량 생산이 그 자리를 꿰찼다. 그러면서 사람은 세상을 움직일 힘을 잃었고 온갖 추상적인 사회적 요소가 그 자리를 대신하기 시작했다. 이제 사람들은 실체가 없는 일개 생산자와 소비자로 변화했고 그들의 숫자는 생산과 소비라는 측면에서 추상적인 세계 시장을 지탱하고 있다.

그렇게 생산량 증가가 최상의 목표가 되면서 가내공업자들은 자동화 설비를 갖춘 공장에 밀려나고 말았다. 국제 무역이 시작되었고 도로, 운하, 유통망, 저장 공간, 운송 회사, 선박, 승용차, 트럭, 비행기, 통신과 금융 체계 등 국내외의 사회 기반 구조가 갖춰졌으며 그 뒤로 지속적인 향상과 확장, 증가가 뒤따랐다. 돈에 대한 관심이 사람에 대한 관심을 대체했고, 눈에 보이는 질적 차이보다 머리로 셈할 수 있는 양적 차이가 더 중요해졌다. 사람과 사람, 회사와 회사, 은행과 은행 간의 경쟁이 시작되었고, 그 속에서 생존하기 위해 공장, 생산, 마케팅, 돈벌이는 계속 커지고 늘어나고 성장해야만 했다. 그 결과 정적이고 사람이 주체였던 과거의 상거래는 무한한 확장과 인간미 없는 성장으로 대체되었다. 이제 주식과 투자물의 거래는 곧 수익으로 직결되며, 바로 이런 이유 때문에 매일 같이 수조 달러가 전 세계 곳곳을 오간다. 이처럼 모든 것이 추상적으로 이어져 있는 지금, 우리는 사람과 사회 역시 그러한 방식으로 바라보고 있다.

이후 사회를 조직화하는 새로운 규칙이 다양하게 생겨났다. 서로 대립하는 이익 집단들이 생겨났고 이들이 정치 집단으로 변하면서 민주주의와 사회의 정치 구조가 형성되었다. 이 모든 결과는 개인주의와 직업화, 각종 산업과 금융 및 행정의 전문화를 추구했던 지난 한 세기 동안의 변화 덕분이었다. 민주주의는 시간이 갈수록 주장과 쟁점을 따져보기보다 투표수에 의존하는 경향을 강하게 드러냈고, 이런 흐름은 유권자의 정체성과 선택을 추상화하는 결과를 낳았다. 그리고 인구수가 늘어나면서 지역 정치권부터 국제 정치권까지 민주적인 의사결정 체계도 함께 늘어났다. 이제 사람과 사회는 숫자와 조직적 계층화, 그리고 눈에 보이지 않고 제어 불가능한 이 두 가지 요소의 성장으로 표현된다.

사회는 인구수를 유지하고 통제하기 위해서 일정 수준의 복잡성을 갖춰야 했고 이것이 어느 시점까지는 서류를 통해 처리될 수 있었다. 그때는 은행 일이라고 하면 커다란 건물에 매일 같이 수백 명이 들어앉아 한 계좌에서 다른 계좌로 직접 송금 금액을 옮겨 적는 식이었다. 하지만 각국의 인구가 계속 늘어나면서 더는 서류를 이용해 일을 처리하기가 어려워졌고, 결국 기존의 통제 체계 중 많은 부분이 처리 속도가 빠르고 사람의 개입이 필요 없는 전자식으로 바뀌었다. 요즘은 약속과 계약, 규정과 계획의 수립, 일정 조정, 여행, 기차와 항공기 승차권, 호텔 객실 예약, 갖가지 자동 출납, 구직과 집 구하기 등 거의 모든 것이 컴퓨터, 그리고 세계 각지의 사람, 가게, 회사, 은행을 곧장 잇는 통신망을 통해 전자적으로 처리된다. 매표소나 계산대의 점원은 점점 과거의 유물 같은 존재가 되어가고 있으며 컴퓨터의 인공 음성과 전자우편이 점점 더 빠르게 그들의 자리를 채워가고 있다. 이제는 품질 관리, 보관, 주문, 배달, 운송, 대금 지불, 제품 확인, 지급 독촉 등 수많은 업무 흐름이 기계에 의해 이뤄지는 시대다. 그래서 모든 작업이 아예 사람 없이 이뤄지는 경우도 드물지 않다. 요즘은 사생활을 보호하는 활동도 전자 기기와 전산망을 이용해 이루어진다. 물론 사용하는 도구나 웹 사이트 등에 그런 기능이 마련되었을 때만 가능하지만 말이다. 또 지금은 정보와 돈의 흐름이 잠시라도 멈출 경우, 수백만 달러가 공중으로 흩어져버릴 뿐 아니라 심각한 재난이 발생할 수도 있다. 우리는 사람의 개성, 정체성, 형편 등을 고려하지 않고 온갖 문자와 주문서를 찍어내는 수많은 기계에 휘둘리고 있으며, 인간의 삶에 대한 온갖 조직과 기계의 통제는 시간이 갈수록 점점 더 강해지고 있다.

지금까지 우리 인간은 과학의 힘을 빌려서 이 세계를 수량화하고 기계화하여 사회 기반 구조나 공정을 간소화하고 노동에 필요한 인력과 관련 활동을 최소화했다. 우리는 복잡하고 현실적인 자연계를 단순하게 표현함으로써 이 세상을 추상적으로 뒤바꿔 놓았다. 그러면서 사회적 통제에 의해 돌아가던 촌락에서의 삶은 익명성에 기댄 도시에서의 삶과 국가주의로 대체되었고, 국가는 다시 변화무쌍한 '지구촌'으로 대체되었다. 이제 자연계와 인간계는 모두 우리와 외따로 떨어진 채 돌아가고 있으며, 때로는 일부 전문가를 제외하고 아무도 이해할 수 없는 방식으로 움직이기도 한다. 세상에 대한 추상적인 이해, 혹은 불가해함은 새로운 현실이 되었고, 이것이 나름대로 유용성을 띠었기에 우리 인간은 이런 현실을 받아들이고 이용하며 더 넓게 확장시켰다. 하지만 이것으로 끝이 아니다. 이러한 변화 뒤에는 우리 삶과 미래에 더욱 크게 영향을 미치는 심각한 문제가 존재했다. 수량화, 기계화, 자동화, 추상화로 인해 사람과 사람이 멀어지고 우리 인간이 실체를 갖춘 유형의 세계에서 멀어지는 현상이 나타난 것이다.

인구가 대폭 증가하면서 인간관계는 점차 비인간적으로 변했다. 왕, 교황, 지역구 목사들은 사람에 대한 지배력을 잃었고 사람들은 상대방을 제어하지 못하는 상황에 이르렀다. 사회적인 통제력이 약해진 것이다. 그리하여 재산권이 정의될 필요가 생겼고 그 결과로 법안이 마련되었는데, 여기에는 물건의 소유에 관한 내용뿐 아니라 사람에 관한 내용도 있었다. 바로 빈민, 반대자, 남녀 성과 관련된 것이었다. 이로 말미암아 평등권 운동이 시작되었다. 처음에 남성의 전유물이었던 민주주의에서는 여성의 기본권이 인정되지 않았다. 여성에 의해, 여성을 위해 각국에서 대중운동이 일어난 것은 제1차 세계대전 이후였다. 그리고 1960년대 후반에 기존의 모든 질서와 규범에 대한 의문이 제기되면서 이전보다 더 큰 규모로 평등권 운동이 일어났다. 그 일환으로 일어난 성혁명(sexual revolution)은 가정생활과 사회 전반에 퍼져 있던 가부장적 인간관계를 크게 개선하는 데 일조했다. 그 결과

가정 내 남자와 여자의 역할이 다시 정의되었고 여성이 출산할 자녀 수를 결정할 수 있는 힘을 가지게 되었다. 남편도, 국가도, 교회도 여성에게 명령을 내릴 수 없게 된 것이었다. 그때부터 서양 세계의 여성들은 결혼을 할지 말지, 누구와 결혼할지를 스스로 결정하기 시작했다. 여성에게도 남성과 같은 교육을 받고 사회생활을 할 권리가 생겼다. 그리하여 처음에는 남성이, 이후에는 여성이 가족이나 사회적인 규칙에 예속된 인적 자산이라는 사고방식이 사라졌다. 이런 점을 보면 여성해방 운동이 교육의 향상보다는 주로 사회적 관계의 변화에 기인한 것임을 알 수 있다. 과거에는 남성과 여성, 두 성 모두 가정 내에서 서로 다른 일을 했고 사회적으로도 그 역할이 달랐다. 그러나 약 한 세기에 걸친 투쟁으로 남녀 모두 법에 따라서 자유롭게 자신을 위한 선택을 하게 되었고, 새로운 역할을 성공적으로 수행하기 위한 교육을 받게 되었다. 이러한 변화상과 관련하여 한 가지 흥미롭고도 중요한 사실은 이 현상이 세계 곳곳에서 나타났다는 것이다. 물론 세계 모든 대륙에서 동시에 같은 속도로 발생했다는 말은 아니다. 하지만 이러한 움직임은 범세계적인 통신의 발달 덕분에 대부분의 대륙에서 거의 비슷한 시기에, 특히 사회혁명이 빈발했던 1960년대와 1970년대에 두드러지게 나타났다. 그렇게 혁명기에 내디딘 크나큰 발걸음 이후로 작은 변화가 꾸준히 뒤따랐다.

내가 여기서 여권의 신장에 대해 많은 설명을 하는 이유는 당시 사태가 이 책에서 다루는 문제와 직결된 사회 변화에 가장 크게 영향을 미쳤기 때문이다. 아직 더 두고 봐야 확실히 알 수 있을 테고 세월이 그리 오래 지나지도 않았지만, 그 시절 우리가 택한 길은 이미 인류의 미래에 지대한 영향을 미쳤다. 벌써 몇 번이나 강조했듯이 자원 사용량, 폐기물 생산량, 환경 문제가 늘고 현 사회가 점점 더 도시화 · 추상화하는 근본적인 요인은 바로 인구 증가 현상이다. 인구수는 여성 한 명당 또는 부부 한 쌍당(남녀를 합산하여 계산) 평균 대체 출산율에 따라서 달라진다. 이 수치가 1일 경우는 인구 변동이 없고 1을 초과하면 인구가 증가하며 1 미만일 때는 인구가 감소한다. 현재 세계 정황을 고려하여 부부 단위로 대체 출산율을 계산하면 그 수치는 2.3 정도가 적합하다. [사망률을 높이는 여러 가지 요인(특히 남자의 경우)을 감안하여 2보다 조금 크게 잡는다.] 지난 50년간 전 세계의 가구당 평균 자녀 수는 5~6명 수준에서 2.6명으로 급속히 줄어들었다. 지금 대다수 국가의 대체 출산율은 이보다 훨씬 낮은 편이며, 2020년 이후에는 모든 국가에서 대체 출산율이 안정화 수준 이하로 떨어질 가능성이 있다. 이미 러시아에서는 국가 전체의 대체 출산율이 1.3 수준(대도시에서는 1.1에 불과)으로 떨어져 인구가 급속하게 줄어들어 정부가 큰 고민에 빠져 있다. 프랑스의 경우, 그 정도로 인구가 줄어들지는 않았지만 대체 출산율이 오랫동안 상당히 낮게 유지되었기에 프랑스 정부는 이 수치를 다시 안정화 수준으로 끌어올리고자 출산 장려책을 마련하고 있다. 반면에 인도네시아를 비롯한 몇몇 국가에서는 인구 대체 수준을 낮추기 위해 적극적인 정책을 펴고 있다.

대체 출산율이 인구 안정에 필요한 수준 밑으로 떨어지는 현상은 인구변천 모형이 예견한 내용과 그대로 일치하는 것처럼 보인다. 하지만 이 프로세스가 돌아가는 기작은 완전히 딴판이다. 즉 출생률이 사망률에 따라서 자동으로 반응한다는(명확히 알려진 기작 없이 한 사회 내부에서 인구통계학적 프로세스가 이뤄진다는) 예측과 다르게 아무래도 실제 프로세스는 인구통계학에서 주로 다루는 요소들과 무관한 것 같다. 출생률은 피임이나 불임 수술 여부에 따라서 크게 달라지는데, 사람들이 사는 문화권에 따라서 다소간의 차이는 있지만 이것을 결정하는 쪽은 대체로 여성이다. 이 사실을 결코 간과해서는 안 된다. 왜냐하면 대체 출산율이 부유함, 인구 규모, 인구통계학적 특성이나 한 국가의 정부 내지는 종교 체제와 크게 무관하게 전반적인 추세를 따라서 인구 안정화를 유지하는 수준 이하로 떨어질 수 있음을 암시하기 때문이다. 일례로 가톨릭 국가인 필리핀과 폴란드의 평균 대체 출산율은 각각 3.3과 1.2인데, 폴란드 도시 지역에서는 이 수치가 1.1로 더 낮게 나타난다. 물론 같은 국가 내에서도 어떤 종교를 믿느냐 믿지 않느냐에 따라서 큰 차이가 존재할 수 있으며 그로 인해 한 집단에서는 인구 재생산율이 높게 나타나고 반대로 다른 집단에서는 그 수치가 낮게 나타날 수 있다. 다만 이들 모두 이전보다 수치가 낮아지고 있다는 점에서는 다르지 않다. 그리고 때로는 위에서 이야기한 차이 때문에 인구 내 특정 집단들의 출산율을 높게 유지하거나 촉진해야 하는 정치적인 이유가 생겨나기도 한다. 하지만 이제 수억 인구 사이에서 통신을 통해 끊임없이 연락과 대화가 이뤄지는 시대이기 때문에 낮은 인구 재생산율을 향한 흐름은 세계 대다수 지역에서 앞으로도 계속 나타날 것으로 보인다.

내 추측이 틀리지 않다면, 현재 우리는 유럽에서 시작되어 근래 세계 다른 지역으로 확산된, 장장 한 세기에 걸친 유행 현상을 목격하고 있는 것이다. 이 현상은 개인의 권력과 사회적 통제에 의존한 사회에서 벗어나 법적인 자유에 기초한 사회, 비인격적이고 차별이 없는 사회로 이행하는 경향을 보인다. 또 이 현상은 다른 성별, 성향, 배경을 지닌 사람들의 개성을 인정하는 방향으로 흘러간다. 이런 특성은 수치화, 수량화의 긍정적인 측면이라 할 수 있다. 이전 시대에는 사람들이 서로를 너무나 잘 알고 살았으며 사회 전반적으로 이동성이 그리 높지 않았기에 여러 세대와 가족들이 직접적인 의미에서나 비유적인 의미에서나 매우 가깝게 지냈다. 인구 감소 추세는 대체로 사회적 통제 정도가 가장 낮은 도시 지역에서 시작되었고 점진적으로 도시 인근 전원 지대의 소규모 공동체로 퍼져 나갔다. 도시에서는 사망률이 가장 높게 나타났으며 사망률이 감소하는 시기에도 인구 재생산율이 가장 낮게 유지되었다. 그래서 사람들은 오랜 세월 동안 도시를 인구통계학상의 블랙홀이라고 생각했다. 그러나 도시화 현상이 확산되고 전원 지역에서도 인구 감소 추세가 나타나면서 두 지역 간의 차이는 점점 줄어들고 있다. 이 말인즉슨 전 세계 인구가 대규모 도시화 과정에 접어들면서 인구 재생산율이 다시 높아지기가 어려워졌다는 뜻이다.

이런 추세대로라면 인구수는 우리가 자원을 소비하고, 환경을 오염시키고, 환경을 황폐하게 뒤바꾸는 속도에 비해 상당히 낮은 수준에 수렴할 가능성이 있다. 하지만 그렇다 하더라도 인구수, 자원 수요, 현 사회의 규모와 복잡성을 줄이기 위한 대책은 반드시 마련해야 한다. 일단 수익 극대화에 기초한 낭비적인 자원 이용 체계를 바꿔야 하고, 에너지가 많이 드는 물질 재순환 작업을 계속 이어가기 위해 탄소 중립적인 신 에너지원을 개발해야 하며, 전 세계의 교통량을 최소화해야 한다.

추상화 사회를 향한 혁명은 우리 사회가 점점 변화(외부에서 비롯된 변화와 사회 내부적인 긴장, 각종 장애, 점진적인 변천에 의한 변화)에 취약해진다는 것을 뜻한다. 현존하는 체계를 망가뜨리고 무너뜨리기란 그리 어렵지 않다. 또 지금은 사회의 한 부분이 제 기능을 잃을 경우 다른 부분 역시 잇따라 쓰러지고 만다. 우리의 거대한 지구촌 사회는 사실 모든 부분이 추상적이라서 붕괴하기가 정말 쉽다.

하지만 수많은 사람이 모여 사는 이 추상 세계로 말미암아 나타난 효과가 모두 나쁘지만은 않다. 아까 여권의 신장을 이야기하면서 소개했듯이, 여러 면에서 긍정적인 결과가 나타났기 때문이다. 그중에서도 특히 법적으로 자유가 보장되고 증진된 것은 괄목할 만한 발전이었다. 또 결과적으로 이런 변화 덕분에 전 세계의 대체 출산율이 대폭 낮아질 수 있었다. 그렇게 추상성은 현실이 된다.

22. 사회의 에너지양과 정보량

아마 다들 한 번쯤은 옛날 뱃사람들처럼 어기적어기적 걸으면서 고래고래 소리를 치며 시끄럽게 이야기를 나누는 청소년들을 본 적이 있을 것이다. 마치 나무를 흔들면서 고함을 지르고 나뭇가지를 부러뜨리며 정글을 활보하는 침팬지처럼 잔뜩 으스대는 꼴이다. 그 모습은 암탉을 향해 고개를 숙인 채 깃털을 날리며 돌진하는 수탉과도 크게 다르지 않다. 그러다가 수탉은 갑자기 멈춰 서서 웬 소동이냐는 식으로 주변을 둘러본다. 아이들과 침팬지도 그렇게 한껏 으스대다가 어느 순간 조용해진다.

이렇게 잘난 체하고 으스대는 행동을 할 때도 에너지가 들까? 답은 '그렇다'이다. 그러면 이 에너지는 모두 어디서 와서 어디로 갈까? 과연 그 목적지는 어디인가? 일단 이렇게 다 쓴 에너지는 아무 데도 쓰이지 못한다. 아, 그전에 대체 이 '에너지'란 무엇일까? 우리는 이것을 보거나 만지지 못하지만, 앞에서 이야기한 것처럼 남들에게 으스대는 행동을 하거나 수면, 침대 정리, 쇼핑, 산책, 대화, 출근 등 일상적인 활동을 할 때는 분명히 에너지가 소비된다. 윙윙거리며 돌아가는 기계도 마찬가지다. 모든 활동에는 에너지가 든다.

그런데 조직을 구성하고 그것을 운영하거나 유지하는 활동은 어떨까? 거기에도 에너지가 들까? 만약 그렇다면, 얼마나 많이 들까? 그 에너지의 양을 측정할 수 있을까? 사실 폭풍우나 지진 또는 전쟁으로 붕괴된 조직을 재건하려면 오랜 시간에 걸쳐 많은 노력을 기울여야 한다. 주택, 발전소, 다리와 기중기, 도로, 전화선로 같은 사회 기반 시설을 재건하는 작업에는 물리적 에너지가 소모된다. 일단 조직이 원래대로 복구되었다고 가정해보자. 그러면 그 조직은 이제 일정량의 에너지에 상당한다고 볼 수 있지 않을까? 그 에너지는 건물을 재건하는 데 든 에너지와 같은가? 또 조직 구조를 체계화하는 작업에도 에너지가 들지 않는가? 아마도 정신 에너지라고 할 수 있을 텐데, 이것은 정확히 무엇일까? 정신 에너지는 기계나 전력망을 구동하는 데 쓰이는 물리적 에너지와 다른 것일까? 크고 작은 지역구, 지구촌 사회, 각종 사회 기반 시설을 포함한 모든 인간 사회는 아주 오랜 옛날, 그러니까 바빌로니아나 로마 사람들이 법 체계나 행정 체계를 만들면서 소모한 에너지까지 포괄적으로 나타내는 것일까? 그렇다면 거기에는 얼마나 많은 에너지가 포함되었을까? 그런 조직을 유지하는 데 얼마나 많은 에너지가 소모될까? 복잡한 조직을 만들면 그보다 단순한 조직을 만들 때보다 에너지가 적게 들까? 만약 실제로 그렇다면 그 차이는 조직의 크기에 비례할까? 어떤 건물이나 조직을 파괴하더라도 에너지가 방출되는 일은 일어나지 않는데, 그 이유는 그 건물이나 조직이 이미 다 소진되어버린 에너지에 해당하기 때문일까?

지금까지 이 책에서는 우리 삶의 물질적인 측면, 즉 자원과 폐기물에 주로 초점을 맞췄다. 그리고 이산화탄소, 석유, 천연가스, 그리고 각종 영양물질과 식량에 대해 이야기하며 앞으로 일어날 수 있는 에너지 부족 문제를 언급했다. 하지만 에너지의 본질에 대해서, 그리고 우리 사회를 운영하고 이해하는 데 에너지가 얼마나 중요한 역할을 하는지에 대해서는 설명이 소홀했던 것이 사실이다. 그뿐 아니라 우리가 늘 이용하는 또 다른 비물질적 개념 '정보'는 어떠한가? 이 개념은 어디서 나타났을까? 에너지와 정보라는 개념 간에는 서로 연관성이 있을까? 이 두 가지와 조직 간의 관계는? 조직이란 무엇인가? 조직의 복잡성은 그것과 관련된 전체 정보량으로 측정해야 하는가? 아니면 에너지양이나 조직 일부분의 정보량을 기준으로 측정해야 하는가? 이 개념이 조직을 평가하고 그 복잡성과 붕괴 위험이 얼마나 큰지를 이해하는 데 도움이 될까? 조직체, 달리 말해 사회는 형성과 성장 과정을 거치고 때때로 문제가 생기거나 아예 붕괴할 수도 있다. 우리가 줄곧 이야기해온 구체적이고 긴급한 여러 가지 문제와 방금 소개한 추상적인 개념들은 체계 붕괴의 위험성과 어떤 관계가 있는가? 질문거리는 차고 넘칠 만큼 많다. 하지만 현실적으로 생각해보자. 지금 우리가 이 많은 문젯거리를 전부 살펴봐야 하는가? 이것이 이 책의 목적과는 다소 거리가 있지는 않는가? 이런 주제를 생각하는 것이 무슨 도움이 되기는 할까? 내 생각에는 그렇다.

에너지라는 개념은 추상적이다. 그래서 에너지는 물리학에서 다루는 수많은 기본 현상 중에서 가장 마지막에 다뤄지게 되었고, 이후 물리학자들의 관심은 원자론, 우주의 기원과 규모 및 특질, 태양의 열, 압전식 라이터, 전자공학, 텔레비전, 통신, 그리고 요즘 우리가 사용하는 휴대전화로 이어졌다. 에너지는 정말 다루기 어려운 주제다. 논의나 정의 측면에서도 그렇고, 측정이나 관리 측면에서도 그렇다.

사람들이 에너지 자체를 연구하고 에너지를 다양한 형태로 변환하는 연구를 하면서 다양한 물리학 분야가 생겨났다. 에너지는 일반적인 물리 법칙을 따른다.(지금까지 우리가 이야기한 모든 주제와 소재 역시 같은 법칙을 따른다.) 이는 에너지가 우리의 모든 행동, 우리 주변에서 일어나는 모든 현상의 기초를 이루기 때문이다. 생물학적으로는 영양물질만이 우리 몸에 에너지를 전달할 수 있다. 에너지는 점점 유용한 에너지에서 쓸모없는 에너지로 변해 가며, 우리는 모두 체계화된 에너지의 흐름이라 할 수 있다. 인구수가 늘어날수록 우리를 지탱하는 데 필요한 에너지의 양도 늘어난다. 수요와 생산량이 늘어남에 따라서 에너지의 필요량 역시 늘어나는 것이다. 이 논리는 우리 생활을 뒷받침하는 사회 기반 시설에도 똑같이 적용된다. 물론 그냥 늘어나는 것이 아니라 인구와 수요에 비례하여 지수적으로 성장한다는 특징이 있지만 말이다. 현재 우리가 사용하는 모든 에너지는 그 형태를 막론하고 대부분 깊은 지층에서 채굴한 화석연료로부터 생성된다. 인간의 수와 각종 사회 기반 시설, 크고 작은 문명은 수천 년에 걸친 세월 동안 다른 동식물종의 수보다 훨씬 더 크게 성장했다. 그 이유는 우리가 식량에서 얻는 에너지 외에도 여분의 에너지를 생성하기 위해 다양한 길을 모색했고 또 그렇게 하여 얻은 에너지를 조직화했기 때문이다. 그리고 우리는 이 에너지의 일부를 더욱 풍부한 에너지원을 찾고 만들어내는 데 이용했다. 그렇게 하여 인구수는 계속해서 늘어났고 사회의 복잡성도 계속 커졌다.

이 세상에서는 에너지의 이동 없이 아무 일도 일어날 수 없다. 이 세계에서, 우리 몸속에서 일어나는 모든 일은(우리가 아무리 꼼짝 않고 가만히 있어도) 에너지를 소비한다. 심지어 생각하는 것조차도 에너지를 소비한다. 우리가 사회와 여러 가지 관계를 구축하고 유지하려면 많은 생각이 필요하고, 전화 통화와 차량 이동, 건축 작업 역시 많이 필요하다. 결국 그러려면 에너지가 많이 필요하다. 현존하는 사회는 기나긴 인류의 역사 동안 전 세계 전역에 축적된 엄청난 양의 에너지를 나타낸다. 그리고 사회의 운영과 유지에도 많은 에너지가 든다. 세상 모든 것의 기반은 에너지이며, 세상을 움직이고 수많은 분자의 형태, 각 분자의 상호 작용, 우리 몸, 생물이 생겨난 이래 계속된 진화를 구성하고 이끈 것은 에너지의 흐름이다. 모든 것은 질적인 저하를 겪으며 한 방향으로만 흐르는 에너지에 의해 이루어졌다. 모든 생명을 형성한 것은 바로 에너지의 흐름이다. 참으로 놀랍지 않은가?

에너지를 이야기할 때 우리가 알아둬야 할 것은 두 가지다. 첫째는 에너지도 물질과 마찬가지로 파괴될 수 없다는 사실이다. 그래서 자원으로 사용된 물질과 에너지는 결국 같은 양의 폐기물, 즉 폐물질과 폐에너지로 전환된다. 둘째는 에너지가 매우 작은 알갱이, 즉 입자 형태로 집단을 이룬다는 사실이다. 이런 입자들은 에너지 함량에서 차이를 보이는데, 쉽게 말하면 입자의 크기가 다르다고 할 수 있다. 우리가 부엌에서 요리를 하거나 캐나다의 앨버타 주에서 타르 모래를 긁어모으거나, 어떤 식으로든 에너지를 사용하면 크기가 큰 입자는 이른바 에너지 열화(劣化, degradation) 과정에서 더 작은 입자로(최대 32개까지) 쪼개진다. 에너지 열화는 언제나 에너지가 큰 쪽에서 작은 쪽으로 일어난다. 이 방향은 절대로 바뀌지 않는다. 그래서 크기가 크고 에너지가 풍부한 입자는 크기가 작은 여러 개의 입자로 나뉘어 열 형태로 곳곳에 흩어진다. 이후 이 입자들은 지구를 벗어나 우주로 흩어지고, 그렇게 영원히 모습을 감추고 만다.

다른 모든 활동과 마찬가지로 자원의 재순환 활동도 에너지를 소비한다. 대개 폐기물을 재순환하는 데는 엄청나게 많은 에너지가 든다. 우리는 이 에너지를 폐물질로부터 추출해서 쓰거나 이미 용도를 다 한 물질을 안정화하기 위해 다른 에너지를 추가해야 한다. 몇몇 물질(이를테면 폴리에틸렌 같은 플라스틱류)은 화학적으로 너무나 안정적이라서 다른 플라스틱으로 변환시키는 경우 외에는 재순환에 상당히 많은 에너지가 든다. 그래서 이런 폐물질을 효율적으로 분해할 수 있는 생물 효소가 있으면 좋겠다는 생각이 들지만, 이 세상에는 이런 인공 소재를 분해할 수 있는 생물은 존재하지 않는다. 에너지 자원이 점점 줄어들고 있는 현시점부터 남은 자원을 채굴하는 데 점점 더 많은 에너지가 소모될 것이며 이는 지금 우리가 맞닥뜨린 문제를 더 심각하게 만든다. 폐기물을 새로운 물질 자원으로 재순환하는 활동은 자원 부족 문제를 완화하는 데 도움이 되지만, 폐기물 재순환 작업은 종종 새로운 원자재를 채굴하는 것보다 더 많은 에너지를 소비하기도 한다. 이런 점을 생각해보면 2007년에 경제 위기가 찾아왔을 때 자원 재생 공장들이 조업 속도를 늦추고 또 그중 일부가 파산을 맞이한 것도 그리 놀라운 일은 아니다. 그때는 에너지가 적게 드는 편인 플라스틱 재순환 작업도 자금이 부족해지자 곧 멈추고 말았다.

자동차, 냉장고, 세탁기에 포함된 각종 금속이나 컴퓨터와 휴대전화에 포함된 금을 재순환시키는 작업은 처음에 그 금속을 생산할 때보다 더 많은 에너지를 소비한다. 버려진 가전기기나 기계장치는 인건비가 싼 중국 같은 나라로 옮겨져 해체되고 거기서 분리된 금속은 또 다른 지역으로 운반되어 용융 및 제련 작업을 거친다. 금속 폐기물을 수집, 운반, 분해, 용융, 분리하는 단계마다 에너지가 든다. 지금은 플라스틱 부품을 재순환하지 않고 그대로 소각하는 경우가 많다. 다 쓴 플라스틱을 모아서 다른 플라스틱으로 만드는 공정은 앞으로 이 자원이 부족해졌을 때가 되어서나 인기를 끌 것이다.

이미 사용한 물질 중 많은 것을 재순환하고 재활용할 수는 있지만 에너지를 재순환할 수는 없다. 그러려면 에너지의 방향성을 역전시켜 작은 에너지 입자를 더 큰 입자로 만들어야 하는데, 그런 프로세스는 일어날 수 없기 때문이다. 우리가 생활하고 타자를 치고 자원을 재순환시키는 데 사용하는 에너지는 언제나 효용성을 잃으며 한 방향으로만 흘러간다. 달처럼 아주 먼 거리에서 보면 지구는 우주 공간으로 벗어나는 열화 에너지로 인해 우리 눈에는 보이지 않는 따뜻한 붉은빛을 발산한다. 바로 적외선이나 열복사선으로 불리는 빛이다. 이 에너지가 우주로 빠져나가기 때문에 손실된 양만큼 에너지가 다른 곳에서 계속 보충되지 않으면 지구는 곧 우주의 온도만큼 차갑게 식어버리고 말 것이다. 물론 이런 일은 일어나지 않는다. 지구의 핵에서 생성되는 에너지와 태양에서 유입되는 에너지로 빠져나간 분량이 다시 채워지기 때문이다. 이 두 가지 에너지원 덕분에 이 지구의 대륙과 바다, 대기 온도는 우주의 차디찬 절대 영도보다 섭씨 300도 이상 높게 유지된다. 이 사실과는 별개로, 식물은 태양 에너지 중 일부를 흡수하여 화학 에너지로 바꾸고 그것을 탄수화물과 기름 형태로 저장하여 몸체와 열매를 키우는 데 이용한다. 그리고 우리는 식물성 물질을 섭취하여 그 속에 담긴 에너지를 폐에너지, 즉 열로 뒤바꾼다. 인구수 및 수요와 마찬가지로 기술과 조직체가 수천 년에 걸쳐 성장을 거듭하면서 우리 인간은 식물에서 직접 얻는 에너지 외에도 여러 가지 새로운 에너지원을 이용하게 되었는데, 이런 에너지원도 머지않아 고갈되리라 예상된다. 아무튼 기관 내에서 사용되어 밖으로 방출된 열은 붉은빛을 내며 우주로 되돌아간다. 우리가 이런 현상을 직접 볼 수는 없지만 인간과 각종 생명체가 존재하려면, 또 복잡한 사회 조직이 생성되고 유지되려면 이 열이 반드시 필요하다. 이때 복잡성이란 에너지보다 훨씬 더 추상적인 요소, 즉 정보를 기준으로 측정된다.

사회는 사람들이 아무렇게나 모여서 이뤄진 집단이 아니라 일정한 체계를 갖춘 조직이다. 사회의 형성, 개선, 확장에는 에너지가 들고, 사회를 운영하고 유지하며 역동성을 지속시키는 데는 에너지가 필요하다. 현재 컴퓨터가 수많은 일상 업무를 도맡아 하는 이유는 바로 이런 이유에서다. 반드시 처리해야 하는 일이지만 이제는 우리가 직접 할 수 없을 만큼 업무가 복잡해지고 많아졌기 때문이다. 사실은 사회가 더 효율적으로 돌아갈수록 소모되는 에너지의 양은 더 늘어난다. 더 많은 에너지가 필요해지는 것이다. 인구가 계속 성장하며 자원 수요가 높아지자 처음에는 서유럽 국가들, 그다음에는 미국이 식량과 광물 자원, 에너지를 생산하고 사들이기 위한 배후지를 확장했다. 그러나 이들 국가의 인구수는 멈추지 않고 늘어났으며 사회의 조직화와 유지를 위해 끊임없이 더 많은 에너지와 물질 자원이 요구되었다. 이 수요를 충족시킬 방안을 찾던 서유럽 국가들과 미국은 자원 공급지를 개발했고 각국의 인구와 수요는 그에 발맞춰 성장하기 시작했다. 그들은 물질 자원과 에너지 자원을 더욱더 많이 사용하고, 자원 매장량을 고갈시키거나 대폭 감소시켰으며, 어느 때보다 많은 폐기물을 생성하고 심각한 환경오염을 일으켰다. 그리고 그 결과 에너지의 열화 속도도 빨라졌다.

폐에너지는 열이 되어 우주로 빠져나가지만 폐물질은 지구에 그대로 남는다. 이 과정은 끝이 나지 않는다. 마치 회전 속도를 끝없이 높이며 모든 것을 빨아들이는 소용돌이 같다. 지금의 수많은 인구가 살아가기 위해서는 이 사회가 필요하지만, 사회 자체도 제 나름의 규칙과 역동성을 지니며 자원을 요구하고 폐기물을 생성한다. 사회가 돌아가려면 그 규모가 점점 거대해지고 복잡해지는 수밖에 없고, 결국 사회 전체의 물질과 에너지 소모량도 늘어날 수밖에 없다.

우리가 이제 먹을 것, 각종 물질 자원, 에너지와 정보를 생산하고 운반하는 기계류를 만들고 구동하지 못한다면, 또 컴퓨터를 이용해 조직을 운영하지 못한다면 얼마 지나지 않아서 생존의 기본 요소, 즉 의식주를 해결하지 못하는 상황이 닥칠 것이다. 우리 개개인과 사회가 유지되려면 끊임없이 더 많은 자원과 에너지가 유입되어야 한다. 어떠한 생명체든지 에너지의 지속적인 공급이 필수적이고, 이 공급량은 사회의 복잡성이 증가함에 따라 불균형하게 늘어나는 경향을 보인다.

우리 인간은 에너지의 흐름을 나타내고, 우리가 모여서 이룬 사회 역시 그러하다. 현재 급속도로 성장하는 인도와 중국, 남아메리카와 아프리카 사회는 점점 더 많은 에너지를 요구하고 있다. 이들 사회에는 공장, 도로, 교통수단 같은 사회 기반 시설을 마련하고 적절한 사회적 · 경제적 조건을 형성하기 위해, 그리고 토양 침식, 토양 악화, 환경오염에 대처하기 위해서 더 많은 자원이 필요하다. 이를 위해서는 국가나 대륙 규모의 상부 구조를 형성할 필요성이 생긴다. 결국 이러한 사회 기반 시설이나 거대한 상부 구조는 에너지의 흐름을 나타낸다.

그런데 혼돈 속에 질서를 만드는 인간의 놀라운 활동은 이 세계의 전체적인 질서와 체계를 흐트러뜨리고 물질과 에너지의 무질서도를 증가시킨다. 유용한 에너지가 무수히 많은 조각으로 산산이 흩어져 열로 바뀌는 것이다. 언젠가 먼 미래에 전 우주는 열죽음을 맞이하고 이 세상에 존재하는 모든 것은 더는 이용할 수 없는 에너지로 변할 것이다. 삶은 에너지가 열죽음을 향해 흘러가는 과정 중 짧은 한 단계에 속하며 질서가 무질서로 바뀌는 속도를 부분적이고 일시적으로 높이는 역할을 한다. 하지만 삶이란 우리가 하는 모든 일, 우리 주변에서 일어나는 모든 사건과 현상을 살펴보고, 작디작은 원자부터 전 우주까지 아울러 세상을 통찰하며, 삶 자체와 그 시작 및 조직, 그리고 진보 과정을 지켜볼 수 있는 유일한 단계이기도 하다. 지금 우리는 잘못된 방법을 택함으로써 이 유일무이한 기회를 잃고, 에너지의 흐름을 방해하거나 잘못된 방향으로 이끎으로써 인류 문명이 파괴될 위기에 처해 있다.

여러모로 따져봤을 때 생물인 우리 인간과 조직체인 지구촌 사회는 에너지 자체, 그리고 빠르게 움직이는 에너지의 흐름을 나타낸다. 따라서 에너지와 그 흐름을 이해하는 것은 이 세계가 인간의 활동으로 말미암아 어떤 식으로 황폐하게 변하는지를 이해하는 데 필수적이다. 우리 힘으로는 에너지의 흐름을 막을 수 없고 에너지를 지닌 물질의 흐름 역시 막을 수 없다. 단지 수요를 줄이고 인구수를 줄임으로써 그 속도를 줄일 수 있을 뿐이다.

삶은 참으로 추상적이다. 삶이란 그저 흐름에 지나지 않는다. 에너지가 점점 유용성을 잃어가는 흐름이고, 물질 재순환의 바퀴를 계속 돌리고 성장시키며 정보를 더해가는 그런 흐름이다. 이 흐름은 거의 40억 년간 계속 이어졌고 고도의 복잡성을 자랑하는 온갖 생명체와 인간, 그리고 우리의 생존 도구인 지구촌 사회를 낳았다.

또 다른 추상적 개념인 정보의 필요성은 언제부터 생겨날까? 정보 개념은 우리가 사회를 복잡한 조직체로 인식하고 그것이 일정량의 에너지를 상징한다고 느낄 때부터 필요해진다. 사회가 복잡해질수록 사회의 정보량이 많아지고, 사회의 구성과 유지에 드는 에너지의 양도 늘어난다. 에너지와 정보를 같은 개념으로 볼 수는 없지만, 어쨌든 정보를 생성하기 위해서는 에너지가 있어야만 한다. 이때 정보는 복잡성을 측정하는 척도가 된다.

에너지라는 개념도 이야기하기에 꽤 까다롭지만 정보는 훨씬 더 다루기 어려운 주제다. 정보라는 개념은 에너지보다 더 최근에, 그러니까 제2차 세계대전 이후에 정립되었다. 이 개념은 1940년대에 미국의 수학자 노버트 위너(Nobert Wiener)가 고안하였다. 그는 컴퓨터와 통신 기술의 발달에 중심이 된 인물이다. 당시 몇몇 물리학자들은 이 개념을 유전 체계의 복잡성, 식물과 동물의 복잡성, 사회의 복잡성을 설명하는 데 적용하기도 했다.

여러 가지 장난감 블록이 상자 안에서 마구 뒤섞여 있는 모습을 한번 상상해보라. 거기에는 나무 블록, 원통형 블록, 원뿔형 블록 따위가 장난감 기관차와 나무로 만들어진 객차와 함께 분리된 채 섞여 있다. 아이는 객차와 기관차를 꺼내서 순서대로 기차 모양을 만들고 앞뒤로 밀며 논다. 처음에 상자 속에서 장난감 블록과 섞인 채 마구 흩어져 있던 기차 부품들은 무질서한 상태를 나타낸다. 장난감 블록과 분리하는 첫 번째 단계를 거치면 어느 정도 질서가 생긴다. 장난감 블록과 분리하여 마룻바닥에 늘어놓는 순간부터 임의성은 사라진다. 그다음 정리 단계는 객차와 기관차를 기차 모양대로 올바른 순서로 짜 맞추는 것이다. 이제 부품들의 순서가 완전히 고정되었다. 이러한 정리 작업은 정신적 · 육체적 에너지를 소모한다. 여기에 에너지를 추가하면 작은 기차가 한 방향을 향해 일렬로 움직인다. 놀이가 다 끝난 뒤에 아이가 상자에 기차를 다시 던져 넣으면 각 부품은 따로따로 떨어져 이리저리 흩어진다.

방금 살펴본 조립 단계는 이전에 없던 질서를 만들고, 각 단계가 진행될 때마다 일정량의 에너지가 소모된다. 이 사례에서 알 수 있듯이 무질서로부터 질서를 만들어낼 때는 에너지가 필요하다. 그리고 아이는 거기에 정보와 에너지를 추가했다. 하지만 이 에너지는 아이의 두뇌와 근육이 움직이면서 방출될 뿐, 기차에 저장되지는 않는다. 그렇게 에너지가 소모되고 기차에는 정보가 저장되며 그 자리에는 저장된 정보량에 상당하는 일정한 규모의 조직이 남는다. 그러나 다시 그 순서를 흐트러뜨린다고 해서 기차를 만들 때 소비된 에너지가 방출되지는 않는다. 오히려 객차를 분리하는 데 또 다른 에너지가 소모된다. 이런 현상은 사회 조직을 해체할 때도 똑같이 나타난다. 하지만 그 자리에 에너지나 정보가 남지는 않는다. 애초에 그곳에는 에너지나 정보가 실재하지 않았으니까. 에너지는 이미 복잡한 구조를 만드는 데 소모되었고 정보는 그 복잡성을 나타내는 기준일 뿐이다. 사실 복잡성이라는 요소를 우리가 자주 언급하고 실제로 측정이 가능한 것처럼 이리저리 재어보기도 하지만 물리적으로는 실재하지 않는다. 예전에는 복잡성이라는 개념 역시 굉장히 다루기가 어려웠다. 그때는 정보를 조직화의 측정 기준으로 정의하기 어려웠던 것이 아니라 계산에 이용 가능한 척도로 나타내기가 어려웠기 때문이다. 결과적으로는 수량화로 인해 정보의 교환이 가능해졌지만 말이다.

이런 점에서 정보를 정의하는 데는 질서, 무질서, 조직화, 탈조직화 같은 단어가 쓰인다. 정보는 복잡성을 재는 척도이고 더 쉽게 표현해서 조직화 수준을 재는 척도이자 혼돈, 임의성, 무질서함으로부터 얼마나 벗어났는지를 나타내는 척도이다. 즉 정보는 무질서도, 탈조직화, 임의성의 척도인 엔트로피와 반대되는 개념이다. 탈조직화는 텔레비전 화면에 문제가 생겼을 때 나타나는 스노 노이즈(snow noise)에서 쉽게 발견할 수 있다. 스노 노이즈는 성간 공간에서 지구를 향해 무질서하게 움직이는 각종 전파 때문에 발생한다. 우리가 수화기에 입을 대고 이야기할 때는 질서정연한 파동이 생성되지만 우주에서 온 전파는 지구 상에 존재하는 이런 질서와 전혀 관계가 없다. 우리가 지구 상에서 나누는 말이 스노 노이즈로부터, 또 전혀 체계를 갖추지 않은 무언가에서 벗어날수록 그 속에는 점점 더 많은 정보가 담긴다.

엔트로피는 부정적인 개념이다. 이 개념은 탈조직화 정도와 관계가 있으나, 그 반대편에 있는 긍정적인 개념, 즉 정보는 분자나 두뇌, 혹은 사람들의 조직화 정도를 다루는 데 쓰인다. 엔트로피와 정보가 서로 반대되는 개념이기는 하지만, 이 두 가지는 서로 의존성을 보인다. 조직화의 척도인 정보가 탈조직화 정도를 하한선으로 둔다는 점, 그리고 현실에서는 언제나 조직화와 탈조직화가 뒤섞여 나타난다는 점에서 그러하다. 이런 관점에서 생물의 진화는 태초의 물리적 · 화학적 프로세스의 임의성에서 벗어나 물질이 체계를 갖추는 데서 시작되었다고 할 수 있겠다.

질서는 에너지의 소비를 통해 형성되고, 그 질서에서는 정보가 생성된다. 생물이나 사회를 구성하는 작업은 무질서하게 존재하던 무언가에 질서를 부여하는 것과 같으며, 이 작업에는 에너지가 필요하다. 그러나 그렇게 만들어진 생물이나 사회를 소멸시키거나 해체해도 화학 결합을 깨뜨릴 때처럼 에너지가 방출되지는 않는다. 이제 우리는 세 가지 추상 개념, 즉 에너지, 정보, 엔트로피의 관계에 대해 이해했다. 만약 이 세 개념의 추상성을 이해하지 못할 경우 사회와 사회의 시작, 성장, 안정성 등을 이해하기란 거의 불가능하다.

아이가 기차를 이리저리 움직이며 놀다 보면 객차가 분리되어 다시 조립해야 할 때가 있다. 어떤 프로세스든지 문제는 늘 생기기 마련이니까 쉽게 예상할 수 있는 문제다. 이렇게 질서를 유지하는 데도 에너지가 든다. 이를테면 어떤 고장에 대해 경고를 하거나 실제로 문제 부위를 수리하는 경우가 여기에 해당한다. 경고 신호를 보내거나 수리를 하기 위해서는 특수한 메커니즘이 필요하고, 모두 제 나름의 고안 및 생산 단계를 거쳐야 한다. 그래서 여기에도 에너지와 물질이 소모된다. 이러한 경고 메커니즘은 각종 생물체나 우리가 생활하는 주택과 사회를 살펴보면 쉽게 발견할 수 있다. 복잡한 기계 장치나 석유화학 공장은 일탈 상태를 정상 상태로 되돌리는 음성 피드백 체계를 이용해 두 가지 단계를 모두 자동으로 처리한다. 이때 일탈 정도가 클수록 원상태로 돌아가려는 힘이 강해진다. 요즘은 많은 기계 장치에 마치 인간의 몸과 같이 이 기능이 갖춰져 있다. 사회는 법률을 이용해 음성 피드백 체계를 마련했다. 물론 법이 정상 상태에 대해 명확한 정의를 내리지는 않는다. 그 대신 법은 사람들 사이에서 어느 정도 합의가 이루어진 사항을 기준으로 삼아 사회적 행동이나 경제 행위의 일탈 한도를 규정한다. 이러한 제약이 없었다면 사회 불안을 야기하는 범죄 행위와 양성 피드백 프로세스가 무제한으로 발생했을 것이다.

질서 유지를 위한 메커니즘은 지속적으로 점검하고 또 점검해야 한다. 그리고 조직이 커지고 복잡해질수록 더 빈번하게 점검해야 한다. 점검 작업에는 시스템 구성 요소의 작동을 관리하는 작업도 포함된다. 그래서 상호 작용을 하는 구성 요소의 개수보다 점검 횟수가 더 빠르게 늘어난다. 두 가지 구성 요소를 양쪽에서 한 번씩 점검할 경우 두 번만 점검하면 끝이 나지만, 구성 요소가 세 가지일 경우에는 그 횟수가 여섯 번으로 늘어난다.[구성 요소의 개수를 'n'으로 나타낼 때, 이 숫자는 n x n = n2 형태가 아닌 n(n−1) 형태로 기하급수적인 증가세를 보인다.] 게다가 복잡성이 일정 수준에 이르면 관리 작업 자체를 관리하는 점검 단계가 추가되어야 한다. 그 결과 생물이든 사회든 모든 조직에서는 계층적인 관리 체계가 나타나고, 사회 내에서 관리 및 서비스 구성 요소(혹은 '부문')는 식량 생산과 각종 제품 생산을 담당한 구성 요소와 분리되는 현상이 나타난다. 그리고 인구수가 수십억에 달할 만큼 사회가 커지면 거대한 상부 구조가 형성된다. 결국 조직을 구성하고 지속적으로 관리하며 '정보를 추가'하기 위해서는 점점 더 많은 에너지가 필요해진다.

앞에서도 이야기했듯이 유럽 인구가 증가하면서, 특히 많은 인구를 수용하기에 적합한 새로운 사회 조직의 필요성이 생겨나면서 왕이나 고위 성직자 같은 개인이 사회 질서를 유지시키기가 불가능해졌다. 사람들은 당시에 형성된 새로운 조직체가 스스로 성장하고 모든 것을 자율적으로 제어한다고 여겼고, 그로 말미암아 자유방임주의라는 표현이 생겨났다. 그러나 인구가 늘어났다는 말은 곧 식량 생산이 늘어야 하고 사회의 거대화와 복잡화에 맞춰 더 많은 자원이 투입되어야 한다는 뜻과 같았다. 그리하여 처음에는 인력의 투입이 늘었고, 그다음에는 석탄과 석유의 사용량이 늘어났으며, 지금은 어느 때보다 많은 천연가스와 광물 자원이 소비되고 있다. 이제는 사회 상부 구조가 형성되고 그로 인해 사회의 복잡성이 인구 증가 속도보다 더 빠르게 커지면서 에너지와 물질 자원의 소비 역시 계속 늘어나는 실정이다.

조직화를 측정하는 척도인 정보는 사람들 사이에서 이리저리 조정이 가해져 이루어진 상관관계의 총량을 나타낸다. 돈은 그러한 상관관계를 나타내는 수단 중 하나다. 돈은 사람들 간에 서로 교환하기로 약속한 노동의 양, 그리고 합의를 통해 조개껍데기, 동전, 지폐, 금 등으로 수량화한 노동의 양을 나타낸다. 돈이란 일종의 약속이다. 금을 매개로 한 약속. 하지만 경제 위기나 불황이 나타나면 돈은 하룻밤 사이에 가치를 잃을 수 있다. 사회관계는 에너지에 의해 형성되고 유지되지만 정보와 마찬가지로 눈 깜짝할 사이에 흔적조차 남기지 않고, 단 하나의 에너지 입자조차 방출하지 않은 채 사라질 수도 있다. 약속이 그냥 잊히는 것이다. 사회는 흔히 구체적인 실체가 있는 것처럼 생각되지만, 실제로는 그렇지 않다. 사회란 일정량의 정보를 나타낼 뿐이다. 사회는 실체가 없고 추상적이며 한순간에 사라지기 쉽다. 경제 위기 상황의 돈다발처럼 말이다. 돈이란 일종의 약약속이지만 그 약속은 잊히고 만다. 거기에는 실체가 없다. 마찬가지로 사회 역시 수많은 원인에 의해 붕괴될 수 있다. 즉 에너지 부족, 가뭄으로 인한 기근, 허리케인, 전쟁 등 사람들 간의 일상적인 관계를 방해하는 모든 문제가 사회를 무너뜨릴 수 있다. 또한 조직의 복잡성이 커질수록 불안정성은 더 커진다. 모든 사회적인 관계가 깨지면 서로 고립되고 조정과 관리 능력을 잃은 채 사람만 남게 된다. 오래전 미국의 항공회사인 팬아메리칸월드항공(Pan American World Airways /PanAm)이나 최근 들어 엔론(Enron)과 리먼 브러더스(Lehman Brothers) 같은 회사들이 그러했듯이 제아무리 거대하고 강력한 조직체라도 하룻밤 사이에 소멸할 수 있다. 정부와 문명 역시 사회 내에 형성된 각종 법 체계, 의료 체계 등과 함께 무너지고 만다. 남아메리카의 잉카족(Inca)과 중앙아메리카의 마야족(Maya), 아즈텍족의 후손들은 여전히 그곳에서 살아가고 있지만 그들의 문명은 사라진 지 오래다. 모든 크고 작은 조직은 그 추상성으로 말미암아 우리 머릿속에서 잊히고 사라져버렸다.

그런데 조직은 사람의 지배를 넘어서 자립적으로 움직이기도 한다. 조직은 개개인의 행동이나 사람들 간의 관계에서 직접 파생되지 않으나, 사람들의 관계가 복잡하고 정교해질수록 조직은 더욱 일관성을 갖추고 독립적으로 움직인다. 이러한 특성은 추상성, 관계, 사람들 간의 합의, 약속에 대한 신뢰 등에 기초하면서도 모든 사람의 현실적인 삶에 영향을 미친다.

우리가 이룩한 사회 체계의 특징 하나는 사회가 계속 성장하면 자동으로 복잡성이 증가하고 그와 함께 붕괴에 더 취약해진다는 사실이다. 사회적 역동성을 일관성 있게 유지시키는 각종 메커니즘은 정밀하게 맞물려 돌아가므로 한 가지 프로세스가 어긋나면 다른 프로세스까지 본래의 궤도를 벗어나게 된다. 그래서 각종 체계가 잘 돌아가려면 엄격한 조건이 갖춰져야 한다.

한 체계가 영구적으로 존속하려면 두 가지 기본 조건이 마련되어야 한다. 첫째는 외부 환경의 안정화이고, 둘째는 정교한 점검 및 균형 메커니즘, 즉 내부적인 음성 피드백 고리에 의한 통제다. 첫째 조건이 충족되면 사회 내부의 각종 프로세스가 확고하게 중심을 잡고 독립적으로 잘 돌아가게 된다.

하지만 조직의 장기적인 존속을 위해 필요한 첫째 조건, 즉 안정적인 외부 환경이 늘 충족되지는 않는다. 화석연료, 광물 자원, 토양 영양분의 고갈이 바로 이러한 상황에 속한다. 화석연료의 남용은 결국 기후 변화로 이어진다. 기후 변화는 앞에서도 이야기했듯이 자기 가속적인 양성 피드백 프로세스를 포함한다. 기후 변화는 세계 각지의 기온과 강우 유형 및 수문적 특성을 예측하기 어렵게 만든다. 기온이 높아지면 식물과 동물의 수분 손실이 늘어나고 담수의 부족 현상이 나타난다. 토양 영양분 고갈과 환경오염은 식량 생산에 영향을 미친다. 현재는 화석연료에서 추출한 무기물 덕분에 토양 영양분이 계속 보충되고 있지만 언젠가 화석연료가 고갈되면 이런 상황 역시 바뀔 것이다. 전 세계 인구가 동시에 자원 고갈 문제를 겪는 사태는 일어나지 않겠지만, 지역에 따른 구매력 차이 때문에 부분적으로 식량 부족 문제가 나타나고 기근이 심해지면 대규모 이주, 유행병, 내전 등이 발생할 수 있다. 이런 이유로 여러 가지 외적 요소의 불안으로 말미암아 체제 내부의 불안이 확산되어 지역 사회나 국제 사회가 붕괴를 맞이할 수 있다.

둘째 조건, 그러니까 음성 피드백 고리에 의한 내부 통제 메커니즘은 이를테면 주식 시장 같은 요소에 의해 흔들릴 수 있다. 평소에 주식 시장은 큰 주가 변동 없이 조용한 분위기를 유지하지만 이따금 새로운 기업이나 혁신적인 기술에 사람들의 시선이 쏠릴 때가 있다. 몇 년 전에 닷컴 거품 현상(dot-com bubble)과 함께 이런 상황이 벌어졌다. 당시 인터넷 분야에 대한 과도한 투기가 일면서 사람들이 주식 매입에 열을 올렸고 그 결과 주가가 천정부지로 치솟는 현상이 나타났다. 주가 상승이 계속되자 투자자가 더욱 많이 몰렸고, 이에 탄력을 받아 주가는 한층 더 높아졌다. 하지만 한창 붐이 일고 얼마 지나지 않아 인터넷 관련주의 가격이 급락하면서 사람들은 한시라도 빨리 자신의 주식을 팔아치우려고 애를 썼다. 결국 닷컴 거품은 그렇게 사라졌고 많은 사람이 거기에 휘말려 엄청나게 큰 손실을 입었다.

또 한 가지 유명한 경제 거품 현상으로는 17세기 네덜란드에 불었던 튤립 투기 열풍(tulip mania)이 있다. 투기가 절정에 이르렀던 시기에 튤립 알뿌리 하나의 가격은 암스테르담 운하 옆에 자리 잡은 고급 주택 한 채 값과 맞먹었다. 요즘은 고급 프랑스 포도주를 투기 대상으로 삼는 투자자들이 많다. 이런 포도주는 이제 너무 비싸져서 아무도 제값을 내고 마실 수 없는 지경에 이르렀다. 이렇게 고급 포도주는 꽤 신뢰할 만한 투자 대상이 되어있지만, 알고 보면 이제는 그저 먼지 쌓인 병 속의 식초에 불과할지도 모른다. 마셔본 사람이 없으니 아무도 모르는 일 아닌가? 코르크 마개를 열었을 때 내용물이 식초로 밝혀진다면, 그 순간 주가와 투자 가치가 바닥으로 곤두박질칠 테고 더는 그 포도주로 수익을 올리기가 불가능해질 것이다. 그러면 투자자들은 다른 투자 대상이나 회사로 눈을 돌리게 되고, 과대평가된 투자 대상의 가치는 그 사회의 수준에 맞게 경기 침체나 불황 내지는 경제 위기를 통해서 올바르게 '수정'된다. 이러한 경제적 · 사회적 위기 현상은 양성 피드백 고리와 늘 함께 나타난다.

때로는 극도로 심각한 경제 상황을 맞이하기도 한다. 1929년에 미국에서 시작되어 1930년대 내내 전 세계 경제에 심각한 영향을 미쳤던 대공황이 대표적인 사례다. 이러한 경제 사태는 해당 시스템의 붕괴로 볼 수 있다.(대개 금융 체계가 무너지면서 시작된다.) 사람이나 조직은 자신이 투자한 돈이 주택 가격이나 주가로 보상된다는 믿음이 있는 한 경제 규칙에 따라서 움직인다. 그러나 이 믿음이 무너지는 순간 규칙 역시 깨지고 만다. 규칙이란 실체가 없으므로 이것이 더는 사회적으로 통용되지 않을 경우, 그 체계는 스스로 무너지고 만다.

이런 부류의 프로세스는 소득 불균형으로 말미암아 한 국가 내에서, 또는 국가 내의 집단과 집단 사이에서도 나타날 수 있다. 한 사회 내의 소득 분배가 편향되는 현상을 한 번 생각해보자. 가난한 사람들은 저축하거나 투자할 돈이 매우 적거나 아예 없지만, 부자들은 저금이나 투자금액에서 얻는 이자로 부수적인 수입을 얻고 이 돈을 다시 저축하거나 투자하여 소득을 더욱 높일 수 있다. 이런 흐름이 계속 이어지다 보면 소득 분배가 지나치게 한쪽으로 치우쳐 부자가 빈민을 지배하거나 노예로 삼는 상황이 벌어질 수도 있다. 이런 문제는 기업이나 은행 사이에서도 나타난다. 그래서 국가는 부자들에게 꾸준히 많은 세금을 부과하여 사람들 사이에서 나타나는 소득 불균형 문제를 해소하고, 거대 기업과 은행들의 경쟁으로부터 소규모 기업과 은행들을 보호하기 위해 독점 금지법을 마련한다. 이렇듯 사회는 양성 피드백 프로세스가 극에 달했을 때 나타날 수 있는 폭동이나 혁명 같은 문제를 막기 위해 스스로 보호책을 마련한다. 세법이 없을 경우 돈은 지수 함수적 체계를 따라서 움직이지만, 사회는 법률로써 이 흐름에 순환성을 부여하여 재정이 고갈되지 않도록 막는다.

때로는 국가와 국가 사이에서도 성장 불균형 문제가 불거진다. 하지만 이런 문제를 다루는 국제법이 없기 때문에 앞으로 범세계적인 불안 현상이 나타날 우려가 있다. 이렇게 국제 사회를 불안하게 만드는 여러 가지 프로세스는 국내의 소득 불균형 현상에서 나타나는 양성 피드백 체계를 똑같이 따른다. 이것은 체계의 안정을 위협하는 잠재적 위험 요소로 작용한다.

양성 피드백 고리는 음성 피드백 고리처럼 전체 체계를 제어하지 않고 오히려 불안정하게 만든다. 음성 피드백 고리는 조직이 질서 있게 기능을 발휘하는 데 반드시 필요하다. 반대로 양성 피드백 고리는 그 질서를 파괴한다. 이 프로세스는 조직을 탈조직화로 이끌고 붕괴시키는 결과를 낳는다. 더욱 유감스러운 것은 사회 내에 수많은 음성 피드백 고리가 존재해도 양성 피드백 고리 한두 가지 때문에 체계 전체가 불안해질 수 있다는 사실이다. 국가 간의 소득 차이가 지나치게 벌어질 때 나타나는 효과는 양성 피드백 고리가 일으키는 효과와 같다. 결국 세계 질서는 이 문제 때문에 흔들릴 위험이 있다. 이런 이유로 법적 제도가 수반되지 않은 세계화의 확산과 음성 피드백 조절 기작을 배제하는 각국의 규제 완화 추세는 세계 체제(world system)를 붕괴 위험에 취약하게 만든다.

같은 이유로 회사와 국가가 더 큰 기업과 연방 국가로 성장하는 데는 위험이 따른다. 이제는 한 조직 내의 구성단위들이 매우 긴밀하게 연결되어 움직이는 탓에 하나가 작동을 멈추면 다른 것들까지 모두 작동을 멈추고 만다. 이렇듯 조직이 과도하게 복잡해지면서 다양한 문제가 발생하게 되는데, 이에 대한 대책으로는 한 체계를 독립적인 여러 하위 체계로 분할하는 방법이 있다. 이때는 문제가 한 가지 하위 체계에만 국한하여 발생하므로 곧바로 처리하기가 쉽다. 비견한 예로 2007년에 세계 경제 위기가 닥쳤을 때 다른 나라에 대한 경제적 의존성이 상대적으로 낮았던 나라들은 큰 타격을 입지 않았다는 사실을 들 수 있다. 또한 생물 세포가 크고 작은 기관과 기관계를 이루면서도 다양한 하위 단위로 나뉘는 것 역시 같은 이유에서가 아닐까 싶다.

한편 조직이 더 복잡해지고 정교해질수록 에너지는 비효율적으로 소모된다. 이 현상은 거대한 기업과 정부 조직을 통해 쉽게 확인할 수 있다. 이러한 조직들은 내부적인 단결과 조화를 위해 점점 규정을 늘려가다가 결국 그 속에 파묻히고 만다. 그래서 이따금 거대한 조직체와 정부는 종합적인 관리가 다시 필요해지기 전까지 조직을 완전히 분할하거나 내부적으로 역할을 나누어 기능을 분산시킨다.

양성 피드백으로 인한 변동을 약화하는 또 다른 대책으로 동일한 시스템 내에 다른 양성 피드백 프로세스를 추가하여 그 효과를 제거하는 방법이 있다. 경제 불황에 대처하는 정책 중 하나로 정부가 세율을 낮춰 고용주들의 비용 문제를 완화하는 방법이 있다. 하지만 이때는 실업자에게 일거리가 생기지 않으므로 오히려 문제가 심화된다. 다들 돈이 필요하지만 일자리가 없는 탓에 소비가 위축되기 때문이다. 이 문제는 경제 불안과 함께 사회 체계를 불안정하게 만든다. 그러나 정부가 실업자들에게 일시적으로 일자리를 제공해주면 사회는 안정을 되찾을 수 있다. 불황이 심해질수록 더 많은 일자리를 만드는 것이다. 당연히 고용주들은 이런 정책을 좋아하지 않는다. 이미 재정적인 어려움을 겪는 상황에서 내야 할 세금까지 더 늘어나기 때문이다. 하지만 그로 말미암아 불황이 더 깊어지지 않고 미래의 경제 위기, 도산, 사회 불안 등을 예방할 수 있으므로 장기적으로는 그들 역시 혜택을 입게 된다. 이때 경제적 자유에 기초한 기존의 체계는 그대로 유지된다. 다만 정책의 뒷받침을 받아 더 원활하게 동작할 따름이다. 이러한 불황 타개책은 1944년 브레턴우즈(Bretton Woods)의 연합국 통화금융회의(United Nations Monetary and Financial Conference)에서 제시되었듯이 국가 규모에서는 노동자와 기업을 대상으로, 국제적인 규모에서는 부국과 빈국을 대상으로 시행되곤 한다. 하지만 이후 각종 규제 완화책이 등장하면서 통화 관리를 골자로 한 브레턴우즈 체제가 무너졌고, 그 결과 돈에 얽힌 양성 피드백 프로세스가 전 세계로 확산되었다. 그리하여 가난한 나라들이 외국 기업에 자금을 빌리며 광물 채굴권, 식량 생산을 위한 농경지, 목재 생산을 위한 산림 벌채권을 넘기는 현상이 나타났다. 이로 인해 사회 불안과 폭력이 심화되었고, 각종 사회 문제가 양성 피드백 고리를 따라 확산되어 국제 질서를 흔들었으며, 자원 가격이 낮아지면서 곳곳에서 자원이 남용되는 문제가 나타났다.

경제적 동요와 그로 인한 환경 남용을 막는 방법 한 가지는 각종 기업체를 비사유화(deprivatize)하는 것이다. 이제는 천연자원 개발로 수익을 올리면서 환경오염으로 인한 해악을 부인하기보다 비용이 더 많이 들더라도 모든 사람이 동참할 수 있는 공정을 마련하고 투자할 필요가 있다. 우리는 비용을 최소화하여 자원을 마구 이용하기보다 현재 지구에 남은 풍요로움을 지키고 아껴 쓰는 데 관심을 기울여야 한다.

아마 세계에서 가장 불안정한 사회는 온갖 악조건이 동시에 존재하는 곳일 것이다(이를테면 기후 변화, 열악한 토양 환경, 높은 인구 재생산율로 인해 식량 부족 문제의 발생 위험이 가장 크고 국민 소득이 낮은 아프리카의 열대 국가들). 또 가난한 나라들은 세계 시장에서 식량, 에너지, 비료, 그 밖의 물질 자원을 사들일 여유가 없기에 국가기반시설을 안정적으로 구축하기가 거의 불가능하다. 그 대신 양성 피드백 고리가 나타나기는 쉽다. 천연자원이나 농경지를 두고 잘 사는 나라들이 다투는 경우가 그 대표적인 사례다. 이런 곳에서는 유행병과 기근에 뒤이어 대규모 이주 현상과 격심한 내전이 발생할 우려가 크다.

이처럼 현실 세계의 수많은 문젯거리로 말미암아 사회 내부의 각종 추상적 프로세스가 무(無)로 되돌아갈 가능성, 즉 사회의 붕괴 위험이 커진다. 그때가 되면 사람들은 조직적인 사회 상부 구조의 뒷받침 없이 극심한 빈곤 속에서 스스로 살 길을 찾아야 한다. 달리 말하면 많은 사람이 고통 속에서 목숨을 잃는다는 뜻이다.

23. 과연 세계 인구는 급감할 것인가?

장미가 빙글빙글,(Ring a ring o' roses,)

꽃다발이 한가득.(A pocketful of posies.)

에취! 에취!(A-tishoo! A-tishoo!)

모두 쓰러진다네.(We all fall down.)

이 전래 동요를 부를 때면 영국 어린이들은 손에 손을 잡고 경쾌하게 춤을 춘다. 생일 파티에 안성맞춤인 놀이다. 노래가 끝날 때 아이들은 깔깔거리며 모두 그 자리에 쓰러진다. 아이들이 곧잘 기억하고 따라 부르는 이 귀여운 노래는 사실 14세기 유럽 전역에서 수천만 명의 목숨을 앗아간 공포의 흑사병과 관련을 맺고 있다. 당시 일부 지역에서는 이 병으로 전체 인구의 3분의 2 정도가 사라졌다. 노랫말에서 '에취! 에취!' 부분은 폐렴성 흑사병의 기침을 나타낸다고 알려졌다. 폐렴 단계 이전에 나타나는 가래톳 흑사병은 붉은 반점과 화농으로 유명한데, 이 단계에서만도 수만에서 수십만에 달하는 인구가 참혹한 죽음을 맞이했다. 하지만 이 병으로 중세와 뒤이은 유행기(1665년에 발생한 런던 대흑사병이 특히 유명하다.)에 고통스럽게 죽어간 수많은 이들은 얼마 지나지 않아 사람들의 기억에서 사라지고 말았다.

로마 클럽이 《성장의 한계》라는 보고서를 통해 지구의 부존자원이 한정되었음을 경고한 것이 불과 40년 전 일이지만, 당시 제기된 전 세계적인 우려도 이제는 흑사병과 마찬가지로 모두 잊힌 듯하다. 하지만 그 경고가 틀리지 않았다면 우리는 그 사실을 잊고 지내는 바람에 문제 해결에 매진할 수 있었던 귀중한 시간을 헛되이 날려버린 것이 아닌가? 물론 1972년에 로마 클럽이 제시한 시나리오에 흑사병으로 인한 급작스러운 파멸은 없었다. 그 보고서는 더 먼 미래에 우리 후손들이 겪을 일을 다루었으며, 그때 일어날 문제가 인류에게 훨씬 더 심각한 피해를 안겨줄 것으로 예견했다. 수억 명 내지는 수십억 명이 고통을 겪고 목숨을 잃는다는 예견이었다. 하지만 1972년 이후 우리는 무엇을 했는가? 어떻게 그런 경고를 잊을 수 있단 말인가? 우리는 인구수와 자원 사용량을 줄이기는커녕 오히려 인위적으로 성장을 촉진했다. 1970년대 이래로 인구 재생산율은 전례 없이 높은 수준에 도달했으며 인구 1인당 자원 소비량은 몇 배로 늘어났다. 이런 변화는 특히서구 세계에서 두드러졌다. 지난 천 년 동안 사람의 수, 온갖 자원의 수요, 인구 재생산율이 이토록 높았던 적이 없다. 뭐, 이런 걸 누가 신경이나 쓸까?

이제 우리는 다시 자원 문제를 걱정할 시기에 접어들었다. 이번에는 에너지 공급 문제와 기후 온난화까지 근심을 더하고 있다. 아직 다른 문젯거리는 언론에서 심각하게 다뤄지지 않는 편이고, 인구 증가 문제를 논하는 것은 일전에 저항이 일었던 탓에 다소 금기시되고 있다. 한편 논의의 분위기는 1970년대보다 한층 밝고 낙관적으로 변했다. 일례로 기후 온난화를 막기 위한 이산화탄소 배출량 감축 방안을 두고 에너지의 경제적인 이용법, 재조림(再造林) 사업, 이산화탄소 매장법 등 다양한 대안을 제시하는 모습에서 이러한 변화를 느낄 수 있다. 현재 사람들은 자원 사용량과 폐기물 생산량이 완벽한 순환 체계를 이루지 못한 채 선형적인 흐름을 따른다는 사실은 모르고 그저 인구수가 2050년경에 안정화된다는 예보에만 만족하는 듯하다. 하지만 자원 사용량이 지금처럼 높은 수준으로 유지된다면 인구 안정화가 이뤄졌을 때 우리는 급속한 자원 고갈 현상과 심각한 환경오염을 맞이할 수밖에 없다. 지금 우리는 그러한 한계 수준에 점점 더 가까이 다가가고 있으며, 지난 30년간 그물망처럼 촘촘하고 긴밀하게 연결성을 갖춘 현대 사회는 그 위험을 더욱 증폭시키고 있다. 결국 인구와 수요가 계속 증가하면서 언젠가 찾아올 재난을 막고 몸을 피할 시간은 점점 줄어들고 있다.

《성장의 한계》를 발표한 데니스 메도우즈와 그의 연구진은 한 가지 계산에서 인구수가 서서히 안정되지 않고 어느 순간 급감할 수 있다는 결과가 나왔다고 설명했다. 그 밖의 다른 계산에서는 그러한 시나리오가 제시된 적이 없다. 다른 계산 결과는 모두 천연자원의 남용과 함께 인구수가 점진적으로 줄어든다는 내용뿐이었다. 당시에는, 비록 그 원인이 명확하지 않았지만, 인구 급감을 예견한 그 이례적인 계산 결과를 무시해도 될 것처럼 보였다.

그러나 20년 후인 1992년에 그들은 그간의 연구 결과를 토대로 저술한 《한계를 넘어서(Beyond the Limits)》를 통해 인구 급감이 더는 이례적인 현상이 아니라 실제로 일어날 현상이라고 말했다. 이제는 이 현상을 포함하지 않은 시나리오가 이례적인 결과로 바뀌어 버렸다. 급격한 인구 감소가 정상적인 예측 결과로, 우리가 언젠가 맞이할 미래로 제시된 것이다. 이로써 이야기는 완전히 달라졌다. 정확한 원인은 밝혀지지 않았지만, 인구 급감 현상은 사회 내의 각종 상호관계에 대한 관리와 조정 작용이 늦어지고 환경 악화 수준이 한계를 넘어서면 발생한다고 여겨졌다. 아니, 대체 왜 인구수가 천천히 줄어들지 않고 갑자기 줄어든다는 것일까? 20년 사이에 뭐가 바뀌어서? 지금도 그 이유를 명확하게 이해하기는 어렵다. 다만 현재 그런 결과를 일으킬 만한 몇몇 프로세스가 존재한다는 사실, 그리고 그것들이 동시에 작용하여 그 효과를 더 키운다는 사실이 잘 알려져 있다.

이번에는 수수께끼를 한 번 풀어볼까? 우선 개구리밥이 연못에서 자라면서 매일 갑절로 늘어난다고 가정해보자. 연못의 표면적은 한정되어 있고 이 개구리밥은 30일이면 그곳을 완전히 뒤덮을 수 있다. 그렇다면 27일째에는 연못 면적의 몇 퍼센트가 개구리밥으로 덮일까? 그 수치는 의외로 굉장히 낮다. 12.5퍼센트. 27일이나 됐는데 이것밖에 안 되나 싶지만, 실제 결과가 저렇다. 사람들은 대부분 이 계산을 하는 데 어려움을 느낀다. 사실은 계산 자체가 어려워서 그런 것이 아니라 계산에 필요한 세 가지 사고방식에 익숙하지 않아서 그렇다. 첫째는 역산을 하는 데 익숙하지 않기 때문이다. 개구리밥이 첫날에 연못 면적의 얼마를 덮고 둘째 날에 얼마를 덮는지 순서대로 계산하기는 쉽다. 학교에서 우리가 배운 문제 풀이 방식은 보통 이런 식이다. 하지만 이 수수께끼에서는 개구리밥이 29일째에 연못을 얼마나 덮었는지 생각해보는 것이 좋다. 그 양은 30일째 연못을 덮은 양의 50퍼센트다. 거기서 다시 28일째의 양을 계산해보면 50퍼센트의 절반인 25퍼센트가 나오고, 결국 27일째에는 그 절반인 12.5퍼센트라는 결과가 나온다. 전혀 어려울 것이 없다. 그저 계산 방식이 익숙하지 않을 뿐이다.

둘째는 성장이 무한하다고 여기는 사고방식 때문이다. 하지만 이 사례에서는 분명한 한계, 즉 연못 표면적을 100퍼센트 덮는다는 조건이 있다. 그래서 개구리밥 개체군의 성장에는 우리가 이용하는 각종 자원, 목재와 금속, 에너지의 양, 우리가 버리는 폐기물의 양과 마찬가지로 한계가 존재한다. 이것과는 반대로 지구의 최고 기온에는 한계가 없다. 대기 중의 이산화탄소량이 일정 수준에 도달하면 지구는 지표면 온도가 섭씨 450도에 이르는 금성처럼 뜨거운 행성으로 바뀔 수 있다. 하지만 우리 인간과 마찬가지로 식물이 견딜 수 있는 온도에는 한계가 있다. 만약 어느 한도 이상 기온이 올라가면 식물은 시들어 죽는다. 그래서 식물과 사람 모두 금성에서는 살지 못한다. 자연환경이 받아들일 수 있는 폐기물의 양에도 한계가 있다. 만약 폐기물 양이 일정 수준을 넘어서면 식물이나 동물이 살 수 없을 만큼 환경이 오염된다. 사람이라면 누구나 이런 한계 수준이 존재한다는 사실을 인식하고 있지만, 그 선이 어디쯤인지는 아무도 모른다. 확실한 것은 어떤 경우든 간에 오염 물질의 종류에 따라서 그 한계가 달라진다는 사실이다. 또 우리는 자원을 앞으로 얼마나 이용할 수 있는지도 모른다. 이론적으로는 광석이나 합금으로부터 필요한 금속을 실제 추출량보다 더 많이 뽑아낼 수 있지만 이 작업에 소요되는 에너지양 때문에 제약이 생긴다. 금속을 더 많이 추출할수록 에너지 측면에서, 또 금전적인 측면에서 대가가 더 많이 들기 때문이다. 사실 이론적으로 따져보면 세계 인구 역시 거의 무한하게 계속 증가할 수 있다. 어떤 물리학자가 계산한 바로는 1016~1018 수준까지 늘어날 수 있다고 한다. 이 숫자를 인구 성장의 한계와 최대치로 본다면 개구리밥 수수께끼에서 100퍼센트를 기준으로 역산했듯이 인구 성장 수준을 거꾸로 계산하며 확인해볼 수도 있을 것이다.

셋째는 우리가 배가 횟수나 3배가 횟수라는 측면에서 변화를 생각하는 데 익숙하지 않기 때문이다. 바꿔 말하면 지수 성장이나 감소를 생각하며 문제에 접근하는 것이 낯설다는 뜻이다. 물론 덧셈과 뺄셈, 곱셈에는 다들 익숙하겠지만 지수 성장 수치를 계산할 때처럼 같은 숫자만 몇 번씩 곱하는 경우는 그리 많지 않다. 또한 우리는 경험적으로 자녀가 하나, 둘, 셋 이런 식으로 차례차례 늘어나면서 한 가족의 규모가 커진다고 생각한다. 하지만 계산 범위를 전체 인구로 넓힐 경우, 이 아이들이 자라서 가정을 꾸렸을 때 계산 방식은 덧셈에서 곱셈으로 바뀌고 결과적으로 지수 성장이 일어난다. 가족당 평균 자녀 수가 3명이라면 다음 세대에서는 아이 수가 총 9명으로 늘어나고 그다음 세대에서는 27명으로 늘어나는 것이다. 덧셈은 경험적으로 이해하기가 쉽지만 지수 성장에 대한 계산은 추상적이기에 즉각적인 사고의 전환이 어려울 수 있다. 그러나 자원 이용, 산업의 성장, 질병의 확산, 사회의 복잡화 같은 여러 가지 사회 현상을 정확히 이해하려면 각종 프로세스를 지수 성장의 관점에서 생각해야 한다.

'지수적'이라는 용어에 익숙해지기 위해 이번에는 20분마다 둘로 분열되는 박테리아의 사례를 살펴보도록 하자. 이 시간은 일반적으로 배가 시간(doubling time)이라고 불린다. 처음 20분이 지나면 박테리아는 두 마리로 늘어나고, 40분이 지나면 그 수가 네 마리로 늘어나며, 60분 후에는 여덟 마리가 된다. 그렇게 20분이 지날 때마다 개체 수는 점점 더 빠르게 늘어나지만, 박테리아의 성장률, 즉 배가 시간에는 변화가 없다. 이렇듯 시간이 더해질수록 박테리아의 숫자가 늘어난다. 계산상으로는 20분이 지날 때마다 20분 전의 박테리아 수에 2를 곱하는 셈이다. 즉 1에서 시작하여 2 x 1 = 2, 2 x 2 = 4, 2 x 4 = 8의 순서로 숫자가 늘어난다. 이것은 1, 2 x 1 = 2, 2 x (2 x 1) = 4, 2 x [2 x (2 x 1)] = 8 같은 형태로도 나타낼 수 있다. 여기서 2세대를 나타내는 식에서는 2가 한 개, 3세대에서는 2가 두 개, 4세대에서는 2가 세 개로 나타난다. 이 결과는 21, 22, 23 같은 식으로 어깨 글자를 붙여서 표현할 수 있다. 지수(指數, exponent)로 불리는 이 어깨 글자는 각 곱셈식에서 숫자 2가 몇 개씩 존재하는지를 나타낸다. 여기서 2의 개수는 배가 횟수와 같다. 이론적으로는 3이나 4를 이용하여 3배가 횟수나 4배가 횟수를 나타낼 수도 있으나 2를 사용하는 방법이 관습으로 굳어졌다. 이런 이유로 우리는 박테리아 개체군이 지수적으로 성장한다고 말한다. 이 점은 기업의 성장이나 인구의 성장 역시 다르지 않다.

하지만 박테리아의 배가 시간이 20분으로 알려진 것과 다르게 인구가 얼마 만에 두 배로 늘어나는지는 아무도 모른다. 사실 우리가 정말 궁금하게 여기는 것은 바로 이 시간이다. 그렇지만 우리는 단위시간당 증가한 평균 인구수, 즉 인구 성장률이 얼마인지 알고 있다. 여기서 약간 수를 써서 인구 성장률로 복리 계산에서 애용되는 숫자 72를 나눠보면 인구가 두 배로 늘어나는 시간을 대충 예상할 수 있다. 예를 들어, 1960년대에 세계 인구의 연간 평균 성장률은 약 2.2퍼센트 수준이었다. 이 숫자로 72를 나눠보면 배가 시간은 72 ÷ 2.2 ≒ 33년으로 계산된다. 현실에서는 인구 성장률의 점진적인 감소로 인해 이 시간이 조금씩 늘어나는 모습이 나타난다. 아프리카 대륙과 인도의 인구 성장률은 3.0퍼센트를 조금 상회하는 수준이다. 그래서 인구가 두 배로 늘어나는 시간이 24년 정도로 예상되는데, 이 점은 아프리카 내에 있는 나이지리아나 르완다 같은 개별 국가에도 똑같이 적용된다.

인구 배가 시간이 40년 정도라고 하면, 우리는 그 기간마다 마을, 도시, 거대도시를 두 배로 확장하고 도로, 병원, 학교 등을 최소한 두 배 이상 건설해야 하며 판사 역시 지금의 두 배 이상으로 늘려야 한다. 실제로는 증가분이 두 배를 훨씬 넘어야 한다. 왜냐하면 인구 성장과 관련된 요소들의 성장 지수가 1보다 크기 때문이다. 이 사실은 현대 사회의 거의 모든 분야에 적용된다. 즉 각종 사회 기반 시설과 사회 구성 요소가 인구수에 비례하여 지수적으로 성장하므로 그 속도는 인구 증가 속도보다 빠르다. 우리가 사회를 조직해야 하는 이유, 달리 말해서 서로 교류해야 하는 이유는 바로 여기에 있다. 그리고 앞에서도 살펴봤듯이 이러한 상호 작용 정도는 인구수에 비례하여 지수적인 성장 추세를 보인다. 또 인구는 물론이고 조직의 자원 사용량과 폐기물 생산량 역시 지수적으로 늘어난다. 중국의 경우, 지난 10년간 경제 성장률이 약 11.0퍼센트로 나타났다. 계산을 해보면 72 ÷ 11, 즉 6.5년마다 경제 잠재력이 두 배로 늘어났다는 이야기다. 같은 방식으로 연례보고서에 제시된 연간 성장률을 이용하여 기업이나 은행의 성장 시간을 계산할 수도 있다.

인구 증가로 노동자의 수가 지수적으로 늘어나면 노동 생산물의 총량 역시 지수적으로 늘어난다. 이런 현상을 일러 이중 지수 성장(double exponential growth)이라고 한다. 이 성장 과정에서는 지수 자체가 고정되지 않은 채 지수적으로 커지는 모습이 나타난다. 이 현상과는 별개로 기계(트럭, 컴퓨터, 로봇 등)가 노동자의 업무 중 일부분을 처리하는 덕분에 노동자 1인당 산출량까지 지수적으로 늘어나게 된다.

서양 세계의 인구와 인구 1인당 평균 수요는 제2차 세계대전 이후 엄청나게 증가했다. 물론 이 두 가지 모두 지수적 성장 곡선을 따라서 늘어났다. 이러한 성장 외에도 사회적으로 중요한 변화가 일어났다. 그 예로 여성이 노동 인구에 편입되고 컴퓨터와 기계 장치가 다양한 기계적 업무와 행정 업무를 처리하게 된 것을 들 수 있다. 지난 60년간 급속한 산업화와 도시화를 이룬 중국과 인도에서는 인구수가 지수적으로 늘어났고 그와 함께 인구 1인당 자원 소비량 또한 큰 성장 지수를 보이며 점점 더 늘어났다. 아까도 이야기했듯이 중국 경제는 6.5년마다 두 배씩 성장하는 모습을 보였다. 그래서 현재 중국의 자원 사용량과 폐기물 생산량은 엄청난 속도로 늘고 있다.

지금까지 이야기한 지수적 변화는 모두 예측이 가능하다. 하지만 우리가 그 외의 다른 변화상까지 모두 예측할 수 있을까? 개구리밥 수수께끼에서 이야기한 연못은 면적이 정해져 있고, 우리가 앞으로 지구의 천연자원을 얼마나 더 쓸 수 있는지에 대해서도 정보가 대충 마련되어 있다. 이런 문제는 충분히 예측이 가능하다. 물론 가끔은 예상치 못하게 새로운 자원이 발견되는 때가 있다. 최근 들어 기존의 에너지원인 석탄과 석유 외에 천연가스, 타르 모래, 셰일가스, 혈암유 등이 발견된 것처럼 말이다. 이 덕분에 에너지 문제에 아주 조금 여유가 생겼다. 그렇다면 우리는 복잡한 사회 연결망에 무슨 일이 생길지도 예측할 수 있을까? 과연 그러한 조직망은 어떻게 성장하고 언제 각종 기능이 문제를 일으킬까? 그 체계가 어떤 순서로 무너지고 변화 속도가 어떠할지 알 수 있을까? 또 토양에 염분이 축적될 때 그 포화율이 얼마인지는 아는가? 혹은 매우 중요한 자원이 서서히 고갈되지 않고 갑자기 사라졌을 때 어떤 일이 나타날지 예측이 가능한가? 유감스럽게도 이 모든 것을 예측하기란 불가능하다. 그렇다면 그 이유는 무엇인가?

허버트 곡선(제7장 참조)에 의하면 석유 생산량은 처음에 급격히 지수적으로 증가하다가 정점에 도달한 후부터 동일한 형태로, 혹은 더 큰 폭으로 감소하는 경향을 보인다. 이 곡선은 단일한 유정이나 한 국가의 석유 생산량은 물론이고 전 세계 석유 생산량에도 똑같이 적용된다. 일단 맨 처음에는 가장 수익성이 좋은 유전이 먼저 발견되고 개발된다. 매장량이 많아서 찾기가 쉽고 석유 채굴 역시 쉽기 때문이다. 대형 유전에서 석유가 고갈되기 시작하면 그보다 규모가 작고 생산성이 떨어지는 유전을 찾아 생산 활동을 계속해야 한다. 그러다가 결국 개발자들은 경제성이 떨어지는 소규모 유전으로 눈길을 돌리게 된다. 여기에 문제를 가중시키는 것은 규모가 작고 생산성이 떨어지는 유전일수록 발견과 탐사에 더 많은 비용이 들고, 그런 유전이 경제성 좋은 대규모 유전보다 훨씬 많다는 사실이다. 결국 에너지 자원과 각종 광물 및 금속 자원을 채굴하는 데 드는 비용은 앞으로 급격하게, 즉 지수적으로 증가할 것이다. 석유 개발자들과 마찬가지로 농부들은 항상 토양 영양분이 가장 풍부하고 넓은 땅(이를테면 하천이 흐르는 골짜기)에서 농사를 시작했지만 이후에는 어쩔 수 없이 농사에 불리한 지역(숲과 산비탈)으로 눈을 돌려야 했다. 어업 역시 크게 다르지 않다. 처음에 어부들은 몸집이 크고 대규모 어군(魚群, fish school)을 이루는 청어나 대구를 주로 잡았지만 이런 물고기들이 줄어들자 그보다 크기가 작고 무리 규모가 작은 어종을 잡아들이기 시작했다. 얼핏 봐서는 바다의 어류 자원이 여전히 풍부한 것처럼 보이지만, 실상은 꽤 심각하다. 현재 각종 어종의 개체 수가 급격히 줄어들고 있으며 몇몇 희귀 어종은 남획으로 말미암아 멸종 직전에 이르렀다. 어획량은 이전과 다름없이 풍족한 듯 느껴지지만, 어류 개체 수는 이미 걷잡을 수 없을 만큼 급감하고 있다. 실제로 대서양 북동부에서는 조업이 어려울 정도로 어획량이 심각하게 줄어든 상태다. 현재로서는 2015년까지 기다리는 것 외에 북해의 대구, 가자미, 넙치 수를 수확이 허용되는 수준으로 회복시킬 방안이 없다.

새로운 자원이 개발되면 처음에는 생산량이 급속히 증가하지만 그 뒤로는 생산량이 점점 더 빠르게 감소한다. 이 곡선은 일반적인 성장 프로세스와 모양새가 다르다. 직선이나 위를 향해 굽은 형태가 아니라 마치 낙타 등처럼 봉긋 솟아오르는 모양이기 때문이다. 직선과 위를 향한 곡선을 두고 각각 선형적, 지수적이라고 하며 반대로 낙타 등처럼 굽은 곡선은 비선형적이라고 한다. 비선형적 곡선에는 적어도 한 군데 이상 굴절 지점, 즉 상승 곡선에서 하강 곡선으로 바뀌는 지점이 존재한다. 식물이나 곤충, 혹은 우리가 집에서 사용하는 컴퓨터를 생각해보자. 온도가 낮을 때는 생체 활동이 둔화되거나 제 기능을 제대로 발휘할 수 없지만 온도가 점점 높아질수록 성장 속도가 증가하고 움직임이 활발해지거나 작동이 원활해진다. 이런 현상은 온도가 최적 활동 수준에 도달하기까지 계속 이어지지만 이후 그 정점을 넘어서 온도가 더 상승하면 오히려 기능이 떨어지는 현상이 나타나고 온도가 과하게 높아지면 정상적인 활동이 불가능해진다. 지금까지 화석연료처럼 한정된 자원의 변화량은 늘 비선형적인 곡선을 나타냈고, 폐기물 처리량은 줄곧 지수적인 증가세를 보였다. 문제는 자원 개발이 시작되고 어느 정도 시간이 지나기 전까지, 그러니까 상승 곡선이 굴절 지점에 도달하기 전까지 비선형적인 특성이 드러나지 않는다는 사실이다. 이러한 비선형적 변화가 상호 의존적으로 돌아가는 여러 프로세스의 연결망 내에서 발생할 경우 기존의 체계가 흔들릴 우려가 있다. 각종 프로세스가 정밀하게 맞물려 돌아가는 탓에 작은 변화에도 전체적으로는 큰 영향을 받기 탓이다. 가령 다른 요소들이 모두 안정적으로 늘어나는 도중에 한 가지 요소가 어느 순간 줄어든다고 생각해보자. 이때는 결국 각 요소 간에 이뤄진 균형이 깨지고 체계 전체가 불안정해지고 만다.

하지만 언제 어떻게 사고가 터질지, 문제가 어느 부분에서 나타나고 그 진전 속도가 얼마인지는 아무도 모른다. 어쩌면 정말 별것 아닌 작은 문제가 점점 증폭되어 사회의 한 부분을 무너뜨리고 더욱더 큰 재난으로 급속히 확대될지도 모르는 일이다. 하지만 한 가지는 확실하다. 현재 사회 내부의 여러 가지 흐름이 잘못된 방향을 향하고 있으며 이로 인해 사회의 붕괴 위험이 점점 더 커지고 있다는 사실. 이러한 동향에는 인구와 수요의 증가, 생물다양성의 감소, 기후 변화, 에너지 · 영양 자원 · 물의 급속한 고갈 현상 등 지금까지 이 책에서 다뤘던 여러 가지 문제가 포함된다. 이런 문제를 더 심각하게 만드는 것은 우리가 현존하는 온갖 문제의 원인이자 해결책인 성장, 이 성장에 기초한 경제에 점점 더 의존하고 있다는 사실이다. 게다가 이 과정에서 나타나는 모든 움직임은 상호 의존성을 지닌다. 가령, 계속 늘어나는 인구와 수요의 지탱을 위해서는 지속적인 에너지 공급이 필요하다. 하지만 공급에는 한계가 있기 마련이다. 이런 한계에 가까워진다는 말은 우리가 지구에 남은 화석연료를 모두 뽑아낼 수 있게 더욱 효율적인 기술을 개발해야 한다는 뜻이고, 결국 어느 때보다 더 많은 투자를 해야 한다는 뜻이다. 하지만 투자자들의 마음과 다르게 자원 고갈 시점에 가까이 다가갈수록 수익을 올리기는 어려워진다. 오히려 투자가 더 늘어나야 하지만 채굴 가능한 화석연료가 줄어들수록 수익은 더욱 줄어든다. 언젠가 자원이 고갈될 시점에 이르면 투자자들은 차츰 투자금을 빼내어 더 큰 수익을 올릴 수 있는 곳에 재투자할 것이다. 이때부터는 양성 피드백 고리가 발동하여 더 많은 투자자가 돈을 회수하기 시작할 테고, 결국 이런 흐름이 계속 이어지면 사회 체계가 전반적으로 불안정해질 것이다. 에너지는 우리 몸, 인구, 사회 기반 구조, 사회 조직을 구성하는 주된 요소이므로 에너지 부족 현상이 나타나면 사회가 불안정해질 수밖에 없다. 사실 에너지 부문의 투자 수익률(energy return on investment) 감소 경향은 이미 1990년대 초부터 뚜렷하게 나타났다. 이 흐름은 오늘날까지 계속 이어지고 있는데 실제로 이 문제가 심각한 경제적 양성 피드백 고리를 키울 우려가 있다. 그러면 식량의 생산 비용이 더 비싸져 가난한 사람들이 생존 위기에 처하고 수많은 문제가 꼬리를 물고 이어질 것이다. 이런 경향은 다른 주요 자원에서도 나타난다. 에너지 부족 문제가 심각한 수준에 도달하기 전에 영양 자원이나 물의 공급, 자원 채굴과 재순환, 바닷물의 담수화와 관련하여 연쇄적인 문제가 발생할 수도 있다. 이런 현상은 에너지 자원의 고갈을 촉진하고 우리를 에너지 투자 수익률을 감소시키는 양성 피드백 고리 속으로 더 빠르게 밀어 넣는다. 그리고 그로부터 또 다른 문제가 계속 이어진다. 우리는 이런 경향을 알고 그 작용 기작과 그 결과가 어떠할지를 알지만, 사회의 수많은 구성 요소 중 어떤 것이 다른 요소들을 양성 피드백 고리로 이끌고 또 그런 현상이 언제 시작되는지를 모른다.

어쩌면 에너지 자원과 금속, 또는 기타 광물 자원 개발 부문에서 투자금이 다른 쪽으로 빠져나가는 현상을 후발 투자자들이나 정부가 해결할 수 있다고 생각하는 사람이 있을지도 모르겠다. 하지만 자금 투자는 사적인 경제 활동일 뿐 아니라 그 주체가 투자금으로부터 최대한 수익을 뽑아내길 바라는 개인 투자자나 은행일 때가 많다. 또한 금융 제도는 사회 기반 구조의 일부로서 금융거래와 관련된 기타 하부 구조와도 관련되어 있다. 경제가 돌아가다 보면 일부 분야에 더 많은 돈이 필요해질 수 있고 그러면 다른 쪽에서 투자금을 끌어와야 하는 상황이 벌어지기도 한다. 이 사례에서는 자원 채굴 부문에서 다른 부문으로 자금 이동이 필요하다고 볼 수 있겠다. 원래 돈은 가장 필요한 쪽에 쓰여야 하는 법이지만, 에너지와 금속, 혹은 기타 광물 자원의 채굴에 드는 비용이 자꾸 늘어나면 산업화나 도시화 과정이나 농업 분야에 들어가는 자금이 줄어들어 해당 부문의 성장이 멈추고 결국 그로 인해 다른 문제들이 파생된다. 그래서 사회 다른 부분의 발전에 영향을 미치지 않고 에너지 투자 수익률의 감소 현상을 막기란 거의 불가능하다. 그러면 시간이 지남에 따라서 각 부문 사이에 갖춰진 정밀성이나 균형이 깨지기 시작하고 한때 상승 효과를 일으키며 잘 돌아가던 여러 가지 프로세스가 서로 좋지 않은 영향을 미치게 된다. 이런 현상은 복잡성을 띤 수많은 체계 내에서 쉽게 발견되며 결과적으로 체계를 불안정하게 뒤바꾼다. 즉 수많은 구성 요소 간에 이뤄진 다양한 관계에 이상이 발생하면서 한 체계가 서서히 혹은 갑자기 고장을 일으키고 결국 그로 인해 큰 사고가 일어나거나 모든 동작이 멈추는 것이다. 따라서 이러한 관계가 많이 형성될수록 영구적 혹은 일시적으로 일탈이 생기거나 균형이 깨져 그 체계가 무너질 가능성이 커진다. 이 관계의 수는 사회의 복잡성에, 궁극적으로는 인구수에 달렸다. 일반적으로 어떤 체계가 붕괴할 때는 해당 체계를 안정화하고 일탈을 막기 위한 구성 요소들이 갑자기 방향을 틀어 체계를 불안정하게 만들고 큰 사고를 일으키는 현상이 나타난다.

시장이 돌아가는 원리에 대해서는 아마 다들 학교에서 배웠을 것이다. 경제학에서는 가장 기본적으로 공급과 수요라는 두 가지 요소를 다룬다. 18세기 후반에 애덤 스미스가 제시한 '보이지 않는 손' 개념에 의하면 시장 가격은 자연적으로 균형을 이루게 된다. 이 체계 속에서 공급과 수요는 한 상품에 요구되는 가격을 통해 서로 균형을 맞춘다. 공급이 늘면 가격이 낮아지고, 가격이 낮아지면 수요가 늘어난다. 수요가 늘어나면 다시 가격이 높아지고, 그러면 결국 공급이 늘어나 가격 하락이라는 첫 단계로 되돌아간다. 이렇게 공급과 수요는 파도처럼 끝없이 오르락내리락하며 변화한다. 이런 개념은 생태학 분야에서도 드물지 않게 발견된다. 같은 먹이를 두고 경쟁하는 생물종이나 포식자와 사냥감의 수가 서로 균형을 이루는 현상이 바로 여기에 해당한다. 또 자연적인 균형이라는 점에서는 두 집단의 경쟁을 설명하는 자연도태설도 빠지지 않는다. 물론 이 이론에서는 적자생존이라는 측면이 더 부각되지만 말이다. 그리고 제임스 러브록(James Lovelock)의 데이지 세계(Daisyworld, 영국의 과학자 제임스 러브록이 가이아 이론을 증명하고자 제시한 컴퓨터 시뮬레이션 모형. 가이아 이론은 지구를 자기 조절 기능을 갖춘 유기체로 보는 이론이다.-옮긴이)에 의하면 지질 시대의 기후는 이산화탄소를 생산하는 생물과 이용하는 생물들의 활동으로 규칙적인 변동을 보이며 어느 정도 안정적인 수준을 유지한다고 한다. 이때 형성되는 기후의 안정화 수준이 환경 수용력을 좌우하게 되는데, 생물 개체군의 규모 역시 약간의 변동과 함께 일정한 수준을 유지하는 것으로 보인다. 아마 이런 변동은 인구수가 90억에서 100억 명 수준으로 안정될 것이라고 보이는 2050년 이후에도 나타날 것이다. 이 개념들은 모두 장기적이거나 전체적인 안정성 이면에 존재하는 단기적 혹은 부분적인 역학 관계를 다루지만 체계의 붕괴 문제는 전혀 고려하지 않는다. 여기서 다뤄지는 체계들은 계속 일정한 균형 상태를 유지하거나 서로 다른 수준의 이원적 균형 상태를 지니기도 한다. 후자의 경우, 한 가지 상태에서 다른 상태로 바뀌기가 쉽지 않다. 한 가지 예로, 바다에서 오랫동안 남획이 이어지면 어류 자원이 수적 균형을 이루는 수준이 한층 낮아질 수 있다. 이때는 변동 결과를 이전 수준으로 되돌리기가 거의 불가능하다.

실제로 위와 같은 프로세스가 존재하기는 하나, 현실은 항상 다루기가 더 어렵고 복잡하다. 일반적으로 한 체계 내에서는 두 가지를 초과한 구성 요소가 상호 작용을 일으키는데, 문제는 바로 여기서 발생한다. 이른바 이성분계(two-component system)의 역학 관계는 수학 공식으로 나타낼 수 있지만, 인간 사회의 경제 체제나 자연의 생태학적 체계, 또 태양 주위를 도는 행성들의 체계처럼 구성 요소가 세 가지 이상 존재하는 계에서는 각 요소 간의 관계를 공식화하여 나타내기가 이론적으로 불가능하다. 예를 들어, 우리는 태양과 지구와 달을 거대한 구로 가정하고 태양 주위를 도는 지구의 궤도와 지구 주위를 도는 달의 궤도를 따로따로 계산할 수 있다. 하지만 이 세 가지 천체를 동시에 고려한 계산, 그러니까 달이 지구를 돌고 지구가 태양을 도는 움직임을 한꺼번에 정확히 나타내는 계산은 할 수 없다. 그저 이런 천체들의 이동 경로를 근사적으로 나타낼 수 있을 뿐이다. 사실 자세히 살펴보면 태양계의 행성들은 교과서에서 설명하는 것처럼 매끈한 궤도를 그리며 태양을 돌지 않는다. 실제 공전 궤도는 다소 구불구불한 형태를 이루어 태양계를 다소 불안정하게 만든다. 하지만 그러면서도 태양계의 행성들은 주변 행성들이 공전 궤도에서 벗어나지 않게 서로를 지탱한다. 이 사실은 뉴턴이라도 인정할 수밖에 없을 것이다.

사회에는 온갖 구성 요소가 뒤죽박죽으로 뒤섞인 탓에 공황이 발생하거나 모든 체계가 붕괴할 위험이 존재한다. 이러한 위기 현상은 그 발달 속도가 급격할 뿐 아니라 그 원인, 추이, 시기 등을 예측할 수 없다는 문제까지 수반한다. 수학자들은 이러한 연구와 관련하여 결정론적 혼돈(deterministic chaos)이라는 개념을 제시했다. 간단히 말하면 모든 프로세스가 질서 있게 돌아가는 도중에도 예측 불가능한 결과가 빈번하게 나타나고, 우연은 예측 불가능성을 심화시키기만 한다는 그런 개념이다. 그러니 구성 요소가 수없이 많은 체계 내에 우연적인 요소까지 함께 존재할 때 어떤 일이 일어날지 한 번 상상해보라.

'결정론적'이라는 말은 어떤 프로세스의 흐름이 우연에 의해 좌우되지 않음을 의미한다. 즉 처음부터 결과가 정해져 있기에 확실하게 결과를 예측할 수 있다. 하지만 이러한 프로세스가 시작되기 전에 초기 조건이 우연적인 요소에 의해 미세하게 변하면 그 결과는 예측하기 어려워진다. 그래서 이 결정론적 모형에 특정한 값을 대입하여 계산을 시작하면 몇 번을 반복해도 같은 결과가 나오지만, 그 자리에 조금이라도 다른 값을 집어넣으면 결과가 천차만별로 달라질 수 있다. 이번에는 핀볼 기계에서 움직이는 공을 생각해보자. 게임을 시작하면 공은 모두 같은 지점에서 출발하지만 그 움직임은 그때마다 다르다. 공의 이동 경로와 종착 지점은 시작점에서 나타나는 몇 가지 매우 작은 차이(눈으로 거의 확인하기 어려운 우연적인 차이)에 의해 크게 바뀐다. 하지만 그렇다 하더라도 모든 것은 공이 시작점을 떠난 뒤에 예측 가능한 범위 내에서 진행된다. 그러나 사회는 이런 식으로 돌아가지 않는다. 사회는 어떤 프로세스가 시작될 때부터 진행되는 내내 시간적 · 공간적인 기후 패턴의 대변동, 경제적인 기폭 요소와 발전상에 잠재된 불확실성, 각종 비선형적 프로세스와 그 시기적인 변동성 등에 크나큰 영향을 받는다. 그리고 이 모든 것이 사회를 공황에 빠뜨리거나 붕괴 위험에 취약하게 만든다. 마치 핀볼대 위의 단단한 핀들이 시종일관 유연성을 달리하며 아무렇게나 위치를 바꿔가는 식이다. 사회 붕괴나 공황 현상은 어떠한 문제에든 일어날 수 있다. 주택 가격에 영향을 미치는 법률도 바다나 육지에 대규모 석유 유출 사태를 일으키는 송유관 폭발 사고도 한 사회를 위기에 빠뜨릴 수 있다. 실제로 얼마 전에 전자와 같은 사례로 인해 세계적인 규모의 경제 공황이 발생했고 미시간 호수 인근의 강과 멕시코 만에서 석유가 유출되어 환경 재난이 일어난 적이 있다. 모두 언제든지 일어날 수 있는 우연한 사고지만 어떤 것이든 한 번 발생하면 그 사회에는 막대한 영향이 미친다. 그렇다면 과연 우연이란 요소는 어떻게 작용하고 사회를 이룬 인구수와 그 복잡성에는 얼마나 의존할까? 만약 실제로 의존성이 있다면, 사회의 붕괴 가능성은 시간이 지남에 따라서 인구수의 증가, 그리고 그로 인한 사회적 복잡성의 증가로 인해 더욱 커지는 것일까? 또 우리의 생활환경에는 이러한 영향이 미쳤을까(이를테면 점진적인 토양의 염분 축적 현상, 또는 오스트레일리아나 러시아의 가뭄으로 인한 식량 가격의 급격한 상승)?

잠시 주사위 놀이에 대해 생각해보자. 주사위를 던져서 5가 나올 가능성은 얼마나 될까? 주사위에는 여섯 면이 존재하고 이것을 던졌을 때 각 면이 나올 가능성은 모두 같다. 그래서 결과로 5가 나올 가능성은 6분의 1, 그러니까 약 17퍼센트다. 반대로 5 이외의 숫자가 나올 가능성은 6분의 5, 확률로 말하면 약 83퍼센트다. 그렇다면 주사위를 두 번 던졌을 때 5가 한 번 나올 가능성은 얼마나 될까? 그 결과치는 한 번 던졌을 때의 두 배, 즉 약 33퍼센트가 되며, 5 이외의 숫자가 나올 확률은 67퍼센트가 된다. 따라서 주사위를 많이 던질수록 5가 한 번 이상 나올 가능성은 점점 커진다. 또 그와 함께 5가 나오지 않을 가능성은 줄어든다. 이러한 추론은 재난의 발생 가능성, 이를테면 송유관의 폭발 가능성에도 똑같이 적용된다. 물론 이 경우에는 다들 폭발이 일어나지 않을 가능성에 관심을 기울이겠지만 말이다. 가령 송유관에 아무 문제도 발생하지 않을 확률이 만 분의 1이라고 할 경우,

실제로 폭발이 일어날 확률은 9,999분의 1 정도밖에 안 된다. 사실 이 가능성은 송유관의 길이, 송유관의 개수, 용접 부위의 수, 석유 펌프장의 수를 비롯하여 송유 시스템이 가동되는 기간에도 영향을 받는다. 그렇게 송유관의 길이와 개수가 늘고, 전체 체계의 복잡성이 증가하고, 가동 기간이 늘고, 무언가 잘못될 가능성이 커지면서 폭발이 일어나는 것이다.

설상가상인 것은 이러한 재난이나 실수가 일어날 가능성이 모두 다른데다가 이것이 서로 중첩되어 나타난다는 사실이다. 이 점은 면이 여섯 개인 일반 주사위와 면이 네 개, 여덟 개, 열 개, 열두 개, 스무 개, 서른 개인 주사위를 동시에 던져봄으로써 확인할 수 있다. 이처럼 여러 주사위를 함께 던지면서 그때마다 나온 숫자를 합산하여 그래프로 나타내면 매우 삐뚤빼뚤한 선이 그려진다. 이 합산 결과는 매번 달라지므로 다음번에 어떤 값이 나올지 예측하기가 불가능하다. 사실 주사위 하나만 던졌을 때도 어떤 숫자가 나올지 예측하기가 어려우니 어찌 보면 당연한 이야기라고 할 수 있겠다. 이렇게 그려진 곡선은 각기 다른 여러 가지 사건의 발생 가능성이 중첩되어 나타나는 현실 세계와 많은 면에서 흡사하다. 하지만 주사위 일곱 개를 동시에 던질 때 모든 조건이 일정하고 독립적으로 유지되는 것과 다르게, 현실에서는 전체 프로세스가 사건의 발생 가능성에 따라 다른 영향을 받고 또 사건끼리도 선형적, 비선형적으로 서로 영향을 주고받는 특성이 나타난다. 상황이 이러하니 이 사회의 앞날을 어떻게 예측하겠는가? 물론 자원의 고갈 속도와 환경오염 속도는 대충 가늠할 수 있지만, 이로 인해 사회적으로나 경제적으로 언제 어떤 결과가 나타날지는 자세히 알기가 어렵다. 그래서 우리는 그저 사회의 복잡성이 증가하고 자원 고갈, 환경오염, 사회적 불평등으로 인한 긴장이 커짐에 따라서 붕괴 위험이 커진다고 말하는 수밖에 없다. 이런 설명은 다소 추상적일 수 있으므로 사회적 프로세스라는 측면에서 더 구체적으로 이 문제를 살펴보도록 하자.

관로에 존재하는 용접 부위의 수나 펌프장의 수 자체가 명확한 결과를 나타내지는 않는다. 어쩌면 일정 시간 동안 아예 아무 일도 일어나지 않을 수 있고 폭발이 두 번 이상 일어날 수도 있다. 우연성이 존재한다는 말은 결국 해당 프로세스를 완전히 이해하지 못해서 결과를 예측하지 못한다는 이야기이므로 그 일이 정확히 어떻게 될지는 아무도 알지 못한다. 주사위를 던졌을 때 무슨 이유로 5가 나오는지 모르기 때문에 우리는 그런 결과가 발생하는 데 아무런 영향을 미치지 못한다. 바로 이런 이유에서 주사위를 이용한 게임이 재미있는 것이고, 또 한편으로 각종 사회적 프로세스에 우연이 미치는 영향이 걱정스러운 것이다. 지금 우리가 우연이라는 요소에 관심을 두는 이유는 이것이 인구 및 사회적 복잡성의 증가 현상과 더불어 각종 문제가 꼬일 가능성을 높이기 때문이다. 인구수와 사회적 복잡성이 지수적으로 증가함에 따라서 이 우연성 역시 지수적으로 커진다. 결국 이 요소는 자원이 고갈되는 시간이나 기후 온난화가 진전되는 시간과 관계없이 나타나는 셈이다. 이 말은 곧 시간이 지남에 따라서 현존하는 세계화 사회가 인구수와 사회적 복잡성의 증가와 함께 붕괴할 가능성이 커진다는 뜻이다. 게다가 우리는 언제 어디서 5가 정확히 나올지 알 수 없는 주사위와 마찬가지로 현 사회의 붕괴를 불러일으킬 수 있는 사태가 언제 어디서 발생할지 역시 알 수가 없다. 이것은 먼 훗날에 일어날 수도 있고 바로 내일 일어날 수도 있다. 혹시 모종의 원인에 의해 사회 붕괴가 시작되고 그 진행 속도가 높아지는 특정한 시점이나 기간이 있다고 해도 우리는 그 시작점이 어디이고 그 속도가 언제 얼마나 높아지는지, 또 붕괴 현상이 1년간 이어질지, 아니면 10년 내지는 한 세기에 걸쳐 진행될지 전혀 알지 못한다. 수 세기에 걸쳐 진행된 고대 로마의 쇠락을 한 번 생각해보라. 로마가 정확히 왜 그렇게 되었는지는 아무도 모른다. 물론 지금 이 책을 읽는 우리는 다른 역사가나 작가들보다 그 현상을 두고 더 다양한 설명을 할 수 있을 것이다. 아무튼 사회 모든 측면에서 우연성이 큰 영향력을 발휘하는 탓에 사회가 어떻게 움직이고 변할지는 알 수가 없고 그래서 앞일을 예측하기란 불가능하다. 사회적 변화와 관련하여 우리가 직접 손을 쓸 수 있는 수준에는 한계가 있는 것이다.

로마 제국의 쇠락 같은 사회적 위기의 원인을 알 수 없고 이 문제를 제어하지 못하는 이유는 사람들이 역사를 살펴볼 때 고트족의 침략이나 당시 로마 사람들이 수도관의 재료였던 납에 중독되었다는 사실 하나에만 초점을 맞추듯이 대체로 수많은 변수 중에서 한 가지 사건이나 프로세스만을 따로 떼어내어 생각하기 때문이다. 하지만 각종 사례를 통해 알 수 있듯이 재난은 단 하나의 사건이나 프로세스에 의해서가 아니라 대개 여러 가지 사건이나 프로세스의 동시적인 발생으로 인해 촉발된다. 주사위 두 개를 같이 던져서 둘 다 5가 나올 확률은 얼마나 될까? 이때는 주사위별로 5가 나올 확률, 즉 17퍼센트라는 수치를 서로 더하지 않고 곱해야 한다. 그 결과 2.8퍼센트라는 훨씬 작은 수치가 나온다. 이런 사실로부터 미루어보면, 우연하게 발생하는 복잡한 프로세스들이 함께 작용하여 사회 붕괴 같은 모종의 결과를 낳는다고 했을 때 그에 대한 예측 가능성은 매우 낮아진다고 할 수 있다. 그리고 어떤 사건들이 일어나고 그중 무엇이 동시에 발생할지, 또 각각의 상대적인 비중이 얼마인지 모르기 때문에 실제로 사회적인 위기가 나타났을 때 문제 상황을 제어하거나 조절하기가 불가능하다. 앞에서도 이야기했지만 인구는 지수적으로 성장하고 사회의 규모와 복잡성은 그 수에 비례하여 지수적으로 커진다. 이런 특성 때문에 우연한 사건이나 프로세스들의 결합으로 인해 발생하는 큰 사태는 예측하기가 정말 어려워진다. 한편으로는 이 결합의 수 역시 지수적으로 증가하는데, 그로 인해서 체계 전체의 안정성이 점점 떨어지고 결과적으로 언제 어떤 일이든 터질 수 있는 상황이 조성된다. 이런 식으로 어떤 일이든지 벌어질 수 있다는 개연성은 더욱 커지지만 문제가 언제 어디서 일어날지는 점점 더 불명확해진다. 이런 특성은 모종의 사건이나 프로세스의 발생 가능성이 알려지지 않은 상태이고 그 값이 모두 다를 경우에 특히 더 두드러진다. 이렇게 우연히 동시에 발생한 프로세스들은 이른바 프랙털(fractal) 프로세스를 따른다.

프랙털 프로세스에서는 여러 가지 우연적인 프로세스들이 각기 시간을 달리하여 중첩적으로 발생한다. 이것은 두 요소가 같은 시간 척도를 따라서 움직이며 지체 없이 균형을 맞추는 공급-수요 모형과 전혀 다르다. 하지만 사회에서 발생하는 대다수 프로세스는 반응 시간이 크게 다르다. 출산율 변화가 일어나면 약 70년이 지나야 그 효과가 나타나고, 에너지와 광물 자원의 사용량이나 공업 분야의 생산량과 혁신은 수년 내지는 수십 년 사이에 지수적인 성장을 이룬다. 또 바다에서 어류 자원이 회복되는 데 걸리는 시간이 다르고, 대기 중의 이산화탄소가 일정 수준 이하로 줄어드는 데는 수 세기가 걸린다. 더욱이 자원 고갈, 환경오염, 토양 침식 현상은 누적되므로 원래대로 되돌리는 것이 불가능하다. 민주주의 사회에서는 정부가 급진적이고 대중으로부터 인기를 얻지 못하는 정책을 내세울 경우, 4~5년 후 그 효과가 채 드러나기도 전에 다른 정부로 교체될 수 있다. 이런 이유 때문에 정부는 아무리 좋은 정책이라도 국민의 신임을 잃을 우려가 있으면 시행하지 않는다. 이는 곧 사회가 환경 조건의 변화에 따라서 스스로 세부적인 조정을 가한다는 가정이 틀렸음을 뜻한다. 사실 사회는 지금까지 단 한 번도 평형 상태에 있었던 적이 없다. 우리 인간이 생활환경에 제약을 가하는 요소들을 줄곧 제거하거나 바꿔왔기 때문이다. 하지만 우리가 그러한 한계치를 계속 높이지 않고 가만히 있더라도 평형 상태에 도달할 수는 없다. 반응 시간의 차이 때문에 처음에는 혼돈이 나타나고 그다음에는 붕괴 현상이 일어나기 때문이다.

게다가 현재는 여러 가지 요소가 상호 의존을 하고 있기 때문에 탓에 한 부문에서 사고가 발생한다면 다른 부문에서도 줄줄이 사고가 일어날 우려가 크다. 그래서 문제 상황을 제어하기가 더욱 어려워지고 있으며 모든 체계가 단번에 무너질 우려도 커지고 있다. 이런 점에서 앞으로는 현존하는 사회 · 경제 체제가 위험에 빠지는 일도 잦아지고 그에 대처하기도 더 어려워지지 않을까 싶다. 결국 저 앞에서 이야기했던 계산 결과가 상반되게 나온 이유는 1972년과 1992년 사이에 체계의 붕괴 가능성이 상당히 높아졌다는 데 있다.

또 한 가지 알아둬야 할 내용이 있다. 일반적으로 시뮬레이션 모형은 발달을 거듭할수록 예상 결과의 현실성과 신뢰도를 높이기 위해 점점 더 많은 변수를 포함하게 된다. 물론 그렇게 하면 현실을 반영하는 정도는 더 커지지만, 변수가 많아질수록 결과가 주는 신뢰도는 줄어들 수 있다. 이유는 간단하다. 변수가 취하는 (혹은 우연으로 인한) 예측값의 불확실성이 배가되고 또 새로운 변수가 추가됨으로써 더 증가하기 때문이다. 예를 들어 어떤 변수의 신뢰도가 60퍼센트이고 또 다른 변수의 신뢰도가 40퍼센트일 때 전체 모형의 신뢰도는 60퍼센트 x 40퍼센트 = 24퍼센트가 된다. 그러므로 매우 복잡한(현실적인) 모형에서는 실망스러운 계산 결과가 나올 수 있다. 이때는 다른 정보에 기초한 다른 계산 방식으로부터 결과를 예측해야 한다. 따라서 상향식 접근법을 따라서 기본 변수들의 정보를 토대로 인구통계학적 발달, 경제 위기, 사회 붕괴 같은 현상을 예측하지 말고 하향식 접근법을 따르도록 한다. 이러한 방식으로 자원의 폐기물화 프로세스에 접근할 경우, 먼저 해당 시스템의 투입 정보(자원의 이용성과 고갈)와 산출 정보(폐기물 생산)를 살펴본 후 그 장치 내부에서 지배적인 변수가 무엇인지 추정하면 된다. 그렇게 최소한의 변수 정보만을 이용하면 신뢰도가 높은 결과가 산출된다.

나는 현존하는 인간 사회가 붕괴하고 인구수가 급감할 가능성이 있다고 생각한다. 그러한 역경이 닥쳤을 때 피해를 최소화하기 위해서는 현실에 만족한 채 가만히 있지 말고 지금 당장 대책을 세워 적극적으로 실천해야 한다. 안타깝지만 옛 관습과 문화적 전통, 긴긴 세월 이어져 온 믿음이 통하는 시대는 이제 끝났다. 1992년에 메도우즈와 그의 연구진이 《한계를 넘어서》에서 보여주었듯이 우리가 사는 세계는 실제로 붕괴할 수 있으며 이 현상은 심지어 현재 지구에 존재하는 자원이 몽땅 고갈되기 전에도 일어날 수 있다. 이제는 언제 어디서 붕괴 현상이 일어날지 모른다. 상호 의존적이고 우연한 프로세스가 넘쳐 나는 복잡하고 비선형적인 거대 체계로서는 피할 수 없는 결말이다. 지난 30년간 세계화 바람과 함께 등장한 대대적인 규제 완화의 흐름은 현존하는 체계 속에 더 많은 양성 피드백 고리를 허용함으로써 이 문제를 더욱 심각하게 만들고 있다.

이 세계는 과연 어떻게 붕괴할까?

현재의 사회 체계가 정확히 언제 어떤 식으로 무너질지는 아무도 모른다. 하지만 모든 국지적 · 국가적 사회 기반 구조와 전 지구적인 사회 상부 구조가 추상성에 기초하고 있기에 이론적으로 따져봤을 때 이 문제는 결코 피할 수 없다. 더군다나 비교적 최근 자료를 이용한 모의실험에서도 체계 붕괴가 일어난다는 결과가 나왔다. 물론 이미 20년이나 묵은 자료이니 지금과 비교하면 그마저도 지나치게 낙관적이라고 볼 수 있겠다. 현재 이론적으로는 그 20년 동안 바뀐 여러 가지 조건으로 인해 체계 붕괴가 일어날 위험성이 훨씬 더 커졌다.

III
인류의 존속

이 세계는 날이 갈수록 더욱 조직적으로 변하는 한편, 점점 더 균형을 잃어가고 있다. 이러한 불균형성은 인구 성장률이 가장 높은 지역에서 조직화 수준이 가장 떨어지고 그 많은 인구를 뒷받침하는 사회 기반 구조가 매우 취약하다는 사실, 그리고 인구수가 계속 줄어드는 지역에서 오히려 조직화가 잘 이루어지고 사회 기반 구조가 확장을 거듭한다는 사실에서 잘 드러난다. 게다가 가난한 국가들은 굉장히 높은 자원 수요(특히 가장 기본적인 식량 공급 면에서)를 보이면서도, 현재는 자국에서 생산된 식량과 광물 자원 중 많은 양을 부유한 국가들에 공급하고 있다. 또한 이들 빈곤 국가들은 심각한 토양오염과 담수오염 문제를 겪는 동시에 선진국들이 일으킨 대기오염으로 말미암아 가뜩이나 덥고 건조한 기후가 더 뜨겁게 바뀌면서 더욱 큰 고통을 느끼고 있다. 더욱이 그런 곳에서는 위생과 보건 시설을 기대하기도 어렵고, 특히 급속히 성장하는 대도시 인근의 빈민촌은 환경이 더욱 열악하다. 이렇듯 부국과 빈국의 격차는 해가 갈수록 더 빠르게 벌어지는 실정이다. 선진국들은 자원 사용량을 계속 늘려가면서 자신들의 권리를 보호하는 동시에 성장을 향한 저개발 국가들의 기본 권리를 부인하고 있다. 이렇게 가다가는 머지않아 절망에 빠진 빈곤 국가들이 부유한 국가들을 위협하고 공격할 수도 있다.

이 문제는 점점 부존량이 줄어드는 일부 자원으로 말미암아 발생할 가능성이 크다. 모든 자원에는 양적인 한계가 존재하고 결국 그로 인해 식량 생산과 산업 발전 정도, 전 세계적인 사회 기반 구조와 기술을 유지하는 데 제약이 생긴다. 한편 부유한 국가들의 안정성은 여전히 성장을 거듭하는 산업 부문에서 지속적인 수익이 발생하느냐 마느냐에 달렸다. 여기서 지속적인 수익이란 곧 부유함을 나타내는 증표와 같다. 거대하고 복잡한 사회 기반 구조를 유지하는 데는 큰 비용이

들기 때문이다. 이 유지비가 부족해지고 수익과 지출의 불균형이 심화될 경우 산업화가 실현된 부유한 국가들은 불안정을 겪게 된다. 빈곤 국가들은 에너지 자원의 수급 한계 때문에 식량 가격이 상승할 경우 불안정을 겪게 된다. 이미 이런 지역에 사는 빈민들은 하루 소득을 거의 다 써야 한 끼 식사를 겨우 할 수 있을 만큼 어려운 상황에 처해 있다. 그들에게는 그 이상 쓸 수 있는 돈 자체가 없다.

앞으로는 여러 국가 간, 또 한 국가 내에서 사회적인 불안정 현상이 점점 확산될 테고 또 사람들 스스로도 그 효과를 여실히 느끼게 될 것이다. 사회 이곳저곳이 삐걱대면 큰 변화와 변동이 일기 쉬워지고 결국은 그 체계 전체가 무너질 수 있다. 우리는 여전히 성장에 기초한 경제 체제, 즉 성장에서 발생한 온갖 문제를 더 큰 성장으로 해결하는 체계를 고수하고 있다. 이 체계는 비경제적인 소비와 자원의 낭비를 부추길 뿐 아니라 무분별하면서도 우리 눈에 잘 보이지 않는 공해를 낳는다. 이런 상황에서 우리는 매일 같이 증가하는 인구가 이 모든 문제의 원임임을 모른 채 그 숫자가 스스로 안정되기만을 기대하며 살아간다. 그리고 그 많은 인구가 그렇게 안정을 유지한 채로 영원히 지속되리라 믿고 있다. 심지어는 인구 성장이 멈춘 상황에서도 수요가 계속 증가하고 자원 재순환과 기술 향상으로 모든 것이 해결되리라 믿는다. 과연 우리는 언제쯤 아이를 낳고 기르며 인구 성장을 도모할 권리보다 생존할 권리를 더 우선시하게 될까? 언제쯤에야 현 인류가 물리적으로 불가능한 일을 시도하고 있음을 깨달을까? 우리 개개인의 부주의한 행동이 수십억 인구를 상상조차 할 수 없을 고통으로 몰아간다는 사실을 언제 깨달을 수 있을까? 그리고 그런 행동이 인류의 지속가능성과 지구의 모든 생명을 심각한 위기에 빠뜨릴 수 있음을 언제 깨달을 것인가?

F
인간 세계의 또 다른 미래?

앞서 소개했던 여러 장에서는 인류를 위기에 빠뜨릴 수 있는 현상과 변화 등을 살펴보았다. 이번 제24장에서는 인류의 역사를 광범위하게 되돌아보고 그로부터 우리가 맞이할 몇십 년 뒤의 미래를 전망해볼까 한다. 나는 지금 우리가 1만 년에서 2만 년가량 이어진 기나긴 발전 과정 중 한 단계를 밟는 중이라고 생각하며 마지막 장을 썼다. 사실 지난 반세기 동안 일어난 수많은 문제와 앞으로 우리가 겪을 변화는 원래대로 되돌리거나 막기가 어렵다. 모두 인류의 역사와 우리 정신 속에 아주 깊숙이 뿌리를 내린 문젯거리이기 때문이다. 이런 관점에서 세계 인구수가 상대적으로 적었던 시절과 오늘날을 비교해보면 훗날 우리에게 닥칠 난관은 아무래도 극복하기가 어려워 보인다. 그러나 이 지구에 인류가 계속 살아가고 생명이 계속 꽃을 피우게 하려면 앞으로 다가올 문제들을 반드시 해결해야 한다. 이것은 분명 어려운 일이지만, 우리 자신과 전 지구적 사회 기반 구조를 지탱하는 각종 필수 광물 자원이 고갈 위기에 이르렀고 육지와 수생 및 대기 환경의 오염 수준이 자연과 인간계의 삶을 모두 파괴할 정도로 심각해졌다는 사실을 생각했을 때, 우리에게는 이제 다른 선택의 여지가 없다.

24. 우리가 택한 길, 앞으로 나아갈 길

네덜란드의 겨울 추위가 맹위를 떨치던 어린 시절의 어느날, 나는 친구네 가족을 따라서 스케이팅 투어(Elfstedentocht, 스케이트를 타고 얼어붙은 강과 운하, 호수 등을 따라서 프리슬란트 지방의 11개 도시를 순회하는 대회. -옮긴이)에 참가한 적이 있다. 그 친구와 부모님은 우수한 장거리 스케이트 경주 선수들을 많이 배출한 프리슬란트 지방 출신이었다. 친구네 부모님은 옛 네덜란드 그림에서나 볼 수 있는 모습으로 짧은 막대기를 앞뒤로 부여잡고 나란히 열을 맞춰 스케이트를 탔다. 나와 친구는 그 모습을 보면서 킥킥거렸고 두 분을 앞지르며 환호성을 질렀다. 그때 우리는 굉장한 속도로 달렸고, 심지어 두 어른보다도 얼음을 더 잘 탔다. 하지만 친구 아버지는 웃으면서 이렇게 말씀하셨다. "지금은 너희가 순풍을 타고 있어서 그렇게 앞질러 가지만, 맞바람이 면 누가 진짜로 스케이트를 잘 타는지 곧 알게 될 거다!" 그 말씀이 끝나고 얼마 지나지 않아서 우리는 얼음이 매끄럽고 갈대가 주위로 쭉 늘어선 운하를 벗어나 역풍이 불고 거친 얼음으로 가득한 어떤 호수로 접어들었다. 그렇게 난관이 닥치자 나와 친구는 두려움을 느끼기 시작했고 결국 두 어른에게 추월을 당하고 말았다.

나는 그때 배웠던 교훈을 늘 기억하고 있다. 어려운 시기, 그러니까 순풍이 불지 않는 순간에 자신의 진정한 힘이 드러난다고 말이다. 나중에 나이가 더 들어서 다른 일을 하고 다른 경험을 할 때도 그때의 깨달음은 여지없이 적용되었다. 그리고 지금 이 마지막 장을 쓰면서 나는 스케이트를 타던 그때를 다시 떠올린다. 인구통계학적인 관점에서 보면, 인류의 역사는 거의 모든 순간이 고난으로 점철된 기록이라고 할 수 있다. 하지만 전체적으로는 인류가 그때그때 강약을 달리하는 순풍을 타고 계속 전진했다고 봐도 무방할 것이다. 이 흐름은 세계 평균 인구수의 점진적인 증가(처음에는 느리게, 이후에는 급속하게)로 나타났으며, 근래 들어서는 이것이 인구 폭발 현상으로 이어졌다. 이러한 변화가 나타난 것은 생활 방식이 차츰 더 안락하게 바뀐 덕분이기도 하다. 수요 증가는 거의 언제나 공급 조절을 위한 기술적 해결책으로 이어졌으니까. 지금까지는 식량, 에너지, 광물 자원의 심각한 부족 현상이 나타나면 그때마다 적절한 해법이 등장했다. 그랬던 우리에게 지난 20년 동안 점점 더 강한 순풍이 불었다. 사실 우리는 지난 반세기를 보내는 사이에 이렇듯 강력한 순풍이 언제나 부는 것이고 인류의 기술적 발전이 영원히 계속되리라 믿게 되었다. 지금 같은 상황에서는 우리 인간이 이룩한 기술과 지식이 사라진다는 것을 도저히 상상하기가 어렵다. 그렇지 않은가? 언제나 발전을 거듭하리라는 생각만 들 뿐이다.

세계 인구는 급속도로 늘어났고 1인당 자원 소비량 역시 거기에 발맞춰 늘어났다. 우리는 자원을 사용하는 데 한계가 있다는 사실을 몰랐고 자원 사용량이 늘면 폐기물의 양까지 덩달아 늘어난다는 사실을 생각하지 못했다. 그런 상황에서 사회적 · 경제적 · 행정적 간접비가 지수적으로 증가하는 인구수에 비례하여 똑같이 지수적으로 늘어났다. 하지만 지금도 등 뒤에서 불어오는 순풍의 존재를 알아채는 사람은 없는 듯하다. 혹여 우리가 그런 흐름을 탄다고 느낄 때는 우리를 안심시키기 위해서인지 오히려 더 강한 바람이 부는 것 같다. 그래서 우리는 아무 걱정 없이 멀쩡한 음식물을 버리고 계속 쓸 수 있는 기계 장비와 컴퓨터와 자동차를 버리고 심지어는 선박과 항공기까지 버린다. 그저 멋지고 즐겁기만 한 삶이다.

하지만 우리가 가는 길 저 앞에 급커브 구간이 있다면, 혹은 유턴 지점이 있다면 어떻게 할 것인가? 과연 인류는 지금과 같은 속도를 유지하면서 강한 의지와 창의성을 발휘하여 갑자기 닥친 난관을 이겨낼 수 있을까? 혹시 그때 역풍에 맞서느라 온통 정신이 팔려 앞길에 거친 얼음판이나 살얼음이 존재한다는 경고 신호를 놓치는 것은 아닐까?

생명체는 지구에 처음 모습을 드러냈을 때부터 항상 자원 부족 문제를 겪었다. 맨 처음에 자원으로 이용된 것은 단순한 화학물질이었다. 그때는 생명 현상이 대부분 원시적인 세포체 내에서 이뤄졌고 외부 세계와의 물질 교환은 거의 없다시

피 했다. 그 결과 자원 부족 현상과 폐기물 축적 문제가 나타나면서 원시 생명체들은 생존 위기를 맞이했고, 필시 그로 인해 많은 수가 사멸했을 것이다. 그러나 폐기물 중에서도 이따금 쉽게 분리되는 종류가 존재했을 테고 그 결과물은 다음 생명 현상을 낳는 원천이 되었을 것이다. 그리하여 물질 교환의 제약 속에서, 또 원시 세포(proto-cell)라는 테두리 내에서 의도치 않게 최초의 자원 재순환 프로세스가 시작되었다. 생화학적 순환 고리는 그렇게 필요에 의해서 탄생했다. 비록 외부에서의 자원 공급에 한계가 있었지만 재순환 덕분에 초창기 생명체는 계속 생존하고 성장할 수 있었다. 그렇게 지구의 생명체는 힘을 합쳐 한계 수준을 한층 위로 밀어 올렸다.

그 후 세포 내부에서만 일어나던 재순환 과정이 서로 다른 세포와 세포 사이에서도 일어나기 시작했다. 한쪽에서 배출된 폐기물이 다른 한쪽에서는 자원으로 쓰이면서 생물권의 거대한 영양 순환이 시작되었다. 그러나 화학 에너지는 재순환이 되지 않았던 탓에 곧 자원 재순환에 필요한 동력이 부족해지는 문제가 나타났다. 그 시점부터 태양에서 시작된 외부 에너지가 정교한 물질 재순환 체계로 유입되어 흐르기 시작했고 그 덕분에 세포 내외부의 순환 고리가 계속 돌아갈 수 있었다. 이렇듯 생명 현상은 초창기부터 물질 재순환과 재순환이 불가능한 에너지의 선형적 흐름에 의존하여 진행되었다. 그리고 이 선형적 흐름은 물줄기가 수차를 계속 돌리듯이 물질 순환 고리를 지속적으로 움직였다.

태양 에너지의 도움을 받아 진행된 물질 재순환은 생명의 가장 기본적인 토대가 되었다. 그러나 그 뒤로도 놀라운 일은 계속 이어졌다. 이후 수십억 년에 걸쳐 생명체에 의해 자원이 고갈되고 오염이 발생하면서 자연계의 화학적 특성이 바뀌었다. 변화가 일어나면 늘 새로운 해결책이 뒤이어 등장했고 이것은 기존의 다양한 프로세스 및 메커니즘과 더불어 체계를 유지하는 데 이용되었다. 이런 식으로 한 단계 한 단계를 거듭할수록 생명체는 더욱더 복잡해졌다. 원시 세포는 박테리아로 발달했고 박테리아는 현대적인 세포 형태로 융합했으며 이 세포는 다세포 생물의 몸을 구성했다. 그리하여 처음에는 해파리와 달팽이가 생겨났고 그 뒤로 어류, 양서류, 파충류, 조류(鳥類), 포유류가 등장했다. 식물의 경우, 단세포 조류(藻類, algae)에서 다세포 식물로 발달이 진행되면서 양치류와 속새류가 등장했고 이런 식물들은 다시 오늘날 습지대, 초원, 목초지, 빽빽한 삼림 지대에 존재하는 초목으로 변했다. 이 과정에서 대량 멸종 사태가 종종 발생하여 많은 생명체가 좌절을 겪었지만, 생물들은 더 단순한 형태로 모습을 바꾸거나 훨씬 복잡한 형태로 발전을 거듭하면서 다시금 생명의 꽃을 피웠다. 그렇게 생명은 항상 새로운 해결책을 찾아냈고 한정된 물질들을 이용하여 어떻게든 앞으로 나아갔다. 이후 생명 체계가 점점 더 복잡성을 띠게 되면서 그 내부를 흐르는 에너지양 역시 늘어났다. 그리고 에너지의 경로와 체계의 수도 늘어났다. 진화를 통해 이전과 다른 새로운 형태, 새로운 메커니즘을 지닌 새로운 생물종이 생겨났고 이들은 모두 놀라우리만치 단순한 물리적 · 기계적 · 화학적 원리를 따라서 움직였다. 새롭게 나타난 종들은 대체로 체구가 그리 크지 않았지만 때로는 진화 과정에서 세쿼이아, 공룡, 고래처럼 믿기 어려울 만큼 커다란 종들도 생겨났다. 이런 식으로 생명은 지구의 얇은 지각에 존재하는 그리 많지 않은 물질 자원으로 간신히 버티면서 주어진 한계를 계속 극복하고 영양물질의 재순환 수준을 더욱 위로 밀어 올렸다.

이 점은 인간이 등장한 이후에도 달라지지 않았다. 인간은 더 많은 물질과 에너지를 사용하고 자신의 욕구를 만족시키기 위해 다른 생물종을 멸종시키면서, 또 인구를 계속 늘려가며 온갖 욕구를 뒷받침하기 위해 조직을 구성하면서 다른 생물과 마찬가지로 물질 자원에 대한 기존의 한계를 넘어섰다. 기근과 질병, 전쟁 등이 인구 증가를 억제했지만 인간 스스로 환경적 불안정성을 감소시키고 질병과 맞서 싸울 능력을 갖추면서 인구가 크게 늘어나기 시작했고, 그 결과 더 많은 자원을 끌어모으기 위해 점점 더 많은 에너지가 소비되었다. 그러면서 전쟁으로 죽는 사람의 수 자체는 어느 때보다 늘었지만 전체 인구수에 대비한 전쟁 사망률은 오히려 떨어졌다. 이제 우리는 자원 수요와 평균 수명이 계속 늘어나는 세상에서 기나긴 세월을 살아가고 아무것도 생산하지 못한 채 소비만 하면서 노년을 보낸다. 지금은 지구 곳곳에서 온갖 자원을 긁어모으는 시대이고, 작물이 직접 획득한 태양 에너지 외에도 지질 시대 동안 지각 내에 화석연료 형태로 저장된 에너지가 함께 사용되는 시대다. 모두 놀라운 변화가 아닐 수 없다. 하지만 우리는 지금까지 다른 생물들처럼 정교하고 효율적으로 자원을 재순환시킨 적이 없다. 그리고 인간의 자원 이용 체계는 여전히 마구 베고 불태우는 선형적인 방식에 기대고 있다. 전반적으로 우리 인간은 여느 개별적인 생물종과 다름없이 줄곧 환경을 남용하고, 고갈시키고, 악화시키고, 단순화하고, 오염시키며 살아왔다.

환경적 불안정성과 물질 고갈의 영향이 줄어들고, 기근과 질병의 발생 횟수와 강도, 영향이 줄고, 전쟁으로 인한 사망률이 감소하면서 이후 인간 사회의 역동적 특성은 경쟁에 의한 끝없는 성장과 계속되는 환경적 고갈과 오염에 따라 바뀌는 모습을 보였다. 그러면서 과거에 인구 감소를 일으킨 원인은 기억에서 잊히고 점점 그 자리는 성장 이론이 대신하기 시작했다. 결국 생물의 생활 조건을 주로 다루는 생태학, 그리고 생물학적인 진화 이론조차 다른 종들을 착취하고 억압하는 인구통계학적 성장 모형을 주로 다루게 되었다. 이렇듯 인간은 변덕스러운 환경 변화에 적응하며 살아온 다른 생물들과 다르게 자신의 욕구에 맞춰 자연환경을 변화시켰다. 거듭된 시행착오와 함께 생명체의 물리적인 기반을 흔드는 현실적인 문제들은 점점 더 중요성을 잃었고 그 자리는 사회의 성장, 경제적인 조직화와 이익, 정치적 안정과 통합 과정에서 나타나는 문제들이 대신하게 되었다. 그렇게 현실은 추상적인 요소와 추상적인 환경에 의해 설 자리를 잃어버렸다.

현재 세계 인구를 지탱하는 추상적인 사회적 · 경제적 상부 구조는 이 구조가 내부적인 마찰 없이 작동하는 동시에 그 외부 환경 조건에 한계가 없고 일정하며 안정적이라는 가정을 바탕에 깔고 있다. 하지만 실제로는 재생 불가능한 자원의 한계 때문에 내적인 마찰이 생길 수밖에 없고 외부 조건은 불안정한데다가 변화무쌍하다. 그래서 추상성으로 가득한 이 세계는 제 무게를 못 이기고 무너질 수 있다. 궁극적으로 이런 세계를 만든 것은 실체가 있는 인구수이고 점점 증가하는 우리의 수요다. 하지만 추상적인 요소로 이뤄진 세계가 무너진다면 그 순간 바로 과거의 혹독한 현실 세계가 다시 제 모습을 드러낼 것이다. 이것은 지금도 우리 인간이 만든 틀 밖에 그대로 존재한다. 그리고 그다음에는 잔뜩 늘어난 자원과 환경오염의 한계 수준이 다시 낮아질 것이다. 하지만 그 선이 어디까지 낮아질지는 알 수 없다. 어떻게 보면 지구는 지금으로부터 약 1만 년 전, 그러니까 인류가 최초로 정착지를 세우고 식물과 동물을 기르기 시작한 순간부터 줄곧 인구과잉 문제를 겪었다고 할 수 있다. 어쩌면 이 문제는 그 옛날 인간이 말로써 상호 소통을 하기 시작하면서부터 나타났을지도 모른다. 결국은 언어를 사용함으로써 주변 환경에 대한 추상적인 사고가 생겨나고 또 최초의 사회 규범이 마련되어 사회 조직이 성장할 수 있었을 테니까. 비록 원시적이기는 했으나 천막과 농장으로 이뤄진 조직적인 정착지와 최초의 사회 규범은 인류 최초의 생존 도구이자 환경적 한계를 극복하기 위한 최초의 무기였다. 그런데 지금도 세계 일부 지역에서는 그 옛날과 같은 모습이 다시 나타날 가능성이 있다. 대규모 이주가 일어나고 전쟁과 질병이 발발하면 필시 그 그림은 더욱 복잡해질 것이다.

이러한 붕괴 현상은 세계 인구의 성장을 동력으로 삼은 경제 성장에 의해, 또 생활수준의 향상에 의해, 그리고 이 모든 것을 조직화하는 사회 구조의 거대화·복잡화 현상과 추상적 특성에 의해 발생할 가능성이 있다. 생활수준이 변하지 않고 그대로 유지된다고 해도 앞으로 30억이나 되는 인구가 더 늘어나고 약 100억에 달하는 총인구를 지탱하기 위해 사회 구조가 성장하게 되면 결국 자원 사용량과 폐기물 생산량은 지금보다 더 늘어날 것이다. 만약 전반적인 생활수준까지 같이 향상시키려 한다면 단순히 인구가 늘어났을 때보다도 훨씬 더 크고 복잡한 지지 기반이 필요해진다. 그런 상황이 온다면 기하급수적으로 더 많은 물질과 에너지가 필요해질 테고 대다수 물질 자원을 재순환해야 할 뿐 아니라 우리가 직접 에너지를 만들어낼 필요성까지 생길 것이다.

그러려면 에너지 생산을 위한 새로운 기술이 필요하다. 우리가 에너지와 물질을 생산하는 새로운 방법과 폐기물 생성을 막는 방법을 제때 발견하느냐 마느냐에 따라 많은 것이 달라진다. 만약 그 시기를 놓친다면 우리는 전체 인구수의 90퍼센트 이상을 인위적으로 줄여야 하는 심각한 상황에 처하게 될 것이다. 그때는 한 세대 동안 점진적으로 인구를 줄이지 못하고 침체기가 시작되는 즉시 그 많은 수를 급작스럽게 줄여야 한다. 이 인구 감축 방법을 직접 선택하지 않는다면 외부의 힘에 의해 강제적이고 비인도적인 형태로 인구가 감소할 가능성이 매우 크다. 이제 모든 것을 우리 마음대로 하는 시대는 끝났다. 그와 함께 우리에게는 인류의 미래를 좌우할 힘겨운 결정의 시간이 다가오고 있다.

여기까지 생각해봤다면 또 한 가지 피할 수 없는 질문이 남아 있다. 과연 인류의 장기적인 지속가능성을 보장하는 인구 규모는 어느 정도일까? 현재 인구 과잉 문제를 걱정하며 그 수를 줄여야 한다고 말하는 전문가들이 있기는 하나, 지속가능한 인구 수준이 어느 정도인지 명확한 기준을 제시하는 사람은 거의 보이지 않는다. 게다가 개중에는 인구 안정화가 이뤄지리라 예상되는 2050년의 인구수가 장기적으로 지속가능한 수준의 인구수와 같다고 생각하는 사람들도 있다. 그러나 선형적인 자원 처리 방식에 기초하여 돌아가는 이 사회에서 위의 두 가지 기준은 엄연히 다른 것이다. 자원의 양에는 한계가 있지만 재순환이 이뤄지지 않기에 그 사용량이 계속 늘어난다는 사실을 생각해보라. 어디 그뿐인가? 지금도 오염물질은 어딘가에 계속 축적되고 있다. 뒤집어서 생각해보면 우리가 속도를 높여

가며 자원을 소비하고 생산을 멈추지 않는 바람에 이 지구에서 오염되지 않은 지역과 사용할 수 있는 물질 자원의 양이 점점 줄어드는 셈이다. 아래 그림은 이 프로세스를 간단하게 나타낸 것이다. 그림 가운데 보이는 부분은 제4장에서 소개한 것과 같은데, 이번에는 그 주위에 지구의 자원량을 표시하는 틀을 함께 그려 넣었다. 중앙부의 사각형을 둘러싼 점선에는 확장성이 있고 지구를 나타낸 큰 사각형 내부의 점선에는 수축성이 있다. 아래쪽에 있는 점선과 점선 사이의 공간은 해당 자원에 여전히 지속가능성이 있음을 나타내고, 위쪽에 공간이 서로 겹친 점선들은 우리가 그 자원을 남용하고 있음을 나타낸다.

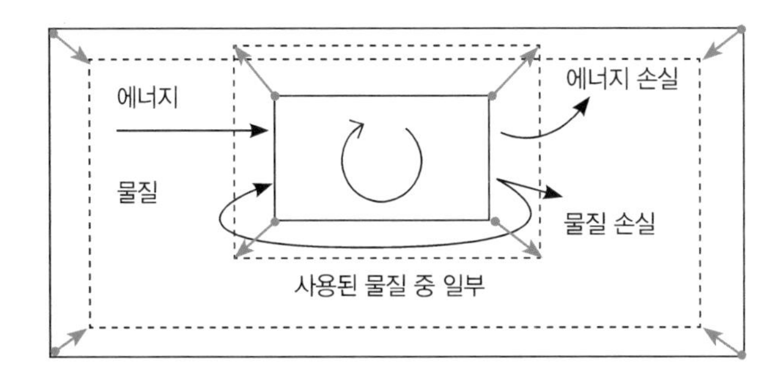

지속가능성을 따져보는 기준으로는 우선 현존하는 일부 필수 자원이 고갈되었을 때 우리 사회가 얼마나 많은 인구를 지탱할 수 있는지를 생각해볼 수 있다. 그 예로 인구 문제를 다룬 어떤 시나리오에서는 석유와 천연가스가 완전히 바닥났을 때 사람들이 저 자원들을 아예 사용하지 않았던 시기, 그러니까 1900년경의 10억 명 수준(2050년 예상 인구수의 약 10분의 1 수준)으로 줄어들어야 한다고 말한다. 하지만 1900년 전후는 근래 들어 공급 부족 현상이 심화되는 목재를 비롯하여 인과 질소 같은 영양물질이 풍부했던 시기다. 이 점을 고려하면 10억 명도 과하다고 할 수 있다. 결국 에너지 자원과 필수 화학 원소가 부족한 상황에서 인구수를 일정 수준으로 계속 유지하려면 그보다 더 사람이 적었던 시절로 되돌아가야 한다는 이야기다. 한편 우리는 에너지, 식량, 물질 자원의 부족 문제를 겪지 않기 위해 환경적 불안정성이 어느 정도인지도 예측해야 한다. 그리고 자원의 양에 한계가 있고 폐물질의 재순환 속도가 일정하다고 봤을 때, 지속가능성을 판단하는 또 다른 기준으로 호모 사피엔스라는 종이 이 지구에 얼마나 오랫동안 존속할 것인가를 생각할 수 있다. 간단하게 생각하면 지구에 사는 사람들 수가 반으로 줄었을 때 인류가 존속할 수 있는 시간은 두 배 정도로 늘어날 것이다. 물론 이 설명은 거대한 사회 상부구조가 축소되거나 사라질 때 나타날 수 있는 자원 사용량의 감소 효과를 고려하지 않은 것이다. 이런 계산을 하려면 인류가 앞으로 지구에 존속할 기간을 정의하고 자원 소비와 환경오염의 진행 속도, 남은 자원의 양 등을 명확히 밝혀야 한다.

하지만 아무리 생활 조건이 피폐해지더라도 1900년경보다 생활수준이 높아진 상황에서 일정 수준의 인구를 유지하려면 사회의 복잡성이나 역동적 구조를 일부분 그대로 유지해야 할 필요가 있다. 가령 자원 부족 문제가 심각한 상황이라고 해도 결국 남은 자원을 필요한 곳으로 옮기려면 광범위한 수송 체계가 필요하고 그와 함께 재정적 · 법적 지원이 필요하다. 아마 우리는 그런 상황에서도 의학적 지식과 현존하는 기술적 정교함, 그리고 각종 사회적 연결망을 비롯하여 의술과 과학 기술을 포함한 과학적 기반 시설을 이전과 같은 수준으로 유지하길 원할 것이다. 또 그때는 재순환과 에너지 생산 기술을 유지하고 계속 향상시킬 필요성도 생길 것이다. 이렇듯 조직은 자체적으로 일정량의 물질과 에너지를 소모하므로 인류의 존속 기간을 계산할 때 이 점을 함께 고려해야 한다. 결과적으로는 이런 특성 때문에 지구가 물리적으로 지탱할 수 있는 인구수가 더 줄어들게 된다.

문제는 언제 우리 스스로 인구수를 줄일 방법을 마련하고 시행할 수 있느냐만이 아니다. 가장 효과적이면서도 가장 비인도적이지 않은 방법을 어떻게 찾는가도 그만큼 중요하다. 사실 이 주제와 관련해서는 우리가 직접 선택하는 모든 방법이 비인도적일 수밖에 없다. 하지만 이때 야기되는 쟁점은 도덕과 종교적인 부분에 국한된다. 반면에 전쟁, 질병, 기근, 홍수, 대형 화재는 우리에게 도덕적 · 종교적 문제와 더불어 감내하기 어려운 물리적 압박까지 안겨준다. 그런 상황이 닥칠 경우 누구든 감히 상상하기조차 어려운 육체적인 곤경에 처할 수 있으며 그 효과는 쉽게 이야기하지 못할 정도로 심각할 수 있고 결국 그로 인해 또 다른 도덕적 문제가 발생할 우려가 크다. 게다가 이런 문제는 재난 상황에서 훨씬 더 심각해진다. 전쟁, 기근, 물 부족 사태나 치명적인 유행병이 발생한 상황에서 그 많고 많은 도덕적인 가치나 종교적인 이상 중에 무엇이 남을까? 확실한 것은 환경 조건이 더 나빠져도 도덕적 · 종교적 문제는 계속 나타난다는 사실이다. 또 기본적인 생활이나 인권은 어떠한가? 극한 상황에서 그런 것이 보장되기나 할까? 그럴 때 우리가 실질적으로 지켜야 하는 도덕적 가치는 무엇일까? 최악의 시나리오를 피하기 위한 대책이 마련되지 않았을 때는 과연 어떤 가치를 포기해야 할까? 혹시라도 상상하기 어려운 재앙으로 말미암아 인류 대부분이 목숨을 잃는 상황이 발생한다면, 그렇게 해서 '안전하고' 지속가능한 인구 수준으로 되돌아간다면, 그때 우리는 성장, 자원의 남용, 폐기물의 과잉 생산 프로세스가 같은 방식으로 재발하는 것을 막기 위해 기존의 도덕적 가치나 종교적 가치를 바꿔야 할 것이다.

과거에 일어난 사태들을 살펴보면 알 수 있듯이, 재난은 거침없는 성장세를 잠시 주춤하게 할 뿐이다. 우리가 근본적인 사고방식을 바꾸지 않는 한 변하는 것은 없다. 더군다나 현재 남은 자원의 양이나 재순환 효율을 생각해보면 인구수가 자연재해로 인해 필요한 시기에 지속가능한 수준까지 완벽하게 조절되길 기대하는 것은 아무래도 무리다. 각종 자연적 · 사회적 재난이 장기적인 지속가능성을 달성하기 위한 대안으로 부적합하다는 점을 생각해보면, 재해 때문에 발생한 비인도적인 결과는 인구통계학적인 측면에서 별 의미가 없다고 해도 틀린 말이 아닐 것이다. 우리가 스스로 인구수를 줄이고자 한다면 그때는 재난에 의해 변화가 일어날 때보다 우리 의도대로 인구 감소 과정을 제어하고 관리하기가 쉬울 테고 장기적으로는 적정 수준까지 인구를 줄이는 것도 충분히 노려볼 만하다. 우리가 무엇을 원하는지는 우리만이 안다. 앞으로 우리가 택해야 할 몇몇 방안은 분명히 비인도적이라 할 수 있지만, 다른 모든 대안 중에서 그나마 가장 비인도적이지 않은 방법임을 이해해야 한다.

이제 우리에게 남은 선택지는 출산율을 낮추는 방법뿐이다. 의도적으로 출산율을 낮추는 방안은 잔인한 짓이지만 사망률을 높이는 것보다는 훨씬 인간적이다. 특히 앞으로 줄어들어야 할 인구 규모를 생각하면 더욱더 그러하다. 만약 출산의 자유를 허용해야 한다는 원칙을 계속 따른다면 중국의 1가족 1자녀 정책을 최소한의 기준으로 삼아야 할 것이다. 하지만 이런 정책을 쓰더라도 결국 부모 두 명이 자녀 하나로 대체되는 셈이므로 한 세대 동안 줄어드는 인구는 절반 정도에 불과하다. 게다가 기대 수명이 점점 증가한다는 사실을 생각해보면 감소 속도가 그다지 빠르다고 보기는 어렵다. 상황에 따라서는 더 엄중한 조처가 필요할 수도 있다. 그렇다면 남은 방법으로는 다양한 피임법(각국의 인구 대체율 감소 현상으로 미루어 보면 이미 피임법이 전 세계적으로 확산되어 성공적으로 시행되고 있음을 알 수 있다.)과 자발적인 불임 수술이 있다. 사실 내 아들딸이나 그 또래의 아이들, 그리고 그들이 그리는 미래에 대한 희망이나 계획을 생각하면 나도 이런 글을 직접 쓰기가 참 쉽지 않다. 아이들이 우리에게 안겨주는 기쁨을 부인하기란 참으로 어려운 일이다. 그러나 현재의 추세를 보아서는 아무래도 다른 대안이 없는 듯하다. 다시 한 번 말하지만 내가 방금 이야기한 것 이외의 다른 모든 수단은 훨씬 더 잔혹한 결과를 낳을 것이다. 사망률을 끌어올려서 문제를 해결한다는 발상은 윤리적으로 결코 용납할 수 없다. 이렇듯 다른 대안이 없기에 우리에게는 더 이상 선택의 여지가 없다.

인구 성장 문제를 우리 개개인의 노력으로 해결하는 것도 어려운 일이지만, 성장에 의해 모든 것이 돌아간다고 생각하는 이 사회의 뿌리 깊은 믿음을 뒤집고 경제 활동의 주목적을 질적인 발전에 두도록 사회적 · 경제적인 패러다임을 전환하는 것 역시 매우 어려운 일이다. 물론 지금도 이 세계의 어딘가는 유럽 대륙 혹은 라인란트(Rhineland) 경제 모형을 중심으로 생산물의 질적 향상을 강조하는 성장 방식을 따르고 있다. 그리고 여기에 맞서는 앵글로색슨 경제 모형은 경쟁을 통한 양적 성장을 강조한다. 그러나 생산물의 질과 지속가능성을 향상시키고 얼마 남지 않은 자원을 이용해 긴 세월을 살아가기 위해서는 경쟁적인 상거래와 경쟁적인 국가 관계를 중심으로 한 경제를 버리고 서로 돕는 경제 체제를 마련해야 한다. 이러한 변화는 자원 고갈의 위협이 커진 현재, 곳곳에서 드물지 않게 나타나고 있다. 어쨌든 협력적인 경제 체제라고는 하지만 각종 조직체와 국가들은 여전히 경쟁 체제를 유지할 수 있다. 단 그 목적은 단순히 돈을 버는 것이 아니라 품질을 높이고 자원 사용 면에서 더 효율적이며 지속가능한 방식으로 물건을 생산하는 데 있다. 이론적으로 따져보면 이 목표는 지금도 민영 기업을 통해서 충분히 달성될 수 있다. 하지만 그러기 위해서는 에너지와 물질 자원의 획득 및 폐기물 처리에 비용을 부과하고, 자원 재순환이 최적 수준에서 이루어지며, 자원의 채굴과 이용 및 처리 작업 등을 계획적으로 수행할 수 있는 새로운 체계가 갖춰져야 한다. 재순환이 대규모로 이뤄진다는 말은 수익 증대에 기초한 현재의 경제 모형(즉 자원 사용량과 폐기물 사용량이 점점 늘어나는 체계)이 지속가능한 양질의 생산물과 재순환 속도 및 효율을 기반으로 삼는 성장 모형으로 수정되고 대체된다는 뜻이다. 하지만 여기에는 자원의 재순환 비용을 누가 부담해야 하느냐는 문제가 남는다. 1차 생산자 아니면 폐기물을 재순환시키는 2차 사용자?

그러나 현존하는 체계 내의 양성 피드백 접근법을 음성 피드백 접근법으로 바꾸지 않는 한 앞에서 소개한 방법들만으로는 한계가 생길 수밖에 없다. 여기서 음성 피드백을 활용한다는 말은 앞으로 우리가 자유를 완전히는 아니더라도 상당 부분 잃게 되리라는 뜻과 같다. 앞으로 자원 부족 문제가 심각해질 경우, 그때는 다들 얼마 되지 않는 자원으로 빠듯하게 삶을 이어가야 한다. 바꿔 말하면 어떤 자원이 얼마나 남았고 어떻게 해야 그것을 가장 경제적으로 사용할 수 있을지 계속 지켜보고 고민해야 한다는 뜻이다. 이런 점에서 자유방임주의는 과거의 유물이 되었다고 해도 틀리지 않다.

질적인 발전을 위해 스스로 성장 모형을 수정한 나라들과는 달리 현존하는 대다수 개발도상국은 서양 세계가 18세기 중반부터 그랬듯이 과거의 생존경제 체제에서 벗어나 차츰 도시 공업과 산업형 농업에 기초한 경제 체제를 형성할 것이다. 실제로 아열대 · 열대 지방의 국가 중 많은 수가 이 단계에 접어들었으며 그중 대부분은 입헌 민주주의 체제로 정치 체제를 전환하고 있다. 그러나 전체적으로 봤을 때 앞으로 새롭게 형성되는 사회 · 경제 조직은 지금까지 자유 시장, 자원의 선형적인 처리 방식, 무한한 인구 재생산을 가능케 한 여러 가지 우연적 프로세스의 일부분을 어쩔 수 없이 잃게 될 것이다. 이는 심각한 손실이 아닐 수 없다. 이렇듯 현 인류의 무분별한 소비로 발생한 대가는 결국 우리를 대신해서 미래 세대들이 치르게 된다.

한편 한 국가 내지는 세계 수준에서 전체 인구수가 감소하면 연령별 인구 분포 형태는 지금처럼 인구 증가가 일어날 때보다 사회 유지 측면에서 불리하게 변하고 만다. 인구가 증가할 때는 상대적으로 숫자가 많은 젊은 노동 인구가 노령 인구를 부양할 수 있지만, 노령 인구가 늘어나기 시작하면 이 양상이 바뀌게 된다. 현재 이 문제는 평균 수명의 급격한 증가세로 말미암아 더욱 심각해지고 있다. 이런 이유로 이제는 삶을 유지하는 데 드는 비용, 그중에서도 특히 의료비용이 더욱 늘어날 테고, 결국 그 때문에 생산성과 은퇴 연령이 대폭 높아져야 할 것이다. 바꿔 생각하면 이것은 물리적인 수요가 거꾸로 증가한다는 말이기도 하다. 수명이 길어지면서 우리 개개인의 수요 역시 더 오랫동안 이어지기 때문이다. 또 이로 인해 출산율 감소의 효과가 일부분 상쇄되기도 한다. 그런 상황에서는 인구 1인당 수요가 그대로 유지된다 하더라도 사람들의 요구를 충족시키기 위한 대규모 사회 기반 구조가 필요하다. 사실 자원 사용량과 폐기물 생산량은 전체 수요에 따라 달라지므로 수요의 감축은 반드시 필요하다. 달리 말하면 인구를 더 많이 줄여야 하고 가능하다면 각나라와 국제 규모의 사회 기반 구조를 일부분 해체해야 한다는 뜻이다.

하지만 그러한 조건하에서는 노인 복지를 예전과 같이 개인적인 수준에서 해결해야 한다는 부담이 생긴다. 그러면 많은 사람이 지금의 추세와는 반대로 아이를 더 낳기로 하거나 그래야만 한다고 생각을 바꿀지도 모른다. 그렇게 인구 동향이 바뀌면 인구 성장이 100억 명 수준에서 멈추리라는 희망은 완전히 물 건너가는 셈이다.

지금까지 많은 얘기를 했지만 사실 가장 바꾸기 어려운 것은 개인적인 생활방식과 사고방식이다. 변화의 필요성을 받아들일 경우 불가피하게 기본적인 선택의 자유와 출산의 자유가 크게 줄어들 테고, 인류의 과거와 현재, 우리의 생물학적 특성에 기인한 온갖 습관, 이상, 기존의 도덕적 가치와 종교적 가치 중에서 많은 것을 버려야 할 테니까. 하지만 이론적으로는 충분히 실현 가능한 일이다. 단 그러기 위해서는 우리 모두 인류의 존속을 위해 자발적으로 인구를 줄이는 것이 그나마 가장 인도적인 해결책임을 깨닫고 이해해야 한다. 그 대가는 크지만, 그것이 우리가 지불할 수 있는 최소한의 비용임을 기억하자. 우리 의지로 선택하기가 아예 불가능한 다른 방안들을 제외하고 나면, 우리 직접 고를 수 있는 길은 오직 하나뿐이다. 물론 불임 시술 정책처럼 급진적인 대책이 제시된다면 당연히 반대 의견이 있을 테고 또 그 때문에 연령 분포에 심각한 불균형이 생길 수도 있다. 그런 상황에서는 진지하고 심각한 의견과 논쟁이 수없이 오갈 것이다. 하지만 의심하고 숙고하는 시간이 길어질수록 줄여야 할 인구수는 더 늘어날 테고, 그럴수록 인구 감축 효과가 더 빠르고 강력해져야 하기에 그 방법은 더욱더 비인도적으로 변할 것이다. 그와 함께 인구 성장, 자원 소비, 폐기물 생산을 억제하는 방법 역시 더욱 과격해질 것이다. 인구 문제의 심각성이 크게 부각된 1970년대에는 인위적인 인구 통제책을 결코 받아들일 수 없다고 말하는 사람이 많았다. 하지만 그때는 필시 지금과 비교도 되지 않을 만큼 가볍고 인도적인 선에서 대책을 마련할 수 있었으리라. 지금 우리에게는 그때처럼 현실에서 눈을 돌릴만한 여유가 남아 있지 않다.

우리가 지구를 망치고 있다

이 세계는 우리 인간 때문에 망가지고 있다. 우리 때문에 자연계와 지질계, 생물계뿐 아니라 그로부터 파생된 놀라우리만치 아름답고 독특한 문화 세계까지 모두 황폐하게 변해간다. 이런 세계는 이 우주 어디에서도 찾아볼 수 없다. 우리가 모르는 우주 어딘가에 미지의 생명체가 존재하길 기대하는 것은 현실성 없는 바람이다. 설사 지구 아닌 다른 곳에서 새로운 생명체가 발견된다고 해도 이 멋진 행성을 우리 손으로 직접 파괴하고 더럽히는 행동은 아무래도 용납하기 어렵다. 지금 우리는 인류를 비롯한 모든 생명의 엄청난 잠재력을, 그리고 무려 40억 년에 달하는 길고 긴 생물학적 변천사의 끝에서 수천 년에 걸쳐 우리가 쌓아올린 모든 것을 저버리고 있다. 그렇게 우리는 우리 자신의 미래와 자연계의 미래를 파괴하고 있는 것이다.

이 세계는 우리 인간이 너무도 많은 것을 요구하고 너무도 많은 폐기물을 배출하는 탓에 황폐하게 변하고 있다. 인간이 만들어낸 폐기물을 자연의 순환계로 되돌릴 수 있는 생물은 세상 어디에도 없고 우리가 직접 자원을 재순환시킨다 해도 그 효과는 매우 미미할 뿐이다. 우리는 쓸모없고 더러운 온갖 폐기물을 지상과 지하, 강과 바다, 그리고 하늘에서 사방팔방으로 흩뜨린다. 눈앞의 이익, 부유함, 안락함, 양적인 발전과 성장에 눈이 먼 인류는 앞으로 다가올 극도로 빈곤하고 황폐하며 열기로 가득 찬 세계를 무시한 채 앞으로 나아가기만 한다. 지금으로부터 약 40년 전에 경고의 메시지가 들려왔지만 우리는 아랑곳하지 않고 오히려 성장 속도를 높였다. 다들 알겠지만 사람은 대개 큰 문제를 한 번 겪어봐야 같은 실수를 되풀이하지 않는다. 그래서일까, 지금 우리는 불구덩이를 향해 전속력으로 전진 중인데도 아무도 그 사실을 모르는 것 같다. 그리고 당장 행동을 취해야 하지만 그 또한 다들 모르는 것 같다.

우리는 우리가 가는 길 끝에 존재하는 막다른 골목에서 시선을 돌리고, 우리 의지대로 세상을 움직일 여지가 줄어드는 모습을 보려 하지 않고, 상상도 할 수 없는 미증유의 재앙을 미연에 방지하기 위해서 지금 반드시 멈춰야 한다는 경고 앞에서 눈을 감는다. 그리고 그대로 눈가리개를 쓴 채 앞으로 나아간다. 진실을 마주하고 싶지 않아서…….

벌거벗은 임금님

한스 크리스티안 안데르센의 동화《벌거벗은 임금님》에서는 사람들 앞에서 옷 자랑하기를 좋아하는 어떤 임금님이 등장한다. 이 임금님은 새 옷을 입고 수차례 거리 행진을 했고, 그때마다 그 광경을 보기 위해 더 많은 사람이 몰려들었다. 어느 날 사기꾼 재봉사 두 명이 찾아와 세상에서 가장 멋진 옷, 바보의 눈에 보이지 않는 옷을 만들겠다고 제안했고 임금님은 그 제안을 받아들였다. 그다음 행진에는 어느 때보다 많은 구경꾼이 모였고 사람들은 다들 임금님의 새로운 옷에 경탄을 금치 못했다. 그 옷이야말로 임금님이 지금까지 입었던 것 중에서 최고라는 찬사가 쏟아졌다. 하지만 한 소녀가 임금님은 아무것도 입지 않았다고 외치는 순간 사람들 사이로 실망감과 웃음소리가 파도처럼 밀어닥쳤다. 이윽고 구경꾼 무리는 어느 때보다 빠른 속도로 그 자리를 벗어났다. 이렇게 사람이 모이고 흩어지는 현상은 마치 골드러시 때나 주식 투자 붐이 일 때처럼 지수적인 증가세와 감소세를 나타낸다.

지금까지 인류 역사에서 나타난 인구 변화 양상 역시 이와 크게 다르지 않았다. 수 세기 동안 인구는 자연적인 제약을 벗어나 걷잡을 수 없이 증가했으며, 성장으로 발생한 문제를 더 큰 성장으로 해결하고자 했다. 빠르게 돌아가는 성장의 소용돌이 속에서 인구 성장은 농업과 조직체의 성장을 촉진했고 이것이 다시 인구 성장을 촉진하면서 성장이 꼬리에 꼬리를 물고 이어졌다. 안데르센의 이야기에서 구경꾼이 점점 불어났던 것처럼 인구 성장은 자기 가속적인 특성을 보인다.

지속적인 성장을 위해서는 새로운 자원을 추가하고 조직 위에 또 다른 조직을 만들어야 한다. 모든 조직은 자체적으로 소비할 자원을 요구하고 성장을 요구하며 원활한 운영을 위해 새로운 조직의 생성을 요구한다. 성장 위에서 성장이 이루어지고 지수적으로 성장하는 프로세스를 따라서 또 다른 지수 성장이 이루어진다. 성장 지수 자체가 지수적으로 커지는 이중 지수 성장이 일어나고, 지수 성장 속도가 세 배, 네 배로 몇 배씩 커진다. 그렇게 속도는 점점 더 빨라진다.

결국 모든 문명지에서 인구 성장은 농업의 발전으로 이어졌고, 이 변화는 다시 산업의 성장과 도시화로 이어졌다. 산업화가 이뤄지면서 도시의 경제적 배후지가 확장되었고 이주를 통해 세계 다른 지역에도 사람의 발이 닿게 되었다. 그리고 그곳에서 다시 농업을 비롯한 산업 성장이 일어났다. 19세기에 서양 세계의 주요 국가들은 늘어난 소득을 이용하여 위생과 의료 부문을 향상시켰고 이는 더 큰 인구 성장으로 이어졌다. 이 모든 발전상은 자원 사용 속도와 폐기물 생산 속도의 계속된 증가를 의미하고 한 부문에서 나타난 변화가 다른 부문의 변화 속도까지 높인다는 사실을 뜻한다.

인간은 발전을 이어가기 위해 한 에너지원에서 다른 에너지원으로 전환을 거듭했으며 언제나 이용하기 쉬운 종류의 에너지에서 더 풍부하고 에너지 함량이 높은 쪽으로 선택을 바꿨다. 인력에서 시작하여 풍력, 목재, 석탄, 석유, 천연가스, 원자력, 전기 등으로 에너지원의 다양한 변화가 이어졌는데, 다른 단계로 넘어갈 때마다 실질적인 에너지 사용 효율은 더 떨어졌다. 이것은 에너지 변환 과정에서 일어나는 손실 탓이기도 하고 조직의 규모와 수, 계층이 계속 늘어나면서 전반적으로 에너지 손실이 커진 탓이기도 하다. 인간 사회는 돈을 이용하지 않는 자급자족 경제 체제에서 시작하여 대규모 위탁 생산이 이뤄지고 전산망을 통해 자본이 오가는 세계 시장 경제 체제로 성장했다. 우리는 새로운 구멍을 파서 기존의 구멍을 메우는 식으로 발전을 거듭했다. 그러는 동안 우리는 미래를 믿고, 기술을 믿고, 범세계적인 조직체와 금융 체계를 믿으며 살아왔다. 또 그러한 신뢰 아래서 지금까지 이뤄진 모든 성장이 언젠가는 자연히 멈추리라고, 언젠가는 일정한 평형 상태, 안정적인 상태에 도달하여 그것이 영원히 계속되리라고 믿는다. 그렇게 우리 힘으로 직접 멈출 생각을 하지 않고 상황을 내버려두자 성장은 우리 손에서 벗어나 더 이상 감당하기 어려운 수준까지 이어졌다. 하지만 이러한 성장세는 결국 제풀에 꺾이고 말 것이다.

우리는 이 사회가 언젠가 안정화를 이루고 저절로 평형 상태에 도달하리라 믿고 있지만, 그것이 성장과 관련된 사회적 프로세스, 또 궁극적으로 우리 자신에게 어떤 결과를 불러올지는 깊이 생각하지 않는다. 지금까지 성장 과정에서 부득이하게 발생하는 문제들이 더 큰 성장 외에 다른 인도적인 대안으로 해결된 적은 없다. 더 이상 성장이 일어나지 않는다는 말은 결국 사회 · 경제 체제가 무너지고 그로 인해 심각한 문제가 발생한다는 말과 같다. 현 인류의 선형적인 자원 사용 체계가 모든 부분에서 일정 수준 이상의 성장을 요구하기 때문이다. 이 세계에서 성장을 멈춘다는 것은 경쟁, 그러니까 가계 간의 경쟁, 크고 작은 기업 간의 경쟁, 국가 간의 경쟁, 그리고 대륙 간의 경쟁에서 패함을 뜻한다. 이러한 혼란 상황에서 파생되는 문제는 우리가 인구를 줄이고 1인당 자원 수요를 줄여야 할 경우, 더욱 심각해진다. 그러나 인구 감축을 위한 인도적 대안을 우리가 직접 마련하지 않으면 더 큰 성장이 이어질 테고, 그 결과 우리 힘으로 통제 불가능한 인자들이 우세해져 결국 안정화 과정이나 인구 감소 과정에서 눈뜨고 보기 어려운 잔혹한 결과가 나타날 것이다. 우리 인간은 경쟁에서 지고 싶지 않은 마음에 성장을 택하고, 자원을 고갈시키고, 땅과 바다와 공기를 오염시킨다. 그리고 그로 인해 기후는 점점 더 온난하게 변해간다. 또 우리는 나무와 수풀로 뒤덮인 지구를 황무지로 뒤바꾸고 굶주림 속에서 서로 죽고 죽이는 짓을 반복한다. 이는 문명화한 인류 사회의 종말만이 아니라 지구에 존재하는 모든 생명까지 사라질 수 있음을 뜻한다. 아, 과연 임금님이 벌거벗었다고 외칠 소녀는 이 세상 어디에 있단 말인가? 우리는 언제쯤 되어야 자동으로 안정화가 이루어지고 지속가능한 평형 상태에 도달하리라는 믿음이 헛된 것임을 깨닫게 될까?

지금까지 일어난 모든 문제의 중심에는 평형 상태, 그러니까 인구수의 평형, 기후 조건의 평형, 공급과 수요의 평형을 향한 맹목적인 믿음 등이 존재한다. 말하자면 음성 피드백이 늘 작동한다고 믿는 것이다. 하지만 그러는 동시에 우리는 양성 피드백 쪽에 찬성표를 던지며 음성 피드백을 적극적으로 막는 이중적인 모습을 보인다. 음성 피드백 고리는 반응에 대한 물리적 기준, 그리고 반응 편차를 감소시켜 해당 프로세스를 다시 그 기준에 맞게 되돌리는 물리적 메커니즘으로 정의된다. 음성 피드백 메커니즘의 예로 우리 몸이 체온을 어떤 식으로 일정하게 유지하는지 생각해보자. 우선 포유류의 정상 체온은 섭씨 37도 정도이다. 이 온도는 조류의 체온이 섭씨 40도인 것처럼 생물에 따라서 다를 수 있다. 아무튼, 날이 너무 더워져서 체온이 섭씨 37도를 넘어설 위험이 생기면 우리 몸에서는 땀이 나고 온도를 낮추기 위해 손과 발 쪽으로 피가 빨리 돈다. 또 기온이 뚝 떨어졌을 때는 몸이 떨리고 소름이 돋는 반응이 나타난다. 길고 긴 세월 동안 진화를 통해 완성된 이 물리적 메커니즘은 체내 세포의 생리 기능이 꾸준히 최적 수준을 유지할 수 있도록 돕는다.

반대로 양성 피드백 고리에는 물리적인 자기 제어 메커니즘이 존재하지 않는다. 이 경우 처음에는 성장 프로세스가 한없이 이어지다가 어느 순간 성장을 이어갈 수 없는 수준에 도달하게 된다. 이후에는 의도적으로 제어하기 어려운 쇠퇴 과정이 나타나고 결국 해당 체계의 존립에 위기가 닥친다. 그러다가 어느 정도 회복기를 거치면 다시 성장이 일어나고 이전처럼 지속 불가능한 성장 수준에 이르면 또다시 큰 위기가 찾아온다. 전체적으로 보면 격렬하고 무절제한 변동, 지속 가능한 수준을 벗어난 성장, 위기 시점을 전후하여 지수가 양에서 음으로 바뀌는 자기 가속적인 지수적 프로세스가 나타난다. 이러한 흐름은 경제 위기 상황은 물론이고 동물과 식물 개체군의 성장 과정에서도 드물지 않게 나타난다. 변동이 심해지고 과도한 성장이 이뤄지는 상황에서는 공급이 더는 수요를 충족시키지 못하는 현상이 나타난다. 즉 수요가 공급을 훨씬 넘어서는 것이다. 이때 변동 수준의 평균을 계산할 수는 있지만 반응 자체가 어떻다고 판단할 만한 기준은 정해져 있지 않다. 또한 그 변동 폭을 허용 가능한 수준으로 줄일 만한 메커니즘도 존재하지 않는다. 여기서 말하는 공급이 어떤 기업의 경제적 가치나 주식의 전체 가치와 관련되었든, 특정 자원에 대한 어떤 생물종의 생태 발자국(ecological footprint, 인간이 지구 생태계에 미치는 영향을 자원 생산 및 폐기물 처리에 필요한 토지 면적으로 나타낸 지수.-옮긴이)과 관련되었든, 또 그 생물종이 동물이든 식물이든 사람이든 간에 어차피 결과는 다 비슷비슷하다. 이 중 어느 것에서도 음성 피드백 프로세스의 물리적인 제어 메커니즘이 나타나지 않기 때문이다. 즉 모두 양성 피드백 프로세스라는 말이다. 결과적으로 이 양성 피드백 프로세스는 모두 한 시스템을 붕괴 위기로 몰아간다. 사실 인류 역사가 진행되는 동안 등장했던 다양한 사회적 · 경제적 성장 모형은 본질적으로 안정성이라는 기준과는 다소 거리가 있었고, 그런 이유로 어떤 기준을 유지하기 위한 메커니즘 역시 거의 마련되지 않았다. 과거에 경제학자 존 메이너드 케인스(John Maynard Keynes)가 제시했던 불황 타개책은 이런 문제를 해결하는 데 별 도움이 되지 않는다. 그 방법은 양성 피드백 고리 자체에 전혀 손을 대지 않은 채 변동 패턴상의 저점이 더 깊어지지 않도록 막을 뿐이다. 마찬가지로 인류의 장기적인 존속을 보장하는 최적 인구 수준 역시 정해져 있지 않다. 그 기준은 우리가 사용할 수 있는 광물 자원과 에너지가 얼마나 존재하느냐에 따라 달라지기 때문이다. 그런데도 지금 우리는 인구수가 조만간 안정화 수준에 도달하고 또 그 상태가 언제까지나 지속되리라 믿고 있다. 하지만 그런 목표를 달성하려면 우리가 직접 나서서 적절한 대책을 마련해야만 한다.

이 사회 내에서 일어나는 각종 성장 프로세스를 우리 손으로 직접 제어하고 싶다면 자원의 이용 가능성과 모든 형태의 폐기물 생산량을 함께 고려하여 전체 자원 사용량에 관한 기준을 세워야만 한다. 이 기준을 마련할 때는 필요한 여러 가지 자원을 앞으로 얼마 동안 사용할지도 생각해야 한다. 안정기가 지나치게 오래 가면 결국 언젠가는 자원이 고갈되고 말 테니까. 그렇게 기간을 정해서 생각할 경우, 현 인류의 총 자원 수요(인구수 x 인구 1인당 자원 수요)를 줄여야 할지도 모른다. 또 그 기간을 더 길게 잡는다면 수요를 더욱 크게 줄여야 할 것이다.

이 말은 곧 우리 개개인의 자원 사용량과 자원을 사용하는 사람 수까지 같이 줄여야 한다는 뜻이 된다. 이렇게 수요를 줄이는 노력과 함께 어떠한 문제가 발생해도 이 기준이 흔들리지 않도록 제어하는 메커니즘을 마련해야 한다. 이 작업은 역사가 어떻고, 권력이 누구에게 있고, 자주권이 있느냐 없느냐와 상관없이 전 세계가 협력하여 해내야 한다. 그 외에는 어떤 방법을 써도 실패하고 말 것이며, 그러면 인구수가 이내 제어 불가능한 수준으로 늘어나 결국 큰 참사가 벌어질 것이다. 양성 피드백 체계든 음성 피드백 체계든 일단 우리가 선택을 내린 순간부터 그 체계는 정해진 길을 가기 시작한다. 이 흐름은 경제, 정치, 도덕 내지는 종교적인 선호도나 선택과 전혀 무관하다. 단지 그 프로세스 자체에서 기인한 불가피한 결과일 뿐, 그 이상도 그 이하도 아니다.

우리는 생태 · 경제적(ecoeconomic) 음성 피드백 체계로 전환을 꾀하며 어떤 기준을 정립할지 결정하는 한편, 생태발자국 측면에서 현 인류가 이미 지나치게 많은 자원을 소비했다는 사실을 깨달아야 한다. 지금 우리가 사용하는 자원량과 생산하는 폐기물량을 생각해보면 우리에게는 1.4개의 지구가 필요하며, 적절한 대책을 세우지 않을 경우 이 수치는 머지않아 3으로 늘어날 것이다. 이 말은 인류가 이미 피할 수 없는 파국을 향하고 있음을 뜻한다. 이제 우리에게는 시간이 얼마 남지 않았다. 우리 손으로 직접 한계를 설정하지 않는다면 이 세계는 결국 파멸을 맞이할 것이다. 현재 그 징조는 기후 온난화를 통해 나타나고 있다. 만약 이대로 기온이 계속 상승한다면 지구는 열기로 가득 찬 행성으로 변하고 말리라.

이제 기술이나 자동적인 피드백 메커니즘이 인류에게 지속가능한 해결책을 제시할 것이라는 눈먼 믿음에 매달린 채 더 이상 변명만 할 수는 없다. 우리가 직접, 지금 당장 행동하지 않는다면 미래는 없다.

저자의 말

얼마 전, 그러니까 1970년대에는 인류의 미래와 관련된 문제들을 다룬 책들이 많이 출간되었다. 하지만 그런 책들은 기후 온난화나 폐기물 처리 문제, 혹은 석유의 고갈 문제처럼 몇 가지 특정한 문제에만 초점을 맞추는 경향을 보였다. 물론 그때 나온 책들도 나름대로 가치를 가지고 있지만, 나는 현 사회에서 나타나는 수많은 문제를 하나로 통합하여 각각이 어떻게 연관성을 지니고 서로 어떤 영향을 미치는지를 확인하는 것이 중요하다고 생각한다. 그러한 통합 작업을 위해서는 인류의 생활 조건 중 무엇이 가장 중요한지, 그리고 인간의 생태가 어떠한지를 먼저 이해해야 한다.

나는 생물학 분야 중에서 생태학과 생물지리학, 침입생물학(invasions research), 생물기원학을 중심으로 연구 활동을 해왔다. 그러니까 이 책과 관련된 모든 주제를 줄곧 다뤄온 셈이다. 생태학은 동물과 식물, 균류와 박테리아 등 모든 생물의 생활 조건에서 나타나는 시간적 · 공간적 변화와 관련이 있다. 생물지리학은 기후와 토양 환경 등 생활 조건에 따른 다양한 생물종의 분포에 대해 연구하는 분야다. 침입생물학은 다른 지역에 유입된 한 생물종이 어떤 식으로 퍼져 나가고 그것이 토착종에게 어떤 영향을 미치는지를 다룬다. 생물종의 확산 방식은 질병의 전파 방식과도 비슷한 면이 있어서 나는 병리학과 관련된 자료도 많이 접했다. 마지막으로, 생물기원학은 수십억 년 전 생명의 시작을 이끌었을 것으로 예상되는 수많은 프로세스에 대한 학문이다. 생명이 어떻게 시작되었는지를 이해하는 것은 그 발전 및 유지 과정을 이해하고 거기에 어떤 환경적 인자가 관련되었는지를 이해하는 데 도움이 된다. 그리고 이를 통해 생명체가 먹이를 어떻게 폐기물로 뒤바꾸는지도 알 수 있다. 생명이란 자원을 폐기물로 변환하는 일종의 메커니즘으로, 이 점은 이 책에서 가장 중점적으로 다루는 원리이기도 하다. 한편 생명 체계의 발달과 작동 및 유지와 관련된 각종 수학적 원리는 때때로 사회 · 경제 체제의 발달과 역동적 특성을 다루는 데 적용되기도 한다. 지금껏 생물학을 공부한 내가 이렇게 사회의 생태적 역사 쪽으로 눈을 돌리게 된 것은 개인적으로 역사와 경제학에 관심이 많기 때문이다.

지금까지 소개한 여러 가지 분야를 종합적으로 살펴보는 것은 인류가 과거에 항상 맞닥뜨렸던 환경 조건과 앞으로 우리가 맞이할 환경적 변화를 이해하는 데 도움이 된다. 나는 한 명의 과학자로서 금세기에 우리 인류 사회를 위협할 수 있는 문제들을 사람들에게 제대로 알려야 한다는 책임감으로 이 책을 썼다.

저자의 또 다른 저서들

《Dynamics of Biological Invasions》(Chapman and Hall, 1989)

《Dynamic Biogeography》(Cambridge University Press, 1990)

감사의 말씀

주변의 많은 분이 열렬히 관심을 쏟아주신 덕분에 지금 내 마음은 무어라 할 수 없이 풍요로운 상태다. 이제는 그렇게 도움을 주신 분들께 감사하다는 말씀을 드리고 싶다. 이 책의 주제가 주제이니만큼 글을 쓰기가 늘 쉽지는 않았고 또 그만큼 압박감도 심했던 탓에 주변 사람들의 격려가 내게는 더욱 큰 힘이 되었다. 우선 인류의 앞날에 대한 내 걱정과 두려움을 잘 이해하고 내 생각에 늘 귀 기울여준 우리 가족 끌레르와 에케, 시츠, 그리고 로나에게 감사 인사를 전한다. 이 책의 감수자 중 하나이자 내 오랜 친구인 데이비드 구달, 그는 내가 책을 쓰는 내내 작업의 진척 상황을 물으며 여러 차례 귀중한 의견을 제시해주었다. 또 내가 말하고자 하는 바를 처음부터 정확히 이해하고 여러모로 길을 제시해주신 다른 감수자 세 분 역시 글을 쓰는 동안 큰 도움이 되었다. 레이덴(Leiden)대학교에서 같이 근무하는 동료 중에서는 이 책과 관련하여 많은 의견을 주고받았던 키스 리븐가와 마리케 리븐가에게 특히 감사를 표하고 싶다. 나는 시카고대학교 출판부(The University of Chicago Press)의 편집자 크리스티 헨리 씨와 함께 일하게 된 것을 참으로 다행스럽게 생각한다. 이 책의 집필과 디자인을 비롯한 모든 작업 과정에서 나를 이끌어준 그녀는 내가 원하는 바를 모두 알았고 일이 잘 풀리지 않는다 싶을 때마다 격려를 아끼지 않았다. 그래서 나를 비롯한 주변의 많은 사람이 그녀에게 감사함을 느끼고 있다. 그리고 헨리 씨와 함께 출판부에서 일하는 능력 많고 유쾌한 직원 여러분, 그중에서도 특히 부편집장인 메리 겔 씨에게 이 책을 멋지게 만들어주셔서 감사하다는 인사를 드리고 싶다. 끝으로 내 엉성한 네덜란드식 영어 표현을 자연스러운 영어로 깔끔하게 수정하는 동시에 책 전체 내용을 훑어보고 다듬어준 내 친구 조이 뷰로흐에게 감사 인사를 전한다. 이 책에 쓰인 숫자 형식은 우리 아들 에케가 마련했다.

휘손된 세상

1판 1쇄 발행 2013년 8월 25일

지은이 롭 헹거벨트
옮긴이 서종기
펴낸이 오준석
교정교열 박기원
디자인 디자인마음(hongsh71@gmail.com)
일러스트 이한나
기획자문 변형규

펴낸곳 도서출판 생각과 사람들
주소 448-150 경기도 용인시 수지구 신봉동 911
전화 031) 272-8015 **팩스** 031) 601-8015
이메일 inforead@naver.com
인쇄 BOOKTORY

ISBN 978-89-98739-03-4 03330